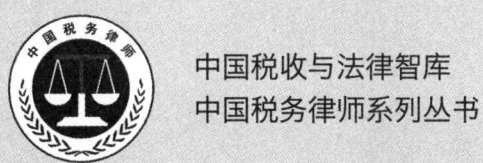

中国税收与法律智库
中国税务律师系列丛书

蔡昌 ◎ 主编

# 互联网税收生态：
## 共生·博弈·演化

HULIANWANG
SHUISHOU SHENGTAI
GONGSHENG · BOYI · YANHUA

中国财经出版传媒集团
中国财政经济出版社

### 图书在版编目（CIP）数据

互联网税收生态：共生·博弈·演化／蔡昌主编．—北京：中国财政经济出版社，2017.7

（中国税收与法律智库　中国税务律师系列丛书）

ISBN 978－7－5095－7518－5

Ⅰ．①互…　Ⅱ．①蔡…　Ⅲ．①互联网络－应用－税收管理－研究－中国　Ⅳ．①F812.423－39

中国版本图书馆 CIP 数据核字（2017）第 136488 号

责任编辑：马　真　　　　　　　　责任校对：刘　靖
封面设计：陈宇琰　　　　　　　　版式设计：录文通

---

中国财政经济出版社 出版

**URL**：http：//ckfz.cfeph.cn

**E － mail**：cfeph@ cfeph.cn

（版权所有　翻印必究）

社址：北京市海淀区阜成路甲 28 号　邮政编码：100142

营销中心电话：88190406

天猫网店：中国财政经济出版社旗舰店

网址：https：//zgczjjcbs.tmall.com

北京财经印刷厂印刷　各地新华书店经销

710×1000 毫米　16 开　19.25 印张　380 000 字

2017 年 8 月第 1 版　2017 年 8 月北京第 1 次印刷

定价：60.00 元

ISBN 978－7－5095－7518－5

（图书出现印装问题，本社负责调换）

本社质量投诉电话：010－88190744

打击盗版举报热线：010－88190414　QQ：447268889

# 《中国税收与法律智库》编委会

主　　　任：蔡　昌

副 主 任：施正文　邓远军　蔡　磊

编委会成员：李为人　焦瑞进　黄洁瑾　戴　琼

　　　　　　谭光荣　徐凤照　沈瑛华　李梦娟

　　　　　　倪臻荣　周金华　王　玺　吴　婧

# 总序

**智库缘起**

税收事关企业的命脉、百姓的福祉和国家的未来。在党的十八大的指引下，税收已进入法治的快轨道。税收也开始走到依法治税的前沿地带，这是中国税收真正走向民主和法制的前提。在习近平主席倡导的国家治理体系及治理能力现代化背景下，税收也更多地走向国家税收治理，在保障国家税收收入和保护纳税人合法权益的双重目标下，建立税收诚信机制，不断降低税制运行成本，形成一个促进税收治理的有效环境，以推进税收治理现代化目标的实现。

税收与法律的融合是时代发展的必然。征税主体必须依据法律的规定征税，纳税主体必须依法律的规定纳税，这就是所谓的税收法定原则。税收法定原则肇始于英国，现已为当今各国所公认，其基本精神在各国宪法或税法中都有体现。为了更好地增进税收与法律的融合发展，不断推进税收与法律在中国的发展，为经济发展和社会进步提供智库资源，我们荟萃国内财税领域的知名学者、财税专家和社会精英成立"中国税收与法律智库"，组织编撰出版了这套大型智库系列丛书——《中国税收与法律智库》，定位于为我国的经济发展和税收事业提供专业知识与智力支持。

**智库特色**

《中国税收与法律智库》以中央财经大学税收筹划与法律研究中心为依托，邀请国内权威人士、专家学者和实务界精英撰写系列反映社会经济发展且具有指导意义的财税著作。根据我国经济社会发展要求，结合国家税收治理、"一带一路"、供给侧结构性改革、产权税收改革、混合所有制改革、税务律师制度等最新经济领域热点问题，陆续推出一系列有深度、有影响的论著。根据论著的内容和定位不同，将智库分为学术研究系列、实战案例系列、研究报告系列等三大系列，每一系列有针对性的读者群，力求形成一个立体网状的财税类专业智库。《中国税收与法律智库》具有以下特色：

其一，源于理论探索与实践应用，推崇原创性。智库面向广大财税部门、理论研究者、财税实务工作者及相关群体，以原创性为主要特征，力求提供理论前沿、新知与经验，强调创新与继承发展的辩证统一。

其二，内容简明清新，以简驭繁，推崇简约化。我们并不强调每本书的知识容量和庞杂性，并不要求面面俱到，而是细分品种、类别、专题，做到内容简明扼要，体现专业的深度。

其三，学科领域的交叉、碰撞，推崇融合性。科学的发展以交叉融合为特征，社会科学也不例外，财税领域更是如此。财税理论与实践融合管理学、会计学、经济学、法学等多个学科的前沿发展，具有高度的融合性。

**邀请加盟**

中国税收与法律智库欢迎社会各界加盟合作，参与智库推广，撰写相关著作，提供宝贵建议。读者有任何方面的需求，敬请与我们联系：taxplanning_CUFE@163.com。

在这里，也祝愿大家开卷有益，关注财税，获取新知，融入财税大潮！

中国税收与法律智库编委会
中央财经大学税收筹划与法律研究中心

# 前言
## 构建一个健康的互联网税收生态圈

### 1

互联网税收生态圈是一个新概念，意在联结税务机关、中介机构、企事业单位和社会民众，形成一个高度依存、博弈互动、共生演化的税收系统，这对于提升国家税收治理起着极为重要的引导作用。

从宏观视角分析，"互联网+税务"的本质是利用大数据进行全方位的税务管理，其目的在于构建一个健康的税收生态圈。互联网时代，大数据技术为人们提供了一种全新的分析社会经济生态圈的方法。沃尔玛公司通过数据挖掘、重塑并优化供应链，再造供应链"生态圈"；腾讯、京东、淘宝、亚马逊等通过对海量数据的掌握和分析，描绘出销售环境"生态圈"，为用户提供更加专业化、个性化的服务；税务机关利用大数据技术，拉开了税收风险分析的帷幕，揭示企业生存的税收生态圈。

"互联网+税务"对税收信用的形成具有"双刃剑"效应：一方面，互联网使得大量电商的经营与纳税情况更加透明，处于政府的监控视野之中，形成一定的税收震慑效应；另一方面，互联网也在一定程度上破坏税收信用。商品、服务在线交易难保真实性，暗藏诚信交易冲突。此外，信息泄露导致隐私遭受侵犯，侵权难获法律救济；商品虚假宣传降低诚信指数。税务机关应该发挥"互联网+税务"的驱动效应，畅通涉税信息获取渠道，搭建网络平台，利用信息技术手段，建立全社会统一的信息平台，挖掘数据潜能，引导税收信用的演化路径。

互联网税收生态圈，不仅释放出税务创新的力量，也发挥着大数据对社会经济发展的驱动效应。"互联网+税务"，不仅使得不同市场主体之间的信息透明，也提升整个社会的价值创造规模与效率，为创新商业模式和管理方式起到重要的支撑，进而使"互联网+税务"成为社会进步的重要引擎。

### 2

互联网的特点是扁平化和公开化，对政府部门的信息公开和共享提出更高要求，也为税务部门信息服务提供快捷高效的渠道和平台。国家税务总局站在"互联网+"的风口上顺势而为，制定《"互联网+税务"行动计划》，明确了"5大板块、20项重点行动"，勾勒出2020年普惠税务、智慧税务蓝图。率先踏上信息化之路的中国税务，正以"互联网+税务"为着力点、创新点，不断优化办税流程，创新服务管理举措，建立起打破时间、空间、地域、媒介和行政部门限制的办税平台和管理网络，努力实现互联网与税收业务的高度融合，让税收管理服务走进更加便捷智能的"云时代"。

税务机关将以往单纯依赖税务端数据拓展为囊括税务端数据、第三方数据、互联网数据、企业端数据"四位一体"的大数据源，打开海量税收数据这个富矿，深入挖掘税收数据这座"金山银库"的潜能和效益，通过筛选、加工、整合、比对集中存储的数据，为税收工作决策提供大数据支撑。

目前，全国税务机关通过众包互助、创意空间、应用广场、智能咨询、电子发票、数据共享等重点行动计划的实施，打造全覆盖、全流程、全联通的智慧税务，提升治税能力，促进中国税务大数据的形成，并使之成为宏观经济决策的重要依据、国民经济发展的晴雨表。

## 3

互联网税收生态是把互联网的创新成果与财税工作深度融合，拓展信息化应用领域，推动效率提升和管理变革，是实现财税治理现代化的必由之路。呈现给大家的这本《互联网税收生态：共生·博弈·演化》，是中央财经大学财政税务学院、中央财经大学税收筹划与法律研究中心在举办"互联网+税务"背景下的电商税收监管、公平视角下的税制改革暨电商税收流失与治理报告发布会等学术活动的会议征文基础上编撰出版的一部关于互联网税务变革的重要论著，本书共分五篇，分别为"互联网+税务""电商税收征管政策""电商税收流失与治理""电商税收征管技术""电商税收征管的国际借鉴"，系统阐述"互联网+税务"、电商税收监管、电商税收流失与治理等理论问题与实践案例，既有广阔的国际化视野，又有财税实践的深入剖析。恰逢互联网经济崛起、大数据时代，互联网税收生态正在逐步形成，中国税收变革在互联网大潮下凸显出博弈共生、跃迁发展、演化升级的动态轨迹，本书不仅揭示出"互联网+税务"在国家治理中的根基作用，而且从实践角度挖掘政府、企业和中介机构的税收博弈与创新行动，具有较高的理论价值和实践意义。

审视今朝，"互联网+税务"犹如一粒种子，已经在中国千里疆域沃土中生根发芽，必将推动我国财税体制创新；面向未来，我们牢记重托，充分发挥"互联网+税务"在政府税收治理、企业税务管理、中介组织税务服务中的积极作用，利用互联网和大数据技术，实现国家治理体系和治理能力现代化，为新生技术、新兴业态、新型商业模式的衍生和拓展奠定基础性条件。

本书由中央财经大学税收筹划与法律研究中心组织编写，蔡昌教授任主编，在此感谢各位撰稿人的精心付出和热情参与。本书的出版还得到中央财经大学财政税务学院、中国社会科学院研究生院税务硕士教育中心、京东集团财税商事创新部、中国税企和谐公共服务研究院等单位领导和专家的大力支持，在此深表谢忱。限于时间和学术水平，书中疏漏在所难免，恳请业界同仁和广大读者批评指正。

# 目录

**第1篇　互联网＋税务** ……………………………………………………（1）
　"互联网＋税务"对中国税制体系的冲击 ……………………………（1）
　"互联网＋税务"的技术拓展 ……………………………………………（8）
　"互联网＋税务"在企业管理中的应用 …………………………………（10）
　我国跨境电商税收政策分析 ……………………………………………（14）
　我国跨境电商零售进口税收政策的经济影响及完善思路 ……………（20）
　公平视角下完善我国跨境电商税收政策的基本思路 …………………（28）
　实现"互联网＋税务"公平目标的路径选择 …………………………（33）
　互联网与大数据时代的税收治理现代化 ………………………………（40）
　大数据时代税收管理变革 ………………………………………………（47）

**第2篇　电商税收征管政策** ………………………………………………（64）
　谈谈电商征税若干问题 …………………………………………………（64）
　电子商务税收管理的政策建议 …………………………………………（71）
　电商征税与税制改革、税收信用建设 …………………………………（82）
　论税制改革中的电子商务税收问题 ……………………………………（89）
　电子商务税收征管的难点与对策 ………………………………………（100）
　电子商务交易流程及其资金流分析 ……………………………………（109）
　跨境B2C电商税收征管难题与破解 ……………………………………（112）
　我国境内电子商务税收征管模式初探 …………………………………（121）
　加强电子商务税收征管问题浅析 ………………………………………（127）
　电子商务税务稽查问题探讨 ……………………………………………（133）
　电子商务征税漏洞与征管盲点分析 ……………………………………（136）
　电商征税仍需区别对待 …………………………………………………（140）

**第3篇　电商税收流失与治理** ……………………………………………（146）
　电商税收流失测算与治理 ………………………………………………（146）
　网络交易税收流失测度及治理路径的现实选择 ………………………（183）
　我国电子商务税收流失额的测算 ………………………………………（194）

## 第4篇 电商税收征管技术 (202)
- 电商税收流失探析 (202)
- 信息化技术破解电子商务征管困局 (206)
- 基于订单管理的 B2C 电商征管模型设计 (215)
- 电商税务平台风险识别与评估 (221)
- 揭开网络分销平台返利之谜 (225)
- 冰山一角：B2C 交易票案稽查始末 (229)
- 网上收藏品交易暗藏玄机 (233)
- 电商税收征管探析与思考 (236)

## 第5篇 电商税收征管的国际借鉴 (242)
- 从美国互联网法案看中国的选择 (242)
- 美国 B2C 电子商务税收政策 (252)

## 附录 (256)
- 京东："互联网+"财税创新案例 (256)
- 电商征税促进行业良性发展 (262)
- 促进公平竞争，电商纳税或在近两年启动 (264)
- "互联网+"税收：电商征税可促进税收诚信 (268)
- C2C 模式成为征税盲区 (274)
- 2016 中国税收与法律高峰论坛在京举行 (274)
- 电商，到底该如何缴税 (275)
- 强化电商税收征管 加快公平税制建设 (280)
- 电商税收流失的堵与疏 (282)
- 税收公平视角下电商 C2C 模式征税探讨 (287)
- 电商税收流失报告出炉 小微企业是否应缴税引热议 (289)
- 高校聚焦电商税收 吁建立信息化管理平台 (291)
- 强化电商税收征管 加快公平税制建设 (293)
- 专家建议建立纳税人识别号制度 (295)

# 第1篇 互联网+税务

## "互联网+税务"对中国税制体系的冲击[①]

### 一、"互联网+税务"产生的背景

在网络信息高速发展的趋势下,主流大众网络媒体平台在短短的10年内悄无声息地由当年的pc机向当下的智能手机等自媒体平台转变着。智能手机Apps也越来越受到广大社会公众的追捧和青睐,迎来了移动应用发展的春天。之所以移动自媒体设备能够超越传统的pc设备而更受到社会公众的青睐,究其背后的原因无非是因为移动媒体设备所特有的即时性和便捷性所带来的优势。在丰富的网络信息环境下,社会大众更崇尚便捷高效的在线服务,各行各业的在线应用软件也悄无声息地融入了百姓的生活中并成为他们工作和生活的一部分,"互联网+"时代已经到来。

国务院总理李克强2015年3月25日在国务院常务会议中强调,要顺应"互联网+"的发展趋势,以信息化与工业化深度融合为主线,重点发展新一代信息技术、高档数控机床和机器人、航空航天装备、海洋工程装备及高技术船舶、先进轨道交通装备、节能与新能源汽车、电力装备、新材料、生物医药及高性能医疗器械、农业机械装备十大领域,强化工业基础能力,提高工艺水平和产品质量,推进智能制造、绿色制造。促进生产性服务业与制造业融合发展,提升制造业层次和核心竞争力。

这些产业的信息化改造和融合,尤其是电子商务模式的迅猛发展,必将给我们的税务工作带来巨大的挑战和契机。税务工作关系到国民经济的各行各业,其服务能力也与产业的运营模式以及发展趋势密切相关。在这一轮产业融合发展的潮流中,

---

① 本部分由首都经济贸易大学丁芸教授和侯健撰写。

税务工作要想顺利高效的展开，势必要求我们税务工作具有前瞻性。在"互联网＋"的经济背景下，税务工作者也应该考虑"互联网＋税收"未来的发展方向，既要做到顺应经济发展的趋势，又要保证税收的基本职能不受到影响。在这个基础之上，争取做到税法制定的完善、税收服务的便捷、税收管理的高效、税收成本的降低等是我们发展"互联网＋税收"的最终目的。

## 二、"互联网＋税收"的具体运作方式

"互联网＋税务"在现行税务工作中主要表现为以下几种运作方式：（1）税收宣传的网络应用；（2）税源监控的信息化管理；（3）纳税服务的线上操作；（4）税收风险控制的网络信息运用。这些新型的税务工作方式在给税收征管双方带来便利的同时也会遇到各种新的问题，这些问题将会对现行税制体系来一定的冲击，妥善解决工作过程中所遇到的新问题是我们税务工作中的重点和难点。

### （一）税收宣传的网络应用

借助"互联网＋"，进一步拓展税收宣传空间，让税收宣传更接地气。目前主流的做法和趋势有以下几种类型：

1. 借助互联网平台，开展"税收宣传互联网＋"活动

充分利用税务局网站、政府门户网站税务局信息公开发布平台等，开通税收宣传专栏，第一时间发布税收宣传活动新动态，宣传、发布税收法律法规政策，拓展税收宣传空间时间，让公众了解最新的税收政策，并及时享受相应的优惠政策，激发"大众创业、万众创新"热情。

2. 借助公众社交平台，开展"税收服务互联网＋"活动

激活并推广税务局的公共微博、微信、QQ群等社交媒体，宣传、发布税收法律政策等。并将税收宣传活动与"便民办税春风行动"相结合，深入推进"便民办税春风行动"，及时与纳税人线上互动，第一时间帮助纳税人释疑解难，给纳税人带来方便的同时使其满意。

3. 借助网上纳税人学堂，开展税收政策讲座及政策咨询

举办年度最新税收政策讲座、"大众创业、万众创新"税收政策讲座，深入基层，到工业园区、企事业单位开展税收知识与政策讲座。及时了解企业的纳税难点和重点，做到线上服务与线下服务的结合。

### （二）税源监控的信息化管理

1. 税源监控信息的网络化

利用计算机网络技术，依托现有的税收管理网络系统，实现国税、地税之间的系统内联网，以及与之相应的银行、财政、审计、统计、工商、保险、证券、海关、交管、司法等部门及关联企业的横向联网，达到涉税信息共享的最大化，形成严密的税源监控网络。

这些涉税信息主要来源于以下方面：银行、保险、证券、财政、审计等部门可以提供纳税人货币收付报告、国内外银行账户、现金流量、利息和股息的支付及收入、股票交易情况、政策性补贴、行业控管的收支情况、审计情况通报；统计部门的各项统计资料及分析应尽可能多地与国税、地税局共享，以利于税源分析参考；工商部门对各类型企业的管理情况（如开业、停业、注销及登记户数等）应按月定期向税务局通报；房地产、土地、技术监督等部门定期向税务局通报不动产交易、特许权使用费、财产的赠予转让等情况；交管、司法、公安等部门定期向税务局通报涉及经济行为的公证、特种行业管理、纳税人车辆保有等情况。

通过采集、处理、统计、分析各项涉税数据信息，建立和完善可按税种、税目、分纳税人等不同要求的信息管理系统和分析系统，定期分析税源变化情况及其原因，为开发组织收入的措施、确定重点检查、统计分析和预测收入和其他参考方案提供科学依据和决策支持。

2. 依托信息网络的税源信息报告制度

要求所有支付款项给纳税人的相关单位都要通过信息网络定期向税务机关报送有关信息。在美国，根据税法，利息和股息除了扣缴预提税之外，应当报送税务机关税源信息报告表，全面反映来自利息、股息的股票交易情况，以及房地产销售税、失业补偿、合伙企业的股权转让、赠予的财产转移等涉税事项。美国联邦税务局每年收到的报告的信息来源多达13亿份，它的10个附属数据处理中心的人员占美国联邦税务局人员总数的32%，这些数据处理人员通过软件程序核对支付人提交的信息表与纳税申报表，如有任何差异，则向收款人发出所得核对通知书。

国外的这些措施和办法对于我国建立税源信息报告制度是值得借鉴的。尽管美国的这一制度必须依靠一整套完善的全国联网的广域网络的软、硬件设施和相关的法制环境，我国现在离这一要求还差得较远，但是我国在以国有经济、集体经济为主导的经济结构下，一些地方可以先建立重点企业及行业的税源信息报告制度并逐步完善，同时政府部门特别是税务部门的信息报告系统可以先期建立。通过信息共享，政府可以实现联合监控税源的合力。

3. 运用信息技术进行日常税源监控管理

税务部门建立登记信息交换网络，夯实税源监控基础。税务部门与工商部门紧密联系，加强与工商部门的配合和信息传递，建立登记信息交换网络体系。第一时间掌握纳税人相关信息的变更与产生，从源头上杜绝税源流失的问题。

4. 税源监控管理软件的普及运用

在"金税工程"基础上，完善税源监控体系的建立，从税务登记、税务申报处理、收集和验证税收申报、筛选风险检测对象，到综合税收信息的统计分析、会计核算和信息查询等，全面纳入计算机管理，对税收征管全过程实施监控。通过税源监控管理软件，税务工作人员摆脱繁重的手工筛选和计算过程，只要轻点鼠标，就能较全面地掌握税源动态，及时分析税收增长变化趋势，监控纳税人各项指标是否处于正常的范围，为加强税源管理提供客观有效的数据。

（三）纳税服务的信息化

信息化的纳税服务，即将现代信息、通信技术手段广泛应用于纳税服务，通过征税主体向纳税主体提供涵盖税收立法、税收司法和税收行政等在内的服务，提高纳税服务绩效，实现纳税服务工作的现代化。信息化给现代纳税服务带来革命性的变化，信息化纳税服务提供了利用信息化技术手段提高纳税服务工作质效的路径，目前主要的信息化纳税服务功能和项目有：

1. 网上申报、缴税、开票方式的确立

第一，网上申报纳税方式的确立。2003年《国家税务总局关于加强纳税服务工作的通知》要求：各级税务机关应当与时俱进，适应现代社会发展，为纳税人提供多元化、便捷、高效的申报纳税方式。

第二，网上缴税方式的确立。2003年《国家税务总局关于加强纳税服务工作的通知》要求：要根据方便、快捷、安全的原则，积极推广使用支票、银行卡、电子结算等方式缴纳税款。

第三，纳税人网上开具缴款凭证制度的确立。2009年《国家税务总局关于推行纳税人网上开具缴款凭证有关工作的通知》提出：进一步优化纳税服务，提高税款征缴效率，国家税务总局决定在全国范围内推行纳税人网上开具缴款凭证工作。推行网上开具缴款凭证工作，能够使纳税人通过互联网系统自行在计算机终端打印缴款凭证，实现网上申报、缴税、开票"一条龙"服务，最大限度地方便纳税人完成缴税义务。系统功能主要包括纳税人缴款情况查询及缴款凭证的下载和打印、税务人员查询、密码修改或重置等。开票对象包括所有电子缴税的纳税人（缴款人）、扣缴义务人以及个人所得税明细申报的自然人。

2. 确立信息化服务制度

2005年颁布的《纳税服务工作规范（试行）》第八条规定：税务机关应当广泛、及时、准确地向纳税人宣传税收法律、法规和政策，普及纳税知识。根据纳税人的需求，运用税收信息化手段，提供咨询服务、提醒服务、上门服务等多种服务。

3. "12366"电话、短信全服务

首先是"12366"电话纳税服务全功能。2003年《国家税务总局关于加强纳税服务工作的通知》规定：通过12366热线电话，为纳税人释疑解惑；在纳税服务、法规咨询、申报纳税、税务公告、检举申诉、案件查处曝光及征询纳税人意见等方面发挥积极作用。其次是短消息纳税服务和纳税咨询服务功能，短消息的服务功能主要有，催报催缴、纳税申报、涉税提醒、税法宣传、税务通知，纳税人税务咨询服务等。

4. 电子税务局线上纳税服务

正在建设的电子税务局取代税务局网站,将咨询、申报、办税等各个环节集成于一体,为纳税人提供更加全面的纳税服务。电子税务局的建设要遵循先进性、成熟性、可靠性、集成性、开放性、扩展性和合理性原则,结合在互联网信息化领域的案例经验和领先技术,为纳税工作提供更加严密完整、切实可行的电子税务服务工作。电子税务局主要表现为三个特点:

一是覆盖更全面。电子税务局可以将区域内各个网上办税系统进行整合,纳税人可以通过门户网站办税、手机移动办税、微信微博办税、柜员机自助办税,实现了渠道的全覆盖;纳税人所有涉税事项,包括申报缴税、文书受理、发票领购、行政处罚、税收救济等均能够电子化办理,实现涉税事项的全覆盖;税务局提供的各种服务手段,如在线咨询、预约办税、纳税人学堂、公众参与等全面实现电子化,实现了服务的全覆盖。

二是服务更高效。借鉴电商思维,税务机关应该使电子税务局界面设计更具亲和力和时代感,突出功能性和易用性;通过将个人事项集中管理,使纳税人能够对所有事项进行有针对性的专属提醒;通过设计办税办事一号通,使纳税人用一个入口、一个账号办理所有涉税事项;通过税务局主动推送,使纳税人享受一对一的个性化信息定制服务;通过设计国税"百度",使咨询服务更全面、更及时。

三是技术更智能。在电子税务局设计、建设过程中,应用现代信息技术,如利用云服务、云平台,开设纳税人学堂,实现纳税人培训由线下到线上的转变;利用数据大同步,让纳税人感受到用户一致性、数据一致性、体验一致性;同时,利用大数据挖掘、捕捉纳税人关注的热点、焦点,有针对性地持续改进服务。

(四)税收风险监控的网络化

传统风险管理的基础是人海战术、手工查税,现代风险管理的基础是大数据。自 2003 年中国税收征管信息系统(CTAIS)上线以来,税务机关积累了海量数据,但仍然感觉数据资源偏少。究其原因,一方面,税务机关内部没有充分利用已有信息。大量涉税数据沉睡在税务机关的系统里,税收数据标准不一,数据项目不全,数据质量不高,数据的有效集中和高效应用不到位,很多数据没有实现全面共享,形成大量数据孤岛;另一方面,第三方信息匮乏。由于部门利益的束缚,税务机关迟迟不能与其他政府部门建立信息共享机制,缺乏部门间联动,税务机关获取第三方信息的渠道有限,质量不高。

随着越来越多的地方政府开始重视税收协同,陆续出台了本地各政府部门数据共享政策,电子税务局和第三方信息共享带来的大量涉税数据,是一座尚待开发的"富矿"。深入挖掘海量数据中隐藏的信息,不能只分析税收数据,更要联系宏观经济,分析税收与其他部门、其他领域的数据关系,深挖各种数据流之间的相关性,找出规律性。充分利用税务系统的数据优势,了解宏观经济走势,掌握税收收入进度。对区域经济税源特征、税收效应、税收政策等的分析,发现企业发展过程中深层次问题及未来发展趋势，有针对性地强化征管。打造税收分析系列"拳头产品"，使税收分析更好地服务组织收入工作，服务宏观决策和经济社会发展，为领导决策提供依据。

以大数据分析为支撑，开发功能强大的风险监控系统，优化整合现有的不同类别、不同层次、不同功能的各种系统，覆盖税务、工商、海关、财政、银行、外汇、统计、行业管理部门乃至互联网等不同渠道取得的数据，实现对数据的有效采集、存储、处理、分析和应用。通过云计算，生成即时的税源分布、增减等情况，按行业、地域、时间等多维度展示税源变化；将纳税人关联方、股权架构、进销往来等原来分散的信息集中展示，生成纳税人相关指标的分析，对纳税人纳税申报质量和财务核算作出评判，对特殊项目（如股东发生变更）予以提示，将第三方信息与纳税申报信息进行对比，进行风险排序和预警，达到发现税收风险、堵塞漏洞和提高税收质量的目的。

充分发挥传统税务机关在风险应对上的优势，由于实施了电子税务局，可使大量税收管理员从"管户""人盯人"的桎梏中解脱出来，专心从事风险管理。以分级分类为原则，差异化管理纳税人。对大型企业，提供特色服务；对中型企业，重点监控一般纳税人登记、发票使用等高风险事项，实施精细化管理；对小型企业和个体户，实施动态监控，简化流程，解放征管资源。对无风险、低风险的纳税人，进行风险提示服务，加强纳税辅导；对高风险和故意不遵从的纳税人，采取税务稽查严厉打击。

风险管理的终极手段是税务稽查，税务稽查为简政放权成果提供保护。大力加强风险管理导向下的税务稽查工作，严厉打击各类税收违法行为，提升稽查打击的准确性和震慑力。运用风险分析成果，完善科学选案机制，实施重点税源户"轮查""抽查"制度，创建"项目管理、团队作业"工作模式，实现稽查资源与稽查执法对象的科学配比。

### 三、"互联网+税务"对现行税制的挑战

（一）对传统税务登记制度的挑战

依据我国现行税收征管法的规定，从事生产、经营的纳税人必须在法定期限内依法办理税务登记。税务登记是税务机关对纳税人实施管理、掌握税源情况的基本手段。它对于税务机关和纳税人双方来说，既是征纳关系产生的基础，又是法律关系成立的依据和证明。电子商务自产生以来，对传统的税收登记方式形成挑战。因为任何区域性电脑网络只要在技术上执行互联网协议就可以联入互联网；任何企业缴纳一定的注册费，就可获得自己专用的域名，在网上自主从事商贸活动；任何一个人只要拥有一台电脑和一根电话线，通过互联网就可以参与网上交易。现行的税务登记的基础是工商登记，只有经过登记以后才可以从事贸易活动。这种传统的税

收登记方式对电子贸易流动的交易主体是无法确认的，因为在互联网上的经营交易范围是无限的，而且不需要事先经过工商部门的批准就可以从事交易。这就造成对纳税义务人确认困难，由此导致税收流失。

（二）企业交易地点和常设机构所在地的认定困难

传统的税收以常设机构，即一个企业进行全部活动或者部分经营活动的固定场所来确认经营所得来源地。常设机构可分为固定营业场所构成的常设机构和以营业代理人构成的常设机构。无论哪种常设机构都是一个有形的实体。税务征收机关可以根据企业的常设机构来认定纳税主体。由于电子商务具有全球性、流动性、隐蔽性等特点，使得交易变得更加复杂。交易双方主体除了在客户所在国拥有、租用或使用服务器之外，外国的网络提供商和销售商不必在客户所在国保持其他形式的有形体存在。如果外国网络提供商和销售商仅仅通过在客户所在国的服务器进行营业活动，按照现行常设机构的概念就不能构成常设机构。而且，在很多情况下，外国销售商自己根本没必要拥有网址和服务器，它只需要和网络提供商达成协议，使用或租用服务提供商的服务器就可以开展自身销售活动。由于这种交易没有以有形实体存在，税收机关根据目前的税收原则无法认定交易在什么地方进行，失去了税收依据，税务机关自然不能进行税收征管。

（三）电子商务票证及账务的无形化冲击传统税收征管

传统的税收征管模式是建立在各种票证和账簿的基础上的，而电子商务实行的是无纸化操作，各种销售依据都是以电子形式存在的，税收征管失去了最直接的实物对象。同时，电子商务的快捷性、直接性、隐匿性、保密性等，不仅使得税收的税源控制手段失灵，而且客观上造成了纳税人不遵守税法的可能性。另外，电子商务采取高科技的交易手段，交易结果比较隐蔽，如果交易实体是无形的电子货币交易与匿名支付系统联接，对税务部门而言，确定纳税人身份和交易的细节更加困难。

（四）电子商务的发展对税收管辖权的挑战

税收管辖权是指国家在主权范围内对一定的人和一定的对象行使的征税权力。税收管辖权有来源地税收管辖权和居民税收管辖权之分。所谓来源地税收管辖权，是指征税国基于有关的收益来源于境内的法律事实，针对非居民行使的征税权力。而居民税收管辖权，是指国家根据纳税人在本国境内存在着税收居所这一联结因素而行使的征税权力。除个别国家放弃居民税收管辖权外，大多数国家和地区都同时行使两种税收管辖权。随着电子商务的发展，企业或者个人的收入来源越来越全球化，再加上电子商务的虚拟化、匿名化、无国界和支付方式的电子化等特点，其交易情况大多被转换为数据流在网络中传送，使税务机关难以根据传统的税收原则来判断交易对象、交易场所、交货地点、服务提供地、使用地等。公司可以在全球任何地点、任何时间进行交易。一项交易可能涉及多个国家，到底哪个国家能行使税收管辖权已经很难界定，同时由于税收管辖权不明确，必然会引起各国对税收管辖权的争议，由此也可能引发国与国之间不必要的矛盾。

面对这些挑战，我们要积极应对，要加快电子商务及相关问题的法规的制定，认真探讨互联网环境下税收管理面临的新问题，尽快实现税法制定的完善、税收服务的便捷、税收管理的高效、税收成本的降低的最终目标。

# "互联网+税务"的技术拓展[①]

## 一、"互联网+"涉税大数据

国务院发布的《促进大数据发展行动纲要》从顶层设计全面部署了我国未来大数据发展的相关工作。涉税数据是国家经济数据的重要组成部分，统筹规划税务大数据资源，推动数据共享开放，强化涉税大数据分析应用，实现涉税数据的价值红利，必将进一步提升税务机关的治税能力，促进简政放权，有力促进国家整体治理水平的不断提高。

"互联网+"涉税大数据旨在充分发挥税收大数据的资源优势，面向纳税人和税务管理机关，全面深化涉税大数据在纳税服务和税收管理中的创新应用，逐步形成涉税大数据驱动型的管理创新机制，最大限度地释放大数据的创新潜力。

各级税务机关深入探索和研究涉税大数据应用在服务税收征管和面向社会经济发展方面的增值模式，及时了解纳税人的各项需求，为实现税收征管科学化、风险管控精细化、信用管理体系化、税收与经济运行协同化奠定坚实基础，力争打造税收系统大数据分析应用的"拳头"产品。在深化大数据应用过程中，应注重培养技术人才，逐步形成涉税大数据应用的技术团队，健全大数据安全保障体系，强化网络和数据安全支撑。

## 二、"互联网+"涉税云服务

云服务是以云计算技术与模式为主要特征的信息技术服务，包括 SaaS（软件即服务）、PaaS（平台即服务）、IaaS（基础设施即服务）。云服务已经突破互联网市场的范畴，政府、公共管理部门、各类企事业单位都已经接受云服务的理念，并开始将传统的自建 IT 方式转为使用公共云服务方式，云服务真正进入其产业成熟期。云服务的主要优势体现在降低互联网创新企业初创期的 IT 构建和运营成本，形成可

---

① 本部分由北京工业大学数理学院蔡一炜撰写。

持续的商业模式。大数据技术基于云的数据分析平台将更趋完善，大数据的分析工具和数据库也将走向云计算。

"互联网+"涉税云服务是税务部门实施"互联网+"税务各项行动的重要基础保障，侧重于构建基础设施层面的云服务，包括利用自有资源搭建云计算基础设施体系和面向社会购买云计算服务两个方面。为了适应"互联网+"税务行动计划的推进，税务部门积极引入云计算技术，搭建自己的私有云平台。国家税务总局通过实施全国发票查验系统建设项目，初步构建全国国税系统上下统一的云计算基础设施框架，各地税务机关在此框架下，不断丰富、充实和融入税务系统内部统一基础设施管理体系。

在面向社会购买云计算服务方面，根据服务方式和对象的不同，对于相对独立、与内部业务系统没有直接交互需求的系统，可以选择购买社会服务的方式，快速构建基础设施。对于与内部业务系统存在交互的系统，原则上应搭建私有云，如需购买云计算服务，必须做到独立、可控、可管。应注意的是，云计算服务在带来便利性的同时，安全风险问题也很突出，税务部门必须高度重视相关安全问题，严格执行《关于加强党政部门云计算服务网络安全管理的意见》（中网办〔2014〕14号），在与云服务商合作的过程中，要充分认识到相关安全管理责任不变、数据归属关系不变、安全管理标准不变，涉及纳税人敏感信息的数据和系统不宜采用社会化云计算服务。

### 三、网络爬虫：工作原理及关键技术

网络爬虫是一个自动提取网页的程序，它为搜索引擎从万维网上下载网页，是搜索引擎的重要组成。传统爬虫从一个或若干初始网页的URL开始，获得初始网页上的URL，在抓取网页的过程中，不断从当前页面上抽取新的URL放入队列，直到满足系统的一定停止条件。聚焦爬虫的工作流程较为复杂，需要根据一定的网页分析算法过滤与主题无关的链接，保留有用的链接并将其放入等待抓取的URL队列。然后，它将根据一定的搜索策略从队列中选择下一步要抓取的网页URL，并重复上述过程，直到达到系统的某一条件时停止。另外，所有被爬虫抓取的网页将会被系统存贮，进行一定的分析、过滤，并建立索引，以便之后的查询和检索；对于聚焦爬虫来说，这一过程所得到的分析结果还可能对以后的抓取过程给出反馈和指导。

相对于通用网络爬虫，聚焦爬虫技术还需要解决三个主要问题：（1）对抓取目标的描述或定义；（2）对网页或数据的分析与过滤；（3）对URL的搜索策略。

爬虫技术主要应用于税务稽查。税务局运用"互联网+"，依靠网络爬虫技术，自主研发了互联网涉税信息监控平台，在互联网信息的汪洋大海中实时精准查找上市公司股权交易信息等，让税收征管效率倍增。现在国税地税协作，大数据将共享，利用网络爬虫原理调用百度、搜狗等知名搜索引擎的接口，获取其他方面诸如实际关联公司、经济案件的法院判决结果等信息数据，是轻松简单的事情。未来，随着

大数据技术向国际领域衍生，还将积极探索采集外语信息，将境外上市公司纳入监控范围，不断拓展"互联网+"应用领域，进一步提升税收征管水平。

**四、BP 神经网络模型**

人工神经网络就是模拟人思维的一种方式，它是一个并行、分布处理结构，它由处理单元及称为连接的无向信号通道互连而成。人工神经网络是一个非线性动力学系统，其特色在于信息的分布式存储和并行协同处理。人工神经网络的处理单元具有局部内存，并可以完成局部操作。

BP（BackPropagation）神经网络模型是 1986 年由以 Rumelhart 和 McCelland 为首的科学家小组提出的，是一种按误差反向传播算法训练的多层前馈网络，是目前应用最广泛的神经网络模型之一。误差反向传播算法的运行过程，由信息的正向传播和误差的反向传播两个过程组成。输入层各神经元负责接收来自外界的输入信息，并传递给中间层各神经元；中间层是内部信息处理层，负责信息变换，根据信息变化能力的需求，中间层可以设计为单隐层或者多隐层结构；最后一个隐层传递到输出层各神经元的信息，经进一步处理后，完成一次学习的正向传播处理过程，由输出层向外界输出信息处理结果。当实际输出与期望输出不符时，进入误差的反向传播阶段。误差通过输出层，按误差梯度下降的方式修正各层权值，向隐层、输入层逐层反传。周而复始的信息正向传播和误差反向传播过程，是各层权值不断调整的过程，也是神经网络学习训练的过程，此过程一直进行到网络输出的误差减少到可以接受的程度。BP 神经网络模型主要应用于互联网背景下的税收预测领域，有较高的预测精度和较强的实用性。

# "互联网+税务"在企业管理中的应用[①]

## 一、企业内部互联的应用创新

企业内部的信息不对称，极大地影响了企业的运转效率，企业内部人员在工作的过程中，有很大一部分精力用在了信息的收集、传递和确认。互联网的实时性，使得税务信息很快在企业各个部门共享，省去了收集、整理、传递的过程，也保证了信息的正确性。

---

① 本部分由中央财经大学财政税务学院李蓓蕾、王程祥、单滢羽撰写。

在企业内部互联方面，根据一般企业所涉及的经济事项类型，把企业的财税管理分为以下几个方面：企业纳税理财实务管理、企业投融资税务管理、企业收益分配税务管理、企业生产税务管理、企业营销税务管理、企业薪酬福利税务管理，以及企业各环节财务管理。这些管理需要财务部门、税务部门和生产部门、营销部门、人事部门等的信息共享，如图1，下面进行具体分析。

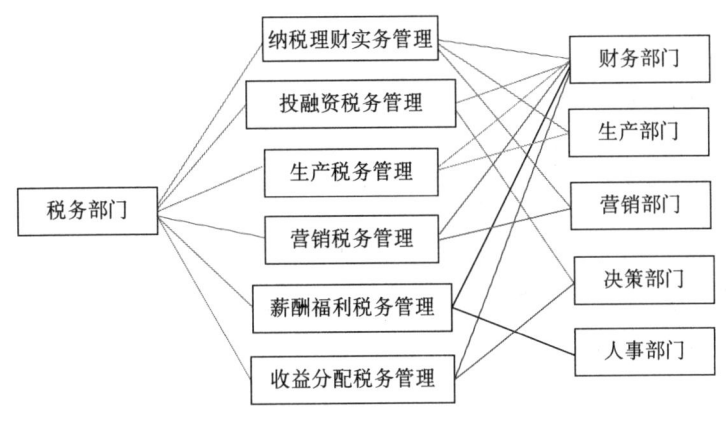

图1　企业内部财税管理网

（一）企业纳税理财实务管理

企业的纳税理财实务管理包括税务登记、纳税申报、税款缴纳、企业发票管理、税收减免申报、出口退税、税收抵免、延期纳税申报以及各个环节的理财活动等。和财务部门的互联可以方便地进行纳税申报、税款缴纳，直接共享财务信息填报纳税申报表，传至税务机关审核后，通过网上支付系统缴纳税款。和生产部门、营销部门的互联，可以方便地收集发票信息，同时根据业务变化，相应进行税收减免、抵免、出口退税的申报。

（二）企业投融资税务管理

对于一个企业来讲，筹资是其生存和发展的不可缺少的步骤，而企业的筹资、投资行为做好税收管理，可以促进企业科学选择筹资、投资计划。筹资方式不同会影响企业的资本结构，带来不同的风险，也影响最后的资本收益。从税务管理的角度分析，企业应侧重对投资项目税收待遇的比较，从资金的支付到最终收回进行总体控制，强调事前的筹划。投融资决定前，税务部门对方案中的筹资渠道、筹资方式或投资方向、投资地点、投资方式等做整体把控，制定出税务报告传至决策部门，这期间除了线下交流，企业还可以利用互联网进行线上部门间交流，及时商定出最合理的方案。在方案实施后，税务部门在以后的投融资期限内，要对企业的涉税事项进行处理，这时便需要财务部门和税务部门的信息互联，通过税务部门获取每月资金信息，才能把控税务风险，进行税费处理。

### （三）企业生产税务管理

企业的生产主要是指采购原料、设备，并把原料价值、人工工资、相关费用转移到产品中的过程。在原料、设备的采购过程中，选择购货对象、购货方式，确定结算方式、采购时间对应纳税额的核定有重要的影响，而在具体生产过程中，存货的计价方式选择、固定资产的折旧方式和其他费用的分摊方式也会影响损益的大小，进而影响企业的税费支出。税务部门和生产部门互联共同制定最优方案，及时核算生产中的应纳税额，让企业获得更大的利润。

### （四）企业营销税务管理

在企业销售产品的过程中，企业销售行为对税费的影响主要有三个方面。一是销售实现方式的选择，如现销还是赊销、自销还是委托代销；二是促销方式，涉及打折、购买产品送实物、购买产品送代金券等；三是特殊销售行为，如混合销售、视同销售等，不同方式对于消费者来说可能影响差别不大，但是企业的税收负担却有很大差别。企业的营销部门在进行销售前，把营销方案共享至企业信息系统，若无法抉择相同的两个方案，可以让税务部门站在税收角度进行筛选，在销售结束后，税务部门还可以根据获得的实时信息，给营销部门提出更好的建议。

### （五）企业薪酬福利税务管理

薪酬福利的税务管理主要是站在个人所得税的角度来探讨。企业一方面会代税务机关扣缴本企业员工的工资薪金、劳务人员的劳务报酬等的个人所得税，另一方面企业也要考虑如何发放报酬可以让员工获得更多利益。人事部门每月更新员工的具体工作信息，由企业税务部门处理相关个人所得税涉税事项，对于人事部门报酬发放当月计划，税务部门可以给予适当的建议。

### （六）企业收益分配税务管理

这一项税务管理主要为所得税管理和股利分配管理。企业所得税是影响企业净利润的重要部分，企业一方面要合理进行税收筹划，另一方面又要避免税收风险。税务部门根据生产部门和营销部门共享的信息，处理好不征税收入与免税收入，对扣除项目作重点筹划，尽量利用税收优惠，充分利用亏损弥补。在股利分配方面，与决策部门联结，要尽量采取合理的支付方式，减少股东缴纳的个人所得税，为股东增加财富。

## 二、企业外部互联的应用创新

### （一）企业与政府

近些年我国税务部门的信息化改革取得了很大的进展，税务机关日常的业务操作都在计算机平台上进行，建立"电子税务局"，所有的涉税业务均可通过其进行办理，政府和企业之间的互联将进一步减少不必要的沟通成本，提高政府管理的效率和企业纳税的准确性，减少了沟通障碍，方便了双方的工作。

1. 日常管理

（1）税务登记。企业办理开业税务登记、变更税务登记、停业和复业税务登记、注销税务登记，如果程序简单且不需要领取、上缴必要的证件、凭证时，可以在网上办理，若必须进入实体税务大厅进行办理，也可以采用网上预约等形式，减少企业排队等候的时间。

（2）账簿、凭证管理。企业的账簿、凭证都存储在计算机上，若税务机关在检查时需要，则可以实现在互联网上的直接传输。

（3）发票管理。普及电子发票的优势前已述及，然而，当利用税控系统开具增值税发票时，税务机关可以通过税控系统直接采集发票信息，除了自主开具发票，企业也可以在网上申请代开发票，税务机关开具后，直接传输至对方企业。

2. 纳税申报和税款缴纳

企业进行网上纳税申报后，税务机关受理并审核后，就存在的问题与企业在线上进行及时、准确的交流，既可以达到当面交流的及时性、准确性，又减少不必要的奔波。待确认纳税申报无误后，企业通过线上平台支付税费，税款直接到达税务机关账户。这种及时、准确、面对面交流减少了双方的沟通成本。

3. 纳税检查

互联网时代的税务检查，可以充分利用互联网打破物理隔离的限制，一旦税务机关有需要，企业储存在计算机上的信息可以通过互联网共享至税务机关，这些信息不仅包括财税信息，也包括企业的业务信息。另外还可以建立税务网络约谈室，实现超时空对话，方便双方互动交流。税务机关人员在进行下户检查时，配备记录仪，具有录音、录像、照相等功能，可以在税务机关内部实时上传共享，一切检查皆在共享信息和阳光沟通的氛围下进行，确保征纳双方权利与义务的履行。

（二）企业与企业

这里主要指供应链上的企业税务管理，即企业与上游的供应企业、下游的客户企业业务往来时涉税信息的管理。近几十年企业"纵向一体化"的管理模式逐渐向"横向一体化"发展，从原材料采购到最终把产品送到客户手中，企业和企业之间形成了一个完整的链条，随着互联网的普及，为了实现供应链的系统优化和各个环节之间高效率的信息交换，供应链上的企业也应该用信息技术武装起来，实现企业间的互联。企业与企业间的财税互联就是建立在企业业务信息互联的基础上的，企业从洽谈合作，到签订协议，再到产品和资金的交换，都可以在网上完成。在协议签订前，企业的税务部门可以站在税务的角度提出改进方案，作事前的税务筹划和控制，在进行产品买卖时，企业的采购信息或者销售信息直接由上游的供应企业传输至下游的客户企业，包括原始凭证、电子发票等，做到业务流、资金流和票据流共同传递。

（三）企业与中介机构

1. 税务代理

税务代理是企业委托税务师事务所、会计师事务所等中介机构，代为办理企业涉税事项。一般中小企业不设专门的税务部门，为了降低税务风险，做到及时准确纳税，中小企业可加强与中介机构的联系，寻求更加便捷准确的税务代理服务。"互联网+"背景下的税务代理，首先企业可以通过互联网平台查找到满意的中介机构，双方可以在网上洽谈合作，并在网上完成签约。其次，在中介机构代办涉税事项的过程中，中介机构可以通过联网方式获得企业涉税信息，企业账务直接传输，提高代办效率。中介机构也能通过各式各样的电子办税服务和税务机关交涉。

2. 税务咨询

随着税制的发展，税法日益完善和复杂，企业的税务风险也越来越高，毫无疑问，税务咨询服务日显重要，需求量日益突出。"互联网+"背景下的税务咨询也更加便捷高效，互联网把税务咨询服务和企业连接起来，企业可以方便地在网上找到咨询机构、专家，时时通信工具的发展可以让咨询专家和企业人员进行文字、语音、视频交流，跨越地区、时间方便地互动。这样满足了企业任何时间、任何地点都能获得税务咨询服务，可以保证企业各项涉税疑问都能得到解答。

# 我国跨境电商税收政策分析[①]

根据企业从事业务（进口、出口）的不同以及交易对象（B，企业；C，个人）的不同，可以将跨境电商的交易分为四种类型（B2B进口、B2C进口、B2B出口、B2C出口）。其中，我国出口企业与外国批发商或零售商通过互联网线上进行产品展示和交易，线下按一般贸易等方式完成的货物出口，即跨境电子商务的企业对企业出口（B2B），本质上仍属传统贸易，仍按照现行有关贸易政策执行，不在本文讨论范围之内。与传统贸易进出口税收政策区别较大的为B2C，这里详细论述。目前我国跨境电商税收政策因是否是试点城市而不同。

近年来，随着经济的发展、信息技术水平的不断提高，我国跨境电商发展迅速。2015年，中国货物贸易进出口总值24.59万亿元人民币，比2014年下降7%。其中，出口14.14万亿元，下降1.8%；进口10.45万亿元，下降13.2%。尽管全球贸易增速放缓，中国跨境电商增速有所下降，但是跨境电商增速仍大幅高于货物贸易进出口增速，中国进出口贸易中的电商渗透率持续提高。2015年，中国跨境电商交易规模达4.8万亿元，同比增长28%。预计2020年，跨境电商市场交易规模将达

---

① 本部分由首都经济贸易大学财政税务学院赵书博教授撰写。

12万亿元，在2015－2020年区间，复合年均增长率为20.1%。

2015年，我国跨境电商零售交易额达到7512亿元，同比增长约69%。其中，跨境电商零售出口5032亿元，同比增长约60%；跨境电商零售进口额2480亿元，同比增长约92%[①]。在跨境电商的发展过程中，我国税收政策起到了一定的促进作用。

## 一、我国跨境电商适用的税收政策

### （一）跨境电商零售（B2C）出口

跨境电子商务零售出口，是指我国出口企业通过互联网向境外零售商品，主要以邮寄、快递等形式送达的经营行为。目前在我国，试点城市与非试点城市存在政策差异。

#### 1. 试点城市

我国在13个城市设立了电子商务综合试验区。根据2015年3月7日《国务院关于同意设立中国（杭州）跨境电子商务综合试验区的批复》（国函〔2015〕44号），国务院同意在浙江杭州设立中国（杭州）跨境电子商务综合试验区。2016年1月15日国务院印发《关于同意在天津等12个城市设立跨境电子商务综合试验区的批复》，同意在天津市、上海市、重庆市、合肥市、郑州市、广州市、成都市、大连市、宁波市、青岛市、深圳市、苏州市等12个城市设立跨境电子商务综合试验区。设立跨境电子商务综合试验区的目的是通过制度创新、管理创新、服务创新和协同发展，着力破解制约跨境电子商务发展当中深层次的问题和体制性难题，打造跨境电子商务完整的产业链和生态链，逐步形成一套适应和引领跨境电子商务发展的管理制度和规则，形成推动我国跨境电子商务可复制、可推广的经验，支持跨境电子商务发展。

杭州、宁波等试点城市推出了有票退税、无票免税的政策。下面以杭州为例进行说明。

第一，无票免税。财政部、国家税务总局2016年1月发出通知，在2016年12月31日前，对中国（杭州）跨境电子商务综合试验区企业出口未取得合法有效进货凭证的货物，试行增值税免税政策。通知规定，享受免税政策的出口货物需纳入中国（杭州）跨境电子商务综合试验区"单一窗口"平台监管，同时，出口企业需在"单一窗口"平台如实登记其购进货物的销售方名称和纳税人识别号、销售日期、货物名称、计量单位、数量、单价、总金额等进货信息。通知明确，享受免税政策的试验区企业，是指在"单一窗口"平台登记备案且注册在杭州市的企业。自此，杭州成为全国唯一获得跨境电子商务零售出口业务"无票免税"的地区，即纳入综合试验区"单一窗口"平台监管的跨境电商零售出口货物，出口企业即便无法

---

① 2016中国跨境电商发展报告，http://sanwen.net/a/zytwnoo.html，2016.12.12。

取得合法有效的进货凭证，只要登记相应的进货信息，就可以在2016年底前享受免征增值税的优惠。

由于跨境电商企业通常向小型企业和个体经营户采购货物用于出口，有时在取得增值税专用发票和合法有效的进货凭证方面存在一定的难度。过去，企业购进货物用于出口，如无法取得合法有效的进货凭证，会被视同内销征税。目前杭州市国税机关创新推出一定条件下的"无票免税"，对跨境贸易发展具有重要意义，特别是对外贸综合服务企业，解决了这些企业在取得合法有效进货凭证方面的困难，为跨境贸易的"大众创业、万众创新"扫清了障碍。

第二，有票退税。在实行"无票免税"的同时，国税机关着力完善"有票退税"。按现行规定，一般企业申报出口退税时，国税机关需要核实其增值税专用发票上列明的商品名称，但跨境电商企业出口货物类型众多，有时一批货物出口对应上百张进项发票，若仍按此模式申报退税，企业发票用量将非常大，工作量也很大。针对行业特殊性，杭州市国税局及时与浙江省国税局展开研讨论证，积极向国家税务总局反映跨境电商企业申报退税的困难，简化"有票退税"模式。为满足跨境电子商务零售出口的碎片化贸易需求，在国家税务总局和浙江省国税局的支持下，杭州国税还在完善简化"有票退税"管理模式上做了积极探索，实行了以增值税专用发票附带销货清单形式作为退税依据，准予综合试验区内电商企业在一定期间内用供货企业汇总开具的一张增值税专用发票后附销货清单申报退税，并凭运单号在物流企业官网获得的出口货物流向记录，代替原先需要的相关备案单证，减少了电商企业匹配单据的工作量，大大提高了退税申报效率。

第三，出口退税无纸化管理。2015年8月1日起杭州推行的出口退税"无纸化"管理，更是显著减轻了跨境电商企业，特别是外贸综合服务企业出口退税申报工作量。国税机关采用计算机数据作为申报依据，省去了以往发票审核、数据比对等人工操作环节，不仅减轻了企业办税成本，也大大加快了退税速度。

2. 非试点城市

根据财税〔2013〕96号的规定，企业出口货物符合相应条件的，适用增值税、消费税退（免）税政策。其中退（免）税的条件之一是"购进出口货物取得合法有效的进货凭证"，即"有票退税"，否则不能享受免税，需要视同内销征税（无票不免税）。

（二）跨境电商零售（B2C）进口

我国设立了10个跨境电商保税进口试点城市。所谓跨境电商保税进口，也就是保税备货，指的是电商企业将进口商品批量储存在特定的保税仓内，消费者在网上下单后，电商企业完成相关手续后从保税区内发货。这一模式备受跨境电商企业的追捧，因为它不仅比海外直邮的物流速度更快，还可以税率较低的行邮税出保税区，而以一般贸易方式进口的大批量货物目前仍缴纳关税、增值税等。目前我国共有10

个跨境电商试点城市，分别是上海、重庆、杭州、宁波、郑州、广州、深圳、天津、福州、平潭。

进口跨境电商可以采用直邮进口和保税进口两种模式进口。直邮进口税收政策已经实施多年，物品从国外直接寄送给国内的消费者，适用行邮税。保税进口是具有中国特色的政策，下面进行详细说明。

从 2014 年起，海关总署发布了多个进口零售电商政策文件，适用于其陆续批准的跨境电商进口试点城市。2014 年 3 月，海关总署在通知中对"保税进口"模式做了规定说明。该模式下，进口电商可以提前批量采购以海运/空运方式将商品运至保税区内的保税仓免税备货，收到消费者订单后，商品直接从保税仓库经报关报检后发货，出仓商品适用行邮税。2014 年 8 月，56 号公告明确了海关对进口跨境电商的监管思路；57 号公告赋予了网购保税进口的合法身份，也即 1210 监管代码，全称为"保税跨境贸易电子商务"，简称"保税电商"。这是我国政府在全球监管中的一次首开先河的做法。在这个政策的鼓励下，相当多的投资人和创业公司开始进入布局跨境进口 B2C 领域。

需要说明的是保税进口只有部分试点城市适用。2015 年 9 月 9 日，海关总署加贸司发布了加急文件《关于加强跨境电子商务网购保税进口监管工作的函》（加贸函 2015 年 58 号）。函件重申，跨境保税进口必须是在跨境电商试点城市的海关特殊监管区域或保税物流中心展开；非跨境电商试点城市，不得开展网购保税进口业务；普通保税仓库不能开展。函件强调，即便在试点城市内，开展网购保税也只能在两类区域（场所）进行：海关特殊监管区域和保税物流中心（B 型）①。

2016 年 3 月 24 日，我国关于跨境电商零售进口的税收政策有了较大的改变。这一天《财政部海关总署国家税务总局关于跨境电子商务零售进口税收政策的通知》（财关税〔2016〕18 号）发布，自 2016 年 4 月 8 日起开始实施，规定跨境电子商务零售进口商品的单次交易限值为人民币 2000 元，个人年度交易限值为人民币 2 万元。在限值以内进口的跨境电子商务零售进口商品，关税税率暂设为 0%；进口环节增值税、消费税取消免征税额，暂按法定应纳税额的 70% 征收。超过单次限值、累加后超过个人年度限值的单次交易，以及完税价格超过 2000 元限值的单个不可分割商品，均按照一般贸易方式全额征税。

政策出台后，跨境电商反应强烈，跨境电商交易大幅下滑。为解决此问题，经国务院批准，对《跨境电子商务零售进口商品清单》（含第二批，下同）中规定的有关监管要求给予一年的过渡期，海关总署、质检总局已通知实施。为此，海关总

---

① 保税物流中心是指封闭的海关监管区域并且具备口岸功能，分 A 型和 B 型两种。A 型保税物流中心，是指经海关批准，由中国境内企业法人经营、专门从事保税仓储物流业务的海关监管场所；B 型保税物流中心，是指经海关批准，由中国境内一家企业法人经营，多家企业进入并从事保税仓储物流业务的海关集中监管场所。北京空港保税物流中心为 B 型。

署内部发布了《海关总署办公厅关于执行跨境电子商务零售进口新的监管要求有关事宜的通知》。《通知》指出，2017年5月11日前（含11日），在上海、杭州、宁波、郑州、广州、深圳、重庆、天津、福州和平潭10个试点城市，继续按照税收新政实施前的监管要求进行监管，即"一线"进区时暂不验核通关单，暂不执行"正面清单"备注中关于化妆品、婴幼儿配方奶粉、医疗器械、特殊食品（包括保健食品、特殊医学用途配方食品等）的首次进口许可证、注册或备案要求；对所有地区的直购模式也暂不执行上述商品的首次进口许可批件、注册或备案要求。

2016年11月15日，商务部新闻发言人发表关于延长跨境电商零售进口监管过渡期的谈话，指出过渡期实施以来，跨境电商零售进口平稳发展，对于引导企业积极适应规范的监管要求、地方不断创新监管服务等发挥了重要作用。同时，相关部门也在从有利于促进行业健康发展、有利于维护消费者利益和安全健康的角度研究优化监管安排。为稳妥推进跨境电商零售进口监管模式过渡，经商有关部门同意，上述过渡期进一步延长至2017年底①。

## 二、我国跨境电商税收政策存在的问题

（一）新政出台仓促，变化频繁

"4.8新政"出台没有充分听取企业的意见，甚至相关部委之间的沟通也不够充分，导致出台的政策对跨境电商产生非常大的负面影响，网络上也有比较多的批评声音。为消除该项政策的负面影响，我国又于2016年5月11日出台新规。

我国跨境电商税收政策变化频繁。2016年4月8日新政，5月11日补充文件出台，以及11月15日商务部的发言人的谈话，频繁变动，跨境电商始终处于一种不确定的经营环境之中，感到无所适从。企业要向长远发展，必须进行投资与海外布局，比如建立海外仓等，政策频繁变动，使企业不敢投资。

（二）税收法律层次低

涉及跨境电商的税收政策，基本上是部委文件，2016年11月更是以商务部发言人谈话的形式，告知我国跨境电商税收政策的变化。在法制化建设的今天，这样的法律变动形式真的是权宜之计。

（三）试点与非试点地区不一致

1. 进口

跨境电商零售进口税收政策因试点与非试点而有所不同，没有入选试点城市的地区，不能享受免于核验通关单的政策。实践中，很多商品通关单的核验需要很长时间，核验通关单导致很多商品不能进口，使电商企业在竞争中处于不利地位。

18号文出台后，一部分电商业务转为跨境直邮方式，因为后者有免税额的规

---

① 商务部新闻发言人关于延长跨境电商零售进口监管过渡期的谈话，商务部网站，2016.11.15。

定,这与国家政策意图背道而驰。

2. 出口

没有入选综合实验区的地区,不能实行"有票退税,无票免税"政策,同样不利于企业的跨境出口。

(四)对电商企业"刷单"没有明确的解决办法

一些入驻电商平台的电商存在"刷单"现象,一般采用两种方式:一是让员工冒充买家购物、评价,"货款"先由员工支付到平台指定账号,再由该账户转至商家账户,再由商家返还给员工。二是雇佣职业"刷客"来刷单,流程与员工"刷单"类似,不同的是需要商家与"刷客"事先约定好"刷单"数量、劳务费比例,活动结束后商家除了返还"刷客"货款,还需要支付劳务费。可见,"刷单"的成本包括:支付给"刷客"的劳务费、快递费、向交易平台缴纳的服务费等,每单的成本在 10 – 15 元。对"刷单"现象,如何进行税务处理,目前没有明确的解决办法。这既影响一个地区的增值税收入,也影响企业所得税收入。

### 三、我国跨境电商零售进出口税收政策的改进对策

(一)政策出台前充分听取各方意见

"4.8 新政"出台后引发比较多的批评声音,在实践中也引发混乱。至 2017 年底结束的过渡政策即将结束,新政必须在 2017 年底出台。再出台政策必须充分听取各方意见,加强各部门之间的沟通,避免引发反弹。

(二)政策应该具有连续性

该建议与第一项建议是一脉相承的。如果我国经过了充分的调研,出台的政策比较符合实践,实行的时间也会比较长久。

(三)尽快统一全国跨境电商零售进出口税收政策

试点与非试点地区适用不同的税收政策,影响非试点地区跨境电子商务零售进出口的发展。以北京为例,其发展跨境电子商务具有其他城市不具备的优势:第一,北京科技、信息产业发展优势明显,互联网与其他行业深度融合,进一步促进新经济、新业态的蓬勃发展,加之技术研发力量较为雄厚,发展电子商务具有得天独厚的优势。第二,北京电子商务市场潜力巨大。第三,北京是全国首批电子商务示范城市,目前北京市有多家全国电子商务示范企业,是拥有全国电子商务示范企业最多的城市。第四,北京贸易基础比较好,枢纽辐射功能强。但由于种种原因,没有列为试点城市,影响了其跨境电商的发展。因此建议尽快统一全国的税收政策。

(四)取消跨境电商零售进口的免税额

从世界范围看,对跨境电商零售进口给予一定免税额的国家,大多数存在免税额被滥用,从而造成税收流失的现象。其中的一些国家已经决定取消免税额。建议我国取消行邮税以及进口点上了零售进口税收中的免税额。

### （五）出台措施解决"刷单"问题

建议参考国外经验，认定该行为应该缴纳税款，增加"刷单"的违规成本。如果认定为不征税，则需要各部门协作来禁止这种做法的发生。

# 我国跨境电商零售进口税收政策的经济影响及完善思路[①]

近年来，我国跨境电子商务进口零售规模逐步扩大。有数据显示，我国进口零售电商交易规模从2011年的0.3千亿元人民币一路上升为2015年的2.1千亿元人民币，预测到2016年底，该数字将会达到3.9千亿元人民币，增长率为85.7%[②]。在进口零售电商交易规模高速增长的情况下，如何利用经济手段引导其持续健康发展成为税收领域重点关注的问题。2016年3月24日，财政部、海关总署、国家税务总局等相关部门联合发布《关于跨境电子商务零售进口税收政策的通知》，跨境电子商务零售进口商不再适用行邮税，国务院关税税则委员会则同时调整行邮税政策。这一新政策的出台，必然会对我国包括跨境电子商务零售进口产业在内的利益相关方产生重大影响。本文将对跨境电商零售进口适用税收政策新政前后税制要素及税收优惠进行对比，分析新政策颁布的原因、将会产生的影响，并在此基础上提出逐步完善跨境电子商务零售进口税收政策的思路。

## 一、跨境电商零售进口适用税收政策新政前后税制要素及税收优惠对比

我国将进出境商品区分为货物和物品并执行不同的税制。其中，对进境货物征收进口关税和进口环节增值税、消费税；对非贸易属性的进境行李、邮递物品等，将关税和进口环节增值税、消费税三税合一，合并征收进境物品进口税，俗称行邮税。我国一直对个人自用、合理数量的跨境电商零售进口商品在实际操作中按行邮税征税，大部分商品税率为10%，总体上低于国内销售的同类一般贸易进口货物和国产货物的税负。

2016年3月24日，财政部会同海关总署、国家税务总局颁布的《关于跨境电子商务零售进口税收政策的通知》中规定，自2016年4月8日起，跨境电子商务零售进口商品将不再按邮递物品征收行邮税，而是按货物征收关税和进口环节增值税、

---

[①] 本部分由中国社会科学院研究生院税务硕士教育中心执行副主任、副教授李为人及中国社会科学院研究生院税务硕士教育中心2016级研究生徐瑶撰写。

[②] 数据来源：http://www.analysys.cn/view/report/detail.html?columnId=8&articleId=1000296。

消费税，以推动跨境电商健康发展。此次改革则明确了跨境电商零售进口商品的贸易属性。

跨境电子商务零售进口的商品不再适用行邮税，而是同一般贸易进口商品一样按照"货物"进行纳税。比较分析跨境电子商务零售进口商适用的新政策和此前征收的行邮税，可以发现如下差别：

（一）税收制度构成要素的变化

1. 纳税义务人

原来的行邮税和现行的跨境电子商务零售进口税适用的纳税人稍有区别，在未颁布跨境电子商务零售进口税收政策之前，购买跨境电子商务零售进口商品按照邮递物品征收行邮税。而在新颁布的政策里，明确了该政策适用的纳税人为购买跨境电子商务零售进口商品的个人，将其从传统行邮税中剥离出来，单独适用新政策。

2. 征税对象

首要的差别在于跨境电子商务零售进口的商品性质上的界定。原来的行邮税是向进境旅客的行李物品和邮递物品征税，在颁布新税收政策之前，跨境电子商务零售进口的商品按照"物品"征收行邮税。而在颁布的政策中明确了跨境电子商务零售进口的商品按照"货物"征税。

另外一个差别在于税目的种类上。2012年3月28日海关总署颁布的《海关总署公告2012年第15号》中，海关总署重新修订了《中华人民共和国进境物品归类表》，该归类表中共列举了27种8位税号的商品，主要包括食品、饮料、酒、烟草、纺织品及其制成品、化妆品等。而在财政部商有关部门2016年4月7日、4月15日相继颁布的《跨境电子商务进口零售商品清单（第一批）》和《跨境电子商务进口零售商品清单（第二批）》中，采用"正面清单"①的方式共列举了1142种、151种8位税号的商品，原则上囊括了国内具有一定消费需求，能以快件、邮件方式进境的商品，涉及部分食品饮料、保健品、服装鞋帽、家用电器以及部分化妆品、纸尿裤、儿童玩具及奶粉等，与之前归类表中列举的商品相比，种类更加繁多，同时分类更加细微，同时也与当前人们进行"海外代购"商品种类的趋势大致相同。

3. 完税价格

跨境电子商务零售进口的商品按照行邮税纳税时，完税价格按照2012年3月28日修订的《中华人民共和国进境物品完税价格表》中规定的单位价格乘以数量来确定，而新颁布的政策规定了跨境电子商务零售进口商品的完税价格严格按照计算进口货物的完税价格方式进行计算，即完税价格以商品的实际交易价格为基础，加上海外运费和保险费来确定。

4. 税率

---

① 完整说法为"正面清单管理模式"。

首先，跨境电子商务零售进口商在 2016 年 4 月 8 日前适用的行邮税采用的是综合税率，共分为四个档次：10%、20%、30% 和 50%，而这次政策中规定的适用税率为该商品适用的关税、增值税和消费税税率，同时制定了相关的税收优惠政策。在出台该政策的同时，国务院关税税则委员会也相应调整了行邮税的税率档次和边际税率。

5. 代收代缴义务人

在代收代缴义务人上，原来的行邮税由于适用的是旅客的行李物品、个人的邮递物品以及其他个人的自用物品，所以在申报纳税上主要是纳税人个人，不过也可以委托其他人办理纳税申报。但在这次政策中明确规定了电子商务企业、电子商务交易平台企业或物流企业可作为代收代缴义务人，申报纳税上相比之前更加规范。

（二）税收优惠差别

最为显著的税收优惠差别在于税额上的优惠。跨境电子商务零售进口在适用行邮税时，进口税额低于人民币 50 元（含 50 元）的，海关免于征收。而在新政策中，取消了该税收优惠政策，设定了交易限值：跨境电商零售进口商品的单次交易限值为人民币 2000 元，个人年度交易限值为人民币 2 万元。在限值以内进口的跨境电商零售进口商品，关税税率暂设为 0%；进口环节增值税、消费税取消免征税额，暂按法定应纳税额的 70% 征收。超过单次限值、累加后超过个人年度限值的单次交易，以及完税价格超过 2000 元限值的单个不可分割商品，均按照一般贸易方式全额征税。

**二、跨境电子商务零售进口税收政策调整原因**

（一）按照"物品"征收行邮税引起税负不公

跨境电子商务零售进口商品在适用行邮税时，主要是将其归类为"物品"，类似于旅客携带行李和个人邮递的物品。而实际上，随着跨境电子商务的有利可图，其零售进口的商品在性质上已经发生了变化，不仅限于个人自用，反而更多的是用于"交易"，即自己作为中间商，进口后再转而销售给他人。所以，照此看来，跨境电子商务零售进口的商品若再同个人物品适用行邮税，将会产生巨大的税收不公平，造成效率损失。

1. 对传统进出口企业的不公

对于传统进出口企业来说，其一直以来进出口的商品均划归为"贸易商品"，按照 FOB 价征收关税、增值税和消费税，而按照"物品"征收行邮税的跨境电子商务零售进口的商品，并不需要征收多道税收，只需按照适用税率征收进口税即可。所以，传统进出口企业的进出口商品承担的税负要远高于按照行邮税纳税的跨境电子商务零售进口商品的税负，严重打击传统进出口企业的贸易积极性。

2. 对国内零售企业的不公

按照我国现行税收制度，国内零售企业销售的商品按照 17% 的税率征收增值税，对于高档消费品等还要按照适用税率征收消费税，在这两道税负的叠加下，尤其是高昂的消费税税负下，国内零售企业销售的商品与跨境电子商务零售进口的商品相比，将远失去竞争力，这也是人们一直热衷于"海淘"的原因之所在。长久发展下去，国内消费力不足，经济将出现下滑。

（二）按照"物品"征收行邮税造成税收流失

由于行邮税采取简易征收的办法，并规定了税额上的优惠政策，跨境电子商务零售进口商已经具有了"贸易"的性质，所以在利益驱动下，其难免会发生偷逃税的行为，增加跨境电子商务零售进口商的"投机性"。

1. 简易征收产生的税收流失

在简易征收办法下，跨境电子商务零售进口的商品只要按照适用税率缴纳进口税即可，但是随着跨境电子商务零售进口商的数量和规模不断扩大并逐步形成一种产业时，跨境电子商务零售进口的商品依旧按照行邮税缴纳远低于传统进出口和国内贸易商品税负的税额，对于国家而言，将极大地损失一部分税收收入，不利于其对跨境电子商务零售进口商的监控与调节。

2. 税收优惠产生的税收流失

由于行邮税政策中规定有进口税税额低于人民币 50 元（含 50 元），以及携带进境个人自用物品（烟草制品、酒精制品及国家规定应当征税的 20 种商品除外）价值在 5000 元（含 5000 元）以内海关免于征收的税收优惠政策，所以跨境电子商务零售进口商会采取"拆分包裹"的方式，将大额的包裹拆分为几个小额的包裹，使进口税税额低于人民币 50 元（含 50 元）或者价值在 5000 元（含 5000 元）以内，从而成功逃避向国家缴纳税款。

正是由于以上两个方面的原因，按照"物品"征收行邮税的政策亟须调整。

### 三、跨境电子商务零售进口税收政策调整所产生的影响

（一）对消费者产生的影响

1. 价格有升有降，总体呈现上升趋势

跨境电子商务零售进口商在适用新政策前后，主要差别在于征税方式、税率以及税收优惠。综合考虑这三个因素，并假定税负的上升将全部转嫁到消费者身上，跨境电子商务零售进口的商品价格将有升有降，总体为上升趋势。对于政策调整前后商品价格的变化情况，可分为以下三种类型进行分析（见表1）：

（1）对于绝大多数商品，以及完税价格低于或等于 100 元的化妆品而言，由于按照行邮税征税时存在 50 元（含 50 元）免税额的优惠政策，而在政策调整后采用增值税加消费税的方式计算应纳税额，其税负有所上升。以一件完税价格 100 元的婴儿奶粉为例，在按照行邮税纳税时，其应缴纳进口税税额为 $100 \times 10\% = 10$ 元，

低于 50 元，所以免于征收。但按照增值税纳税的方式下，其应纳税额为 $100 \times 17\% \times 70\% = 11.9$ 元，相比按照行邮税纳税要多缴纳 11.9 元。再以一件完税价格 100 元的化妆品为例，按照缴纳行邮税的方式计算应缴纳进口税税额为 0，但在按照缴纳增值税和消费税时，该化妆品共应缴纳的税额为 $100 \times (30\% + 17\%) \times 70\% = 32.9$ 元，税负大幅度上升。

（2）对于完税价格高于 100 元的化妆品而言，如以 500 元的口红为例，若缴纳行邮税，则应纳进口税税额为 $500 \times 50\% = 250$ 元；若按照新政策规定，共应缴纳的消费税和增值税税额为 $500 \times (30\% + 17\%) \times 70\% = 164.5$ 元，比按照行邮税纳税少纳税 85.5 元，下降幅度为 34.2%。

（3）对于单价高于 2000 元的奢侈品而言，完税价格和计税方法均与之前大不相同。在适用行邮税时，适用税率为 30%，而在按照"关税+消费税+增值税"的方式计算应纳税额，并且其完税价格为零售价格时，税负将相比之前大幅度上升。所以，新政策的颁布将引起价格高于 2000 元奢侈品的税负上升最为显著。

表 1　　税收政策调整对跨境电子商务零售进口商品的价格影响

| 品类 | | 应交税费 | 变化 |
|---|---|---|---|
| 母婴、食品类 | 新政前 | 行邮税：10%，50 元以内免税 | 多缴纳 11.9% |
| | 新政后 | 增值税：17%×70%=11.9% | |
| 轻奢服饰类 | 新政前 | 行邮税：20% | 少缴纳 8.1% |
| | 新政后 | 增值税：17%×70%=11.9% | |
| 化妆品类<br>（单价<100 元） | 新政前 | 行邮税：50%，50 元以内免税 | 多缴税 32.9% |
| | 新政后 | 增值税和消费税：(17%+30%)×70%=32.9% | |
| 化妆品类<br>（单价>100 元） | 新政前 | 行邮税：行邮税 50% | 少缴纳 17.1% |
| | 新政后 | 增值税和消费税：(17%+30%)×70%=32.9% | |
| 奢侈品类<br>（单价>2000 元） | 新政前 | 行邮税：30% | 大幅上升 |
| | 新政后 | 按零售价格征关税、增值税和消费税 | |

资料来源：根据海关总署网站整理。

所以综合来看，新政后，跨境电子商务零售进口商品的税负较之前缴纳行邮税时总体上呈现上升趋势，在前面的假设前提下，商品的价格难免出现上扬。

2. 有利于维护消费者权益，优化消费者购物体验

2016 年 4 月 8 日颁布的新政策中规定的"通关单制度"[①]，从源头上控制了商品的质量，能将一部分不合格商品挡在"门外"，切实维护了消费者的权益。

---

① 跨境电子商务零售进口商在向海关报关之前，需按照一般货物贸易的要求提供由检验检疫机构签发的《入境货物通关单》，包括原产地证书和检验检疫证书，化妆品、保健品等商品还须在食药监总局注册备案。

同时，对跨境电子商务零售进口的商品由行邮进口税改征"关税+增值税+消费税"，以规范税收的方式来规范商家，淘汰那些以"投机"为目的的跨境电商，有利于消费者联系商家进行售后咨询以及退换货等，如同在实体店购物一样安心，优化了消费者的购物体验。

(二) 对跨境电子商务零售进口商产生的影响

1. 跨境电子商务零售进口商经营成本上升

跨境电子商务零售进口商品在改征进口"三税"，以及 50 元免税额规定已废除的情况下，大多数商品的税负会出现上升的趋势，体现在价格方面即为价格的上涨，而消费者又对价格波动极为敏感，所以，短期内，跨境电子商务零售进口商为了留住原来的客户群体，必须考虑自己承担一部分税收负担，而不是将其全部转嫁到消费者身上，这势必会增加跨境电商的经营成本，使跨境电商产业经历一段不可避免的"阵痛期"。

2. 均衡税收负担，确立跨境电子商务零售进口商合法地位

跨境电商零售进口商品在适用新政策后，意味着简易征税方式和 50 元免税额的税收优惠不复存在，新税率的设定以及跨境电商零售进口商品同其他一般进口贸易和国内贸易一样征收关税、增值税和消费税，基本均衡了三者之间的税收负担，从而在法律上确立了跨境电子商务零售进口商的合法地位。

3. 促进跨境电商产业的规范化发展

对于那些进口假冒商品、劣质商品的跨境电子商务进口商来说，新政策中的"通关单制度"的出台，无疑是当头一棒。"通关单制度"能基本从源头上保证商家进口零售商品的质量，若商家拿不到原产地证书和检验检疫证书，将无法向报关地海关报关，从而将不达标的商品"拒之门外"。

除此之外，对于那些主要利用"税收空子"进行经营的跨境电商来说，新政策的出台也使其处于被淘汰的范围内。"税收空子"的不断弥补，跨境电商能利用的税收红利越来越少，必定逼迫商家规范纳税。若想降低税收负担上升导致价格上升引起的客户群减少，商家必须着手提高综合竞争力，如严把商品质量、优化消费者的购物体验等。

(三) 对税务部门产生的影响

1. 增加税收收入，防止税收流失

一方面，由于新政策中商品的适用税率较之前行邮税的税率普遍提高，难免会使跨境电商零售进口商品的税收负担有所上升，从而增加了国家的税收收入。另一方面，新政策中取消了 50 元免税额的税收优惠政策，有效堵塞了跨境电商可以偷逃税的漏洞，在一定程度上防止了税收流失，也可以从侧面增加税收收入。

2. 有效降低海关的监管难度

随着我国跨境电商的不断发展，海关的监管难度也不断上升，原来"拆分包

裹"等手段屡禁不止，因为海关部门的监管能力有限，也无法完全辨认清楚是真正的"小包裹"还是为逃避缴纳税款的"分拆包裹"。但是，由于新政策中50元免税额税收优惠政策的废除，跨境电商通过"拆分包裹"的行为将无法再发挥逃避缴纳税款的作用，从而从源头上降低了海关部门的监管难度。

同时，"入境货物通关单"制度的出台，也规范了跨境电商的零售进口行为，若无法取得合法的原产地证书和检验检疫证书，则无法向海关报关，从而也相应降低了海关的监管难度。

### 四、跨境电商税收政策的国际经验借鉴

（一）美国：给予电商一定的发展空间

美国作为最早发展电商产业的国家，也是电商产业发展最为成熟的国家。在鼓励跨境电商发展上，美国给予其一系列的税收优惠。1996年，美国财政部颁发了《全球电子商务选择性的税收政策》，政策中提出对电子商务不征收增值税，且仅实行居民管辖权；1998年，美国国会颁布了《因特网免税法案》，对电子商务实行3年缓征期，而在2001年又将该缓征期延长到2004年；2013年，美国又颁布了《市场公平法案》，主要解决不同州之间电子商务税收管辖权的问题，开始对各州内年销售额达到100万美元以上的网络零售商征收销售税，而对无形商品网络交易免征关税。

（二）欧盟：减少对电商的限制

欧盟虽然没有同美国一样采取长时间对电子商务缓征税的政策，但也在电子商务领域实行较为宽松的税收政策，主张对电商减少限制。如1997年通过的《伯恩部长级会议宣言》中主张，官方应尽量减少对电子商务的限制，而应为电子商务的发展提供税收中性环境。1999年欧盟委员会公布了网上交易的税收准则：不开征新的税种，使当前税种适应电子商务的发展。

（三）日本：强调公平、简化

日本在跨境电子商务税收政策上一直强调公平、简化。1988年，日本公布电子商务活动基本方针：强调公平、税收中性以及税制简化原则，避免重复征税和逃税。日本《特商取引法》虽规定了网络经营要缴税，但是如果网店的经营是以自己家为单位，则个人家庭的开支可以计入网店的经营成本中并从网店收入中扣除，这样网店经营收入低于100万日元的免于缴税。从2015年10月起，通过互联网购自海外的电子书及音乐服务等将被征收消费税。

### 五、我国跨境电子商务零售进口税收政策的完善思路

（一）把握我国税制改革的大方向

新政策的出台，无论是税率较之前行邮税税率的普遍提高，还是50元免税额税

收优惠政策的取消，总体呈现的结果是跨境电商零售进口的商品税负是总体上升的。虽然这在一定程度上均衡了跨境电商产业同一般进口贸易产业和国内贸易产业的税负，但是，对处于刚刚繁荣起来的跨境电商产业来说，无疑是不小的打击。在税负方面，跨境电商零售进口的商品与国内商品相比，优势不再，这一方面是由于我国采取了以流转税为主体税种的税收制度，而非像国外如美国采用以所得税为主体税种的税收制度。然而，从长远来看，降低流转税的税负比重，适当提高所得税的税负比重，是我国税收制度改革的方向。

（二）发挥市场主导作用，尽量避免对跨境电商零售进口产业的过多干扰

我国现在的跨境电子商务模式大约可追溯到2001年正式启动的金关工程。经过十几年的发展，经历了黄页模式、网上交易模式，发展到现在的外贸综合服务模式。相对于国外发达国家而言，我国的跨境电子商务产业起步较晚，发展并不成熟，仍处于"初期"阶段。通过分析欧盟税收政策可以发现，在跨境电子商务发展初期，政府强调的是给予电商更多的发展空间，减少对其限制。所以，与其利用严格的税收政策去约束，不如发挥市场的主导作用，而政府的角色是作为辅助，为其发展提供公共服务，创造公平良好的发展环境。

（三）加强对跨境电子商务交易的税收征管

当前我国跨境电子商务交易税收的征管仍存在诸多问题，如目标不明确、手段较为粗放等。所以，在完善我国跨境电子商务零售进口税收政策时，税收征管问题也不容忽视。跨境电子商务交易区别于一般传统交易的最大特点是通过电子方式进行交易，所以在进行管理时应充分考虑采用电子征管手段，逐步建立起纳税登记的电子化、发票的电子化、纳税程序的电子化以及审计的电子化等全流程的电子化模式，从源头上加强对跨境电子商务的税收征管。同时，跨境电子商务交易不再采用传统的纸币支付方式，而是采用电子支付方式，所以，也可考虑通过第三方支付中心对跨境电子商务进行税收征管。

（四）跨境电子商务税收政策的国际化

由于跨境电子商务在经济全球化过程中发挥着越来越突出的作用，我国同越来越多的国家建立了电子贸易往来关系，所以我国在制定跨境电商税收政策时，不应仅仅考虑自身的情况，也应将同我国进行跨境电子商务交易的各国经济、政治等因素纳入考量范围，如英国脱欧、美国总统更迭等。我们应充分考虑这些国家可能采取的国内税收政策，并适时调整我国跨境电子商务零售进口税收政策。

# 公平视角下完善我国跨境电商税收政策的基本思路[①]

我国现行的跨境电商进口税收政策采用的是 2016 年 4 月 8 日财政部、海关总署、国家税务总局联合发布的《关于跨境电子商务零售（企业对消费者，即 B2C）进口税收政策的通知》，4 月 8 日之前跨境进口电商采取的税收政策是行邮税，从 4 月 8 日起，跨境电商税收新政正式实施，行邮税也同步调整，和原来相比，跨境电商将按照货物征收关税，按进口环节征收增值税、消费税，税额暂按法定应纳税额的 70% 征收，同时取消免征税额（原来有 50 元以下免征税额），这意味着跨境电商免税时代的终结。虽然新政策使跨境电商企业与零售企业的竞争更为公平，但税收公平原则缺失的状况仍然存在，只有充分贯彻税收公平原则的思想，才能保障税收制度的正常运转，才能起到矫正收入分配不均或悬殊差距的作用，确保经济稳定、快速地发展。

## 一、税收公平原则的含义

在任何一个国家，税收的职能和作用都是通过税收正式制度的安排来实现的，而税收正式制度的建立所遵循的指导思想就是税收原则，公平原则又一直是课税原则的首要原则。税收公平原则是英国古典经济学创始人威廉·配第和德国重商主义经济学家尤斯蒂最先涉及的，但他们并没有系统表达出自己的税收原则理论，最先将税收原则系统化、理论化的是英国经济学家亚当·斯密、德国财政学家瓦格纳和美国财政学家马斯格雷夫。亚当·斯密的平等原则要求每一个社会成员依照其从政府提供的公共服务中获得收入的多少为标准来纳税，而不应该因身份或地位的特殊而享有免税特权；瓦格纳认为公平原则要求政府按照纳税人的负担能力大小来征税，应使税收负担与纳税人的负担能力相称，对财产性所得的课税应重于劳动所得，对非勤劳所得应加重课税，对低收入者生存必需的收入应减轻负担，对贫困者免税；马斯格雷夫认为税收负担的分配应当公平，每个人都应承担合理的份额。

公平本身就是一个极为复杂的问题，也没有普遍接受的概念，具体到税收公平原则上也没有公认的标准。现在比较有权威的说法是税收公平原则是指政府征税要使不同纳税人承受的税收负担与其经济状况相适应，并使不同纳税人之间的负担水平保持大体均衡，换句话说就是相同纳税条件下的同类纳税人，应当缴纳相同的税，

---

① 本部分由中国社会科学院研究生院税务硕士教育中心 2016 级研究生王超撰写。

不同纳税条件下的纳税人，应缴纳不同的税，这就是所谓的横向税收公平与纵向税收公平。不管是横向税收公平还是纵向税收公平，都是一种价值判断，要使税收同时做到横向公平和纵向公平的关键问题是明确到底用什么标准来衡量税收公平，现在比较通用的衡量税收公平的标准是支付能力原则和收益原则，支付能力原则是税收负担按照纳税人的支付能力或负担能力来分配，核心是量能课税；收益原则认为税收是政府提供公共产品和服务的价格，税收负担应以人们从政府提供的公共产品和服务中的受益为依据，即每个社会成员所承担的税收负担应当与其从政府提供的公共产品和服务中的受益程度保持一致。

**二、跨境电商税收政策在税收公平原则上的缺失**

（一）正规跨境电商与非正规跨境电商间存在成本差距

2016年4月8日财政部、海关总署、国家税务总局联合发布的《关于跨境电子商务零售进口税收政策的通知》中明确规定，跨境电子商务零售进口税收政策适用于从其他国家或地区进口的，通过与海关联网的电子商务交易平台交易，能够实现交易、支付、物流电子信息"三单"比对的跨境电子商务零售进口商品和未通过与海关联网的电子商务交易平台交易，以及快递、邮政企业能够统一提供交易、支付、物流等电子信息，并承诺承担相应法律责任进境的跨境电子商务零售进口商品，而不属于跨境电子商务零售进口的个人物品以及无法提供交易、支付、物流等电子信息的跨境电子商务零售进口商品，仍将按现行规定执行。虽然此次税收新政策相比跨境电商之前采取的行邮税政策进步很多，使跨境电商企业与零售企业的竞争更为公平，但此次税收新政将主要影响正规的跨境电商及服务企业，使其综合成本增加，对非正规的跨境电商（比如代购）而言，由于现行监管条件的制约，税收新政对其影响很小，由此产生的成本差距，不能体现横向公平。一方面，这将导致正规跨境电商的商品成本增加，价格上涨，从而降低销售量，然后会相对降低非正规跨境电商的成本，促进非正规跨境电商的发展；另一方面，游客为了降低成本，会加大出境购买力度或代购，进而阻碍中高端消费回流国内。同时，成本差距会造成代购市场套利空间的扩大，导致中高端消费重回代购的灰色渠道，这非常不利于税收公平原则的实现，这样的局面，或许并不是政策制定者和广大消费者所希望的。

（二）税制模式存在差异

新税改对跨境电商取消了免税额，而一般贸易仍然享受关税、增值税、消费税各50元的免征税额，新政中设定的个人单次交易限额为2000元，与现行相关政策中"居民入境时可携带的个人消费品价值限额为5000元，在离岛免税店购物限额为8000元"的标准相比，明显偏低，都需要进行调整。而且对于同种商品或相同性质的进口商品依然存在三种征税模式，分别是个人物品（行邮税）、跨境电商（新税改）和一般贸易（关税＋增值税＋消费税），也就是只有列入清单的商品能够按照跨境电商的税制进口，其他产品则要按照一般贸易或其他商品行邮的税制进口，不适用于针对跨境电商的税收优惠政策。在跨境电子商务交易的过程中，特别是在海代、海淘、自营跨境电商的形式中存在逃税、逃检、逃避非关税壁垒、服务滞后、信用危机等问题，这种征税制度的差异很容易被"海淘""海代"所利用，会产生很多社会性的问题，最重要的是这会造成严重的税收不公平现象，使新兴业态与传统业态、国内商品与国内商品无法做到真正的公平，不利于税收公平原则的实现。

（三）计税依据存在差异

跨境进口和一般贸易相对比（见表1），跨境电商的完税价格是实际交易价，包括商品零售价格、保险费和运费，而一般贸易的税基是CIF到岸价，即出厂价格加运费。通过对CIF价格估值计算，在2000元的限额内，相同或相似商品通过跨境电商和一般贸易两种方式进口，前者在税收政策方面存在一定的优势，所缴纳税款相对较少，这对于一般贸易来说是不公平的，除非企业到岸价即CIF价远远低于商品零售价格，这需要同时对跨境电商和一般贸易的企业做具体价格对比。

表1 跨境电商的计税价格与实际征税金额计算

| 项目 | 计税价格 | 实际征税金额 |
| --- | --- | --- |
| 跨境电商 | 商品零售价格 | 商品零售价格×（增值税税率＋消费税税率）×70%（2000元限额内） |
| 一般贸易 | 完税价格×（1＋关税税率）/（1－消费税税率） | 计税价格×（消费税税率＋增值税税率） |
| 个人包裹 | 行邮税：单个包裹限额1000元，不可分割商品可超出1000元，可分割商品超出部分退运或按一般贸易收税，年交易限额1000元，税率为15%/30%/60% | |

PS：跨境进口是以零售价为准，零售价格理论上一定高于CIF价格，除非商家在海关处申请用远低于成本的价格进行销售

跨境进口和直邮模式相对比（见表2），对于原本高行邮税率的产品而言，快件正常清关下直邮模式相比税收新政不再具备显著优势，比如化妆品、部分家用厨房电器等行邮税率特殊的日常用品可以采用跨境进口方式，而一些高档货，例如高档手表、高尔夫球杆等，采用直邮更灵活。

（四）"正面清单"存在漏洞

《跨境电子商务零售进口商品清单》，简称"正面清单"或"清单"，跨境电商新政只适用于正面清单上的商品，非正面清单上的商品适用一般贸易或行邮的税制，不能享受跨境电商的税收优惠政策。清单共有1142个8位税号商品，主要是可以满足国内一定消费需求的生活消费品。虽然种类繁多，但仍存在漏洞，因为对非正面清单上的商品来说，商品成本大幅提升，这对其来说是非常不公平的，背离了税收公平原则的内涵。比如清单中并没有液态奶、生鲜两类跨境热销商品，这意味着经

表 2　　　　　　　　　　　　　跨境进口和直邮模式的比较

| 化妆品 | 直邮税率：50%<br>跨境进口：（17% + 30%）×70% = 32.9% |
|---|---|
| 高档手表 | 直邮税率：30%<br>跨境进口（17% + 20%）×70% = 25.9% |
| 高档高尔夫球杆 | 直邮税率：30%<br>跨境进口：（17% + 10%）×70% = 18.9% |
| 电饭煲、电视机、洗衣机等 | 直邮税率：20%<br>跨境进口：（17% + 0）×70% = 11.9% |

营液态奶和生鲜两类产品的跨境电商企业无法享受新政的优惠，经营成本远大于清单上的商品；清单对于热销的配方奶粉和化妆品也设置了门槛，配方奶粉必须按照有关法律规定实施注册，化妆品必须是非首次进口的商品且在中国相关管理部门注册，这大幅提高了配方奶粉和化妆品进入清单的门槛，对于依赖配方奶粉和化妆品进口的商家而言，进口清单上的商品和非清单上的商品税收负担存在明显不公；清单中没提保健品，也值得深思；另外清单外商品界定模糊，新政也没有明确清单外商品是否可以通过重新提交许可证或者额外审批进入清单或享受新税改税收优惠政策。

**三、完善我国跨境电商税收制度的思路**

我国的电子商务税收理论甚是缺乏，尤其跨境电子商务的税收政策存在着很大的空白。跨境电子商务作为一种新兴的、高速发展的贸易模式，已经对我国传统的进口模式产生了巨大的冲击，对我国的经济发展、法律制度和贸易政策提出了新的问题和挑战。政府应该加快解决自由贸易与跨境电子商务有关税收政策的差异问题，建立适应跨境电子商务发展的税收政策，充分解决有关跨境电子商务的不公平现象，具体可以从以下几个方面改革和完善：

（一）完善"正面清单"

跨境电子商务零售进口商品清单一个很大的缺陷就是会造成大部分跨境商品退出市场，因为非正面清单上的商品面临非公平税收负担的状况时，经营成本的大幅上升会导致市场逐渐淘汰这些商品。当然也有可能造成退出的跨境商品重回邮政渠道，这样会导致之前政府重金建设的园区和设施遭到闲置和浪费，在一定程度上会促进灰色通关和"水客"的发展，会产生巨大的套利空间，背离了税收公平原则，政府应该适当调整跨境电子商务零售进口商品清单。比如政府应该积极组织专业人员对动植物相关产品的国别和品类进行研究和归类，在保证公平进口的同时，保障生鲜和液态奶等产品的安全，并防止对国内生态环境造成破坏；寻找降低热销配方奶粉和化妆品门槛的方式，在充分满足消费者需求的情况下，也能保证和清单商品税负的一致性；对清单外商品界限进行明确，并可以发布条文允许清单外商品通过重新提交许可证或者额外审批进入清单和享受新政税收优惠政策，获得同等资质；尽快征求社会意见，补充和完善正面清单。

（二）修订建立统一的跨境电商税制模式

目前大多数国家都实行单一进口税制，并没有行邮税政策，我国应当全面彻底废除行邮税政策，用现有税种去逐渐适应跨境电商税收问题，统一个人物品（行邮税）、跨境电商（新税改）和一般贸易（关税＋增值税＋消费税）税收政策，使新政中设定的个人单次交易限额、居民入境时可携带的个人消费品价值限额和在离岛免税店的购物限额趋向一致，使个人包裹、跨境电商和一般贸易税收负担趋向一致，充分利用现有的跨境电商相关法规，针对跨境电子商务的特点，逐步解决跨境电商税收棘手问题，收集整理相关信息，不断探索税收新模式，明确跨境电子商务的税收管辖权，明确跨境电子商务征税对象、计税依据、税目、税率、纳税时间、纳税地点和纳税义务人等，完善对跨境电商交易凭证的管理办法，寻找新的方法去解决现有的各种问题，尝试弥补跨境电商法律的空白内容，建立跨境电商稽查制度，建立统一规范的跨境电商进口制度，为跨境电商税收立法做好准备，实现真正的税收公平，保证跨境电子商务和传统贸易的公平竞争。

（三）规制自由裁量权，建立多部门联合的新型管理模式

由于跨境电子商务具有小额化、碎片化、个性化的特点，给海关等部门的管理工作带来了很大的挑战，实际征管中存在着特别多的问题，产生了税收流失现象，纳税评估和税务稽查也遇到了很大的困难，严重背离了税收公平原则，给国家带来了很大的损失。一方面政府应该出台政策，明确裁量条件、程序和范围，细化裁量标准，限制海关官员的自由裁量权，降低腐败现象的发生，保证进关平等对待；另一方面海关等部门传统的管理模式根本无法有效触及跨境电商交易的各个具体环节，应该建立统一的税收征管服务平台、跨境电子商务平台、支付平台、物流系统，监控整个跨境电子商务交易的流程，推动海关、商务、质检、工商、商检、边检、海事、港务局、税务局、银行、外汇等部门建立联合执法机制，动态管理跨境电商交易过程，严格整治灰色通关的偷漏税行为，掌握跨境电子商务的信息流、资金流、物流，有效防范和化解整体性风险，将管理触手延伸至进出口活动全过程，形成前期、现场、后续管理有机结合的综合管理体系，通过建立更灵活、优化的税收政策和征管模式，达到管控与服务并举，加大跨境电商监管力度，逐步推动非正规电商向正规电商转变，实现真正的税收公平。

# 实现"互联网+税务"公平目标的路径选择[①]

## 一、"互联网+"背景下我国税收环境的改变

2015年3月,李克强总理在"两会"期间提出"互联网+"行动计划,2015年9月28日,国家税务总局发布了《国家税务总局关于印发〈"互联网+税务"行动计划〉的通知》(税总发〔2015〕113号)。当前,不论是税收实务界还是学术界,都在这个新的领域进行深入思考,积极进行实践。毋庸置疑,"互联网+"给我国带来的税收环境的良性变化是巨大的,在现代化税收管理方面,主要的改变包括以下几方面:

(一)涉税信息更加对称

税务机关与纳税人之间涉税信息的不对称可能对征纳双方的行为均造成很大影响。首先,会造成纳税人的逆向选择,即诚实的纳税人在竞争中被不断地逐出市场[②]。其次,上下级税务机关之间的信息不对称使得上下级税务机关之间税收交易成本增大。最后,还会影响税收中性,造成税制的扭曲。

而在"互联网+"的背景下,借助于云计算、大数据等先进信息技术,我国可充分利用、嫁接、整合各类公共资源,特别是网络资源,构建起税收公共服务系统。并可采取多种方式(自建、租赁、购买服务等),构建起涉税大数据和涉税云服务平台,以此达到涉税信息公开和涉税数据共享的目的,使得征纳双方的涉税信息更加对称,基于网络技术的涉税信息的完善,使得政府的公信力得以提高。

(二)有效提高税收征管效率

"互联网+"背景下,将有效拓展互联网应用与税收征管融合的广度和深度,连接税务机关与纳税人、税务部门与其他涉税部门,有效地进行信息交换,大幅提高税收征管效率。

利用"互联网+",税务部门可以准确地将相关涉税信息传达给纳税人,纳税人则通过网上银行等移动终端及时足额地缴纳税款,实现"信息流"和"资金流"的双向的畅通流动[③]。"互联网+"也使得"信息流"在纳税人和税务机关之间的

---

[①] 本部分由贵州财经大学杨杨教授、杜剑教授撰写。本部分是商务部联合研究课题"数字经济时代我国面临的税收挑战与应对策略研究"(项目编号:2015swbzd16)的阶段性研究成果。
[②] 杨得前. 税收遵从的理论研究及其在税收管理中的应用 [D]. 上海理工大学,2006.
[③] 刘威威,黄诗睿. 拥抱"互联网+",改造税务传统模式 [J]. 中国税务. 2015,(8).

层级过滤不再必要，以倒逼税务机关实现扁平化、集约化管理，提高征管效率。

同时，依托于"互联网+"这个平台，税务部门也可与银行、海关、工商、公安等部门进行连接，与第三方进行充分的信息交换，实现政府各个涉税部门之间的互联互通。

无所不在的网络，无所不在的计算，无所不在的数据，无所不在的互动，已经且正在使税收征管"旧貌换新颜"①。也将使得纳税人对税务部门的信任度和满意度大幅提高。

（三）纳税人纳税成本大幅降低

依托于"互联网+"的技术平台，可拓展为互联网+社会协作、互联网+办税服务、互联网+发票服务、互联网+信息服务、互联网+智能应用等全方位的纳税服务，无一不体现了方便纳税人、降低纳税人纳税成本的纳税服务思想。"互联网+税务"的深度融合，能使纳税人足不出户或利用移动终端设备就能便利处理网上申报、纳税、发行凭证、查询自身税务信息等涉税事项，大幅降低纳税人缴纳税款的成本。同时，由于处理涉税事宜的便利度提高，缴纳税款过程中的心理成本等隐性纳税成本也会大大降低。

（四）纳税人风险甄别机制更加精准

首先，以云计算、大数据和互联网为手段，充分挖掘和应用第三方信息，改变传统的"人盯户、票管税"的做法，拓展信息渠道，获取外部网站披露的其他内容，如实际关联公司、经济案件的法院判决结果等信息数据，丰富案源线索；同时融合多方信息，引入税务登记、申报、鉴证报告、财务报告等多方信息，依托于数据情报平台，依照分析模型比对涉税数据，提高税收稽查精准度。其次，强化信息的挖掘和应用，着重建立各类信息之间的对应关系和钩稽关系，充分运用"网络爬虫技术"等先进手段，着重进行纳税人的风险信息重构，以准确定位和发现这些交易中的税收风险。这将使税收分析更具科学性和准确性，也使得纳税人风险甄别更加精准。

## 二、"互联网+税务"创造更加公平的纳税环境

纳税人若在现行税收制度下感觉受到了不公平的待遇，则更有可能通过逃税来恢复公平②。国外一些学者设计了不少税收实验，均检验出纳税人的税收遵从度与公平感之间呈正相关关系③。KIRCHLER在解释"遵从坡面模型"时，也有类似的描述："相比起个人利益最大化目标，纳税人对税务机关在征税过程中分配公平和

---

① 蔡宇. 从"善假于物"到拥抱"互联网+"[J]. 中国税务，2015，(8).
② TYLER. The psychology of legitimacy: A Relational Perspective on Voluntary Deference to Authorities [J]. Personality and Social Psychology Review, 1998, (2).
③ 杨得前. 税收遵从的理论研究及其在税收管理中的应用[D]. 上海：上海理工大学，2006：35.

程序公平的认可、对税法的充分理解、对政府的积极态度,才是决定税收遵从度的最重要因素。"①

(一) 对遵从坡面模型的分析

澳大利亚维也纳大学的 KIRCHLER 在其 2007 年的著作《税收行为的经济心理学分析》中,首次提出了"遵从坡面模型"②。如图 1 所示,遵从坡面模型尝试建立起一个三维立体架构图,即同时考虑"政府强制力""政府公信力"对"税收遵从度"的影响。

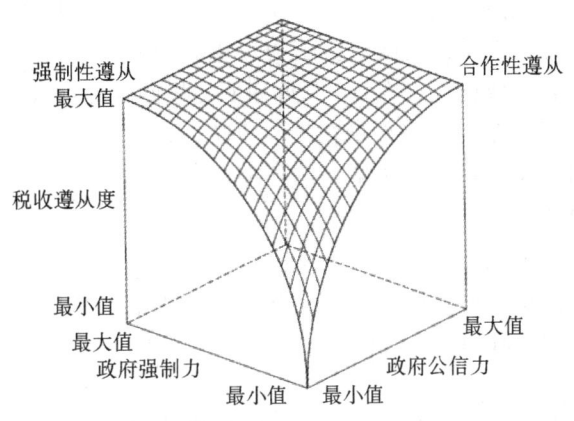

图 1　税收遵从坡面模型图

通过分析坡面模型,我们可知:

首先,若将税收遵从简单分为"强制性遵从"与"合作性遵从"两大类,则"政府强制力"这一因素的大小可决定"强制性遵从"的税收遵从度的大小,两者呈正相关关系;相对应的,"政府公信力"这一因素的大小则与"合作性遵从"的税收遵从度呈正相关关系。

其次,要使一国纳税人达到同样的税收遵从水平,可从两个方面着力:一方面,依赖于政府的强制力,如加强税务稽查、税收审计的力度,加大对税收违法行为的惩罚力度(理论基础是威慑理论)等,来提高强制性遵从的税收遵从度;另一方面,则可以通过提高政府公信力,如提高纳税人对政府的信任度、降低纳税人的纳税成本、加强征纳双方之间涉税信息的沟通与共享等手段,使合作性遵从的税收遵从度达到一个理想的水平。当然如果能够同时着力,即在提升政府公信力水平的同时又加强政府的强制力,则税收遵从度的提升效果将会更加显著。

---

① KIRCHLER. The Economic Psychology of Tax Behaviour [M]. Cambridge: Cambridge University Press, 2007: 223.

② KIRCHLER. The Economic Psychology of Tax Behaviour [M]. Cambridge: Cambridge University Press, 2007: 221-225.

最后，从模型曲面（阴影部分）的曲率变化可知，政府付出单位税收努力所换取到的税收遵从度的提高度是不一样的。在初期，政府可以较少的税收努力（不论是提升政府公信力还是政府强制力）换取到一国税收遵从度的较大提高。但越到后期，若想取得相同程度的税收遵从度的提高，则需要政府付出更多税收努力。当然，模型的提出者 KIRCHLER 将此模型命名为"坡面模型"，还有一层意义：如果在一国税收征管过程中，政府稍有懈怠，则可能带来税收遵从度以"加速度"的形式下降，形成英语文化中所谓的"湿滑坡"① 情形。

综上所述，为了提高纳税人的税收遵从度，我们应尽可能提高政府强制力以提高税收强制性遵从度，也可提高政府公信力以提高税收合作性遵从度，如果双管齐下，则效果更加显著。应该说，在 A-S 模型所描述的强制性遵从路径之外，"遵从坡面模型"描绘了另一条遵从路径：合作性遵从，认为税务机关与纳税人之间，甚至于涉税各方之间，应当建立合作型、信任型的伙伴关系，让纳税人实现最大程度的、自愿的税收遵从②。

（二）"互联网+税务"公平目标的内涵

为了提高合作性税收遵从度，在"互联网+"的有利条件下，我们应该努力营造更加公平和谐的纳税环境。

1. 程序公平

首先，"互联网+"使得征纳双方之间的涉税信息更加对称，从而使得纳税人对政府的信任度增加。下一步，还应着力于"互联网+自助查询""互联网+发票查验"等方面的建设，使纳税人可通过互联网随时随地查询本企业的基本信息、申报情况、涉税事项办理进度、发票使用情况、违法违规信息等涉税信息，让纳税人随时随地掌握办税进度，提高税收工作透明度。同时，税务机关应提供网页、移动应用、微信、短信等多渠道查验服务，让广大纳税人享受随时、随地、随需的发票查验服务，增强发票使用和管理的透明度，有效提升社会公众对发票的认知度和信任度。

其次，由于"互联网+"使得税务机关对纳税人风险甄别机制更加精准，纳税人对税务机关"办错案"的疑虑将会大大减少，从而增加对政府的信任度，从心理上提高遵从度。将来，政府还应该大力推进和完善网上涉税公开，将纳税信用分级情况在互联网站公布，定期通过互联网站向社会公布重大税收违法案件，形成有效的监督制约机制。

2. 分配公平

"互联网+"更多的是直接作用于税收管理，因而直接关系到税收程序公平的

---

① "湿滑坡"（slippery slope）用来形容某人或某事所处的状态越来越糟，急剧下滑，如果不及时采取措施就会变得更糟。

② 谢波峰."互联网+"时代的税收风险管理［J］.中国税务.2015，（8）.

问题。但是，由于税制公平的实现与税收征管之间有着密不可分的相互约束，"互联网+"也将在很大程度上间接地促进税收分配公平目标的实现。结合我国的具体情况而言，我们应该积极推进"互联网+"，首先以支持我国"营改增"改革的全面深入推进。因为可以预计的是，"营改增"完成时，将会有越来越多的纳税人到国税部门纳税，如果没有"互联网+税务"的技术支撑，这项更加体现税负公平的改革恐怕会增加很多成本。此外，如前文所述，如果引入个人所得税和企业所得税的纳税人自我评估体系，大量纳税人不可能都到实体税务局办理纳税事宜，必须伴随着"互联网+"的不断实践，才有可能在技术上支持我国"不断提高直接税所占比重，实现税制公平"的目标。

### 三、实现"互联网+税务"公平目标的路径选择

#### （一）推行纳税人自我评估体系

随着"互联网+税务"的不断深化，纳税人纳税成本将降低、涉税信息将更加公开，这使得引入"纳税人自我评估体系"成为可能。这个体系如能成功引入，则纳税人对于政府的信任度将提高，在较大程度上提高纳税人的合作性遵从度。

纳税人自我评估制度，是指税务机关不干预纳税人，由纳税人自行申报收入，自行计算应纳税额，自我管理。税务机关的工作，是对纳税人的申报表予以"确认"而非严格"审核"。但如果税务机关通过稽查发现了纳税人由于自身的原因而导致的申报错误，纳税人仍应承担损失并缴纳滞纳金。因此，纳税义务的自我评估制度事实上包含三个不可分割的主要环节：一是纳税人对其纳税义务的自我评估；二是税务机关对纳税义务的最终确定；三是征纳双方对纳税义务有异议情况下的争议解决机制[1]。

以澳大利亚为例，1986年7月，澳大利亚开始引入所得税自我评估体系。税务局引入自我评估体系，其管理思想是金字塔式管理。税务局用金字塔来代表所有纳税人，在金字塔的底层是广泛的、守法的纳税人，对他们主要实行自我管理，建立自我评估机制，税务局对其进行简单的监督和检查；金字塔中间主要是金融、贸易等行业；最上层是抵触税法、不守法的纳税人；中间层和上层纳税人是税务审计和稽查的主要对象[2]。

在自我评估体系下，纳税人能够自觉履行纳税义务，是以良好的纳税环境为基础的。仍以澳大利亚为例，澳大利亚于2000年通过了"电子签名法案"，为配合这一法案在全国的推广，澳大利亚税务部门于2007年开发并升级改进了电子报税系统"E-TAX"。通过这一电子报税系统，纳税人能够足不出户地完成大量涉税数据的

---

① 高培勇，马珺. 现代税收管理的国际经验及对中国的启示［J］. 国际税收，2013，（10）.
② 丁琳. 纳税人自我评估：降低澳大利亚税收征管成本［N］. 中国税务报，2007-8-22（7）.

自动下载——从银行下载来自储蓄、定期存款和联名户的利息信息；从股票公司下载来自证券登记和大多数上市公司的股息收入资料；从政府机构下载养老金、政府津贴、医疗保险等有关数据到澳大利亚税务信息系统，并通过互联网的电子报税系统进行甄别、计算、减免和退税①。综观国外的税收管理实践，已对个人所得税和企业所得税实施了纳税人自我评估制度的国家所产生的税收争讼问题，比未实施此制度的要少得多。

从澳大利亚的实践经验可以看出，涉税的相关者主要包括税务机关、纳税人以及银行等第三方，这三者之间的涉税信息的共享是实现纳税人自我评估体系的基本前提条件。因此，笔者认为，在"互联网+"的背景下，伴随着涉税信息公开和共享的步伐加大，我国实施纳税人自我评估体系的时机将逐步成熟，当我国"金税工程"进一步完善，部门之间信息共享的藩篱破除之时，则可考虑在全国范围内推行由纳税人自我评估为基础的税收管理制度。鉴于自我评估实际上是纳税人合作性遵从的自然延伸，可以相信，自我评估体系的推进将有效提升我国纳税人合作性遵从的税收遵从度。

（二）进行有效的纳税成本管理

纳税成本是指纳税人在对自己负有纳税义务的课税对象依法计算、缴纳税款过程中发生的费用，即纳税人在整个纳税过程中付出的费用②。纳税成本除了包括纳税人的直接货币支出、为纳税而花费的时间和各种资源的推算成本，还包括纳税人心理焦虑等间接成本。因此，纳税成本一般不容易计算，很难找到精确的指标来衡量，又被称为税收的"隐性成本"。纳税成本不易于量化的特性，使得税收纳税成本不易于控制。我们研究如何控制税收纳税成本，目标并不仅仅是要求税收纳税成本最小，因为如果一个社会税收纳税成本极小，但纳税人偷逃税现象普遍，并不能说明取得了控制税收纳税成本的最佳效果。因此，税收纳税成本的分析中必须考虑税收的机会成本，考虑纳税人税收遵从水平，即纳税人遵从税法、诚实纳税的程度③。

在"遵从坡面模型"中，KIRCHLER 提出：征纳双方之间应从"命令、控制与服从"的关系转变为"服务与被服务"的关系，这种"服务端—客户端"的方法，其特点是从纳税人的角度来设计税收征管程序，对于纳税人来说征管程序明确、易于理解，且程序的透明性、中立性较强，并且能够使得纳税人感觉得到了充分的尊重，享受了应有的权利，使合作性遵从水平得以提高④。因此，"互联网+"背景

---

① 谌爱华, 刘文锋. 澳大利亚纳税模式 [J]. 中国改革, 2008, (10).
② 黄桦. 税收学 [M]. 北京: 中国人民大学出版社, 2006: 143.
③ 杜剑. 我国税收征纳成本研究 [D]. 成都: 西南财经大学, 2008: 46.
④ KIRCHLER. The Economic Psychology of Tax Behaviour [M]. Cambridge: Cambridge University Press, 2007: 225.

下，我国税务机关可以通过有效的纳税成本管理来提高纳税人合作性税收遵从度，其核心手段是"为纳税人服务"。

具体而言，借助于"互联网+"，我国税务机关可在多环节进行精心设计，为纳税人提供优质服务：

（1）纳税地点。依托于"互联网+税务"，纳税人的纳税地点可选择实体税务局、邮局、银行、桌面PC、POS机具、移动办税终端、虚拟电子税务局等。纳税人可选择一种自身最方便的方式完成纳税事宜，纳税成本大大降低。

（2）纳税手段。"互联网+税务"使得多种不同的纳税方式可供纳税人选择。其中最便捷的当属移动办税。移动办税是基于移动互联网技术以远程方式接收纳税人的纳税申报、电子缴纳税款、税收管理信息传送等涉税事务，并为整个社会提供线上或线下纳税服务的信息化手段，其主要包括WAP办税、移动应用办税或嵌入其他第三方移动应用中（微信、微博、支付宝、QQ等）的办税方式等等。纳税手段的多样化，可以在很大程度上减轻纳税人的负担，提高税收合作性遵从水平。

（3）发票管理。与传统纸质发票相比，纳税人申领、开具、流转、查验电子发票等都可以通过统一的电子发票管理系统借助于互联网完成。电子发票的变革使得纳税人的显性纳税成本大幅降低，目前，增值税电子发票系统已在我国全面推行，据测算，推行电子发票后，仅京东商城一个纳税人，每年就可节省财务管理费用达1.08亿元[1]。同时，纳税人实现电子发票入账、查验真伪、流转审批、智能核算，整个过程不超过2分钟[2]，这就使得纳税人的缴税效率大幅提高，以往因担心缴税不及时等所产生的焦虑心理等隐性纳税成本也大大降低。

（4）纳税辅导。以O2O形式拓展税法宣传的力度和广度，通过互联网站以及微博、微信、手机APP、短信、QQ、税企邮箱等渠道，为纳税人提供多元化、全方位的税法宣传，增强税法宣传的时效性、针对性。针对不同行业、不同类型的纳税人实施分类差异化资讯服务，推送与纳税人相关的政策法规、办税指南、风险预警、涉税提醒等信息，提供涉税信息订阅服务，为纳税人提供及时有效的个性化服务。全方位、多层次、立体化的纳税辅导，将使得纳税人获取涉税信息的成本降低。

---

[1] 蝶创. 金蝶携手京东、航信实现全国首例电子发票入账［EB/OL］.（2015-12-07）[2016-03-15]. http://www.shdcsoft.com/News/detail/id/52.html.

[2] 刘安天. 全国首例电子发票报销入账［N］. 中国会计报，2015-11-29（2）.

# 互联网与大数据时代的税收治理现代化[①]

  2016 年是"十三五"开局之年，中央提出的"'互联网+'行动规划"、"大数据战略"和深化财税体制改革要求，给我们提出了新课题。推进税收治理体系和治理能力现代化是当务之急。本文从互联网和大数据发展的现实背景出发，对互联网、大数据及税收治理进行了理论思考，并对我国税收管理发展的趋势进行了分析，提出了"智慧税务"目标下的税收征管改革目标、路径和发展策略。

## 一、现实背景

  跨入 21 世纪，全球互联网发展突飞猛进，逐步改变着人们的工作方式和生活方式，越来越多的行业借助互联网实现了经营模式创新，网络经济、电子商务、互联网金融等已成为一种新兴业态，互联网成为社会经济发展的新舞台，世界进入互联网和大数据时代。这些巨大变化对于传统经济、公共管理和服务等方面既是挑战，更是机遇。

  为此，党中央提出转变政府职能，建设法治型、服务型、效率型政府的新要求，十八届三中全会提出推进国家治理体系和治理能力现代化的战略部署，2015 年，中央提出"互联网+"行动计划和国家大数据战略。国务院《关于积极推进"互联网+"行动的指导意见》指出，我国未来将进一步深化互联网与经济社会各领域的融合发展，互联网将成为公共服务的重要手段。国务院办公厅《关于运用大数据加强对市场主体服务和监管的若干意见》指出，充分运用大数据的先进理念、技术和资源，是提升国家竞争力的战略选择，……要运用大数据创新政府服务理念和服务方式，……以社会信用体系建设和政府信息公开、数据开放为抓手，充分运用大数据、云计算等现代信息技术，提高政府服务水平。

  国家税务总局王军局长提出要在 2020 年实现税收现代化，强调必须要应用互联网和大数据思维，推行"互联网+税务"行动计划。就税收领域而言，税收治理体系和治理能力优劣往往影响着国家竞争力，国际税收竞争，一方面是税收制度的竞争，另一方面也是纳税服务质量和效率的竞争。因此，进一步优化税制体系、征管模式，提高纳税服务质效，对于我国社会经济发展具有重要的战略意义和现实意义。

---

[①] 本部分由经济学博士，国家税务总局党校副教授（挂）、中国社会科学院财经战略研究院博士后、副研究员，青岛市国家税务局科研所副调研员冯守东撰写。

## 二、理论思考

（一）税收治理现代化的基本内涵和表现

推进国家治理体系和治理能力的现代化，要求我们及时更新治理理念、深入改革治理体制、丰富完善治理体系、努力提高治理能力。

税收治理体系和治理能力现代化，就是以改善民生、保障民权为重点，改革与时代要求不相适应的那些税收管理体制机制和程序，完善税收管理体系，提高税收管理民主化、法治化、自治化、社会化、科学化和信息化水平，满足纳税人合理需求，维护税收公平正义，促进征纳和谐。

税收治理能力现代化建设的重点是处理好政府、市场、社会的关系。大力提升税收治理能力，就是把治理体系的体制和机制转化为一种能力，发挥治理体系功能，提高公共治理能力。这主要表现在：一是通过社会公众参与，共同治理，形成整体合力，实现公共利益最大化。二是通过优化资源配置，充分发挥政府、市场和社会的作用。三是通过技术创新、组织创新、机制创新和文化创新，完善治理结构，充分发挥现代科学技术在税收管理中的应用，充分发挥人才的主观能动作用，充分发挥文化的引领作用，充分发挥机制的保障作用。

（二）"互联网+"的内涵与特征

国务院《关于积极推进"互联网+"行动的指导意见》指出，"互联网+"是把互联网的创新成果与经济社会各领域深度融合，推动技术进步、效率提升和组织变革，提升实体经济创新力和生产力，形成更广泛的以互联网为基础设施和创新要素的经济社会发展新形态。因此，"互联网+"代表一种新的经济形态。就是"互联网+各个传统行业"，充分利用信息通信技术以及互联网平台，让互联网与传统行业进行深度融合，创造新的发展生态。这其中关键就是创新，只有创新才能让这个"+"真正有价值、有意义。

互联网时代，最核心的资源是信息，任何高新技术都离不开信息的参与，而计算机信息网络则是信息传递、加工、处理的最好载体。从 PC 互联网、移动互联网，再到物联网，信息被广泛互联。信息总量、信息传播速度、信息处理速度以及信息应用程度都以几何级数方式增长。如果说最初的互联网是条"细线"的话，经过不断发展，后来变成了"管道"，再后来变成了"高速公路"。到了今天，信息量越来越大，互联网的作用不仅仅是传输信息，它已经成为人们工作和生活的场所。

信息复制成本趋于零加上摩尔定理的作用导致互联网精神具有免费、共享的特征。作为"互联网+"则具有跨界融合、创新驱动、重塑结构、尊重人性、开放生态、连接一切等特征。

应该说，"互联网+"和 O2O 在本质上十分接近，都是强调互联网（Online）与实体经济（Offline）融合互动并促进后者的转型升级，但"互联网+"被赋予了更广的意义。

国家税务总局《"互联网+税务"行动计划》提出，以纳税人需求为导向，加快线上线下融合，逐步实现网上办税业务全覆盖；以提升税收治理能力为目标，深化互联互通与信息资源整合利用，构建智慧税务新局面。到2020年，形成线上线下融合、前台后台贯通、统一规范高效的电子税务局，为税收现代化奠定坚实基础，为服务国家治理提供重要保障。

（三）"大数据"的内涵与特征

大数据具有四个主要特征，即高容量（Volume）、多样性（Variety）、速度（Velocity）及价值（Value）四个V，包括基础架构、数据管理、分析挖掘和决策支持四个层面。当今世界，数据正在呈指数级、爆发式增长，数据的形式和内涵也在不断变化和发展。除观测数据、实验数据、理论数据、统计数据、模拟数据等外，图、表、文字均被纳入数据行列，形成了结构化数据和非结构化数据的多元化数据形式。而面对海量数据及非结构化数据，则必须采用大数据处理技术。人类可以通过这些数据的交换、整合和分析，可以发现新知识，创造新价值。因此，"大数据"是数据、技术与思维三者的结合。

2012年，达沃斯论坛发布的报告《大数据 大影响》宣称，数据已经成为一种新的经济资产类别，就像货币或黄金一样，叫数据资产。越来越多的企业意识到这一点，特别是一些大型网站、金融保险系统已经开始分析应用客户大数据，建立应用平台，提供日益完美的服务，并赢得巨大的经济效益。政府部门也在积极探讨大数据应用的广阔前景，提出基于互联网的智慧政府、智慧城市的美好构想。当然，大数据对经济、社会、人类日常生活产生的影响不仅仅限于技术层面，对于管理理念、运作方式也都将产生巨大的影响。或者说，大数据技术可运用到各行各业，使管理决策智能化、科学化、高效化。

在公共服务方面，大数据观的树立有助于使政府改变传统的指令导向的公共管理模式和供给导向的公共服务模式，开启人本导向、需求导向的公共管理与服务新模式，为公众提供更优质、高效、个性化的公共服务。

### 三、税收管理发展的趋势分析

（一）从"互联网+"到"大数据+"

站在今天的角度观察，人类社会的信息化进程其实可以划分为三个时代，即计算机时代、互联网时代和大数据时代。当然，这三个时代并不是独立存在的，而是相互依存、彼此叠加的。现阶段，互联网发展如火如荼，正逐步实现互联网与传统产业、新兴产业的高度融合，新型经营管理模式和服务方式不断涌现，并且随着移动互联网技术应用，使得更多的人参与到企业生产、行政管理中来，从而使产品及服务供给的质量和效率大大提高。互联网与各行各业的融合发展越来越呈现出"集成化"趋势。也就是说人们完全可以通过互联网来满足自己的个性需求。因为作为企业或是政府部门，可以通过互联网产生的大量数据了解大众的真实需求，做到有针对性地生产和服务。然而，从宏观、中观角度，如何利用大数据分析和发现事物发展内在规律，为企业发展和政府决策提供价值服务是一项关键性的工作。换言之，如何运用大数据对各行业发展以及社会经济发展展开分析预测，这则是一件颇具战略意义的明智之举。

互联网和物联网的发展将会产生越来越多的数据信息，数据渗透各行各业，数据成为企业核心资产和创新驱动力。拥有数据的规模、质量以及收集、分析、利用数据的能力，将决定企业的核心竞争力。掌控数据就可以支配市场，意味着巨大的投资回报。如果说今天是"谁拥有了互联网，谁就拥有了未来"，那么将来是"谁拥有了大数据，谁就拥有了未来"。因此，将来会有越来越多的企业、个人以及政府部门投入到大数据的分析当中，作为对决策的支撑。由此可见，运用大数据引导或驱动各行各业的发展，驱动经济社会的发展，是不远将来的一种生存模式。也可以叫"大数据＋"模式。这种模式要求建立国家级大数据库、地方级大数据库、行业大数据库，以及各种各样的大数据库，即建立一个分级分类的大数据库，大家可以从这个大数据库获取所需数据信息，并对这些数据信息进行加工分析和预测，从而指导具体工作，获得各行业健康发展。所以，大数据应用不应该仅仅关注数据分析的角度，而是支撑整个税收征收管理的优化和演进。

（二）从"智能税务"到"智慧税务"

"互联网＋税务"主要体现在"电子税务局"建设方面。税收业务基本可以通过网上办理。换言之，"互联网＋税务"改变了我们的征管方式，一方面解放了手工劳动，另一方面也给我们的工作提出更高要求，信息化将引导我们向着智能税务和智慧税务方向发展。依托"互联网＋"，深度应用"大数据"，加快推进"智慧税务"建设，这是下一步奋斗的方向，也是税收管理现代化的主要标志。

"智慧税务"的内容主要包括：

1. 税收业务层面，基本实现网上办理（电子税务）

应当按照总局"互联网＋税务"行动计划的要求，依托先进的技术和理念，进行从内到外的全面升级改造，在实现内、外平台有效对接，业务联动办理基础上，建设形成对外服务于纳税人、各部门和社会公众，对内服务于税务工作人员的一体化电子税务局。征纳双方可以通过网上办理业务，沟通交流，体现出优质、便捷、高效的纳税服务。

2. 税收监管方面，能够做到精准到位（智能税务）

税收监管需要大量的数据信息，以前是利用小数据进行评估分析，未来将逐步发展到大数据分析。充分利用大数据是实现智能管理的先决条件。大数据可以帮助我们了解事物之间的关联关系，洞察事物的真相。获得对事物的洞察力是大数据价值所在。数据类型杂必然促使我们对海量数据进行分析、处理和集成，找出原本看来毫无关系的那些数据的关联性，探寻隐藏在大数据中的模式、趋势和相关性，把似乎没有用的数据变成有用的信息，以支持我们的判断。在全数据状态下，实时传输的数据使事物之间的关系往往非常清楚地呈现在人们面前，形成关系驱动下的动态可视化管理。

3. 大服务职能方面，服务社会经济发展（智慧税务）

一是运用大数据思维，开展各类税收分析，为内部管理决策提供服务。二是通过对相关数据的分析，可以为纳税人提供信息服务，帮助纳税人了解相关信息，提高其经营决策的水平。三是通过大数据应用分析，为政府（包括中央政府和地方政府）提供决策服务。税收治理的意义不仅在于做好当下的税收管理工作，更是在于对国家未来经济发展情况的预测和建议。

（三）从"单打独斗"到"社会化管理"

由于涉税信息分布于各行各业、各个职能部门，没有社会力量的配合参与，税务机关不可能获取到高质量的、完整的涉税数据；面对税收信息系统的整合与开发、信息数据的挖掘整理，税务机关现有力量远远无法满足工作需要。在政府精简机构、转变职能的大背景下，显然不可能采用增设机构、增加人员和加大财政开支的方法予以满足，而只能依靠税收管理的社会化，以一种开放的思维模式，动员全社会一切可以调动与利用的力量，建立一套多元化的管理主体体系。通过与政府相关职能部门、经济社会组织等建立稳定的数据采集渠道，引入社会力量参与到税务机关信息化建设中，建立起适应大数据时代需求的信息化工作体系。这不仅有利于满足纳税人的需求，而且有利于形成税务机关与社会良好的互动关系，摆脱税务机关"单打独斗"的不利局面。

**四、"智慧税务"目标下的税收征管改革**

（一）总体思路

1. 明确改革目标

为实现 2020 年税收现代化目标，应认真贯彻落实国家大数据战略和"互联网+"行动计划，建立健全网上税务系统和大数据分析处理系统，逐步形成知识管理和智慧税务征管模式。

2. 推动职能转换

税务部门从管制向服务转换方面积极探索，建立了专门的纳税服务部门，且取得显著成效。今后应在如何利用大数据提供大服务方面作进一步探索。

税收风险管理在近几年发挥着越来越重要的作用。但由于数据信息资料不足一直是困扰着我们的瓶颈。如何从当前的税收风险评估分析转向以大数据为支撑的行业数据挖掘、关联分析、预测和决策，这需要建立大数据库，采取大数据管理思维和技术。

税务稽查在堵塞税收漏洞、组织收入方面发挥了重要作用。但由于纳税人经营模式、业务发展方式的变化，以及企业偷、逃税行为的隐性化，大量数据信息很难通过日常税收征管获得，靠传统稽查手段难以为继，如何运用大数据力量来解决税收管理当中的困难是值得我们研究的问题。

3. 优化资源配置

为提高资源配置效率，税收风险管理强调，要将有限的征管资源投放到风险高的区域；纳税遵从理论明确地将不遵从纳税人纳入重点监管范围，而对遵从度高的纳税人则采取提供优质便捷的纳税服务；大数据管理思维则需要我们充分发掘大数据的力量，这一方面要充分运用社会资源（包括数据资源、人才资源、制度资源等），另一方面要优化税务机关内部资源，建立相应的大数据库及分析处理部门，集中系统内部优秀的专业人才从事税收情报和数据挖掘工作，从而使整个税收征管建立在大数据基础之上，大数据应用将成为智慧税务的核心。

（二）具体措施

1. 加快建立税收社会化管理的整体框架

税收社会化管理是现代税收管理发展的必然趋势，是政府公共管理社会化的一项重要内容，是现代税收文明发展的主要标志，是税收管理现代化的特征。现代化税收征管体系应融入社会管理大格局，创新税收社会化管理新模式，以推行税收社会化管理为切入点，还权、责于纳税人，充分发挥社会力量的作用，税务部门应集中精力做好核心业务，税收征管模式应从"征管全职能型"转变为"风险管理型"、"智慧管理型"。

按照税收社会化管理的基本思路，税收社会化管理应当实现以税收执法核心业务体系为重心，逐步形成以健全的税收法律制度体系为保证、完整的涉税信息应用体系为支撑、诚信的税收信用管理体系为基础、全面的税收社会化服务体系为重点和严密的税收社会化监督体系为保障的整体框架体系。

2. 加快优化税务组织机构布局

以高速移动网络、大数据分析、云存储计算和智能感应能力为标志，信息数据挖掘、采集、整理、分析和处理智能化，可以大大节省人力、物力、财力和时间，传统依赖人力劳动为主的管理组织结构，从体制编制等组织形式到运行方式都需要调整。

（1）明确组织机构调整的思路。"互联网＋税务"是实现管理服务便捷化的重要平台和有效渠道，打造"网上税务"或"电子税务局"，这是一块很重要的基础平台。"大数据＋税务"则是实现智慧税务的根本路径。"互联网＋税务"与"大数据＋税务"是不同的两个层面，可以将前者定义为智能税务，作为知识管理的平台，而将后者定义为智慧税务，作为智慧服务的核心。智慧税务体现在税收管理服务的各个环节。

在税收分析环节，应进一步强化大数据采集、分析和应用功能。税收分析环节是大数据应用的关键环节，在纳税服务和税务稽查中有着承上启下的作用。

按照这样一个逻辑思路，要对现有组织机构进行重构和调整。即全面构建"大数据及情报中心"和"大企业税收管理局"。调整现有信息中心的职能，改为信息技术服务中心，主要负责对征管信息系统进行维护，电子税务局、网上税务管理平台的软件开发，为日常征管提供技术服务。调整征管科技部门和国际税收管理部门的部分职能。将征管科技部门的数据及风险分析职能放到"大数据及情报中心"；将国际税收管理部门管辖的大企业放到大企业管理局。

（2）建立"大数据及情报中心"。专门负责国内外税收经济情报收集、信息交换和数据分析，为纳税服务、税务稽查和领导决策提供支持。一是建立大数据仓库、模型库、知识库和智慧库。知识库是决策支持实现智能化的关键部件。智慧库是为决策服务的核心内容，是服务决策的高级形式。二是建立行业税收管理机制。要突出行业管理思维，建立行业税收情报指标体系，进一步打破行业管理的瓶颈，使税收管理人员真正成为行业专家，能够准确分析行业税收变动规律和行业发展变化规律，找准税收风险点，并能够快速处理税收风险，同时也能够做到为经济发展把脉，提供有价值的对策建议。三是为税务稽查、税收管理提供信息指导。一方面为稽查部门提供准确的案源资料，提高稽查的精确打击力度；另一方面为一线管理部门提供管理知识，促进税收管理的专业化和精细化。

（3）建立大企业税收管理局。将省级税务机关大企业处的职能扩大，使之成为一个实体管理局，负责全省（市）大企业税收管理和服务。大企业税收管理机构内设部门应以经济行业划分，以使税务人员掌握各行业的运作情况，并提供更好、针对性更强的税收服务和管理。大企业管理局的职责是：开展征前合作，指导风险防范；提供个性化纳税服务；行业税务风险管理与控制、纳税评估、税务检查、税收信息情报收集、反避税调查、跨国税收处理和税务审计。

建立行业信息资料库、大企业基础资料库及风险特征库，推行"一体化"管理措施，对大企业实施产业链、价值链管理。打破地域限制，依托现代信息化管理手段，实现大企业税收管理全国上下一盘棋，采取项目制、团队式运作思路，集中力量，自上而下地对企业产业链和价值链展开整体分析和评估，彻底解决"块块"管理下"管得着看不见、看得见管不着"的信息不对称矛盾。

建立大企业特别是跨国公司的涉税信息监控机制，签署国际合作协议，加强税收跨国协管监控，实现信息互通，将纳税人全球数据集中管理，实现税收管理全球化。

大企业税收管理还应服从和服务于国家大的产业发展战略，以有助于改善产业投资结构和整体布局。为此，大企业税收管理部门要充分发挥税务部门专业优势，为政府部门决策和大企业经营决策当好参谋,提供及时有效的信息服务,以促进我国产业健康、科学发展。

3. 加快优化税务人才结构

决策理论的代表人物西蒙等人认为,在"信息爆炸"的当代,稀有资源不是信息,而是处理信息的能力,处理信息的能力就是管理者掌握和运用知识的能力。除了发现知识,还要让管理者具备知识,才能让知识产生价值。因此,一方面要加大对税务人才专业知识的培养与能力开发,另一方面要及时优化税务人才的结构,包括他们的知识结构和人才资源配置结构。

要完善人才培养机制,加强高素质人才的引进、培养和储备,形成有利于吸引人才的激励和保障机制,建立起能够适应"互联网+"时代要求的人才队伍。要不断提升全员信息化素质,大力开展互联网应用培训与辅导,增强对"互联网+税务"工作模式的适用能力,提升工作水平。

# 大数据时代税收管理变革[①]

随着社会经济的发展,信息化影响到社会生活各个方面,改变了人们的生活方式,被称为社会发展的第三次浪潮,虚拟技术、网络技术、移动计算、云计算等新技术、新概念层出不穷,智慧地球和物联网的提出,更把这个浪潮推向高峰!站在今天的角度观察,人类社会的信息化进程其实可以划分为三个时代,即计算机时代、互联网时代和大数据时代。到20世纪90年代中期,发达国家已经基本度过了计算机时代。计算机的普及,解决了信息的机器可读化和数据的可计算化问题。目前,发达国家和部分发展中国家也基本走完了互联网时代的路程。互联网的建立解决了信息传递和信息服务问题。在计算机和互联网的基础上,而今我们正步入一个全新的历史阶段——大数据时代。大数据时代给税收带来挑战和机遇,迫切需要我们进行深入思考和研究。

一、"大数据"时代来临了

(一)什么是"大数据"(Big Data)

2010年7月,联合国发布了《大数据促发展:挑战与机遇》白皮书,指出大数据对于全世界是一个历史性的机遇,可以利用大数据造福人类。2011年著名咨询公

---

① 本部分由冯守东撰写。

司麦肯锡发布的研究报告——《大数据：创新、竞争和生产力的下一个新领域》，研究了数据和文档的状态，同时讲解了处理这些数据能够释放出的潜在价值。2012年3月，美国政府发布了《大数据研究和发展倡议》（Big Data Research and Development Initiative），这是继1993年宣布"信息高速公路"之后又一重大科技部署，此项带有2亿美元推动资金的倡议，旨在通过推动和改善与大数据相关的收集、组织和分析工具及技术，提升从海量和复杂的数据集中获取知识和洞察分析能力。美国政府将大数据提升到国家发展战略高度的做法，引起世界各国的高度关注。全球IT巨头纷纷把长期部署的海量数据设备、数据分析、商务智能等软硬件与服务以"大数据"这一概念推向战略前沿。近两年来，IBM、甲骨文、EMC、SAP等国际IT巨头已经花费超过15亿美元用于收购相关数据管理和分析厂商，以实现大数据领域的技术整合。

然而，什么是"大数据"（Big Data）？关于大数据的定义，不同机构和组织都有不同的观点。旅美学者涂子沛所著的《大数据》一书认为："大数据是指那些大小已经超出了传统意义上的尺度，一般的软件工具难以捕捉、存储、管理和分析的数据。"英国学者维克托·迈尔舍恩伯格和肯尼思·库克耶合著的《大数据时代》一书则认为："大数据是人们在大规模数据的基础上可以做到的事情，而这些事情在小规模数据的基础上是无法完成的。"权威分析调研机构IDC（International Data Corporation，国际数据公司）对"大数据"的定义是"为了更经济地从高频率获取的、大容量的、不同结构和类型的数据中获取价值，而设计的新一代架构和技术。"

大数据是在物联网与云计算之后自然发展出来的全新的信息技术，是一场新的技术革命，将会触发信息技术的进一步变革，将信息技术和智能应用引领到一个全新的阶段。在PC主导的时代，信息技术的发展主要由摩尔定律（Moore）① 决定的硬件性能提升来驱动，硬件与软件相辅相成、交替升级、循环演进，数据在信息系统中相对处于从属的地位。信息通信技术的飞速发展以及互联网新媒体的深入普及，数据产生的来源急剧增多，使全球数据信息量呈指数式增长。权威分析调研机构IDC（International Data Corporation，国际数据公司）在发布的研究报告《从混沌中提取价值》（Extracting Value from Chaos）中指出，全球信息总量每两年就会增长一倍，而2011年全球被创建和复制的数据总量即达到1.8ZB（约1.98万亿GB）。根据国际数据公司（IDC）预测，全球的数据产生量到2020将会增长44倍，达到35.2ZB。也就是说，全球大概需要376亿个1TB硬盘来存储数据。整个世界已经进入大数据时代。

有学者认为，大数据可以概括为四个特点，即高容量（Volume）、多样性（Va-

---

① 英特尔公司的创始人之一戈登·摩尔在1965年发现了一个惊人的趋势，即集成电路芯片上所集成的电路的数目每隔18个月就翻一番，性能也将提升一倍。该发现被业界誉为摩尔定律。

riety）、速度（Velocity）及价值（Value）四个 V，包括基础架构、数据管理、分析挖掘和决策支持四个层面。当然，"大数据"的概念远不止大量的数据（TB）和处理大量数据的技术，或者所谓的"4 个 V"之类的简单概念，而是涵盖了人们在大规模数据的基础上可以做的事情，而这些事情在小规模数据的基础上是无法实现的。应该说，"大数据"是数据、技术与思维三者的结合。

数据信息是"大数据"的基础。随着科学和技术的发展，数据的形式和内涵也在不断变化和发展。除观测数据、实验数据、理论数据、统计数据、模拟数据等外，图、表、文字均被纳入数据行列，形成了结构化数据和非结构化数据的多元化数据形式；信息技术的发展导致从数据匮乏向"数据丰富，理论匮乏"方向转变，数据产生的速度和规模急剧发展，当今世界，数据正在呈指数级、爆发式增长，意味着人类可以分析和使用的数据大量增加，通过这些数据的交换、整合和分析，可以发现新知识，创造新价值。

（二）"大数据"时代的根本转变是什么

40 多年在人类沧海桑田的历史上仅仅是弹指一挥间，摩尔定律却见证了电脑的大数据处理和储存能力从 K（Kilobyte）到 M（Megabyte）到 G（Gigabyte）到 T（Terabyte）的变迁。尤其是互联网的出现，让我们急速地跨入了大数据时代。其主要的驱动力有以下几点：（1）互联网的出现和相关技术的发展让海量数据的收集和分析成为可能。互联网的特征又导致这些数据能够被高速和大容量的传播。（2）构建在互联网基础上的电子商务和传统零售比较的优势之一就是数据的可获得性。电子商务可以实时得到顾客的来访源头，在网站内的搜索、收藏、购买行为，以及购买的商品间的关联性。（3）互联网引入了由用户产生数据的模式。这种模式的特征是多源头、低成本、更及时。当然，这些数据的真实性和可靠性需要被核证。（4）人工智能、信息系统和决策科学的发展促进了多种分析方法及工具的推动，包括数据挖掘，顾客行为模型，决策支持，等等。

由英国人维克托·迈尔舍恩伯格和肯尼思·库克耶共同著述的《大数据时代》认为，大数据带来的信息风暴正在变革我们的生活、工作和思维，大数据开启了一次重大的时代转型，并用三个部分讲述了大数据时代的思维变革、商业变革和管理变革。什么是大数据思维？维克托·迈尔舍恩伯格认为，一是需要全部数据样本而不是抽样；二是关注效率而不是精确度；三是关注相关性而不是因果关系。大数据时代最大的转变就是，放弃对因果关系的渴求，取而代之关注相关关系。也就是说只要知道"是什么"，而不需要知道"为什么"。这就颠覆了千百年来人类的思维惯例，对人类的认知和与世界交流的方式提出了全新的挑战。大数据的核心就是预测。大数据将为人类的生活创造前所未有的可量化的维度。大数据已经成为了新发明和新服务的源泉，而更多的改变正蓄势待发。我们生活在这个网络数字化的当代，我们每天都跟不同数据打交道如和我们生活密切相关的、人们热切关注的从天气预报、

CPI、PM2.5 和股票指数，数据无所不在，我们本身也是数据的组成部分。大数据时代已经来临，如何从海量的数据中发现知识，进行云计算，探寻隐藏在大数据中的模式、趋势和相关性，揭示社会现象与社会发展规律，以及可能的商业应用前景，都需要我们拥有更好的数据洞察力和分析力。

大数据技术的核心是大数据存储和处理技术、数据仓库技术等，其战略意义在于掌握和处理庞大的数据信息。大数据应用的核心是实时数据处理、实时决策支持，其战略意义在于快速分析出数据的价值，让价值发生作用，通过内嵌到业务流程中实现的数据价值的体现。

### 二、大数据对社会经济的影响

（一）总体影响

20 世纪 80 年代，未来学家托夫勒在那本闻名世界的《第三次浪潮》一书中就预言过："如果说 IBM 的主机拉开了信息化革命的大幕，那么大数据才是第三次浪潮的华彩乐章。"2011 年 5 月，麦肯锡全球研究院发布了《大数据：创新、竞争和生产力的下一个新领域》报告，认为：大数据将在政府公共服务、医疗服务、零售制造等各个方面得到广泛应用，而且会产生巨大的社会价值和产业空间。现在，人们普遍的观点是：数据是能挖掘潜在价值的软资产，比固定资产更有价值。2012 年，达沃斯论坛发布的报告《大数据 大影响》宣称，数据已经成为一种新的经济资产类别，就像货币或黄金一样，叫数据资产。越来越多的企业意识到这一点，特别是一些大型网站、金融保险系统已经开始分析应用客户大数据，建立应用平台，提供日益完善的服务，并赢得巨大的经济效益。政府部门也积极探讨大数据应用的广阔前景，提出基于互联网的智慧政府、智慧城市的美好构想，以提高公共服务的效率。当然，大数据对经济、社会、人类日常生活产生的影响不仅仅限于技术层面，对于管理理念、运作方式也都将产生巨大的影响。或者说，大数据技术可运用到各行各业，使管理决策智能化、科学化、高效化。

党的十八大报告首次提出"四化同步"战略，将信息化提升到国家战略高度。面对移动互联网浪潮和大数据时代，如果政府各部门采取"鸵鸟政策"，那么只能让我们在时代发展中步步落伍。现在已经有了"数据宇宙"这个概念。如果各级政府、各部门不了解虚拟世界，不会运用移动互联网信息技术，不懂得大数据概念，那么，我们在虚拟领域就是失控的。如果在这个领域失控，就没有资格、没有能力去管理这一领域的人群和事件。

概括地讲，大数据、云计算和移动互联对社会经济的影响主要有以下几个方面：

政治法律方面：促进更多相关的规范性政策、法规的出台，规范市场行为，以保障消费者权益；开放更多的数据源，建立规范的征信系统；放开一些文化管制，促进市场化。

经济运行方面：促进经济结构转型，第三产业必然迅速增长；市场竞争加剧，产业生命周期变短；带动资本市场的风起云涌。

社会文化方面：人们消费观念和消费方式越来越开放和超前，易于接受新产品和新服务；创新意识提高，但更"喜新厌旧"；人们的安全和保密意识增强。

科学技术方面：基于操作平台的这种核心技术发展将会出现瓶颈，但各种规则和标准将越来越完善；产品方面的技术改进将呈辐射状发展；工业技术将会被带动，出现较大的飞跃，呈现高水平的自动化和标准化。

（二）对政府公共管理方式的影响

在"全面深化改革，推进国家治理体系和治理能力现代化"的时代要求与背景下，充分重视大数据在国家治理中的重要价值，推动数据治理技术、模式的创新，实现数据治国，具有重要的理论和现实意义。

目前，商业领域已经从对大数据重要性的认识阶段发展到大数据的战略实施阶段。然而，在公共管理领域，大数据还大有可为，政府手中还有极大的挖掘潜力。大数据将会对政务、电子政务产生重大影响，数据集中催生智慧、数据复用实现集约、数据整合带来洞察、数据开放促进应用、数据与业务融合创造价值。大数据的包容性将打破政府各部门间、政府与市民间的边界，信息孤岛现象大幅削减，数据共享成为可能，政府各机构协同办公效率和为民办事效率提高，同时大数据将极大地提升政府社会治理能力和公共服务能力。在公共服务方面，大数据观的树立有助于使政府改变传统的指令导向的公共管理模式和供给导向的公共服务模式，开启人本导向、需求导向的公共管理与服务新模式，为公众提供更优质、高效、个性化的公共服务。

大数据能够推动增强社会管理水平，产生巨大社会价值。

第一，大数据为智慧城市的各个领域提供决策支持。越来越多的政府摒弃经验和直觉，依赖电子政务的数据分析进行决策。现在大数据又超越了传统的数据分析方法，不仅能对纯数据进行分析挖掘，对言论、图表等都可以进行深度挖掘和人工智能处理。在城市规划方面，通过对城市地理、气象等自然信息和经济、社会、文化、人口等人文社会信息的挖掘，可以为城市规划提供决策，强化城市管理服务的科学性和前瞻性。在交通管理方面，通过分析实时采集的交通流量数据，指导驾车出行者选择最佳路径，从而改善城市交通状况。在舆情监控方面，通过网络关键词搜索及语义智能分析，能提高舆情分析的及时性、全面性，全面掌握社情民意，提高公共服务能力，应对网络突发的公共事件，打击违法犯罪。在安防与防灾领域，通过大数据的挖掘，可以及时发现人为或自然灾害、恐怖事件，提高应急处理能力和安全防范能力。

第二，大数据时代来临也为政府应急管理带来了新的机遇和前景。数据规模越大，处理的难度也越大，但对其进行挖掘可能得到的价值也更大。政府部门可以从传感器、卫星、社交媒体、移动通讯、电子邮件、无线射频识别设备持续不断地接收数据，通过捕集、摄取、分析、存储和分配数据，保障数据安全，并将其转化为有意义、有价值的信息。在危机情境下，政府可以运用大数据技术收集舆情和民意，通过分析相关数据，可以了解大众需求、诉求和意见；可以利用短信、微博、微信和搜索引擎，监控热点事件，挖掘舆情，还可以追踪造谣信息的源头。在危机情境下，政府可以对大数据进行恰当地管理、建模、分享和转化，从中提取新的深刻见解，并以过去根本不可能的方式做出应急决策。

第三，大数据能真正跨越政府内部协同的鸿沟，大大提高工作效率，降低政府运行成本。随着大数据技术的发展，跨越系统、跨越平台、跨越数据结构的政府将在技术上使政府内部纵向、横向部门得以顺畅协同；同时，由于利用大数据技术，数据获取、处理及分析响应时间大幅减少，工作效率明显提高，同时降低了政府开支。

第四，大数据能促进政府和公众互动，让政务更透明，帮助政府进行社会管理和解决社会难题。大政务是整合开放的平台，它建立了公众与政府间的沟通渠道，越来越多的国家和组织利用其开展民意调查，通过在线交互让民众成为政务流程的节点，让公众参与到政策制定与执行、效果评估和监督之中，使民众参政议政成为可能。博客、微博、Twitter、Facebook等社交网络以其开放性、互动性赢得了众多用户的青睐，多国政府和组织纷纷将其应用到电子政务中。除在这些社交网络上政府能倾听到民意、化解社会矛盾外，社交网络上产生的数据还能帮助政府解决一些长期困扰的难题。

具体对政府而言，首先是要收集，政府部门需在建设集中信息渠道的基础上，广泛收集信息。第二是要分析相关性，通过研究历史数据的相互关联找对关系，建立相关性模型。第三是要进行大量预测、使用、防范和应用。大数据时代，政务信息化是大数据应用的基础手段，客观上要求政府部门转变思维模式，建立大数据的思维模式。什么是大数据的思维模式？《大数据时代》作者舍恩伯格说：以后这些数据部的分析人员、统计局、信息中心人员看到的是一个个数据，而不是一个个人。这就是要抛弃个体，看整体、看群体、看关联、看特征。应该说，大数据必然会对电子政务提出新的需求并促使其转型。

随着大数据技术的发展，税务部门开始对图形数据库技术、可视化的数据技术进行了探索应用。以省间增值税专用发票信息为代表，通过可视化技术的处理，直观显现出当前一个阶段的国民经济运行态势。区域经济之间主要以北京、上海和广东作为交流的核心节点。利用发票信息就可以直观地看到我国经济发展的情况。同时可以分析区域经济体治理架构和经营模式，总结行业（产业）上下游企业的价值链关系，强化重点行业、重点企业的管理服务，摸索企业生产经营的周期规律。现在有些省市使用云计算平台和大数据平台，采集互联网涉税交易数据，建立相关涉税企业数据分析及风险预警机制。对碎片化的信息采取语义分析,进行提炼,最后把一些漏税的情况进行查补,做评估的依据,初步效果非常明显。

### 三、关系管理模式是大势所趋

(一) 从关系到关系管理——关系管理的前世今生

关系是指事物之间相互作用、相互影响的状态。在人类社会,关系是人与人、人与人的各种延伸物之间的普遍联系。马克思、恩格斯说过:"凡是有某种关系存在的地方,这种关系都是为我而存在的,动物不对什么东西发生'关系',而且根本没有'关系'。"换言之,关系是人独有的,具有人文属性。当我们说人、机关系的时候,我们指的是人与机器这种人的延伸物之间的关系,而机与机的所谓关系,则是指人的延伸甲与人的延伸乙之间的关系。那么在社会经济活动中所产生的数据之间的关系,其实也是人与人之间关系的客观反映,是人的行为关系的数据化。没有人的介入,就没有关系可言。

关系管理作为一门学科,其概念和理论体系的逐步形成,是建立在人类长期的关系管理实践基础上的。尽管关系管理作为一个整合概念的提出为时还短,特别是关系管理学的学科研究还刚刚起步,但关系管理的实践是从人类社会产生的第一天就开始了。整个人类社会历史实际上就是一部纷繁复杂、惊心动魄的关系管理史。一直到最近20年人类才掀起全球经济一体化和信息互动虚拟化浪潮,各种语境的关系管理才呈现出现代特色。社会关系多元化、复杂性、延伸性、隐匿性、数据化趋势越来越明显。

与关系管理这一整合概念在用词上最为接近的是客户关系管理。从20世纪90年代开始,关系管理理论中最早研究的是企业与客户之间的关系,即客户关系管理(Customer Relationship Management 简称 CRM),随后逐步扩展到企业与其价值创造有关的其他主体的关系,依次提出了顾客资本、合作关系的概念,并将企业与客户、供应商、合作伙伴、网络成员等外部的关系都纳入合作关系的研究范畴。关系管理的研究更多的是战略联盟伙伴间关系的研究。关系管理理论认为:关系是一项新的资本,并将关系资本定义为蕴涵在企业与顾客、合作伙伴、员工、投资者、政府等所有关系中创造财富的潜力。在这里,关系包括企业内部关系和企业外部关系。关系管理理论将企业竞争优势的驱动因素扩展到可以穿越个体和组织范围的企业间的关系上,即通过建立关系提升竞争优势。随着技术、经济的发展,企业应该主动地建立并维护企业内外的各种关系,并利用关系创造价值。事实上,利用关系形成竞争优势的核心是关系各方都致力于共同创造价值,而创造价值的核心是要创造信息价值。

在价值创造过程中,需要各种资源,在拥有不同资源的人之间的互动关系是构成经济和社会结构的本质。在价值创造过程中拥有资源的人通过资源流动建立关系,资源的流动则与关系所形成的网络密切相关。关系蕴涵着价值,关系也可以创造价值。各种资源结合所创造的价值往往高于单个资源独立发挥作用而产生的价值，这两者间的差额就是关系创造的价值。今天，世界上那些超级跨国公司，其规模可以超过一个中等国家。大公司早已把关系管理看作关乎自身生存的最重要的战略思考，各国的中小公司也不甘落后，为了在全球经济逐渐一体化的市场大锅里分得一杯羹，也处心积虑地谋划着自己公司关系管理的战略、战术。20世纪90年代以来，信息和通讯技术（ICT）即关系技术的迅猛发展催生和推动了网络经济和关系经济，并引发了包括企业在内的各种组织的虚拟发展大势。

企业全面关系管理正是指在选择的企业环境中，为了实现企业目标，对企业与环境之间以及企业系统基层次之上的部门之间的关系（人、财、物、信息、能量等）的综合集成管理。是为了能够在"最经济"的水平上，并考虑到充分满足用户要求的条件下进行市场研究、设计、生产和服务，把企业内各部门构建关系、维持关系和提高关系的活动构成为一体的一种有效体系。

然而，公共关系是一个组织为创造良好的生存环境、发展环境，通过一系列有目的、有计划、持续的传播沟通工作，与其特定的公众对象建立起来的一种和谐的社会关系。公共关系管理是对组织与社会公众之间传播沟通的目标、资源、对象、手段、过程和效果等基本要素的管理。它是一个组织机构从事公众信息传播、关系协调与形象管理事务的一种艺术和科学，它是涉及调查、策划、实施和评估的一种实践活动。

可见，关系从人与人之间的关系、部门之间的关系、业务之间的关系，延伸到数据之间的关系。在大数据时代背景下，要做好关系管理就必须借助数据的力量。

在大数据时代，数据渗透各行各业，数据成为企业核心资产和创新驱动力。拥有数据的规模、质量以及收集、分析、利用数据的能力，将决定企业的核心竞争力。掌控数据就可以支配市场，意味着巨大的投资回报。如果管理者只依靠业务现状与主观经验对市场进行判断，将导致战略与决策定位不准，存在很大风险。在大数据时代，企业必须通过收集和分析大量内部和外部数据，获取有价值的信息，进行智能化决策分析。据有关数据统计表明：在美国，数据智能化每提高10%，产品和服务质量提高14.6%。在这样的环境之下，传统的经营管理模式都将改变为以数据为中心，由数据驱动。大数据促使企业管理者的决策方式从"业务经验驱动"向"数据量化驱动"转型。企业只有掌握了大数据才能保证企业的竞争优势，也就是说，企业只有由数据驱动才能保证其竞争优势。

大数据还促使企业管理者的决策过程从"事后诸葛"向"事先预测"转变。因此可以大幅度提高企业管理者制定决策的能力。在大数据时代，统计分析更加重要，但它与统计方法又有许多不同。在传统统计学中，人们所做的是试图通过最小量的样本观测来发现规律。由于数据的采集、储存和分析的成本高，因此人们只能采用抽样的方法。而在大数据时代，人们收集所有的数据，至少是与其所研究的现象相关的所有可获得的数据，这是传统抽样方法做不到的。另一个不同是，在统计学中进行分析时，考虑的是与研究对象具有内在关系的因素。例如，分析一个借款者的信用状况，可能考虑若干个指标，据此判断他是否会按时还款。大数据时代，银行部门往往需要把一些具有非内在关系的信息考虑进来，比如借款人的头发颜色、其所使用的网络浏览器、打字时是全部用大写还是小写字母或者按照正常的拼写格式。美国一家金融分析机构就用到这方面的信息来预测顾客是否会按时还款。也就是说，人们用到了外在的信息，但这些是具有相关性的信息。

（二）从风险管理到关系管理

许多发达国家的税务当局把现代管理学的风险管理理念和方法引入税收管理领域，确立了现代税收管理的根本目标是提高纳税遵从度。税收风险主要是指在税收管理中对提高纳税遵从产生负面影响的各种可能性和不确定性。税收风险管理是在一个肯定有风险的税收管理环境里把风险减至最低的管理过程，包括对风险的定义、测量、评估和发展应对风险的策略。税收风险管理作为税务机关一种不断发展的工作和思维方式，其根本目的是通过运用风险管理的理念和方法，努力将税收不遵从风险控制在最小限度内，为实现税收遵从最大化这一组织目标提供保障。税收风险管理一个重要的实践价值在于促进税务机关最有效地使用有限的管理资源，实现遵从目标最大化。

我们可以将税收风险管理做以下几个方面的判断，同时与大数据时代下的关系管理作相应比较：

1. 从数据源来看，数据来源有差异。我们现行风险管理所需要的数据主要是采用内部数据（即纳税人申报的数据），近几年开始探索使用第三方数据，存在严重的数据不足问题。

相对于传统数据，大数据的来源更为多样化并且在不断拓展，来自公众、传感设备、移动设备、计算设备的数据通过互联网、移动互联网实时传输。数据的产生具有开放、并发、实时、在线的特点，数据的形式是多元的，既包括结构化标准数据，一般是可量化的数据，也包括半结构化和非结构化的数据。大数据管理所采用的数据来源于社会各方，而不仅仅是纳税人申报的数据，以及从有限的渠道收集到的部分数据。在政府部门的主导下，通过建立国民经济数据信息平台，将所有经济活动和社会活动中各节点采集到的数据以及互联网数据等导入数据仓库，通过该平台共享数据，包括税务部门在内的经济部门可以充分利用这些数据。

2. 从数据的数量看，风险管理还是采用的小部分样本数据，而不是全数据。

大数据管理所采用的数据是全数据，或者说它所采用的数据既是样本数据也是所有的数据。大数据中大部分都是非结构化的数据，如网络日志、RFID、传感器网络、社交网络、互联网搜索索引、详细通话记录、医疗记录、摄影档案、视频档案等。现有的软件和工具主要适用于以结构化数据为主的传统数据，要想及时捕捉、存储、聚合和管理这些大数据，以及对数据进行深度分析和挖掘，需要新的技术和能力。

3. 从数据组成看，存在差异。传统数据以数字等结构化数据为主，大数据则是以文本、图片、音频、视频等非结构化数据为主，其信息密度相对较低、应用价值潜力较大但同时也具有不确定性。

传播面和应用面的差异。大数据时代更加注重数据的发布、共享与应用，各类数据的可获得性将显著增强，基于共享和公开数据的应用也会相应激增。数据处理和分析方法的差异。传统的计算和分析方法适应不了大数据在信息容量、种类和实时性等方面的需求，一批新兴的信息处理技术和数据处理方法将会应运而生。

大数据泛指巨量的数据集，因可从中挖掘出有价值的信息而受到重视。《华尔街日报》将大数据时代、智能化生产和无线网络革命称为引领未来繁荣的三大技术变革。麦肯锡公司的报告指出数据是一种生产资料，大数据是下一个创新、竞争、生产力提高的前沿。世界经济论坛的报告认定大数据为新财富，价值堪比石油。因此，发达国家纷纷将开发利用大数据作为夺取新一轮竞争制高点的重要抓手。

4. 从管理的驱动因素看，税收风险管理是以风险为导向的管理，或者说是风险驱动的管理；税收风险成为税收管理的主要内容。税收风险包括纳税风险、税收执法风险和廉政风险。

关系管理则是以关系为导向，或者说通过关系驱动管理；人与人之间的关系、各种数据之间的关系成为税收管理的关键。以往我们更多地强调对数据的拥有，即"我有这种数据，你没有"，而将来，数据之间的关系才是重中之重，而不是单纯的数据本身。

5. 从管理的工具和方法看，纳税评估是税收风险管理的主要工具，税收执法风险和廉政风险的管理需要凭借工作经验和知识对税收政策和业务流程进行梳理，发现风险并采取相应的措施，实施过程监控。

数据挖掘是关系管理模式的主要工具。通过将广泛收集来的数据进行清洗和校验、转换和装载、建模，分析预测，从大量数据中寻找出各种数据之间的关系或相关性，形成有价值的信息，并产生相关知识，为管理决策服务。数据挖掘（Data Mining）就是从大量的、不完全的、有噪声的、模糊的、随机的实际应用数据中，提取隐含在其中的、人们事先不知道的、但又是潜在有用的信息和知识的过程。这个定义包括好几层含义：数据源必须是真实的、大量的、含噪声的；发现的是用户感兴趣的知识；发现的知识要可接受、可理解、可运用；并不要求发现放之四海皆准的知识，仅支持特定的发现问题。发掘这些形态各异、快慢不一的数据流之间的相关性，是大数据做前人之未做、前人所不能的机会，也正是大数据最主要的特点。大数据技术是从各种各样类型的大数据中，快速获得有价值信息的技术，包括数据采集、存储、管理、分析挖掘、可视化等技术及其集成。但如果没有这种高性能的分析工具，大数据的价值就得不到释放。

6. 从管理的内容和深度看，风险管理只能管理和控制部分能够发现的风险，因数据量不足、数据质量低以及知识水平达不到，未能被发现的风险和真相就难以管理。也就是说，管理的只是局部而非全体、浅层而非深层。

大数据下的关系管理不但要关注风险，还要关注风险以外的东西，如事物的真相以及事物之间的关系（关联性），甚至是在毫不相干的项目数据之间的关系及其规律性。风险具有不确定性，而关系则是具有明确的属性和内在关联性，让你一眼就能看出问题所在。从数据中寻找相关关系，通过这种关系对未来做出预测，这是大数据方法论的核心思想。数据关联是数据库中存在的一类重要的可被发现的知识。若两个或多个变量的取值之间存在某种规律性，就称为关联。关联可分为简单关联、时序关联、因果关联。关联分析的目的是找出数据库中隐藏的关联网。

获得对事物的洞察力是大数据价值所在。类型杂必然促使我们对海量数据进行分析、处理和集成，找出原本看来毫无关系的那些数据的关联性，探寻隐藏在大数据中的模式、趋势和相关性，把似乎没有用的数据变成有用的信息，以支持我们做出的判断。在全数据状态下，实时传输的数据使事物之间的关系往往非常清楚地呈现在人们面前，形成关系驱动下的动态可视化管理。

应当说，大数据对事物的反映更精细、更连贯、更深入、更全面。通过对来自多个主体、多角度、多维度、多形式的信息叠加、整合，能够极大地扩大人类对事物的认知范围、拓展认知深度、细化认知粒度，显著改善信息不对称、不完整、不充分的状况。

7. 从管理者的思维和意识看，风险管理属于风险思维和规避思维，只具有所认知的风险意识而非全局意识，关注因果，主要分析结果背后的原因。大数据关系管理则只关注结果和规律，而不关注因果关系，即关注"是什么"而不是"为什么"。这就颠覆了传统的管理思维，即以往我们总关心因果关系，喜欢问"为什么"，追寻数据关系背后的原因。善于发掘和利用数据价值的管理思维是"大数据"的核心与灵魂。如果说传统管理流程是出现问题—逻辑分析—找出因果关系—提出解决方案的事后"救火"模式，那么大数据战略下的管理流程则是搜集数据—量化分析—找出相互关系—提出优化方案的正向思维模式。当然，即便你拥有很多数据资源、掌握很多高新技术，但如果缺乏通过数据创新来挖掘潜在价值的理念，那么都只能与"大数据"失之交臂。换句话说，大数据让我们以一种前所未有的方式，通过对海量数据进行分析，获得有巨大价值的产品和服务，或深刻的洞见，最终形成变革之力。

8. 从数据应用方面看，大数据应用是为日常管理决策服务的，是将自动化的算法和业务规则与税务组织现有的管理体系相融合，以机器自动决策的方式为税务人员提供管理决策指导。区别于传统信息系统关注流程化、标准化、规范化，大数据应用关注的是基于数据的管理决策整体效能的提升，可能是针对人、组织、文化、系统等不同方面的干预。大数据应用可以是流程中的黑盒子，整合在业务流程之中，无论有没有高深的数学算法和统计模型整个业务流程都能够运转，而当有更好的、通过验证的算法出现并融入流程时，整个流程的绩效将得到提升。所以，大数据应用不应该仅仅关注数据分析的角度，而是支撑整个税收征收管理的优化和演进。

（三）关系管理下的知识储备与价值创造

何为知识？从广义上理解，数据、信息也是知识的表现形式，但是人们更愿意把概念、规则、模式、规律和约束等看作知识。人们把数据看作是形成知识的源泉，好像从矿石中采矿或淘金一样。原始数据可以是结构化的，如关系数据库中的数据；也可以是半结构化的，如文本、图形和图像数据；甚至是分布在网络上的异构型数据。发现知识的方法可以是数学的，也可以是非数学的；可以是演绎的，也可以是归纳的。发现的知识可以被用于信息管理、查询优化、决策支持和过程控制等，还可以用于数据自身的维护。因此，数据挖掘是一门交叉学科，它把人们对数据的应用从低层次的简单查询提升到从数据中挖掘知识，提供决策支持。

信息是知识产生的基础，是知识创新和价值创造的源泉。知识则是信息构成的复杂有机体，信息并不等于知识。新知识的产生是利用可获得的知识和信息，经过一系列的信息化和创造性过程而形成的。在知识经济快速发展的今天，税务部门只有运用高超的知识和技能去挖掘税收数据价值、提升价值，从中识别和抽取隐含的、潜在的有用信息，进行知识发现，全面反映税收工作的过程、成果、规律，实现税收数据增值，才能获得高额回报。

在大数据背景下，关系管理要求对所有数据展开分析，从中找出数据之间存在的关系。而对有些半结构化和非结构化数据的处理难以用量化的方法解决，或者不能完全解决。而是要具备足够的、多元化、全方位的知识储备，单凭个人或税务部门本身的智慧与能力，已经无法适应现代社会所赋予的使命。因此，借助外脑，发挥群体决策的作用以及知识库的智力支持功能，就成为决策支持不可或缺的部分，这也是社会化大生产对"谋"与"断"专业分工的必然要求。为此，必须在决策支持中建立知识库，以存放各种规则、关系、管理者经验等，并综合利用知识库、数据仓库和定量计算结果进行推理和问题求解的推理得出问题答案。数据仓库、模型库和知识库等信息技术是大数据关系管理的主要手段。知识库是决策支持实现智能化的关键部件。管理知识资源已成为所有管理层次所采纳的管理哲学的基本部分。

信息资源管理的过程是一个"数据—信息—知识"的演化过程。一般而言，"数据"是指对客观事物某一特征的数字化描述；"信息"是指加工处理后的有价值的数据，即对环境及环境作用方式的某种描述；"知识"是指分析信息形成的带有规律性的内容，具有指导性和创新性。在知识的演化过程中，数据既是产生信息、知识、智慧的基础，又同时贯穿于其中。信息资源管理就是知识和技术工具加工数据形成信息，直接用于管理的过程；也是一个分析信息产生知识，将知识应用于信息加工、作用在于指导管理的循环增值过程。正如未来学家托夫勒所说"数据之有意义,是因为接受数据的人们已经积累了足够的知识理解这一意义"。进入大数据时代,数据激增的情况下,提高对数据管理的生产力水平,必须依赖于相关知识的指导与运用。然而,我们现在遇到的最大难题不是信息不足,而是信息孤岛问题,以及缺乏发现知识的能力。就像有人所说的"人类正被数据淹没,却饥渴于知识"。实现大数据的共享和规范管理,信息公开、知识的发现与分享在当今社会有着深刻的社会经济意义,通过政府、市场、社会的多方协作与互动,建设更开放的社会,能够创造公共价值。

**四、关系管理与税收社会化管理之契合**

(一) 关系管理的主线——关系(关系隐含着信息)

关系管理顾名思义就是对"关系"的管理,如前所述,在全面关系管理中,"关系"一方面是指人际关系、社会关系、内部关系与外部关系;另一方面是指数据之间的关系,即数据变化的规律,由这种关系来驱动管理。关系隐含着信息,关系预测未来,关系蕴涵并创造价值。

大数据时代背景下,税务部门不可能继续单打独斗,需要处理好政府乃至社会各部门之间的关系,需要对这些关系进行有效管理,以确保税收数据的充分采集。在具体技术上,需要更加关注数据之间的关联关系,通过数据指标之间的关联关系看出事情的真相。换言之,为了看清事情真相,需要获取更多数据信息,因而需要社会各界广泛支持和参与,解决好数据源的问题;在数据处理过程中更加关注数据的关联关系,各种数据间的关系形成或者还原了事物的本来面目,就是数据关系将明确告诉我们"是什么"而不是"为什么",数据本身就会"说话"。

(二) 税收社会化管理的命脉——信息(信息隐含着知识)

关系管理的根本目的是要获取关系价值,进一步提升管理效率。即通过建立社会关系网络,搭建互利共赢的信息交流平台,为采集数据、开展数据分析提供支持,从根本上解决信息不对称的问题。长期以来,信息匮乏一直是税务部门面临的一个"瓶颈",严重制约着当前税收征管的质量和效率。客观上就要求广泛与社会各界建立良好的协作关系,通过建立稳定的互动关系取得所需要的信息。缺乏信息,真正的税收管理就无从谈起。令人欣喜的是,大数据时代为我们多渠道获取信息打开了方便之门,这意味着我们除了从政府部门、中介机构和纳税人那里获取信息,也可以从互联网获取所需要的信息。换言之,在大数据时代,税收管理的维度大大增加了,不再是税务部门一家在管理,而是全社会广泛参与。这其中的逻辑便是,税务部门需要大量的数据信息,而现在信息孤岛问题、信息不对称问题迫切需要整合信息资源,那就需要推行社会化管理;同时还要通过这种社会化管理实现社会化服务和社会化监督;并且从技术上对数据进行分析应用,更加关注数据之间的关联关系、数据变化的趋势及规律,要求管理者具备关系思维,从关系中发现知识,由知识影响决策,由关系驱动管理。

(三)智慧税收的核心——知识(知识产生智慧)

知识管理(Knowledge Management,KM)作为管理学的一个新研究领域,其内涵在不断的变化和发展,并没有一个确切的定义。

知识管理是信息管理的进一步发展。第一代信息化管理的对象是数据;第二代信息化管理的对象是信息;而知识管理将信息化推进到第三阶段,第三代信息化管理的对象则是知识。在信息大数据时代,组织和个人的最重要的任务就是对知识进行管理。知识管理将使组织和个人具有更强的竞争实力,并做出更好的决策。

知识管理在税源信息管理过程中的运用,就是在税源信息利用环节建构一个知识管理系统,让税务部门税源管理方面的知识,在知识管理系统内通过获得、创造、分享、整合、记录、存取、更新、创新等过程,形成税源管理的智慧资本。

税源信息采集、开发和利用的信息资源管理过程,是一个在管理者和信息技术作用下的社会化大生产的过程。与税源信息资源管理的知识是决定税源信息资源管理能力和水平的关键因素。税源信息资源管理的成果也是一个大量地搜集占有数据,加工数据形成有价值的信息,分析信息创造知识的过程,并通过知识的创造、积累、扩散,为数据、信息的开发创造必要的条件。如何在海量数据中去粗存精、去伪存真发现知识是税源信息资源管理需要解决的重要课题。从更为广阔的视角看,除了发现知识,还要让管理者具备知识,才能让知识产生价值,正如决策理论的代表人物西蒙等人认为,在"信息爆炸"的当代,稀有资源不是信息,而是处理信息的能力,处理信息的能力就是管理者掌握和运用知识的能力。这种能力的产生是一个"噪声—数据—信息—知识—智慧"的梯级演化过程(如图1所示)。

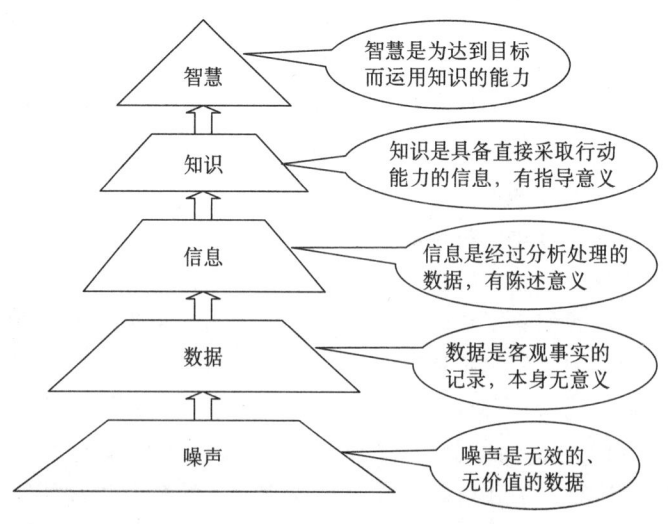

图1

这一过程拓展了数据—信息—知识的演化过程，在数据生成前，要去粗存精、去伪存真，剔除"噪声"，也就是无效的、无价值的数据；在生成知识后，还要演化为智慧，即为达到目标而运用知识的能力。因此，在税源信息管理的过程中，需要解决发现知识和形成智慧两大问题，才能持续提高税源信息资源管理能力和水平。

知识管理是随着知识成为最主要的财富来源，以及经济全球化和环境不确定性的加剧，应运而生的一种管理理论，是使组织能够获得智力资本这种关键性战略资产并在内部分享的一种管理工具。约格西·马修特拉（Yogesh Mathotra, @ www.brint.com 的创办人）认为，知识管理是在日益加剧的不连续的环境变化情况下，服务于组织适应生存和提高能力等关键问题的活动。其实质在于，它具体包含了信息技术处理数据与信息的能力以及人们创造和创新的能力有机结合的组织过程。我国管理学专家乌家培教授认为，知识管理是信息管理的延伸，是信息管理发展的新阶段，是信息转化为知识，并能够利用知识提高组织的应变能力和创新能力。我国学者王德禄认为，知识管理是信息管理发展的新层次，在人际交流的过程中，通过信息和知识的共享，运用群体的智慧进行创新，以赢得竞争优势。因此可以说，运用知识管理理论，能够实现税务部门发现知识和形成智慧这两个目的，能够提高税源信息资源管理能力和水平。

## 本篇参考文献

[1] 赵俊峰，陆海燕. 电子税务初探. 扬州大学税务学院学报，2001，（2）.

[2] 梁伟祥. 网络经济对税收制度的影响. 经济论坛，2003（12）.

[3] 王君. 电子商务税收问题的研究. 中国税务出版社，2006（1）.

[4] 陈新. 纳税信用体系研究. 人民出版社，2008（8）.

[5] 许云峰，陈光平. 对网上交易征税需要解决的几个问题. 中国税务报，2010（3）.

[6] 李建波. 关于网络交易纳税问题的分析与思考. 税务论坛，2011（12）.

[7] 马泽芳. 税务机关应跟进"互联网+". 中国税务报，2015（4）.

[8] 黄颖川. 广州小微企业将可"以税获贷". 南方日报，2015（4）.

[9] 常士臣. 下好"互联网+税收"这盘棋. 黑龙江经济报，2015（4B01）.

[10] ALM, MCCLELLAND, SCHULZE. Why do people pay taxes? [J]. Public Economics, 1992，（48）.

[11] 谢波峰. "互联网+"时代的税收风险管理[J]. 中国税务，2015（8）.

[12] KIRCHLER. The Economic Psychology of Tax Behaviour [M]. Cambridge: Cambridge University Press, 2007: 221 – 225.

[13] 杨得前. 税收遵从的理论研究及其在税收管理中的应用[D]. 上海理工大学，2006.

[4] 刘威威，黄诗睿. 拥抱"互联网+"，改造税务传统模式[J]. 中国税务. 2015（8）.

[15] 蔡宇. 从"善假于物"到拥抱"互联网+"[J]. 中国税务，2015（8）.

[16] 高培勇，马珺. 现代税收管理的国际经验及对中国的启示[J]. 国际税收，2013

(10).

［17］丁琳. 纳税人自我评估：降低澳大利亚税收征管成本［N］. 中国税务报，2007 - 8 - 22 (7).

［18］谌爱华，刘文锋. 澳大利亚纳税模式［J］. 中国改革，2008 (10).

［19］黄桦. 税收学［M］. 北京：中国人民大学出版社，2006：143.

［20］杜剑. 我国税收征纳成本研究［D］. 成都：西南财经大学，2008：46.

［21］TYLER. The psychology of legitimacy：A Relational Perspective on Voluntary Deference to Authorities［J］. Personality and Social Psychology Review，1998 (2).

［22］财政部、海关总署、国家税务总局：《关于跨境电子商务零售进口税收政策的通知》（财关税〔2016〕18 号），2016 年.

［23］财政部关税司：《我国将自 4 月 8 日起实施跨境电子商务零售进口税收政策并调整行邮税政策》，2016 年.

［24］狄昌娅. 行邮税改综合税后对我国跨境进口电商（B2C）的影响与发展之策［J］. 对外经贸实务. 2016 (5).

［25］何叶. 国内外跨境电商运营模式和法律法规［J］. 通信企业管理. 2015 (11).

［26］景雨娅. 跨境电子商务零售进口税收政策调整及其原因分析［J］. 知识经济. 2016 (19).

［27］李敬，王静. 进口税收政策对跨境电子商务影响分析［J］. 现代商贸工业. 2016 (29).

［28］吴向阳. 我国跨境电商改革效应分析［J］. 现代商贸工业. 2016 (10).

［29］严晓莉. 我国跨境电子商务的关税问题及其对策研究［D］. 湖南师范大学，2015.

［30］张建国，王浩. 海关视角下跨境电子商务的税收政策选择［J］. 海关与经贸研究，2014，01：107 - 115.

［31］郭卫娲. 从税收公平原则论我国进境物品进口税制的完善［J］. 法制与社会，2012，03：36 - 37.

［32］廉洁. 税收公平原则与税收优惠政策研究［D］. 山西财经大学，2013.

［33］史达，朱荣. 电子商务条件下的关税理论和政策研究［J］. 财贸经济，2005，09：44 - 49.

［34］樊晓露，吴世昌，张宝明. 新税改下跨境进口零售电商应对策略分析与建议［J］. 电子商务，2016，08：25 - 26 + 39.

［35］国务院《关于积极推进"互联网 +"行动的指导意见》国发〔2015〕40 号.

［36］国务院办公厅《关于运用大数据加强对市场主体服务和监管的若干意见》国办发〔2015〕51 号.

［37］国家税务总局《关于印发〈"互联网 + 税务"行动计划〉的通知》税总发〔2015〕113 号.

［38］中国社会科学院财经战略研究院课题组. 现代税收管理的国际经验. 经济研究参考，2013 年 45 期.

［39］靳东升，付树林. 外国税收管理的理论与实践. 北京：经济科学出版社，2009 年 2 月第 1 版.

［40］靳东升. 外国税收征管模式发展七大趋势［J］. 税收研究资料，2012 (2).

[41] 刘军. 税收管理战略转型：国际经验与中国选择 [M]. 中国税务出版社, 2009.

[42] 许月刚主编.《我国税收社会化管理研究》, 中国税务出版社, 2015.4.

[43] 涂子沛. 大数据. 广西师范大学出版社, 2013 年 4 月第 2 版.

[44] [英] Viktor Mayer‐Schonberger, Kenneth Cukier, 大数据时代：生活、工作与思维的大变革. 盛杨燕, 周涛译, 浙江人民出版社, 2013 年 1 月第 1 版.

[45] [英] Keith Willetts. 数字经济大趋势：正在到来的商业趋势. 徐俊杰, 裴文斌译, 人民邮电出版社, 2013 年 5 月第 1 版.

# 第2篇 电商税收征管政策

## 谈谈电商征税若干问题[①]

### 一、交易形式并不影响纳税义务

"网购销售税步步逼近""电子商务征税势在必行""电子商务征税时机已经成熟"……诸如此类的言论和标题频频见诸报端,给普通大众一种错觉,网络交易原来是免税的,马上要开始征税了。然而事实上,网络交易征税势在必行之类的言论纯粹是伪命题。

通过对网络交易的特征和本质的研究,我们发现:尽管网络交易的"虚拟化",使人们感觉网络交易似乎不受空间和时间的限制,但事实上它只是缩短了交易的时间,取消和减少了物理意义上的场所,如办公楼、商店、仓库等,网络交易中的人(卖买双方)、钱(货款)、物(有形的、无形的)仍存在于一定空间和时间内,并没有"虚拟"得无影无踪。最重要的是,绝大多数网络交易是有形商品的交易,其承载的内容仍然是属于课税范围内的商品、劳务,与传统商务比,并未发生本质变化(纯数字产品等新兴经济行为需要另作判断)。依法纳税是我国宪法规定的公民义务,从法理上来讲不因为交易形式的不同而不同,我国也从未制定网络交易免税的法律或者法规。

或许有人会提出:连电子商务最发达的美国都执行《互联网免税法案》,主张电子商务免税,我们为什么还要对电子商务征税呢?这其实是对美国《互联网免税法案》的误读。《互联网免税法案》的全文在互联网中很容易搜索到,它只是对 ISP(网络服务提供商)从公众那里收的接入费不开征新税,可以理解为:免税法案免

---

[①] 本部分由北京市海淀区国税局彭启蕾博士撰写。

的只是"网络接入服务税"。

对于网络销售,美国现行政策是:在线零售商在没有设立实体店的州销售商品,不必向顾客收取销售税,有实体店的,就要收取并向州政府缴纳销售税。以前很多热衷"海淘"的朋友常常纳闷,为什么同样是在美国网站购物,有时被扣销售税,有时没扣,答案就在这里。2013年5月美国参议院审议通过了《市场公平法案》,该法案要赋予各州政府要求所有商家就远程销售代征代缴销售税的权利,也就是对网络销售全面征税。然而,按照美国的立法程序,由参议员提出的议案,参议院审议通过后,转众议院,众议院审议通过了,总统签发后才能生效。《市场公平法案》最终是否生效,网上没有查到相关信息。

当然,电子商务作为一种新的有别于传统商务的贸易方式,客观上的确对现有的税收制度和税收征管造成了很大的冲击。某些交易使现有税收实体法中关于纳税人、课税对象、税目税率、纳税环节、纳税地点等税收要素的规定产生了不确定性,对税务登记、税收管理、纳税申报、税款征收、税务稽查、国际避税与反避税等都提出了严峻的挑战。这种政策不清晰是导致社会上产生电子商务免税误解的原因之一。

## 二、依法征管是税务部门职责所在

税务部门的主要职责就是依法征税,为国聚财。既然税收中性原则已成为国际共识,我国也从未制定并发布网络交易免税的法律或者法规,那么,对电商征税就是有法可依的。依法对网络交易进行税收征管是税务部门的职责所在,依法执法,无可厚非。当然,野蛮执法不在其列。

事实上随着电子商务的发展,税务部门很多有识之士一直在跟进研究电子商务的发展,研究电子商务的特点,分析电子商务对税收政策和征管的冲击和挑战,并试图寻找既不影响电子商务发展,又能体现税收公平和效率的最佳方案。很多基层税务局在网络交易的税收征管方面进行了有益的尝试。比如,北京市地税局2008年在调研的基础上出台了虚拟货币交易个人所得税征收细则,要求在网上进行虚拟货币交易的个人,按利润的20%或交易全额的3%,就交易所得申报缴纳个人所得税。山东威海环翠国税局以淘宝网和天猫商城中注册地为"威海"的网店为研究对象,对辖区内网店登记及纳税情况进行调研,得出网店税款流失面高达90%的结论。济南市国税局针对电子商务企业的特点,结合税源专业化管理体系,搭建"电子商务税源专业化管理云平台",利用云计算技术对国内比较著名的电子商务网站进行数据采集和监控分析,取得了很好的管理效果。随着数据抓取技术的成熟,网络平台之上交易数据的获取已经没有技术障碍,所以,类似的调研和管理在浙江、江苏等很多城市都有不同的进展。

当然,我们也应该看到,由于网络交易的注册地流动性强,单纯某一地区加强对网络交易的征管会很容易导致网络商家的转移，从而导致当地税款流失，因此全国各地对网络交易绝大部分处于放水养鱼状态。这种在政策执行层面的放松管理也是导致社会上产生电子商务免税误解的原因之一。

**三、税收流失规模需要科学测算**

我国网络零售市场发展迅速，2014 年达 2.8 万亿元，已超越美国，成为世界第一电子商务大国，但是，这相当可观的总交易额是由成百上千万大大小小的网店交易额累加而成的。考虑到起征点、小微企业优惠政策等因素，全国网络零售交易税源总盘子到底有多大，不是简单乘个系数就可以测算出来的，它与收入类型以及收入额的分布情况关系密切。

关于网络交易的税收流失规模，湖南省人大代表王填在 2013 年"两会"议案中测算，仅阿里巴巴网络平台经营的商铺 2012 年漏缴税费超过 350 亿元，全国平台型电商漏税超过 1000 亿元。而据淘宝网内部研究人士透露，淘宝网 2012 年注册卖家 800 万个左右，网络销售额约 1 万亿元人民币，80% 来自淘宝网大量的个人卖家，8000 亿元个体网商的销售收入，对应测算应纳税额仅为 100 亿元。前文提到的山东威海环翠国税调研得出的结论是：网店税款流失面高达 90%。济南市国税局利用电子商务税源专业化管理云平台对在济南办理税务登记的 406 户有网络经营的纳税人进行了重点监控和评估，发现 228 户纳税人存在网店经营收入与实际申报收入不符，申报平均差异率为 72.85%。

网络交易税收流失到底有多少？各种报道的结论和数字离真相到底有多远？需要大量的数据和科学的分析来支撑。然而，目前网络交易税收征管面临的最大问题就是信息不对称，即涉税信息的严重缺失。这种信息缺失导致税务部门对辖区内网络交易实现的税收收入规模、已纳入正常税收管理的税源规模、税源分布情况以及税收流失规模等缺乏准确的判断。底数不清、情况不明，政策制定部门很难对是否要加强征管，如何分类分级征管，要在哪些层面制定什么样的优惠措施等做出正确的决策。

涉税信息的提供问题，是税收管理的基础，关乎政府部门、有关单位以及纳税人的权利和义务。第三方涉税信息由谁提供、提供哪些内容、提供的频率以及提供的渠道等都需要落到实处。如果税务部门主动伸出橄榄枝，与第三方交易平台沟通合作，借助第三方交易平台掌控交易信息，对税源进行科学测算，不失为一条对电子商务税收管理科学决策的捷径；自力更生，借助爬虫技术等先进的互联网技术，主动进行网上信息的搜集和整理，为我所用，也是一条可行之路。

**四、税务登记要考虑国情和技术**

税务登记是将纳税人纳入税收管理的首要环节，是进行税收管理的基础和前提。

我国目前实施的《税务登记管理办法》要求企业和个人在办理税务登记时必须提供经营场所证明材料，这似乎可以变相地认为没有经营地址的网店不具备办理税务登记的条件。互联网上个人经营者由于缺乏登记备案制度的约束而游离于税收管理之外。然而，在全民贸易（淘宝、微店、二手交换……）的形势下，是不是大小网商只要有交易都要办理税务登记？或者符合什么条件的该登记备案？通过什么渠道，使用什么方式进行登记管理？这些问题一直是业界热议的焦点。

关于符合什么标准的电商要注册登记，笔者并不赞成把税务登记作为个人注册网络商店的前置条件。原因有二：一是目前无证个体网络经营者的存量不小，仅淘宝网就有600多万户，而税务登记管理工作不仅仅是设立时的注册登记，还包括登记信息变更、停复业、注销、非正常户管理、外出经营报验等，税务登记管理工作量巨大；二是每天都有大量新开业网店诞生，但是网上消费者往往倾向于选择业绩和信用良好的网上店铺购物，新开业网店成交量不大。据业内人士介绍，淘宝新注册网店50%以上会因无法生存而倒闭或者长期处于无交易状态。如果将税务登记环节作为个人网上销售的前置条件，会使很多个人放弃自主创业的机会，还会大大增加税务机关的征税成本，降低管理工作的有效性。因此建议税务机关在税务登记工作中，对尚未达到纳税标准的商户（多为低收入者），实行宽松的管理，鼓励其进行税务登记（放宽时限），但不必把税务登记作为注册网络商店的前置条件。对已达到纳税标准的商户，实行严格的管理，要求其进行税务登记（限时）并依法纳税。

同时，把网络交易纳入税收日常管理范围，是加强网络交易的税收征管的基本前提。税务部门要研究制定符合网络交易特征的税务登记办法，对网络交易的税务登记设定基本的门槛，对符合什么标准必须办理税务登记、通过什么渠道办理税务登记、税务登记信息在网络上如何展示等都要有明确的规定，还要利用信息化提供方便快捷的登记途径。

**五、第三方支付机构代扣税款不合适**

社会上有一种意见，主张通过第三方电子支付机构对网络交易代扣代缴税款（主要是增值税、营业税），可以尝试在支付宝试点。持这种观点的人不在少数，《中国税务报》上时有持此观点的署名文章。但是笔者认为，我国目前并不具备通过第三方电子支付机构代扣代缴税款的条件。

首先，我们要对第三方支付及其发展有一个客观的认识。支付宝是获得第三方支付牌照的公司，也是目前老百姓最熟知的第三方支付平台，但是截至2014年7月，人民银行公布的获得第三方支付牌照的公司有269家，包括快钱、财付通、银联商务、资和信等等。在这种情况下，只让支付宝代扣代缴税款，无异于把支付宝的客户赶到竞争对手那里，会直接导致支付宝的市场占有率大幅下滑，公平经营的环境将遭到破坏。更何况，从消费者的角度来看，随着二维码支付、手机钱包摇手机转账、超声波识别支付、随身刷卡器、条码支付等支付方式的逐步普及，支付宝等第三方支付已经不仅仅用于网络交易，而是作为电子钱包，随时用于线上和线下交易的支付。

其次，对增值税一般纳税人而言，其应纳增值税为销项税额与进项税额的差额。必须同时考虑线上交易额（可能涉及多个平台、多个商铺）、线下交易额和进项税额，才能对企业的应纳增值税进行准确核算。电子支付机构一般只掌握某笔业务的销售额，不了解进项税额等信息，因而直接由电商平台或支付平台代扣税款并不可行。另外，从经营者的角度来看，纳税人同时经营实体商店和网络商店，线上线下的互动和交叉越来越多，若对实体商店的收入（收取现金或使用银行卡）采取自核自缴的方式缴税，而网络商店的收入则由电子支付机构代扣代缴税款，容易产生税务会计处理问题，对同一纳税人同一税种在同一纳税期间采用不同的纳税方式，不利于统一的税收管理。

对于所谓的小规模纳税人（其实包括网上交易的小规模纳税人、个体工商户以及没有办理登记的个人商户），也不能简单地按照某一个税率，一扣了之。网上交易的在线商品五花八门、品种繁多，仅淘宝就达 8 亿多种，是货物销售还是提供劳务？是不是月销售额未超 3 万元，属于免征范围等，第三方支付都无法区分。

因此，笔者认为用第三方支付平台代扣代缴税款并不是电商税收征管的解决之道。正途还是应该回到原点，即在征纳双方明晰权利和义务的前提下，还责于纳税人，实行属地管理，规定网络交易商店经营者，在经营所在地向税务机关登记、申报，自行审核、自行缴纳税款。

**六、现实征管要抓大放小有所侧重**

前面已经论述过，电子商务与传统商务负有同样的纳税义务，这在法律上毋庸置疑。但是现实征管策略要结合我国国情和征管能力，兼顾效率与公平，既不能杀鸡取卵，也不能因噎废食。对于电商征税，管与不管要把握好一个度，不能眉毛胡子一把抓。要抓大放小，区别对待，不搞一刀切。

近年来，我国电子商务发展势头强劲，电子认证、电子支付、现代物流等电子商务支撑体系建设逐步完善，互联网＋领域关键技术取得突破性进展，各行各业的网络化生产经营已成主流，消费者的网络消费习惯已然形成，如果不加管理，任由网络交易的税款流失，不仅对传统交易有失公允，而且政府财政收入将受到很大影响。事实上，与传统商务相比较，对于已注册登记纳入管理的企业，因为有网络交易记录、资金流、信息流、物流信息俱足，税收管理更加容易，税务机关要做的是对现有政策梳理后进行解释补充，外加宣传和服务，辅以稽查管理，提高纳税人的税法遵从度。

按照"抓大放小"的原则，个体网络经营税收绝对不应该成为税务机关关注的重点，不管是从政治角度还是民生角度抑或是税务部门的执政效率考虑，对于个体商户，都不应该管得太严、管得太死，使纳税人承受过高的税负，否则无异于杀鸡取卵。个体网络经营者除非交易规模非常大，否则自行建设网站用于交易，投入成本很高，无法体现电子商务的优越性，因此绝大多数个体网上经营者往往是借助一个网络交易平台进行交易。对于个人商户的税收征管可以考虑比照传统贸易中的集贸市场进行管理。与传统的集贸市场比，在网络平台上的电子商务交易更具有可追踪性，征税更容易操作。网路平台上的小商家来去自由，税务机关并不需要逐一给他们办理税务登记，可以考虑在网络平台上设置一个营业额限额，超过限额的直接推送至商家和税务机关，督促其办理企业税务登记，纳入税务机关直接管理。

而对于新形势下日益国际化、集团化、复杂化的大企业，才应该是我们关注的重中之重。由于业务的复杂性和我国税收法律法规的繁杂，使得很多大企业并不具备完全税收遵从的能力。因此，税务机关要通过税务审计等管理手段，帮助企业系统分析存在的税收风险，规范线上线下业务的税务处理，引导企业完善税收风险内控机制，加强风险管控，提高税法遵从度。

**七、宣传工作任重道远不容忽视**

各地税务机关对电商执法一事本是税务部门的正常工作，但是由于电商征税问题社会关注度很高，影响面很大，加上个别媒体的不实报道，推波助澜，使得问题不断发酵，在社会上引起强烈热议和公众吐槽。其实，这与老百姓对电商征税问题的认知度不高有关系，税务部门关于电商征税方面的宣传工作任重道远。

宣传的目的就是广而告之。征管法规定，"税务机关应该广泛宣传税收法律、行政法规，普及纳税知识，无偿地为纳税人提供纳税咨询服务"。在社会上对电商是否该征税存争议的情况下，如果我们税务机关通过12366、基层税务局的税政科室、各大纳税服务厅以及报纸、电视、互联网等传播媒介，多渠道广泛宣传，明确表态：告知网上经营者的纳税义务，说明具体的政策规定和办理流程（比如登记、申报），告知如果违反会受到什么惩罚，告知国家对月销售额未超过3万元的小微企业、个体工商户和其他个人暂免征增值税、营业税等优惠政策……如此的话，还会有那么多受惠于国家优惠政策，根本还涉及不到纳税的个人商户纷纷加入"吐槽大军"吗？还会有那么多已经形成一定规模的电商抱着法不责众的侥幸心理，对照章纳税持观望态度吗？试想，如果我们的宣传到位了，服务很专业，再被查到有问题的纳税人属于知法犯法，他还会对处罚有那么大的情绪吗？毕竟，真正把电商税收问题研究得很透彻的人并不多，连很多学界人士都被美国的《互联网免税法案》忽悠了，更何况普通老百姓。

所以，强烈建议税务总局尽快就电子商务纳税的相关政策发布一个统一的公告，并通过各种渠道各种形式加大宣传力度,促使纳税人知法守法,营造和谐的征纳环境。

**八、"拔鹅毛"需环环相扣渐次发力**

英国经济学家哥尔柏说过一句很有名的话:"税收这种技术,就是拔最多的鹅毛,听最少的鹅叫。"电商征税问题虽然不算高深,但是如果"拔鹅毛"的技术不高,会听到最多的鹅叫甚至是惨叫却拔不下来几根鹅毛……

基于对私产的保护,在税法解释方面,世界各国越来越倾向于有利于纳税人的解释,中国对私有财产的保护也已被写入宪法。遵循"有利于纳税人"的价值取向,"有疑则不课税"是对电子商务进行征税判定的标准,即如果税收政策不明确,可做多种解释的情况下,税务机关是不应该对纳税人征税的,这是税法的基本精神。因此,电子商务哪些征,哪些不征,怎样征等要清晰明确。

笔者认为,要做好电商税收征管,需要调研、决策、宣传、服务+管理、查处五个环节环环相扣,渐次发力。调研和决策两个环节是密不可分的,税务部门要加快研究步伐,努力研究电商的新模式、新特征、产生的新问题,抓住事物的本质,寻找解决问题的关键链,在充分调研的基础上,对现行政策进行梳理、补充、修改、完善,包括政策层面的和征管层面的。一旦决策,要尽快以法律法规或者规章的形式公布于众,使征纳双方"有法可依"。宣传环节要解决的是"有法必依"的问题,知法是守法的前提,税务部门需要多渠道多角度广泛宣传,使纳税人确知自己的权利、义务等等。服务+管理环节要体现"文明执法",在服务方面税务部门要借助税收信息化支撑,为纳税人提供畅通的渠道、明确的指引和便捷的服务,降低纳税成本,方便纳税人高效纳税。在管理方面要提供一定的过渡期,在宣传还不到位,大众纳税意识远未跟上的初期,发现漏征漏管要以教育为主,指导纳税人及时纠偏,补缴税款和滞纳金即可。查处环节体现"违法必究",当电子商务纳税的义务和方法途径已经深入民心的时候,再发现漏征漏管,属于明知故犯,应在补缴税款和滞纳金的基础上,给予重罚,起到惩戒和震慑作用。这个环节要抓大放小,有所侧重;要考虑征管技术问题,用现代化手段捕捉企业的网络交易信息,人机结合,对知法违法的企业进行严厉查处。

总之,有道无术,术尚可求,有术无道,止于术也。善法是良治的前提和基础,电商征税问题关乎千家万户,税务部门决策时稍有不周,就会对经济社会造成很大的影响。决策层要跳出税收看税收,尊重现实,着眼未来,既要考虑征纳成本,效率优先,也要考虑社会公平,要善于运用电子商务的特点和税收信息化的手段,用最低的成本征得最合适的税,并对经济生活产生最小的影响。

# 电子商务税收管理的政策建议[①]

2015年4月25日在国家税务总局举行的一场民营企业座谈会上,阿里巴巴董事局主席马云说"今天的小微企业,很多会成为未来的纳税主体。这些企业给他们一些阳光就能够灿烂,对他们的税收优惠应该继续扩大"。这一建议得到了国家税务总局局长王军的正面回应,"我们国家未来发展的方向之一是大力推进互联网,税务部门支持互联网产业发展责无旁贷"。2015年5月6日、7日,国家税务总局、国务院相继发布了《关于坚持依法治税更好服务经济发展的意见》和《国务院关于大力发展电子商务加快培育经济新动力的意见》,这一系列举措的实质在于引导税务部门更好地服务电商企业,鼓励电商企业依法纳税,促进电商企业健康发展。

## 一、我国电子商务发展现状

近年来我国电商发展迅猛,根据中国电子商务研究中心的资料显示,2009年,中国电子商务市场交易规模仅3.7万亿元,到2014年,已达到13.4万亿元,6年来增长了262%,电子商务逐渐成为一种大众的、新兴的、引导性的交易方式。有专家分析预计到2020年,电子商务零售行为将拉动经济增长5.48个百分点,成为拉动经济增长的主导力量。

电子商务不仅创造了新的消费需求,并且正在加速与制造业融合,推动服务业转型升级,催生新兴业态,成为经济发展新的原动力,带动出远大过网络零售本身的税收规模。

## 二、发达国家的电子商务税收政策

### (一)美国

美国是电子商务的发源地,也是电子商务发展速度最快、影响最为显著的国家。美国政府始终对电子商务采取积极的扶持政策,先后颁发了一系列促进电子商务发展的税收优惠政策。如1995年12月,美国开始制定与电子商务有关的税收政策,并成立了电子商务工作组,确立了制定电子商务税收政策的基本原则:政府的目标是支持并执行一个适用于电子商务发展的可预知的、始终如一的、简单的法律环境,避免对电子商务进行不适当的限制。1996年,美国财政部发表了《全球电子商务选

---

[①] 本部分由青岛市国家税务局徐风照研究员撰写。

择性税收政策》白皮书，认为税收中性是指导电子商务征税的基本原则，不通过开设新的税种或附加来征税，而是修改现有税种，使它适用于电子商务，确保电子商务的发展不会扭曲税收的公平。1997年，美国又发布了有关电子商务的总统令，要求财政部与州及地方政府共同努力，保证不对电子商务征收新的税种。1998年10月通过的《互联网税务自由法》，指出虚拟商品（比如软件、音乐等）不应该被征税，但一般商品都需按照实体经营标准纳税，服装等品牌无论是网上零售业务还是门店零售业务都征一样的税收，包括个人购买时交付10%的消费税。该法案适用期三年，后来三次延期。2013年，美国国会参议院通过了开征在线销售税的《市场公平法案》，该法案授权相关的州对所有每年在美国远程销售（跨州销售的商品或服务）总收入超过100万美元的卖家征税。

通过以上分析我们看出，美国政府制定以《互联网税务自由法》为代表的电子商务税收优惠政策，一是因为电子商务作为新兴产业，成长过程中需要一定支持；二是为了保持美国电子商务在世界的优势地位；三是通过促进本国电子商务的迅速发展，带动相关行业的发展，从而促进经济发展，最终增加政府财政收入。

（二）欧盟

1998年2月，欧盟发布了有关电子商务的税收原则：（1）目前尚不考虑征收新税；（2）在增值税征税系统下，少数商品的交易视为提供劳务；（3）在欧盟境内购买劳动力要征收增值税，境外不征税。欧盟委员会对电子商务的税收问题，主要考虑到两个方面：一是保证税收不流失；二是要避免不恰当的税制扭曲电子商务的发展。

1998年6月8日欧盟发表了《关于保护增值税收入和促进电子商务发展》的报告，认为不应把征收增值税和发展电子商务对立起来，而且为了控制此项税基流失，决定对成员国居民通过网络购进商品或劳务时，不论其供应者是欧盟网站或外国网站，一律征收20%的增值税，并由购买者负责扣缴。1998年底，欧洲经济委员会（EU的政体）确立电子商务征收间接税的第一步原则：（1）除致力于推行现行的增值税外，不开征新税；（2）电子传输被认为是提供服务；（3）现行增值税的方法必须遵循和确保税收中性原则；（4）互联网税收法规必须易于遵从并与商业经营相适应；（5）应确保互联网税收的征收效率，以及将可能实行无纸化的电子发票。

2002年5月，欧盟通过了一项针对现行增值税法的修正案，该修正案对原增值税法中要求非欧盟居民销售数字产品要缴增值税的规定作了修正，非欧盟居民在向欧盟居民销售数字产品时，可以享受免征增值税的待遇。该法案2003年7月生效，并自生效日后三年内对非欧盟居民向欧盟居民销售数字产品免税。

欧盟对待电子商务的税收政策显得相对保守，倾向于制定较为严格的监察和治理措施，对免征关税问题也较为慎重，主要是担心免税会影响各成员国的财政收入。但目前也原则上同意不再对开展电子商务的公司征收新的税种，并就跨国电子商务的有关原则与美国达成了一致。

据悉，欧盟规定自 2015 年 1 月 1 日起凡在欧盟境内网上购物，增值税将执行买家所在地税率。如在亚马逊购买电子书，增值税税率为 3%，这是该门户网站所在地卢森堡的税率，而自 1 月 1 日以后，如西班牙消费者购买电子书，将执行西班牙 21% 的增值税率。欧盟实施这一规定旨在打击非法竞争。

（三）加拿大

加拿大有关电子商务的征税规定，要看不同的征税条目和不同税收地区的特别规定。对于不易确认来源的所得和网站是否属于常设机构，主要以电子商务的货物劳务销售者居住地为征税依据，或视非独立服务器为常设机构。当进行电子商务时，由于不易确定货物提供地、合约签订地、付款地等，因此必须分辨非居住者公司是否在加拿大从事营业活动。加拿大对电子商务征税政策所持的原则为：（1）政府应避免制定不适当的法令或限制措施妨碍电子商务的发展；（2）加强与国际的合作，制定有利于电子商务发展的政策以促进网络交易；（3）注重公平，电子商务与非电子商务交易功能相同的纳税人，征税要一致，不能因交易形态而有所差别。

（四）英国

2002 年 8 月，英国《电子商务法》正式生效，明确规定所有在线销售商品都需缴纳增值税，税率与实体经营一致，实行"无差别"征收，分为三等，标准税率（17.5%）、优惠税率（5%）和零税率（0%）。根据所售商品种类和销售地不同，实行不同税率标准。年销售额超过 5.8 万英镑，则必须到税务部门进行增值税登记。若未超过，则不作硬性要求。

回顾各发达国家（地区）在电子商务税收方面的立法，不难看出，在电子商务发展初期，政府的引导和推动十分必要。电子商务税收优惠政策促进了电子商务的迅速发展，也带动了相关行业的发展，进而促进经济发展，最终增加政府财政收入。随着电子商务的逐渐成熟，通过深化税制改革、加强税收征管、优化纳税服务，形成正确的产业导向，可以引导企业通过不断创新来提高竞争能力。

### 三、我国当前电子商务税收管理存在的问题

（一）法律法规不健全

电子商务代表着未来贸易的发展方向，对一个国家在全球化经济技术竞争中的地位和作用产生决定性的影响。只有获得健全法律的积极支持和切实的落实，电子商务活动才能够在法律的保护下获得更好的发展。同时税法作为国家社会法律体系的重要组成部分，也是每一项商业活动必须要承担的一种费用，它的规范和执行情况对电子商务的经济利益具有很大的影响。我国现行的税收法律法规已不能完全满足电子商务发展的需要。

1. 未建立系统性的电子商务税收法律法规体系

相比电子商务的迅猛发展，我国目前尚未出台系统完善的电子商务税收法律法规，这也致使税务部门没有明确的法律依据针对电子商务领域加强税收征管，在一定程度上导致电子商务交易游离于法治监管之外，造成国家税款的流失。

2. 难以确定纳税主体

纳税主体规定了税款的法律承担者，可以是自然人，也可以是法人。传统贸易方式下，交易双方是谁、纳税人是谁都很清楚，交易者必须具备资金、场地、人员、章程等条件，经工商部门登记注册并到税务部门办理税务登记后，才具有合法的经营资格。C2C网店经营者都是自然人，未办理工商营业执照，且B2B、B2C企业由于网店名称往往与工商注册名称不同，且在工商系统办理工商营业执照时没有一个统一的标准来界定电子商务公司，企业营业执照上没有登载企业网站等相关信息，无法获得这部分企业网店的完整信息。因此电子商务交易的主体具有虚拟性，在网上以服务器、网站、网上账号出现，任何人都可以成为交易主体，使得税收角色难以确认。

3. 难以确定征税客体

交易商品多元化、无形化使传统的商品存在形式发生了变化，有形商品、无形劳务及特许权使用的概念彻底混淆，加之新出现的数字化信息产品、非物化形式的虚拟财产更是导致了原有税法以收入、行为和财产为征收客体的认定标准失去用武之地。税务部门难以通过现行税制确认纳税人的销售行为应征收何种流转税、税率如何确定、是否应享受企业所得税减免等诸多问题。

4. 难以确定纳税义务发生地

传统贸易中，税务部门可以根据纳税人的户籍所在地、营业执照颁发地、生产经营地等指标判断纳税人的纳税地点。但电子商务的虚拟化、无形化和隐匿化，使从事网络贸易的企业可以轻易地在全球范围内从事经营活动，而且这种活动往往因为没有固定的交易场所而难以追踪。电子商务纳税人究竟应在消费地、商品或服务提供地征税，还在电子商务网站注册地纳税，税务部门难以准确确定纳税人的经营地或纳税行为发生地，从而无法正确实施税收管辖权。

5. 纳税期限难以操作

现行税法规定的纳税期限，一般是根据支付方式以及取得或收到销售凭据的时间来确定纳税义务发生时间。而电子商务既没有纸质凭证，也没有现金、支票的支付，再加上电子信息极易被篡改而不易被发现，纳税义务的发生时间难以确定，纳税期限难以操作。

6. 纳税流程发生改变

纳税流程是税法规定对处于不断运动中的纳税对象选定的应当征税的环节，每个税种都有特定的纳税环节，有的只在一个环节征税，有的实行多个环节征税。电子商务的一个突出特点是交易环节少、渠道多，这势必与流转税制中的多环节纳税形成矛盾，在很大程度上对流转税的缴纳提出了挑战。

（二）税收征管难度加大

当前税务管理工作日趋复杂，税务人员老龄化趋势明显，纳税人对税务信息化的要求更高，税收管理全球化挑战加剧，企业经营模式发生重大变化。面对种种挑战，如何做好电子商务的税收征管，从税务人员观念、知识更新到组织结构演变都提出了新的更高的要求。

1. 税务登记方面

现行的税收征管以税务登记为前提，针对 C2C 模式中的个人网店没有办理工商登记的监管空白，国家工商总局发布了《网络商品交易及有关服务行为管理暂行办法》，"自 2010 年 7 月 1 日起通过网络从事商品交易及有关服务行为的自然人，需向提供网络交易平台服务的经营者提出申请，提交姓名和地址等真实身份信息，具备登记注册条件的，依法办理工商登记注册"，这为电子商务税务登记的实施铺平了道路，然而税务部门获取纳税主体信息仍存在很大的难度。据了解，我国各类电商协会统计的数据来源淘宝、天猫、京东商城、当当、卓越等大的电子交易平台，而这些电子交易平台可能基于维护电商利益、保密性等原因，不愿意提供更多、更详细的资料，存在很大的信息不对称，给税务登记带来很大困难，使税务部门难以确切掌握纳税人的网上开业和经营情况。同时，现行有形贸易的税务登记方法不再适用于电子商务，无法确定纳税人的实际经营情况。此外，随着计算机加密技术的成熟，纳税人可以使用加密、授权等多种方式掩藏交易信息，加密技术的发展加剧了税务部门掌握纳税人身份或交易信息的难度，在短期内要税务部门既要严格执行法律对纳税知识产权和隐私权的保护规定，又要广泛搜集纳税人的交易资料，难度很大。另外，仅对"具备登记注册条件的"实行工商登记注册，对于暂不具备登记注册条件的，则会游离于工商部门监管之外，税务部门更无法进行有效的监督和管理，形成漏征漏管。

以处于全国电子商务最为发达的深圳特区的龙岗区为例，每年从事电子商务的人员数量庞大，但真正在工商行政部门注册，接受税务行政机关监管的却是极少。从 2010 年 2 月 10 日第一家电子商务企业开业开始，到 2013 年 7 月，仅有 109 家电子商务企业注册（有实体经营地址兼营电子商务的工商企业未列入其中，仅以"电子商务"及"商务秘书"为主营业务、注册类型为"商业"及"服务业"作为可比搜寻数据口径）。

2. 税款征收方面

一是应纳税额难以准确确定。电子商务所有买卖双方的合同和作为销售凭证的各种票据都以数字信息的形式存在，传统的纸质账册、凭证、报表转而由服务器中数字代码来代替。交易内容和结果可随时更改，甚至不留痕迹，致使税务部门对于销售数量、价格、收入、成本、费用、利润无迹可寻，难以把握，给税收征管工作带来严峻挑战。比如一些电商为提升销售排名、吸引更多买家而开展虚假交易，俗称"刷单"，通过这种方式虚增的销售收入，要不要补税、补多少税也成为一个难题；二是随着电子商务的发展，电子货币、网上银行逐渐取代了传统的货币银行、信用卡，电子商务中的商品、劳务以数字化的形式存在。而传统的税收征管是通过确定征税对象及纳税人或通过中介机构进行税款的代扣代缴这两种方式来征收税款的，如何监管支付结算机构，监管交易双方，将成为税款征收中的一大难题。

还是以龙岗区109家电子商务企业为例，其中一户企业于2011年6月，一户企业于2012年5月被认定为一般纳税人，零申报率一直居高不下。2011年10户新注册开业企业之中，8户企业零申报，零申报率为80%；2012年37户新注册开业企业中，26户企业零申报，零申报率为70%；2013年1月至6月（所属期），109户企业之中，88户企业零申报，零申报率高达80.73%。

3. 发票管理方面

发票作为财务记账的主要凭证，是我国税收征管工作的一项重要内容。在"以票控税"的征管模式下，对电子商务企业的税收管理工作必然也少不了发票这一关键组成部分。传统交易模式下，发票是购买方入账的凭证，是维护购买方权益的有效依据。然而在电子商务中，电商企业出于降低成本、逃避缴纳税款等方面考虑往往不会主动提供发票，有时会通过给购买方一定折扣的方式拒绝开具发票，无形之中造成国家税款的流失。随着信息技术的不断发展，电子发票技术应运而生，相比传统的纸制发票，电子发票具有便捷、高效、低成本、永久保存等诸多优势，且不管销售方是否主动提供或购买方是否主动索取，只要交易完成，系统便会自动生成电子发票，从源头上规避了依赖销售方意愿开具发票的弊端，也为购买方后续维权提供了便利。但因目前尚无相关法律认可电子发票的合法地位，导致纳税人无法将其作为记账凭证进行处理，在一定程度上制约了电子发票的推广和应用。同时，发票管理办法规定纳税人不得跨规定的使用区域携带空白发票，但电子商务的全球性特点将彻底打破传统贸易模式下的地域概念，其虚拟性会使交易发生地、所得来源地等属地概念变得难以界定。在电子商务交易中，部分交易可能跨省甚至跨国开展，因此限定开具发票的地域范围将无法适应电子商务模式下的交易行为。另外，电子发票的本质就是一串电子数据，使用电子发票的纳税人一次性注册后，便不需要再到税务部门申领，也不存在携带的问题。

4. 风险防控方面

一是监控数据涉及电商平台、互联网金融平台、银行及监管单位等多行业多部门，目前各部门之间虽然实现了部分数据的共享，但未能实现全面的数据对接和传递，第三方信息获取存在难度。二是对取得的交易信息和销售数据，如何剔除"刷单"或"隐匿"等因素，准确认定成本费用，进而实现合理的纳税风险评估存在困难。三是电商经营主体对税收政策的理解存在偏差，导致税收筹划失败，带来被税务部门认定为偷税或避税的风险。

5. 税务稽查方面

税务稽查是国家对纳税人进行监督管理的重要方式，电子商务对现行税务稽查产生了巨大的冲击：一是电子商务普及广泛，经营主体基数巨大，然而税务部门的人力、物力有限，对这一新兴业态的监管心有余而力不足。二是传统的税务稽查中，税务部门可以从各大银行中取得全面的涉税信息，而随着第三方支付平台的建立，如支付宝、网上银行和电子货币的兴起逐步代替了货币资金的使用，税务部门无法从有限的信息渠道获取全面交易信息。三是传统模式下，税务部门进行税务稽查，需要掌握纳税人的大量纳税信息，这些信息通常是书面的、可追溯的。但电子商务模式下形成的电子数据以及电子发票、电子计税凭证、电子账簿等信息，则往往是看得见、摸不着的，加之容易被篡改或隐藏的特点，使得传统的以追踪纸质凭证进行税务稽查的方法彻底失效。加上数据信息加密技术在电子商务领域的普遍应用，在维护交易安全的同时，也增加了税务部门掌握纳税人交易内容及财务信息的难度，从而大大限制了税务部门即时获取有关交易数据、监控企业纳税行为的能力。目前仍没有可靠的技术手段保证电子商务交易记录的真实、可靠，这就对稽查工作造成了极为不利的影响。

而从深圳龙岗区已经注册电子商务企业缴纳的增值税情况来看，2011 年缴纳的增值税仅为 7.7 万元；到了 2012 年略有增长，达到了 12.4 万元；在发展速度最快的 2013 年前半年，缴纳的增值税也只是 101 万元，这一数据虽然相较 2012 年有很大幅度的增长，但是与电子商务的迅猛发展相比，税收并没有同步增长。由于电子商务的隐匿性和流动性，除了已经注册的企业之外，还有众多从事电子商务的自然人或者个体户不在工商行政部门监管的视野之内，导致税务部门无法确定纳税主体、地点和时间，也无从稽查。

（三）纳税服务不到位

1. 服务理念落后

一是电子商务属于新兴业态，税务部门对于电子商务的纳税服务意识不足，许多服务方式的设立和运转基于传统商业模式；二是在认识上存在着误区，认为电子商务领域存在巨额逃税现象。实际上，中国现阶段电子商务领域占主导地位的是 B2B，网络零售交易额仅占电子商务交易额的 16% 左右。而在网络零售交易中，B2C 模式下企业利用网络实现的销售，大多与传统线下销售模式一样已被纳入税务部门的征管范围。中国 C2C 交易平台中包含了大量的小微企业和兼职经营的个人。根据淘宝提供的数据，有 94% 的电商交易额达不到起征点；三是在处理纳税服务和依法治税上存在缺位与越位的现象，总认为强调纳税服务就会淡化依法治税，强调依法治税就要淡化纳税服务。要充分领会《关于坚持依法治税更好服务经济发展的意见》的精神，不能认为国家扶持电商发展就可以不征税，也就是说达到规模的电商为了可持续发展，还是应该依法纳税。

2. 服务手段滞后

电子商务依托的是信息技术，但是现有的各类软件主要用于满足管理的需要，而为纳税人服务、保障纳税人权益的相关应用系统尚未完全建立。服务手段还有待于提高，高度集中、充分共享的纳税服务数据分析系统尚未建立，导致其成为实现纳税服务便捷化的短板。

3. 税收环境有待改善

一是政策宣传不到位。电子商务主体繁多，而C2C模式下的个人卖家不在税务部门的管理范围内，没法面对面地进行税收政策的辅导，对电子商务税收政策的宣传解读不到位；二是全社会对纳税信用不够重视，没有形成诚信纳税的良好氛围，特别是从事网络销售的卖家还存在为了提高信誉度而制造大量的虚假交易，或者根据不同情况任意修改交易信息和会计信息等等行为。

### 四、加强电子商务税收管理的政策建议

党的十八届三中全会从推进国家治理体系和治理能力现代化的高度部署税制改革，使税收职能作用从经济层面拓展到经济、政治、社会、文化、生态、外交等诸多领域，更加深刻地介入国家治理的各个方面，真正成为治国理政的重要基础，从更深层次、更广范围服务于国家发展。这既为税收工作提供了更为广阔的舞台，也对税收职能作用提出了新的更高要求。因此，积极发挥税收职能作用，面对电子商务对传统税收法律、征管、服务所提出的挑战，采取有效措施服务电子商务的发展。

（一）构建电子商务税收法律体系

从我国国情和电子商务的实际情况出发，以现行税制为基础，以鼓励扶持为先导，做到既促进电子商务的发展，又保证国家财政收入。因此，一是应当坚持税收中性和税负公平原则。国家征税应避免对市场经济正常运作的干扰，同时应使各个纳税人的税负与其负担能力相适应，纳税人的负担水平保持平衡。二是坚持普遍使用原则。对于电子商务这个新兴领域的税收试图颠覆以往税收法律法规和制度的创新是不现实的，制度设计应该是简单明确。三是坚持整体原则和系统原则。电子商务税收要与其他电子商务相关法律法规实现无缝衔接，统筹兼顾、协调配合，同时还要与国际法规接轨，避免重复征税、逃税避税的发生。

我国现行的税收法律法规是建立在有形交易基础之上的，还没有涵盖电子商务领域，它无法完全解决电子商务的税收问题。因此加快电子商务的税收立法，对于规范和促进电子商务在我国的发展有着十分重要的意义和作用。一是在税法中重新界定有关电子商务税收的基本概念，具体包括"居民""常设机构""所得来源""商品""劳务""特许权"等电子商务相关的税收概念的内涵和外延。二是对现行税收要素进行适当的补充和调整。建议将纳税主体划分为间接电子商务纳税人和直

接电子商务纳税人。前者只是借助于网络完成信息流与资金流,其物流活动仍为传统模式,与传统的交易模式只是在形式上有所区别。而后者则是伴随电子商务模式诞生的新一类纳税人,即与网络信息商品提供方或购买方有关的人为纳税主体。结合即将实施的信息网络实名登记制度,便可根据交易双方的 IP 地址判定纳税主体;建议在原有的收入、行为和财产三类征税客体基础上增加虚拟商品类,重新定义其适应税率,区分具体内容进行征税;建议在税法中规范电子商务的纳税环节、期限和地点等。

(二) 完善电子商务税收征管

如何对电子商务进行税收征管,一直都是社会和税务部门关注的问题。国家鼓励电子商务发展,不等于放弃税收征管,不等于可以不按照税收法律法规实施征税或减免税,不等于认可依法治税存在空白区域。因此,笔者认为应从以下几个方面完善对电子商务的税收征管。

1. 完善税务登记制度

税务登记是税务部门对纳税人实施税收管理的首要环节和基础工作,是征纳双方法律关系成立的依据和证明,也是纳税人必须依法履行的义务。随着我国注册资本登记制度改革,国务院在 2014 年推行了税务登记证和工商营业执照、组织机构代码证"三证合一"工作,并力争在 2015 年实现"一证一码"。这些政策的出台为电商办理税务登记打开了便利之门,同时建议借助"金税三期"上线的契机,尽快建立统一的纳税人识别号制度。通过纳税人识别号归集纳税人所有涉税事项,对纳税人不同时间、地点、税种的涉税记录对比分析,有利于实现税务部门与银行、第三方支付平台及其他社会单位间的信息传递与共享,也能够将所有从事电子商务的经营主体纳入税收征管范围。从事电子商务的经营主体在交易平台注册之前,必须首先取得税务登记号,在其网站首页或者从事经营活动的主页面醒目位置公开税务登记的登载信息或者电子链接标识。开通网店之后,在指定银行或第三方支付平台开设收款账号时,以税务登记作为前置条件,并将其全部账号向税务部门报告。这样,既维护了税法的公平性和严肃性,也能够全面掌握电子商务纳税人的信息,同时对电商企业后续税收属地管理打下坚实基础。

2. 准确实现税款征收

电子商务涉税信息的掌握是确定应纳税额的一个重要前提,以支付体系为监管重点,可以从银行和第三方支付平台储存的数据中掌握电子商务交易的数据并以此确定税额。对于 B2B 和 B2C 企业,一般都有实体企业和传统销售渠道为支撑,因此可将企业的电子商务交易部分的税基和传统市场销售部分的税基进行合并,再按照传统的征收方式对其征税。企业开展电子商务的所有收入无论是通过网上银行支付还是第三方支付平台都必须通过银行账户实现,因此,税务部门应加强同银行的合作,实现支付信息的及时传递。对于 C2C 卖家流转税的征收,由于个人卖家比较分散,不易掌握,因此税务部门必须与第三方电子商务平台进行合作,在第三方支付平台将货款支付给卖家之前,由支付平台将交易信息报送给税务部门,同时代扣代缴应纳税款后再向卖家支付;个人所得税方面应设置适当的起征点,税务部门应根据交易平台提供的信息对卖家的个人所得税进行汇总,需要缴税的,由第三方交易平台发送征税通知,代扣代缴个人所得税。要逐步建立以电子商务交易平台为中心的"信息流"、以银行和第三方支付平台为中心的"资金流"、以物流公司为中心的"物资流"的税收征管模式。

3. 规范电子发票使用

电子发票的优势体现在节能环保、国家监管、消费者权益保障、企业成本效益等多个方面,京东商城在这方面已经做了有益的探索和实践。电子商务运用电子发票,开票数据实时上传税务部门,税务部门可以及时掌握纳税人的开票情况,对开票数据进行查询、统计、分析等利用,加强税收征管和发票管理,提高信息管税水平。同时,倒逼卖家完善诚信机制,有效促进税务的诚信、公平。一是应通过修订完善相应的法律制度,确认纳税人、扣缴义务人使用征纳双方认可的电子凭证,可以作为记账核算、计算应纳税额的依据,对电子凭证赋予法律效力,既从纳税人角度解决电子凭证可以作为合法有效凭证的问题,又从税务监管的角度解决了电子证据法律效力的问题。二是应规范电子发票的开具、使用、查询、结算等应用,逐步启用全国统一的电子发票管理平台,使电子商务纳税人通过该平台开具电子发票,从而达到统一监管的目的。三是应规定从事电子商务的个人、企业,首先必须取得税务部门注册使用电子发票的资格,选择需要关联的电子商务平台,然后再从事电子商务,电商卖一件产品,在交易完成之时同时开具电子发票,所有数据会回传给税务部门,从而起到规范电商管理、控税作用。

4. 加强税收风险防控

利用税收大数据优势,深入开展调查研究,研究电子商务的发展瓶颈和焦点问题。多渠道采集各类涉税信息、行业经济数据,开展行业横向、纵向比较,分析电子商务发展中存在的问题及产生的新情况,提出对策性意见建议;针对电子商务中B2B、B2C企业的特征,编写税务风险特征库,将可能出现的税务风险通过网络、信函等方式向企业做出提示提醒,开展全流程税务风险管理工作,对企业的税务风险内控体系进行测评,帮助企业提高税务风险防控能力,支持企业持续健康发展;建立电子商务大企业团队,不定期开展各类税收培训及经验交流会,帮扶领域内中小企业快速成长,促进整体行业发展。

5. 建立电子化税务稽查制度

一是应明确税务部门可以到网络交易平台提供机构检查网络交易情况,到网络交易支付服务机构检查网络交易支付情况,从法律上赋予了税务部门到网络交易平台、网络交易支付服务等机构检查纳税人涉税信息的权力。其检查的基本流程是:

在电商履行申报义务后，税务部门结合获取的第三方信息，对申报数据进行逻辑配比的综合分析、风险识别，启动确认程序；对案头审核不能排除疑点的，延伸实地核查；对涉嫌偷逃税的，由稽查立案查处；确定少缴税的，启动税款追征程序。二是应建立涵盖征管、发票、稽查、防伪税控等系统的税务电子稽查系统，稽查人员便可凭借专业知识，借助电子商务税务登记制度获取的完善信息，紧紧围绕银行和第三方支付平台这一关键环节，展开税务稽查。

(三) 提供优质便捷的纳税服务

1. 提高纳税服务意识

电子商务是一种新经济形态，目前正处在成长阶段，因此税务部门要增强对电子商务卖家的服务意识，一是由监督管理向管理服务转变。以服务促管理，寓管理于服务之中，变单纯的"管理者"为"管理服务者"，既坚持税法的刚性，又要坚持"以纳税人服务需求为向导"的理念。二是由消极应付向积极应对转变。积极主动扶持电子商务企业的发展，研究如何提高电子商务企业的纳税服务水平。三是由共性服务向个性服务转变。探索建立针对电子商务企业的个性化服务举措，包括建立电子商务企业绿色通道，落实税法援助，开展税收政策辅导等。

2. 运用信息化手段提升服务质效

一是在依法治税的前提下，充分利用现代信息技术，建立统一生动、快速更新的信息化网络办税平台，使电子商务纳税人可以快捷、直观、全面地办理涉税事宜，提出涉税咨询并得到满意答复，为纳税人提供便利快捷的服务。二是进一步减轻纳税人资料报送负担、表单填写负担、税务检查负担，实现纳税人可通过网上办税厅、手机办税等多种途径，随时办理常见的涉税业务，随时查询所有涉税业务办理事项的工作进度、所处环节、执法期限及相关经办人等信息，做到执法和服务过程的全程公开。三是积极利用网站、微博、微信等新兴媒体等渠道和平台，宣传税收政策，明晰法律责任，不断提高税法遵从度，构筑良好的电子商务发展环境。

3. 落实税收优惠政策

目前我国电子商务有多种运营模式，电商经营主体的规模大小不一，质量参差不齐。因此，要根据电商的不同规模和经营范围落实税收优惠政策，严格落实好减半征收企业所得税、暂免征收增值税和营业税等税收扶持政策，坚决杜绝违规收税现象。引导电子商务经营主体从政府部门取得财政性资金的正确使用，凡符合相关条件的，作为不征税收入，在计算应纳税所得额时从收入总额中减除。此外，积极培育并鼓励具备条件的电子商务及相关服务企业申请高新技术企业和软件企业认定，经认定为高新技术企业和软件企业的，按照国家相关政策规定，享受税收优惠；对从事蔬菜批发、零售的电子商务企业销售的蔬菜，以及对从事农产品批发、零售的电子商务企业销售的部分鲜活肉蛋产品，可按规定享受免征增值税的税收优惠政策；符合条件的自建跨境电子商务销售平台的电子商务出口企业、利用第三方跨境电子商务平台开展电子商务出口的企业,适用国家有关跨境电子商务零售出口税收政策。

4. 推进纳税信用评定的结果应用

目前电子商务还存在着很多不规范、不完善的地方,随着电子商务经营主体全部纳入税务部门监管后,应将其纳税遵从度和信用等级挂钩,根据税务登记、纳税申报、账簿、凭证管理、税款缴纳、违反税收法律及行政法规行为处理等情况进行评定,将纳税信用等级应用到电子商务经营主体的日常经营中。比如,对于信用良好的纳税人可以在金融机构获得无担保信用贷款,为其发展开辟新的融资渠道;相反,对信用不好的纳税人,由税务部门对其加强治理和帮助,促进建账建制、财务治理,从而规范竞争行为,推进健康发展。

在中国经济进入新常态的大背景下,电子商务的发展任重道远,税收管理工作如何理解新常态、适应新常态、引导新常态不仅仅是摆在各级税务部门面前的问题,更多的是需要社会各界共同努力,为推动电子商务的健康发展和构建全社会的诚信纳税体系做出应有的贡献。

# 电商征税与税制改革、税收信用建设[①]

## 一、电商征税的现状与未来趋势

(一)电商征税的现状

2014年电商快速崛起,2015年注定是电商纳税一波三折之年。据称国家税务总局早已将"电子商务征税问题"列入税务系统研究课题和税收征管实务突破的关键领域。自税务总局将"电子商务税收研究"列入绩效考核后,从2015年4月开始,包括北京、江苏、广西、江苏、上海、山东、深圳等在内的全国主要沿海省市税务机关,相继约谈辖区内的电商卖家,并要求申报销售额并补缴漏缴的税款。其中,广西桂林市国税局开展的是税收专项检查,电子商务作为以往检查从来没有包含过的行业首次出现;上海闵行区地税局也对注册辖区内的电商企业下发了纳税自查通知书。

据税务系统人员称,各地税务局约谈的名义是税务风险管理和纳税评估。这似乎意味着国家会对电商企业全面开展税务稽查,绝大多数电商企业的纳税问题受到政府的普遍关注。据了解,虽然此次约谈对象主要是交易平台天猫上的大卖家,但

---

① 本部分由中央财经大学蔡昌教授撰写。

在整个电商行业还是引起了不小的恐慌。业界普遍认为，这次约谈风波就是即将对电商征税的先兆，似乎对电商征税的"靴子"马上就要落下来了。很多中小规模的电商卖家心情为之沮丧，大规模的电商企业也开始做好接受税务稽查的准备。

但事态发展有所变化，在不到一个月的时间内几乎形成了180度的大转折。2015年4月1日，李克强总理在国务院常务会议上指出：发展电子商务等新兴服务业是"互联网＋"行动的重要内容。这次会议上还明确了加快电子商务发展的三大举措，这为电子商务等新兴服务业的未来发展提供了政策支持。5月7日，国务院发布的《关于大力开展电子商务加快培育经济新动力的意见》（文件落款时间为2015年5月4日），提出要减少束缚电子商务发展的机制体制障碍，并明确要为从事电子商务活动的企业"合理降低税负"。2015年5月6日，国家税务总局出台的《关于坚持依法治税更好服务经济发展的意见》明确规定：各级税务部门年内不得专门统一组织针对电子商务、某一新兴业态、新型商业模式的全面纳税评估和税务检查。自此，对电子商务行业如箭在弦上的纳税评估、税务稽查等涉税检查暂告停顿。

政府审时度势，对电商行业的发展确立了一个明确态度：首先是积极推动，然后是逐步规范。电子商务目前正处在一个变动非常大的发展期，需要制定规范，但同时也要给它创造一个宽松的发展环境。此举也表明国家对电子商务寄予厚望，希望电子商务带动实体经济的发展，使电子商务和"互联网＋"成为中国经济发展的新引擎，从而激发出中国经济的活力。

（二）电商征税的未来趋势

但是很多人都意识到，国家税务总局突然叫停电商检查和约谈，并不等于未来不对电商征税。依法征税——这柄"达摩克里斯之剑"依然悬在电商的头顶。可以说，我国未来对电商征税已是大势所趋。

虽然我国尚未建立专门的电子商务税收法律制度，有关征税对象、税率等问题也尚未明确，但税务系统早在数年前就已经开始对电商征税进行调研。目前，我国首部《电子商务法》已经列入全国人大的立法日程，该法律将确立电子商务的法律原则和定位问题，其中当然涉及电子商务征税问题。2015年1月，国务院公布《中华人民共和国税收征收管理法修订草案（征求意见稿）》明确规定网上交易有纳税义务，而且还要推行纳税人识别号制度，即"纳税人签订合同、协议，缴纳社会保险费，不动产登记以及办理其他涉税事项时，应当使用纳税人识别号"。这一制度意味着纳税的不只是大型电商企业，还必然覆盖到自然人，即普通小网店的自然人店主也将被纳入税收监管范围。

**二、从电商征税事件看中国税制改革**

（一）对电商征税问题的基本观点

1. 对电商征税天经地义

电商首先是一个商务组织、法人机构且具有盈利能力，不论是法人还是自然人，都应该是法定的纳税人，必须按照税法规定履行纳税义务。电商负有纳税义务的相关法律如下：（1）依据《增值税暂行条例》和"营改增"政策规定：在中华人民共和国境内销售货物或者提供应税劳务和应税服务以及进口货物的单位和个人为增值税的纳税人，应当依法缴纳增值税。提醒大家注意，很多电商都从事各类商品的网上买卖业务，增值税政策并没有排除虚拟经营的电商，即只要进行货物销售无论是实体经济还是虚拟经济都应该依法缴纳增值税。（2）根据《财政部、国家税务总局关于进一步支持小微企业增值税和营业税政策的通知》的规定：自 2014 年 10 月 1 日起至 2015 年 12 月 31 日，对月销售额 2 万元（含本数）至 3 万元的增值税小规模纳税人，免征增值税。该政策在效果上相当于将现行增值税和营业税起征点由月销售额 2 万元（年销售额 24 万元）提高到 3 万元（年销售额 36 万元），并将适用范围从现行的个体工商户和其他个人扩展到小微企业。这个政策各行业通用，并未针对电商行业。除此之外，并没有对电商免税的专门规定。

按照这一逻辑分析，电商作为市场经济的组成部分也必须履行依法纳税的义务，而且对电商征税也应当坚持税收中性原则和税收公平原则。进一步分析，像京东集团、阿里巴巴等大型电商企业能不缴税吗？如果说对电商征税问题最为敏感的应该是一些中小型电商企业和自然人网店店主，但国税总局的政策只是规定各级税务部门年内（2015 年内）不得专门统一组织针对电子商务的全面纳税评估和税务检查，但并未说不对电商企业征税，也未说不应该对电商征税。所以，电商只要从事经营活动，必然存在着纳税义务，也必须要履行纳税义务。如果没有履行纳税义务呢，按照《税收征管法》规定，如果电商存在故意逃避纳税问题，不受三年追征期的限制，即可以无限期追征欠税，同时还会加收滞纳金和罚款。

2. 电商发展初级阶段需采取多种手段扶持

未来对电商征税与支持互联网经济和电商行业发展并不矛盾。政府应积极支持互联网经济和新型业态的健康发展，完善对其税收优惠和扶持性管理服务措施。具体来说，政府应根据电子商务、"互联网+"等新兴业态、新型商业模式的特点，积极探索支持其健康发展的税收优惠政策，特别是对处于起步阶段、规模不大但发展前途广阔、有利于"大众创业、万众创新"的新经济形态。比如制定减免企业所得税，暂免征收增值税等税收扶持政策，以扶持电商企业的发展。当然还可以采取财政返还、创业基金等方式大力扶持电商企业的发展，而不是给社会造成一种假象，陷入"不对电商征税"的政策误区。

（二）如何看待中国税制改革的方向

1. 税收法定原则的推行势在必然

"税收法定原则"始见于 1215 年的英国大宪章，后广为世界各国采纳。"税收法定原则"是指一切税收的课征均须以国家立法机关制定的法律为依据进行，即没有法律依据，国家不得课征税收。税收关系着私人产权与公共财政、个人权利与国家权力之间的界限。税收法定原则的法定机制既赋予国家有权依法征税来分配财富，同时也要求纳税人必须依法纳税，不应逃避应承担的税收责任。

同时，考虑到税收法定原则的两面性，保护纳税人权益必须构建关于税收完整的监督机制，既要保证国家依法征税，又要使国家不得超出原有的界限危害纳税人的合法权益。

2. 税法和征管手段必须紧跟网络技术创新

目前的税收征管手段严重滞后，无法为日益活跃的互联网金融和电子商务活动提供有效的税收监管依据和征管措施。互联网金融和电子商务税收监管的难点主要体现在以下方面：

（1）税收要素难以清晰确定。例如，网络经济纳税主体的现实身份难以确定。民间借贷业务中企业和个人适用不同的所得税法，但在P2P网络借贷中交易主体很容易隐藏其真实身份，导致现行税法对纳税人的身份难以确定。

虚拟网络空间的电子交易使得纳税地点的确定偏离了我国税法的相关规定，加上"营改增"之后货物和劳务的征税地点是按照增值税的机构所在地原则，还是按照"营业税"的劳务发生地原则，纳税人很容易篡改甚至隐藏交易时间和交易地点，为未来税收监管增加了难度。例如，随着电子商务的发展，以劳务提供地和消费地的分离为特征的远程劳务（远程医疗、咨询、拍卖等）将愈发便利，但这却为如何确认征税地点制造了难题。

此外，跨境电子商务的发展也成为国际税收所面临的一个棘手难题。它直接对国际税收协定中的"常设机构"概念提出挑战。例如，如果一个企业借助海外服务器在境外开展应税经营活动，由于其在海外并未设立常设机构，对其征税将显得缺乏依据，"地理位置"的概念已经变得毫无意义。

（2）交易的电子化特性增加了税收征管难度。线下的税收征管是以各种票据、合同、账簿和报表为基础的，但线上电子化交易的环境中，数字化记载的各类凭证很容易被修改、删除而不留任何痕迹或线索，从而使得税收征管缺乏可信的"计税依据"，给税收征管带来难度。同时，电子支票、网上银行等匿名操作流程以及数据信息加密技术等，在实践中也往往成为税收征管难以逾越的技术障碍。在税务稽查方面，掌握纳税人的事实信息和准确的证据是进行税务稽查的前提。然而，电子商务交易的电子化使传统的以追踪纸质凭证进行税务稽查方法失效，而当前又缺乏能够保证电子商务交易数据信息真实性的有效技术，这必然使税务稽查难以达到监控税源的目的。

3. 国际税收受到电子商务的挑战

电子商务的出现催生了虚拟无形的数字产品，这些产品能够以电子信息形式在互联网上进行销售而无须通过线下的实体交易。因此，如何适用传统的以实物产品为征税对象的税法对其征税就遇到了难题。例如，通过网络销售电子书籍、音像制品、软件产品等常见的数字产品时，将其定性为销售商品还是提供服务是一个非常重要的问题，这涉及适用不同税种及不同税目税率问题，因而对交易活动的税负产生重要影响。然而，这确实是一个较为模糊的问题。

电子商务的离线交易中，货物是有形的，需要通过运输到达海关，现行的关税制度不需做出调整。但电子商务的在线销售中，用户可以从互联网上直接下载数字产品到客户的计算机上，使税务当局很难完全监控，因而会造成关税的大量流失。比如，数字产品的跨境交易从实质上看，完全符合征收关税的实质条件，即境外产品确实通过某种渠道完成过境。然而，由于这些产品是无形的，海关根本无法获得具体的交易信息，更不用说对其进行常规检查和征收关税了。国际税收受到了电子商务的严峻挑战，国际税收的征管手段和监管模式必须随之创新。

### 三、从电商征税事件看税收信用体系建设

（一）电商行业发展对税收信用建设的"双刃剑"效应

1. 互联网使得大量电商企业暴露无遗

随着互联网对人们生活的渗透，更多的人加入到互联网创业之中，"逐利"渐渐成为一些互联网企业和电商企业唯一的目标。然而，在这种"逐利"过程中，互联网的大环境也在一定程度上对买卖双方的经济行为形成一种威慑力，这种威慑力可以从两方面分析：（1）交易活动中的消费者可以从互联网获得大量目标商品和潜在销售方的信息，并通过分析、对比、判断等手段做出选择，同时还可以参考其他消费者的意见，最后确定交易对象并从网上下单；（2）销售方的交易过程完全暴露在社会公众的视野之中，也完全暴露在诸如工商、税务、审计、海关等政府监管部门视野之中。这样，销售方会出于对社会舆论压力、政府监管制度的敬畏而慎重地选择诚信行为去"逐利"。同样的商品，消费者会倾向于选择诚信度高的商家，即使价格稍高，消费者也愿意牺牲一点价格去换取更多的保障。所以，对于电商企业来说，诚信是树立品牌形象的关键，树立品牌形象后才能在激烈的竞争中脱颖而出。

2. 互联网也在一定程度上破坏税收信用

互联网在我国经历十几年的持续快速发展，已经渗透到社会生活的方方面面，成为人们工作和生活的重要工具，为弘扬先进文化提供了新的载体。与此同时，互联网上的诚信建设问题也日益迫切地摆在我们面前。电子商务咄咄逼人的态势抢占了传统商业发展机遇，也将现实风险以及信用问题转移到网上，形成税收诚信的四大"瓶颈"：

（1）在线流通难保真实性，暗藏诚信交易冲突。调查表明，目前真实性是人们反映最多的问题。网民对于电子交易流程中真实性的忧惧，占比高达70%以上，包

括网站不真实、购物信息不真实、在线服务承诺不真实等方面。

（2）信息泄露导致隐私被侵犯，侵权伤害难获法律救济。近年来，作为第一大即时通讯应用产品的 QQ 号码被数万次计地被盗用，引发了网民的恐慌。因信息泄露会涉及用户在线注册姓名、手机号码、地址、单位、支付账号、好友等许多重要个人信息，也包括交易平台上的互动信息。由于相关法律规制内容的缺失以及在线取证困难等原因，消费者所遭受的侵权伤害又很难及时有效地获得法律救济。

（3）商品虚假宣传降低诚信指数。电子交易依靠文字描绘和图片、视频等手段进行推销，交易前端，消费者无法真实感受商品品质，一开始就要承担对商家的信任风险。一旦发生交易纠纷，一些买家又以拍摄光线、角度等因素推卸责任，大大降低了消费信心指数。

（4）售后服务不到位，在线申诉难确保。一些电子商家不设售后服务，或只凭在线时双方互动情况决定，随意性、差别性都很大。遇到商家拖延发货、物流公司损坏物品等问题，平台在线投诉也常不顺畅，在线申诉难确保，不少消费者干脆"自认倒霉"结束交易。

尤其是最近出现的"刷单"现象更是让电商形象受到了沉重打击。网络"刷单"，简单来说，就是当托，制造虚假繁荣的假象，这是一种不诚信的行为。在虚拟网络中，由于互联网交易存在着信息不对称现象，"网络水军"横行，互联网虚假营销俨然成风。当"刷单"成为一种互联网营销的普遍生态，被伤害的不仅是消费者的知情权、公平交易权，那些恪守公平、诚信等市场交易准则的商家也会受到市场的无情挤压。其结果就是正常的网购秩序被扰乱，消费者对电商 C2C 模式失去信心，买卖双方基于诚信的交易不复存在。

（二）电商时代促进税收信用建设的基本思路

1. 税收公平是税收信用建设的基石

公平的税收促进经济发展，公平的税收也带来税收诚信。税收公平包括两方面的含义：一是公平的税收环境；二是公平的税收感受。

（1）公平的税收环境。18 世纪古典政治经济学家的杰出代表亚当·斯密是将税收原则明确化、系统化的第一人。他所提出的税收公平原则包含了三层含义：一是所有公民都应当纳税；二是征税应当按照纳税人能力不同而有所差异；三是税收应保持中性，超额负担要小。

从税收公平原则角度分析，公平的税收环境是指能够实施税收公平原则的经济环境。公平的税收环境是税收诚信体系构建的必要条件，税收环境的公平程度决定税收诚信构建的进度。就税收立法而言，如果立法者没有充分考虑纳税人的能力来设计税收要素，那么将导致纳税人痛苦指数上升，就会有企业或个人开始萌生偷逃税的想法，那么就会造成纳税的不诚信；就税收征管而言，如果对于偷逃税行为没有给予适当的惩罚，同时对于长期守信的纳税人没有给予相应的奖励，纳税人的失信成本过低就会导致税收的不诚信。由此可见,税收环境的公平程度制约着税收诚信的构建,也就是如果想要构建税收诚信体系就必须提升税收环境的公平程度。

(2) 公平的税收感受。公平的税收感受,对经济发展的促进作用十分明显,这基本上已在社会上达成共识。不同群体间总会存在税收不公平的想法,那么就会造成税收信用危机。例如,线下卖家认为线上卖家不依法纳税,所获取的竞争优势是由于税收引起的,就会引发税收信用危机。

2. 利用大数据是解决税收信用问题的关键

大数据是现代互联网、云计算和物联网等信息技术的产物。维克托·迈尔·舍恩伯格所著《大数据时代》一书,对大数据的基本概念、特点和价值进行了重新认识和思考。大数据时代的来临使人类第一次有机会和条件,在众多的领域深层次获得和使用全面数据、完整数据和系统数据。大数据带来的信息风暴正在改变我们的生活、工作和思维方式。大数据开启了一次重大的时代转型,引领着我们的思维变革、商业变革和管理变革。大数据思维颠覆了千百年来人类的思维惯例,对人类的认知和与世界交流的方式提出了全新的挑战。

大数据思维方式的特点是:要全体不要抽样,要效率不要精确,要相关不要因果。大数据思维帮助人们学会如何从海量的数据中探寻隐藏着的模式、趋势和相关性,揭示社会现象与发展规律,以及可能的商业变革和生活应用前景,这是进行数据处理和再利用的关键所在,这需要我们拥有更好的数据洞察力和分析力。正如西谚所云:"除了上帝,任何人都必须用数据说话。"

税收诚信的瓶颈在于税收信息不对称,这主要有以下原因:(1) 信息获取的渠道不畅。从现状来看,无论是税务机关内部还是外部第三方涉税数据的流动性和可获取性都较弱,税务机关的信息获取渠道并不通畅。(2) 信息处理的平台能力不足。涉税数据来源和渠道的增加,使得信息的维度越来越广阔。对于这些不同渠道来源的信息实施有效的采集、存储、分析和应用,需要强大的信息处理平台为技术支撑。目前的税务信息系统仍然存在系统分散、数据隔离、运行速度慢和功能不完善等问题,导致对数据的采集、存储、处理、分析和应用能力不足。(3) 信息挖掘运用的水平不高。数据就像一个神奇的钻石矿,当它的首要价值被发掘后仍能不断给予。它的真实价值就像漂浮在海洋中的冰山,第一眼只能看到冰山的一角,而绝大部分都隐藏在表面之下。所以,数据的价值在于更深层次的挖掘和再运用,要最大限度地发挥数据的价值。然而,目前税务机关并未能有效利用和深入挖掘自身已有的数据,更未能有效获取和利用第三方数据。

推进税收信用建设,也需要运用大数据思维。解决税收信用问题的关键是运用大数据的思维和方法,从源头上解决征纳信息不对称问题,从系统分析中寻找促进税收诚信建设的基本路径。应用大数据思维促进税收诚信建设的方案如下:

(1) 建立机制,畅通信息获取渠道。一方面,税务机关实现内部不同部门、不同信息系统、不同层级、不同地区数据的流动共享；另一方面，以征管法修订为契机，以法律形式明确海关、工商、银行、法院等涉税信息占有者向税务机关及时、准确提供涉税信息的法律义务和责任，以便税务机关更充分地掌握纳税人的多源信息。

（2）搭建平台，增强数据处理能力。针对信息处理平台能力不足的问题，必须坚持科技创新驱动的道路，充分利用现代信息技术手段，建立全社会基础数据统一平台，形成覆盖纳税人、税务机关、工商、海关、公安、外汇管理、银行、社保、行业管理部门乃至互联网等不同渠道取得的数据，实现对数据的有效采集、存储、处理、分析和应用。大数据所擅长的就是"让数据说话"，在现代信息技术的支持下，政府通过数据处理实现自动分析、判断和评价各类纳税人的税收信用状况。

（3）挖掘数据潜能，预测税收信用的演化趋势。大数据的价值并非单纯源于它的基本用途，而更多源于它的二次利用。因此，努力构建功能强大的智能化信息分析平台，深入挖掘大数据的潜在价值。通过对获取的海量数据开展分析，探寻、发现、理解信息内容及信息与信息之间的关系，通过大数据寻找事物发展的趋势和方向。税收大数据的潜能并不在于数据的精确性，而在于揭示海量数据中的各种关联，从而发现税收信用演化的规律、方向和趋势。

# 论税制改革中的电子商务税收问题[①]

## 引言：电子商务涉税大事件

事件一：自 2015 年 4 月开始，包括北京、广州、江苏、上海、山东、深圳等地的税务部门相继约谈辖区内的电商卖家，要求卖家入市申报销售额并补缴漏缴的税款。虽然此次约谈对象主要为交易平台上的大卖家，但仍在整个电商行业引起了震动[②]。

事件二：2015 年 5 月 5 日，国家税务总局发布的《关于坚持依法治税更好服务经济发展的意见》指出，各级税务部门不得专门统一组织针对电子商务等进行全面纳税评估和税务检查，并表示，此举系为积极支持新业态和新商业模式健康发展，更好地服务经济发展大局。国税总局叫停了针对电商的税务检查，这意味着电商征

---

[①] 本部分由广东民生康田律师事务所陈静律师撰写。
[②] 参见新华网《各地税务部门几乎同时约谈电商 查税风暴一触即发》2015 年 5 月 2 日，http://news.xinhuanet.com/fortune/2015-05/02/c_127756792.htm，最后访问日期 2015 年 6 月 8 日。

税至少在 2015 年不会实行。

事件三：2015 年 5 月 7 日，国务院发布了《关于大力发展电子商务加快培育经济新动力的意见》（以下简称国务院《意见》），提出要减少束缚电子商务发展的机制体制障碍，进一步发挥电子商务在培育经济新动力、打造"双引擎"、实现"双目标"等方面的重要作用，并明确提出要为从事电子商务活动的企业"合理降税减负"。

点评：2015 年，无数网上卖家的心情可谓大起大落。在目前的法律和政策层面上，电子商务也是商务的一种，电商的经营行为属于征税范围之内。电子商务是一种新的商业模式，商业模式的变化并不能改变税收本质上对管理的需求和要求，税收征管应从行业角度细化①。目前我国电子商务基本处于不纳税的状态，从扶持和保护新经济业态的角度来考虑，如果对从事电子商务活动的企业合理降税减负，应该从法律层面作出明确规定。电商发展初级阶段需采取多种手段扶持，税收监管与支持互联网经济发展并不矛盾。政府应在法定原则下完善对电商的税收优惠和扶持性政策②。

## 一、电商征税的税制改革进程

中共中央政治局于 2014 年 6 月 30 日召开会议，审议通过了《深化财税体制改革总体方案》。深化财税体制改革重点推进三个方面的改革：一是推进依法治税，二是优化税制结构，三是调整中央和地方政府间财政关系③。按计划，新一轮财税体制改革 2016 年基本完成重点工作和任务，2020 年基本建立现代财政制度。

2015 年 1 月，《中华人民共和国税收征收管理法修订草案（征求意见稿）》明确规定网上交易负有纳税义务，并增加了对自然人纳税人的税收征管规定，电商征税的法定依据进一步明确和细化。另外，我国首部《电子商务法》有望在 2015 年下半年出台，该法律涉及电子商务税收、数据电文、电子合同问题、电子商务领域支付和跨境电子商务等内容④。再加上华北、华东等区域正在逐步推出的电子发票以及纳税识别号制度，对电商征税已一切准备就绪。

从国际上看，2013 年 3 月 22 日，美国参议院在测试投票中通过《2013 市场公平法案》，也明确了电商征税的问题，当网络经济冲击实体经济之后，税收从实体

---

① 《"互联网+"税收：专家称电商征税可促进税收公平诚信》，载于 2015 年 6 月 8 日《财会信报》A6/7 版，中央财经大学税收教育研究所所长贾绍华观点。

② 《"互联网+"税收：专家称电商征税可促进税收公平诚信》，载于 2015 年 6 月 8 日《财会信报》A6/7 版，中央财经大学税收筹划与法律研究中心主任蔡昌观点。

③ 参见新华网《习近平主持政治局会议 审议通过户籍改革意见等》2014 年 6 月 30 日，http://news.xinhuanet.com/politics/2014-06/30/c_1111388165.htm，最后访问日期 2015 年 6 月 8 日。

④ 焦作日报"《电子商务法》（草案）有望年底成型" 2015-05-22 http://www.kaixian.tv/gd/2015/0522/985197.html，最后访问日期 2015 年 6 月 8 日。

经济延伸到网络经济是必然趋势。美国对互联网课征新税持保守态度,然而并不意味着对于电子商务的整体是免税的。美国对电子商务的课税原则是维持税收中性,即对电子商务征税遵循现行税制,"对于电子商务的征税不能多于,也不能少于其他商务活动"。此种态度也为 OECD 所采纳,即电子商务必须遵守现行税法,现行税收措施也应简化从而更易应用于电子商务①。

对电商征税将是大势所趋。我国电子商务发展方向明确:首先是"积极推动",然后是"逐步规范"。2015 年 5 月国家税务总局、国务院相继发布《关于坚持依法治税更好服务经济发展的意见》和《国务院关于大力发展电子商务加快培育经济新动力的意见》的系列举措实质在于引导税务部门更好地服务电商企业,鼓励电商企业依法纳税,促进电商企业健康发展。

## 二、我国电子商务现状以及税收管理存在的问题

近年来我国电商发展迅猛,根据中国电子商务研究中心的资料显示,2014 年,中国电子商务市场交易规模达 13.4 万亿元,同比增长 31.4%。其中,B2B 电子商务市场交易额达 10 万亿元,同比增长 21.9%。网络零售市场交易规模达 2.82 万亿元,同比增长 49.7%。2009 年,中国电子商务市场交易额为 3.7 万亿元,到 2014 年已增长 2.6 倍,到 2020 年,电子商务零售行为将拉动经济增长 5.48 个百分点,成为拉动经济增长的主导力量。

2014 年,电子商务市场细分行业结构中,B2B 电子商务市场份额占比 74.6%、网络零售(B2C 和 C2C)市场份额达 21%,除此以外的其他电子商务模式市场份额占比 4.4%。2014 年阿里巴巴平台零售业务全年成交总额 2.3 万亿元,且保持快速增长的势头。而阿里巴巴平台下的 B2C 和 C2C 商家很多是处于不交税状态的,他们甚至处于没有工商登记的状态。2014 年,中国全国税务部门税收收入总额为 10.38 万亿元,如果对电商开征税,或将带动远大于网络零售本身的税收规模。

现阶段电子商务税收征管难题突出表现在三个方面:(1)法律法规不健全,包括未建立系统性的电子商务税收法律法规体系、难以确定纳税主体、难以确定征税客体、难以确定纳税义务发生地、纳税期限难以操作和纳税流程发生改变六个方面。(2)税收征管难度加大,从税务登记、税款征收、发票管理、税务稽查、风险防控五个层面显现出来现阶段电子商务税收征管难度在不断加大。(3)纳税服务不到位,表现为服务理念落后、服务手段滞后和税收环境有待改善三个层次②。

---

① 郭维真:《从美国互联网税收法案看中国的选择》,法治周末,2014 年 8 月 26 日,http://www.legalweekly.cn/index.php/Index/article/id/5832 最后访问日期 2015 年 6 月 8 日。
② 《"互联网+"税收:专家称电商征税可促进税收公平诚信》,载于 2015 年 6 月 8 日《财会信报》A6/7 版,山东青岛市国税局徐风照观点。

### 三、对我国电子商务税收征管改革的建议

我国电子商务税收征管改革应该根据税收法定原则,构建电子商务税收法律体系、完善电子商务税收征管。

#### (一) 坚持税收法定原则

从狭义看,税收法定可以理解为税收应当根据全国人大及其常委会制定的法律①。从广义看,税收法定可以理解为制定完整的税法体系,纵向应当包括立法法规的不同类别、层次,横向应当包括立法、征管(执法)和收益(司法)各方面②。我国将力争在2020年前完成落实税收法定原则的改革任务。

落实税收法定原则的路径,应分三步走:一是从"无法"到"有法",在改革中全面加快税收法律化进程;二是从"有法"到"良法",提高立法质量,并在适当时机推动该原则入宪;三是从"良法"到"善治",将税收立法、执法、司法和守法全过程纳入法治框架,并在税收法定的基础上进一步实现财政法定③。

#### (二) 构建电子商务税收法律体系④

我国现行的税收法律法规是建立在有形交易基础之上的,还没有涵盖电子商务领域,它无法完全解决电子商务的税收问题。因此,从我国国情和电子商务的实际情况出发,以现行税制为基础,以鼓励扶持为先导,做到既促进电子商务的发展,又保证国家财政收入。电子商务税收要与其他电子商务相关法律法规实现无缝衔接、统筹兼顾、协调配合,同时还要与国际法规接轨,避免重复征税、逃税避税的发生。

我们在构建电子商务税收法律体系时应当坚持三项原则,即税收中性和税负公平原则、普遍使用原则和整体原则及系统原则。电子商务的税收立法应该:(1) 在税法中重新界定有关电子商务税收的基本概念,具体包括"居民""常设机构""所得来源""商品""劳务""特许权"等电子商务相关的税收概念的内涵和外延。(2) 对现行税收要素:纳税主体、征税客体、纳税环节、期限和地点等进行适当的补充和调整。

纳税主体的划分,按商业模式可以划分为两大类:第一类是借助于网络完成信

---

① 刘佐:《关于税收法定若干热点问题的进一步探讨》,参见瞭望智库2015年5月4日,http://www.lwinst.com/index.php? m = content&c = index&a = show&catid = 30&id = 7480,最后访问日期2015年6月8日。

② 张守文:《"结构性减税"中的减税权问题》,《中国法学》,2013年5月总第175期,第52页注释2。目前税法学界普遍较为关注税收立法权、税收征管权和税收收益权这三项基本税权,而对于更为具体的减税权还缺少专门的系统研究;此外,税收学界有些学者将税权分为税收立法权、税收执法权和税收司法权,这与税法学界的理解有所不同。参见许善达:《中国税权研究》,中国税务出版社2003年版,第3页。

③ 刘剑文:《落实税收法定原则的现实路径》,《政法论坛》第33卷第3期,2015年5月。

④ 徐风照:《经济新常态下税收如何促进电子商务发展的思考和建议》,参见中国税务咨询师网2015年5月18日,http://www.china-tax.org/News_ txt.asp? classID = 41&ID = 3256,最后访问日期2015年6月8日。

息流与资金流,其物流活动仍为传统模式,与传统的交易模式只是在形式上有所区别。可按现行税法确定纳税主体。第二类是伴随电子商务模式诞生的新型纳税人,即与网络信息商品提供方或购买方有关的人为纳税主体。结合即将出台并实施的信息网络实名登记制度,可根据交易双方的 IP 地址判定纳税主体。

征税对象的认定存在模糊性,应该明确对电子商务课税对象性质的认定,区分商品、劳务和特许权;或者在原有的收入、行为和财产三类征税客体基础上增加虚拟商品类,重新定义其适应税率,区分具体内容进行征税。

对于纳税地点的确认,对没有固定的机构场所的电子商务交易者,如果卖方已进行了税务登记,按管理便利原则,应该向已作登记的税务机关纳税;如果卖方未进行税务登记,按服务器所在地原则,向服务器所在地的税务机关纳税。除了按照税收管辖权的属人原则和属地原则,目前还可以考虑按收入来源地原则进行税收征管电子商务的无址化,使得支付地享有税收管辖权或者更为合理[①]。

(三)完善电子商务税收征管

《税收征收管理法修订草案(征求意见稿)》的重大调整包括增加对自然人的税收管理规定、完善纳税人权益保护体系、进一步规范税收征管行为、健全争议解决机制等内容,对电子商务领域的税收征管有重要影响。税务机关应当以网络技术创新和大数据为工具,从完善税务登记制度、准确实现税款征收、规范电子发票使用、完善电子商务纳税评估和纳税稽查协助制度、构建电子商务的新型税收征管制度和模式、建立电子商务税收诚信体系等方面来完善电子商务税收征管。在行权原则方面,不但要坚持前述的法定原则,还要贯彻公平原则和效率原则。

1. 完善传统征管模式

税务机关应建立电子商务税务登记制度,对电子商务的纳税人实行实名制管理。《税收征收管理法修订草案(征求意见稿)》增加了对自然人纳税人的税收征管规定,提出实施纳税识别号制度,税务部门通过纳税人识别号进行税务管理,实现包括企业、公民在内的社会全覆盖。明确规定网上交易负有纳税义务,统一网络交易与实体交易的税负公平性,规定从事网络交易的纳税人应当在其网站首页或者从事经营活动的主页面醒目位置公开税务登记的登载信息或者电子链接标识,网络交易平台应当向税务机关提供电子商务交易者的登记注册信息。国务院在 2014 年推行了税务登记证和工商营业执照、组织机构代码证"三证合一"工作,2015 年内将实现"一证一码"。税务登记将实现方式多样化和税收手续简便化,提供国税局地税局联合办理、多部门联合办理和"电子登记"等多种方式,税务机关只对纳税人的申请材料进行形式核对,收取相关资料后即时办理税务登记,赋予纳税人识别号,发给

---

① 《"互联网+"税收:专家称电商征税可促进税收公平诚信》,载于 2015 年 6 月 8 日《财会信报》A6/7 版,京东集团税务与资金副总裁蔡磊观点。

税务登记证件。在"扣缴税款登记核准"取消后，税务机关对扣缴义务人办理扣缴登记不再进行审批，在办理税务登记、纳税申报或其他涉税事项时直接办理扣缴义务人登记。因此，电子商务可以（电子）工商登记和（电子）税务登记作为从事电子商务的经营主体在交易平台注册的前置条件，且纳税人设立的银行电子账户也作为税务机关登记内容，实现税务部门与工商部门与银行、第三方支付平台与电子商务交易平台及其他社会单位间的信息传递与共享。随着税收征收管理法的完善和税务行政管理制度的改革，电子商务税务登记制度创新成为可能。

税务机关应完善电子商务纳税申报，建立网上报税系统。《税收征收管理法修订草案（征求意见稿）》规定，税收征管基本程序以纳税人自行计税申报为基础，由申报纳税、税额确认、税款追征、争议处理等环节构成。纳税人可以使用征管机关认可的电子凭证作为纳税依据，电子签名报送的各类电子资料与纸质资料具有同等的法律效力。电子商务纳税可以网上申报为主，设立多样化的申报形式。电子商务纳税人登录税务机关的申报系统进行纳税申报，并进行电子签章。纳税申报数据将会被发送到税务机关的数据处理中心。税务机关的数据处理中心进行审核后将受理结果反馈给申报人。如果纳税申报受理成功，有关数据和信息将会被传递到国库和银行数据的交换系统，由银行对税款进行电子划拨，并向纳税人发送银行收款单，电子申报完成。电子商务纳税申报义务将覆盖所有电商卖家，包括企业和自然人纳税人，但是因为有起征点，税收规模的增长与纳税申报覆盖率不会成正比。就增值税而言，虽然理论上应对所有电商卖家进行征税，但是对于月销售2万元以下的小卖家实际上依然是免税的，而规模较大的天猫、京东商户，大多已经办理工商登记正常纳税。真正被新政策影响到的是没有进行工商登记且高销售额的电商卖家，这部分个人用户的交易数据通过交易平台完成交易数据对接，完成电子申报实行税收征管将成为可能。

税务机关应完善、规范电子发票使用。目前我国的税收征管仍是以票管税为主，电子发票的使用和覆盖仍在试验阶段，税务机关应完善、规范电子发票相关标准，解决"合法报销"和"全国标准统一"的问题。电子商务运用电子发票，开票数据实时上传至税务部门，税务部门可以及时掌握纳税人的开票情况，对开票数据进行查询、统计、分析等利用，加强税收征管和发票管理，提高信息管税水平。同时，倒逼卖家完善诚信机制，有效促进税务的诚信、公平。

税务机关应完善电子商务纳税评估和纳税稽查协助制度。电子商务的无纸化导致课税凭证不易保管、易被修改，为纳税评估和纳税稽查增加不确定性。1999年10月1日生效的新合同法已经明确了电子合同的法律地位，民事诉讼法第63条也将可读形式的电子证据归为采纳证据中的视听资料类，只要经过国家电子商务认证中心（CA）、电子数据交换（EDI）服务中心的认证和防火墙的技术处理，辨别真伪后，电子单证计算机记录，也就是电子证据可以作为合法的证据来认定事实、定性处理①。因此，电子商务的税务征收和稽查必须加紧税务系统计算机网络体系的建设，形成覆盖全国税务系统的税务系统计算机广域网，逐步实现税务机关与其他相关部门以及电子商务交易平台的网上连接，形成开放型的税务信息化网络体系，实现电子商务信息共享和税源监控。在评估的实地核实过程中，通过查账、查票和核查库存，比对电子商务企业网上交易信息，落实纳税评估和纳税稽查。

2. 构建电子商务的新型税收征管制度和模式②

"互联网+"着重解决信息交互、流转效率、用户体验等传统办税模式难以解决的问题，税务机关应依托互联网技术和运用信息化手段，对征管流程中的瓶颈环节加大攻关力度和流程再造，实现线上与线下办税服务的紧密结合，逐步建立以电子商务交易平台为中心的"信息流"、以银行和第三方支付平台为中心的"资金流"、以物流公司为中心的"物资流"的税收征管模式。

首先，建立以网络交易平台为中心的控制信息流的税收征管模式。通过网络交易平台向电子商务交易主体征税具有可操作行和可行性。具体方案为：税务机关建立"电子商务征税系统"，由该系统完成税款计算和入库功能。第三方网络交易平台加载税务机关的"电子商务征税系统"，该系统按照电子商务交易主体工商登记和税务登记的基本信息进行纳税主体确定，并自动采集网络交易平台上的交易信息，并自动识别电子商务交易应税商品或应税劳务，同时按适用的税种、税目、税率完成税款计算。

其次，建立以银行和第三方支付平台为中心的控制资金流的税收征管模式。电子商务交易产生的资金流，除现金支付以外的资金流将通过独立于交易双方的银行和第三方支付平台体现。通过独立于交易双方的银行和第三方支付平台，可以实现前述税务机关"电子商务征税系统"的电子商务税收的代征代扣。电子商务涉税信息的掌握是确定应纳税额的一个重要前提，以支付体系为监管重点，可以从银行和第三方支付平台储存的数据中掌握电子商务交易的数据并以此确定税额。对于B2B和B2C企业，一般都有实体企业和传统销售渠道为支撑，因此可将企业的电子商务交易部分的税基和传统市场销售部分的税基进行合并，再按照传统的征收方式对其征税。对于C2C卖家流转税的征收，由于个人卖家比较分散，不易掌握，因此税务部门通过与第三方电子商务平台进行合作，在第三方支付平台将货款支付给卖家之前，由支付平台将交易信息报送给税务部门，同时代扣代缴应纳税款后再向卖家支付；个人所得税方面应设置适当的起征点，税务部门应根据交易平台提供的信息对卖家的个人所得税进行汇总，需要缴税的，由第三方交易平台发送征税通知，代扣

---

① 华律网《电子合同的法律效力问题》2012年7月29日，http://www.66law.cn/topic2010/dzhtcn/56351.shtml，最后访问日期2015年6月8日。

② 蔡磊：《电子发票理论与实务》，中国财政经济出版社2014年版，第199页。

代缴个人所得税①。税务机关"电子商务征税系统"的基本开发思路为：以技术开发与应用为先导，开发自动识别电子商务交易应税商品或应税劳务，同时按适用的税种、税目、税率完成税款计算和扣缴入库的征税系统。

最后，从物流入手，强化实体商品交易的电子商务纳税评估和纳税稽查。物流虽然只是商品交易的一个组成部分，却是商品和服务价值的最终体现。税务机关从物流着手，以掌握的物流信息源与纳税人纳税申报的信息进行比对，为实施纳税评估和税务稽查提供重要依据。

### 3. 建立电子商务税收诚信体系

税收遵从，不仅涉及纳税人要遵从税法，而且还关乎税务机关等权力机关要遵从税法。税法是限制公权力的，而税法本身又必须是公民所同意和接受的。对于国家机构而言，作为服务者，应当秉承信赖优先原则，恪守权力边界。而对于公民而言，人的行动是有理由的；只有是自由同意和接受的税法，才能产生公民更高程度的遵从。因而，税收遵从，必须是以遵守的税法本身是纳税人所同意和接受的为前提。从强制转换到纳税人主动守法的路径，是提高税收遵从的关键方式②。

当前税收信用体系建设存在法律约束力不够、对纳税人的信任不够、执法诚信程度不高、信用体系缺乏整体性等问题。随着《税收征收管理法修订草案（征求意见稿）》的重大调整和税务总局《纳税信用管理办法》和《重大税收违法案件信息公布办法》的实施，税收信用显现出法律约束力，从而对税收征管产生重大影响力。

税收信用是社会信用、经济信用的重要标尺。税务机关应依法诚信征税，通过建立税收诚信教育引导、科学评价、守信激励、失信惩戒机制，提高税收的诚信意识和水平，建立健全税收信用体系，推进税收诚信建设的制度化、规范化和长效化。首先，税务机关依法诚信征税，坚持依法行政、诚信服务、部门协同和开展诚信纳税教育宣传。其次，税务机关应建立全面和科学的指标评定纳税信用等级，对纳税信用实施跟踪管理，对不同信用等级的纳税人实施分级分类管理；促进纳税人增强诚信纳税意识，提高诚信纳税等级。最后，税务机关应通过建立守信激励机制，加大对纳税信用评价结果的应用，将信用等级直接与税收管理服务相挂钩，注重服务激励和政策激励，对纳税信用评级高的纳税人给予征管便利和税收鼓励，促进诚实守信常态化；加大失信约束力度，完善失信处罚制度，全方位提高失信成本。虽然当前税收征管与电子商务的数字化进程未能同步，但恰恰是"互联网+"的信息化

---

① 徐凤照：《经济新常态下税收如何促进电子商务发展的思考和建议》，参见中国税务咨询师网2015年5月18日，http://www.china-tax.org/News_txt.asp?classID=41&ID=3256，最后访问日期2015年6月8日。

② 江秋伟：《公民接受：作为税收遵从之前提》，载于2015年6月13日《第十届南方财税法高层论坛论文集》第139页。

特征令税收诚信体系的构建成为可能,税收诚信体系有效运行必须立足于网络技术创新和大数据运用以彰显公平与透明。

**四、完善我国税收法律和税制结构以促进电子商务发展**

本轮税制改革目标是调结构稳增长、在中央和地方政府之间合理进行财政分配、在国际贸易上维护税收主权,由此,税法相关税种的法律制度改革、中央和地方政府间财政关系调整和跨境贸易的税法制度完善等系列改革措施对电子商务税收产生重要影响。

(一)推进税法相关税种的法律制度改革,促进电子商务发展

完善印花税法律对电子商务征税产生影响。印花税是对经济活动和经济交往中书立、领受、使用的应税经济凭证征收的一种税。印花税兼有凭证税和行为税性质,具有征税范围广泛、税率低、纳税人自行完税的特点。我国电子签名法明确了电子签名和数据电文的法律效力,新合同法也明确了电子合同的法律地位。在印花税相关法律的修订中应该考虑电子商务发展的新情况,明确数据电文的法律地位和法律效力,明确以电子形式签订应税凭证的当事人属于印花税的纳税人,明确以电子合同形式进行的书立、领受、使用的应税经济凭证属于课税对象。税务机关对电子商务印花税应税行为的征管应该简化纳税人自行完税的程序,可以暂按核定征收或按期汇总缴纳的办法,对以电子形式存在的应税合同或者具有合同性质的应税凭证、产权转移书据、营业账簿和权利、许可证照征收印花税。

"营改增"对电子商务征税产生影响。按照"十二五"计划,"营改增"推广至全国所有行业、相应废止营业税的计划方案将于 2015 年完成。增值税一系列新的改革举措也将拉开序幕,增值税税率简化便是其中一项。"营改增"除了实现货物劳务税制的统一和规范,还必须降低增值税的规模,即降低基准税率。目前,我国已形成了增值税多档税率并存的格局。增值税可以消除重复征税,促进产业分工和融合,但必须考虑税率因素的影响:(1)单一税率或税率简化能发挥增值税的中性特点,减少流转税征收对社会资源配置的影响。(2)多档税率会导致同业不同策,扭曲市场竞争。科技进步使经济主体行为异常复杂,业态呈现多元化,行业边界经常难以界定。在这种情况下,人为地将不同商品或服务划归某行业而适用不同税率,必然会让那些行业边界不太清晰、处于"中间地带"的商品或劳务,其适用税率难以明确,从而有可能出现同业不同策的情况,进而扭曲市场公平。(3)多档税率增加了征管成本和难度,为税务筹划提供空间。在存在多档税率的情况下,必然要求细分经营业务及行业分类,据此确定纳税人适用税率。由于诸多纳税主体同时兼营多种业务,税务部门要分别稽查,导致征纳成本双倍增加。因此,"营改增"和增值税简化税率的改革方案的制定和实施,有助于电子商务税务征管的实施。另外据悉,欧盟规定自 2015 年 1 月 1 日起凡在欧盟境内网上购物,增值税将执行买家所在

地税率①。这一做法,也可以为我国境内电子商务的增值税征收提供参考。

消费税改革方案对电子商务征税产生影响②。党的十八届三中全会提出了完善消费税税收制度的要求,有关消费税改革的对策或思路包括多方面,其中涉及消费税的征收范围、具体环节和税率模式。消费税是否转为地方税的方案目前暂无定论,但假如消费税转为地方税,则征收环节需要进行"后移"改造,因为征收环节后移能使地方税特征自然显现,与即将立法的环保税相适应,税源基础得到增强。在消费税征收范围上,目前已形成的基本共识是,除了进口化妆品外,对于国内大众性化妆品可从现有征税范围中剔除,对私人游艇飞机、高档家具以及含有高能耗、高污染的一些项目纳入征税范围。除此之外,应该对部分税目如一次性木筷、酒精和汽车轮胎从现有征税范围中剔除。消费税具体征收环节上,基于消费环节征收消费税的说法具有合理性,在中央上位法立法中应将"零售环节"概念改为"消费环节"。在消费税税率的模式选择上,除了香烟、酒类、小汽车和高能耗、高污染商品等国家不鼓励消费的应税项目仍采用比例和定额税率外,对于诸如私人游艇飞机、高档箱包家具等奢侈品采取有别于比例税率的累进税率。对于税收征管方面,可以从税务登记、纳税申报以及源泉控制等方面做好准备。在源泉控制方面,征收环节后移后,将面对销售渠道多样化、计算方法不确定性等问题。除了实体店外,网上销售已逐步成为社会生活中的重要零售渠道,税务机关通过开发网络购物征税系统和实施技术保障措施可以实现有效监控电子商务的消费税税源。在进口应税消费品由海关代征"增、消"两税议题上,如果仍维持现有办法不变,那么征收环节后移后,零售企业如何扣除进口环节已征收的消费税,税务机关应制定相应对策。由此,消费税征收范围、环节和税率的变化,将对电子商务征税模式产生相应影响。

综合与分类相结合个人所得税改革方案,对电子商务征税产生影响。个人所得税改革被提上 2015 年立法日程③。个人所得税改革方案的基本思路将分四步走,包括合并部分税目、完善税前扣除、适时引入家庭支出申报制度、优化税率结构等。与此同时,相关部门还将加速构建个税改革的征管配套条件④。所得税的原理应该是综合税制,我国企业所得税属于综合征收,而个人属于分类征收。首先,将个人所得税分类税制改为分类与综合相结合的税制,主要是为了公平,改革首先涉及的就是合并税目。其次,建立综合与分类相结合的个人所得税制,缴纳方式也相应改

---

① 环球网:自 2015 年 1 月 1 日起欧盟网上购物增值税将执行买家所在地税率,2015 年 1 月 5 日,http://china.huanqiu.com/News/mofcom/2015 - 01/5344194.html,最后访问日期 2015 年 6 月 8 日。

② 资本证券网:聚焦消费税改革调整方案,http://www.ccstock.cn/subject/xiaofeishuitiaozheng/index.html,最后访问日期 2015 年 6 月 8 日。

③ 中原网:个人所得税改革方案有望年内出台,2015 年 6 月 1 日,http://news.ifeng.com/a/20150601/43880193_ 0.shtml,最后访问日期 2015 年 6 月 8 日。

④ 新华网:个税改革方案敲定:将分四步走 关系到每个人钱袋子,2015 年 5 月 31 日,来源:经济观察报,http://www.qh.xinhuanet.com/2015 - 05/31/c_ 1115461294.htm,最后访问日期 2015 年 6 月 8 日。

变，从代扣变为申报制度。税务机关必须建立现代化涉税信息管理体系，实行在自行申报的基础上，建立税收信用评估体系和推进纳税信用评定结果运用。个人所得税改革不但对个税的征管提出新要求，对税务机关的执法水平、对公民依法纳税意识、对政府公共服务职责的履行情况等都提出了新的要求。个人所得税改革同时影响电子商务税收的征管模式的设计，税务机关在建立电子征管系统时应该把个税改革趋势的因素考虑在内，务求在个税改革方案落实时与电子商务的征收达成无缝接驳。

（二）调整中央和地方政府间财政关系，明确税收收益权

电商税收征管难，原因之一就是财政体制分配问题，即电子商务的税收征管会影响财政分配。除了属地原则，目前还可以考虑收入来源地原则进行税收征管，电子商务的无址化使得支付地享有税收管辖权更为合理。国家对于各地优惠政策清理的目的，也许使用支付地原则就可以在一定程度上达到，因为支付地原则使得地方不用依赖税收优惠政策吸引企业来落户便可以获得税收收入。税收管辖权引起财政收益差异，应适度赋予地方税收立法权，依法保障地方税收收益权，从地方财权、事权、支出责任的整体思考，以法律形式合理确定地方的税收立法权和收益权，更好地解决电子商务交易征管问题[1]。

（三）完善跨境电子商务的税法制度，维护税收主权

随着我国企业"走出去"步伐加快，跨境电子商务发展迅猛，跨境电子商务的税法制度需要完善。健全促进外贸转型升级的体制和政策、完善出口退税负担机制、调整规范进出口环节收费、提高贸易便利化水平、扩大跨境电子商务综合试点等成为本轮税制改革的重要任务。

关于税收管辖制度，由于跨境经营活动涉及两个或两个以上国家（地区）行使的税收管辖权及其税收收入在国家之间的合理分配，我国应坚持地域管辖权原则优先，同时坚持居民管辖权原则，在电子商务的条件下，最大限度地保障和维护我国的税收权益。关于扩展"常设机构"概念，根据OECD的权威解释，对服务器是否应构成常设机构应分情况确定。这些解释应该为我国所接受并以法律的形式固定下来，最大限度地维护税收权益。例如，我国可以规定，对于外国的电子商务企业和个人，只要是通过位于我国境内的服务器从事电子商务活动，不论以何种方式，该服务器均应被认为是在我国设立的常设机构，我国的税务机关有权据此进行征税[2]。

关于增值税和消费税，应该在增值税法和消费税法中加入有关电子商务跨国交易的规定，电子商务跨国交易必须经由海关或海关的网络，并由海关代理征收。关于关税，进口关税税率的下调将吸引境外消费回流扩大内需；关税的征管应解决有效征税凭证的消失问题、是否国际贸易的区分问题、货物贸易还是服务贸易的界定

---

[1] 刘剑文、耿颖：《应以法律形式合理确定地方的税收立法权和收益权》，http://blog.sina.com.cn/s/blog_9eae8aed0101idoh.html，来源于中国税务报。

[2] 蔡磊：《电子发票理论与实务》，中国财政经济出版社2014年版，第195页。

问题，应总结推广中国各自由贸易试验区经验，推进内销货物选择性征收关税政策先行先试。与一般进口贸易的"进口关税＋消费税＋增值税"税负结构不同的是：大多数跨境电商平台目前主要采取海外直邮与保税进口两种模式，该模式可享受行邮税价格优惠。

跨境电子商务的发展令税收征管变得更加复杂，其中包括国际税收纠纷和电子商务避税问题，原因在于互联网上经济活动的高度流动性与各个国家之间信息不对称的矛盾，解决跨境税收问题必须加强国际税收协调与合作。目前，中国已经与包括我国香港和澳门地区在内的101个国家（地区）签订了避免双重征税的协定和税收安排，数量仅次于英国。通过国家间税收协定，可以为企业避免双重征税和解决涉税争议提供法律支持。税收协定对于电子商务交易主要有四方面作用，一是消除双重征税，降低"走出去"企业的整体税收成本；二是增强税收确定性，降低跨国经营税收风险；三是降低"走出去"企业在东道国的税负，提高竞争力；四是当发生税务争议时，提供相互协商机制，解决存在争议的问题。因此，加大税收协定执行力度，加强国际税收协调与合作，在维护国家主权和权益的前提下，谋求能被有关方面接受的税收对策促进跨境电子商务的发展。

# 电子商务税收征管的难点与对策[①]

电子商务在我国发展迅速。2013年，电子商务零售销售额已经达到10.53万亿元，2014年达到13.4万亿元。随着电子商务的发展，电子商务征税以及相应的税收征管成为政府和学界关注的焦点。笔者基于中国电子商务的税收征管面临的难点和问题，提出一些基本看法。

## 一、电子商务的界定和交易实质

1996年，IBM公司提出Electronic Commerce概念，认为电子商务是依托互联网技术，在全世界范围内利用网络通信工具开展贸易活动。电子商务是各种商业活动和商业对象的集合。1997年，IBM公司提出Electronic Business，指通过互联网等网络技术手段进行的经济活动。这个概念比前者更为宽泛。按照这个概念，通过使用互联网等电子工具，使公司内部、供应商、客户和合作伙伴之间，利用电子业务共享信息，实现企业间业务流程的电子化，配合企业内部的电子化生产管理系统，提

---

① 本部分由北京交通大学中国产业安全研究中心博士后、河北大学管理学院李梦娟副教授撰写。

高企业的生产、库存、流通和资金等活动都算电子商务活动。

联合国国际贸易程序简化工作组对电子商务的界定是：采用电子形式开展商务活动，它包括在供应商、客户、政府及其他参与方之间通过任何电子工具，如 EDI、Web 技术、电子邮件等共享非结构化商务信息，并管理和完成在商务活动、管理活动和消费活动中的各种交易。

电子商务的活动主体是法律许可范围内的商务活动，计算机网络技术是基础，电子化成为交易的主要载体和手段。电子商务的交易对象主要是商品、劳务（服务，包括新兴数字产品和服务）。相对于传统的交易而言，电子商务尽管有虚拟化特点，但其交易本质没有发生变化，只是交易的形式载体发生了变化。

## 二、电子商务的模式和主要的交易对象

### （一）电子商务的主要模式

借助于互联网技术和平台，电子商务交易的外在形式呈现多样化，出现了多种电子商务模式。但按照交易主体之间的关系划分，可以划分为以下模式：

一是 B2C 模式。即企业对消费者的电子商务。企业通过互联网渠道向消费者销售各种产品和服务。企业借助互联网平台，采用线上和线下两种交易方式，向消费者传递产品和服务信息。消费者也通过这个平台快速获取商品、服务信息及相关优惠信息。

二是 B2B 模式。企业对企业之间的电子商务。企业之间利用互联网技术完成产业之间的衔接和产品交易。

三是 C2C 模式。消费者对消费者的电子商务。消费者之间利用互联网搭建的交易平台，实现自助交易，双方自由竞价。

四是 C2B 模式。消费者对企业的电子商务。消费向企业提供需求偏好信息，企业则根据消费者的需求信息组织生产，完成产品和服务的定制化销售。

### （二）电商企业的主要类型

在这几种模式中，B2C 模式是最为重要的一种交易模式。电商企业在电子商务活动中，有的企业兼有实体销售和网络销售两种渠道；有的企业则没有实体销售渠道，而只有网络销售渠道。其中有关企业类型如图 1 所示。

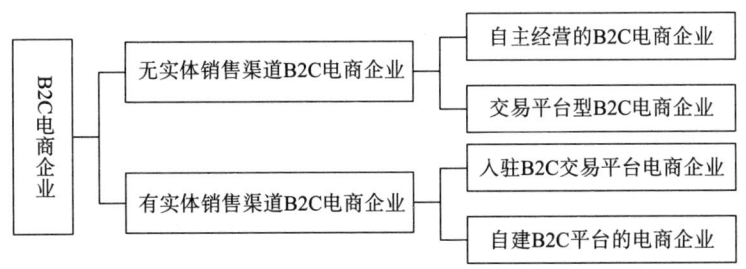

图 1　电商企业类型

自主经营型的电商企业。企业自负盈亏，自己参与生产或经营。如京东商城自营模式，其经营模式与传统的零售商模式相似，只是销售渠道发生了变化，从传统的实体销售转向了互联网销售。如凡客诚品是一种自产自销的模式，其拥有自己的设计与生产线，与传统的专卖店也比较相似。

交易平台型 B2C 电商企业。企业打造一个商务平台，吸引企业入驻，为消费者和入驻企业提供相应的交易服务。交易平台自身不直接从事相关产品和服务的销售经营活动，只提供平台运行相关的维护和服务。如天猫商城平台主要负责为商家和消费者提供交易安全和技术服务，平台自身不参与经营活动。

入驻 B2C 交易平台的电商企业。这些企业本身具有完整的实体销售渠道，但为了拓展销售网络，降低销售成本，也选择在电商平台上入驻。如在天猫入驻的联想、华为等厂商。

自建 B2C 平台的电商企业。一些大型的实体销售企业为了实现产业链扩张，选择发展建立自己的电子商务平台，如国美和苏宁。这些电商企业逐渐向综合性网络商城转变。不但自己经营，还吸引各种零售商入驻。

（三）电子商务的主要交易经营对象或者产品

电子商务以多种商业模式存在，但从相关交易的产品或者对象类别看，主要有以下几种：

一是有形的商品。电商企业的主要交易对象仍然是有形的商品或者服务。这种交易和传统交易没有本质区别，都是电商企业或者经营者向消费者提供服务和产品的行为。这种交易和传统交易相比较，只是交易的方式变化。交易的实体商品和交易中的信息流和资金流发生了分离，信息和资金由互联网传递，而实体通过物流系统实现传递。电商企业实现商品销售获得销售收入，消费者获得商品支付相应货款。

二是数字虚拟产品或者服务。这些数字虚拟产品又可以分为三类：（1）信息和娱乐产品，包括电子信息产品、图形图像、音频视频产品。（2）符号、象征和概念，如航班机票、音乐会门票的订票过程，电子货币、信用卡等虚拟货币和财务工具。（3）过程和服务，如政府服务、信件、互联网教育等。这类产品是无形的商品，交易过程即完成服务，交易全部依赖互联网完成，与传统商品在互联网上进行交易完成信息流交易有所区别。这种交易与传统的交易已经出现了本质的区别。

（四）电子商务交易过程及现金流分析

从上述电子商务的交易对象看，电子商务交易对象主要涉及有形商品的交易和数字商品等无形商品的交易。两种交易涉及的相关各方交易过程并不相同。

1. 有形商品的主要交易过程

电商企业交易有形的商品或者服务，电商企业需要将有形的商品和服务运输到消费者手中，消费者在获得商品后，需要支付相应的货款或者价款。

有形商品的交易涉及商品流、资金流两个运动过程。要完成交易过程，除了电商企业和消费者外，还需要涉及支付平台、银行、物流公司等。商品实体由电商企业通过物流公司向消费者传递，资金由消费者预先通过银行付款，或者经由第三方支付平台付款。消费者获得约定的商品并满意，则最终确认第三方付款，完成交易过程。

电子商务的这种交易过程和传统企业与消费者面对面交易相比较，在交易流程中增加了物流链、银行或者交易支付平台的资金链过程。在交易时间上比传统交易更长，但交易的完成还是实现了商品流和资金收入流的一致。这种交易仍然由物流方实现商品的时空转换。不管交易过程长短，电子商务企业获得货款或者商品价款等营业收入，就被看作是交易的实现。

2. 无形商品的主要交易过程

无形商品等虚拟商品的交易彻底摆脱了物流的空间转换，而是直接通过网络完成传输，节省了物流环节。尽管存在第三方支付平台、银行等，但消费者对商品的购买、支付、物流全部在网上完成，存在虚拟的信息流、物流。资金从消费者到电商企业手中的时间也更短，整个交易时间也缩短。同样，电商企业获得虚拟商品的销售收入可视为交易完成。

### 三、电子商务征税涉及的主要问题

电子商务作为一种依托于互联网技术的一种特殊商业模式，其涉税问题主要涉及以下方面：

（一）电子商务涉及的主要税种

我国现行税制由于制定的时间较早，制定之初并没有考虑到电子商务的发展问题。由于电子商务涉及的交易仍然是商品或者应税服务，这种交易和传统交易相比在交易本质上没有变化。从税收公平角度看，纳税人并不能以交易形式差异为由免除纳税义务。现行税制的法理实质也表明，电子商务的商品流转环节和销售收入的实现仍然为我国现行税制所约束，并不能脱离于现行税制之外。

从电子商务的主要交易对象和交易过程看，电子商务也涉及交易流转环节和销售收入的实现，会涉及流转环节的增值税、消费税、关税、营业税等流转税，同样也会涉及流转过程收入实现的所得税等税种，如企业所得税、个人所得税。

以增值税为例。电子商务涉及的有形商品和无形商品交易是增值税的征税对象。我国《增值税暂行条例》规定，在中华人民共和国境内销售货物或者提供应税劳务和应税服务以及进口货物的单位和个人，为增值税的纳税人。这个规定并没有把电子商务企业通过互联网销售的货物、提供的劳务或者应税服务排除在外。随着电子商务的发展，我国财税主管部门又相应出台了文件，对电子商务中的虚拟商品或者服务交易的增值税征税问题进行规范，电子商务交易的虚拟产品和服务被列入增值税的征税范围之内。如《财政部 国家税务总局〈关于部分货物适用增值税低税率和简易办法征收增值税政策的通知〉》（财税〔2009〕9号）中规定，"以数据代码的形式，使用计算机应用程序，将图片、文字、声音和影像等内容信息进行编辑加工后，将其存储在某种具有特定物理形态的介质上，利用计算机、手机等具备相似功能的设备阅读或者使用电子出版物，适用增值税的优惠税率，即按13%的税率征收"。《财政部 国家税务总局〈关于在全国开展交通运输业和部分现代服务业营业税改征增值税试点税收政策的通知〉》（财税〔2013〕37号）中规定，"通过利用个人电脑、信息网络等技术手段对信息进行加工、生产、处理，并提供信息应用服务的活动，按照信息技术服务征收6%的增值税"。

以所得税为例。按照企业所得税税法规定，我国境内的企业和组织取得经营所得和其他所得，应该依法缴纳企业所得税。电商企业通过互联网取得经营所得，也应依法缴纳企业所得税。除了电商企业以外，也有诸多个人在互联网从事销售商品的经营行为和提供各种服务活动，甚至从事虚拟货币的交易活动。这些个人获得的收入，按照我国个人所得税的征税范围，也应该缴纳个人所得税。我国税务部门对于个人的电子商务活动也在逐步进行规范。例如，北京市地税局就在2008年出台虚拟货币交易个人所得税征收细则，要求在网上进行虚拟货币交易的个人，按利润的20%或交易全额的3%，就交易所得申报缴纳个人所得税。

（二）纳税主体的确定和管理

按照我国的税收法理，从事电子商务活动的企业和个人应该缴纳相应的增值税、所得税等税收。在确定了相应税种后，如何确定和管理电子商务活动的纳税主体面临着困难。

纳税主体是税款的法律承担者，纳税主体可以是法人，也可以是自然人。对于电子商务企业而言，从税务管理的角度看，他们要到工商部门进行相应的工商登记和进行税务登记。有些大型的B2C电商企业，为了企业的长期经营考虑，会进行相应的工商登记和税务登记，但工商登记的企业执照不会载明企业网站等信息。更多入驻交易平台的小型电商，为了逃避纳税义务，减轻税收负担，往往不会主动去进行工商登记和税务登记活动。个人在电商交易平台从事商品销售和应税服务提供等经营活动，也不会主动进行税务登记。在电子商务活动中，除了国内的电商企业和从事电商活动的个人外，还存在着国外企业、组织和个人面向国内的消费者、企业从事电子商务活动，特别是从事虚拟商品和服务的交易行为。这类交易活动的纳税主体确定和管理更是存在困难。

（三）收入实现确定和所得确定的困难

除纳税人不主动进行工商登记、税务登记情况之外，那些已经进行税务登记的纳税主体的收入确认或者应税所得确定也面临着诸多困难。

从事有形商品交易的消费者往往不索取消费凭证或者发票，电商企业和消费者的交易活动缺乏纸质凭证。电子商务企业留存的电子化的账簿、票据、发票、汇款支付等商务交易信息极易被灭失、修改。从事无形商品和劳务等虚拟商品交易的电商企业，往往利用电子加密、授权等多种保护措施隐藏其真实的交易信息。这种交易方式使得有关交易价格、数量、收入、成本、费用等相关信息变得不真实。原来传统交易之下税务管理方面有关收入确认、行为判断等标准适用在电子商务征税方面变得困难。电商企业真实的交易活动的销售收入实现、自然人等小电商活动者的销售收入或者所得等真实信息，难以为税务管理机构所掌握，对电商企业的真实的销售收入确定和所得确定存在困难。

电商企业与消费者的资金流传递除了由银行完成外，还有第三方支付平台、货到付款等方式。交易的媒介除了银行货币、信息卡以外，还出现了电子虚拟货币等其他交易媒介。电子商务企业资金流动的信息如何获取、资金收入如何确定、应纳税额如何确定，也成为税款征收中的一大难题。

（四）纳税地点确认的困难

纳税地点的确定是税务管理的重要方面。我国主要实行属地管理的原则。纳税人进行税务登记后，主要按照固定营业场所所在地和应税商品和劳务服务的销售地实行属地管理，向固定场所所在地或者流动期间的销售收入的所在地主管税务机关申报纳税。电子商务的活动具有虚拟性，使得纳税地点的确认如按照传统方式确认变得困难。

由于电商交易活动平台的虚拟性，很多小型电商企业没有固定的营业场所，只有一个虚拟的交易网站或者网址。这个虚拟的网址或者网站有的设置国内，有的设置在国外。电子商务交易的虚拟商品的消费甚至也跨越了国界，要确定交易活动到底是在国内还是在国外，其收入来源地确认、原产地、使用地点、交易地点等确认变得更为复杂。这种交易的虚拟性和流动性也使得传统的有关税收管辖权的确定和适用性面临一定挑战。

除电子商务活动纳税地点究竟是应该在消费地、商品或服务提供地，还是在电子商务网站注册地等问题并没有明确规定外，电子商务的纳税地点应该如何与虚拟交易的特点相适应，如何与传统交易模式下按照纳税人的户籍所在地、营业执照颁发地、生产经营地等指标判断纳税人的纳税地点等管理方式衔接，还需要税务研究的理论界和管理部门深入研究。

**四、完善税务征管制度适应电子商务发展**

（一）修订现有税收法律，适应电子商务发展

我国电子商务涉税遇到的问题和困难与我国现有税收法律与互联网电子商务发展不相适应有关。由于经济发展环境的变化，应该针对现有法律中与电子商务发展不相适应的部分进行修订，扩大现有税收法律的适用范围。

1. 重新界定相关概念的内涵

需要对"商品""服务""劳务""特许权"等概念的内涵与外延进行重新界定。我国现行税收法律法规中对"商品""劳务"等界定是建立在有形交易基础之上的。随着电子商务的发展,商品、应税服务的具体形式都在发生变化。因此,现在应该对现有的增值税、消费税等法律法规中与电子商务发展相关的概念进行重新界定,或者予以充分的解释,明确把电子商务涉及有形和无形的商品或者服务纳入到征税范围中。

2. 建立和完善纳税人管理制度

我国应该尽快建立纳税人身份识别制度。法人或者组织从事电子商务活动,应该依法进行工商登记和税务登记。实行税务登记、工商营业执照、组织结构代码合一的制度,法人或者组织具有唯一的纳税人识别号。个人从事电子商务活动,也应该在税务机关进行备案,并依据个人身份信息获得一个唯一的税务识别号码。法人、组织、个人都要按照要求进行纳税申报。

3. 规范交易平台的运行

通过立法规范电子商户交易平台运作。交易主体要在交易平台上从事经营活动,要求必须事先有相应的税务识别代码,电子商务的所有支付平台、银行账号与税务机关实现信息共享。通过纳税人识别号归集纳税人所有涉税信息,税务机关有权获得电商交易主体的交易信息和资金信息。所有的电商企业和从事电子商务活动的个人都要纳入税收征管范围。电商企业和涉税个人要按照要求如实提供、报送交易信息和资金信息。

4. 重新解释、确定经营场所,确认纳税地点

电子商务和传统交易都需要经营场所。传统经营活动需要实实在在的经营场所,如一间办公室或者一个注册物理地址。电子商务活动也有一个"场所",需要一个网址。交易平台的建立也需要有一个服务器。在营业场所的界定上,需要扩大界定范围,把服务器或者网址界定为经营场所,从而使得确定纳税地点有法可依。

(二)改进税务部门征管方式,提高征管能力

信息化发展为税务部门改进征管方式提供了可能性。电子商务迅速发展也要求税务部门增强税收信息管理能力,改进税收征管方式。

1. 建立信息化征管平台,提高税收征管效率

伴随着计算机及网络技术的发展,我国税务部门也积极推动信息化建设。从20世纪80年代开始,我国已经启动了三期金税建设工程。通过建立统一的技术基础平台,建立"两级处理"的信息处理机制,扩大信息系统覆盖范围,业务重组优化完善"四类系统",提升税务部门信息化管理能力。

建立以纳税人为中心的纳税服务平台,实行涉税信息的网上采集、税源网上申报、网上交税、涉税信息资料的电子化储存。纳税人不用频繁往返于税务机关,节省了纳税人的纳税时间成本和交通成本。对于税务部门而言,税款征收的电子化和

无纸化，税收征收从传统大厅纳税转变为电子纳税平台服务和咨询，可以节省税款征收费用，实现对税收征收的监控，也可以提高税款征收效率。

税收信息化管理平台的建立，相应地对涉税电子信息的真实性提出要求，也相应增加了纳税人提供真实电子信息的义务和责任。税收信息化纳税平台的推广，将会推动税务部门涉税信息资料管理能力的提升。电子化税收征管方式也会推动税务信息系统与外部银行系统、交易平台支付系统的衔接，为提升电子商务税收征管提供便利条件。

2. 通过信息化提高税源管理能力

税源管理是税收征管的根本与核心。传统税收征管由于税务管理员与纳税人之间存在信息不对称，税务管理员要想全面了解纳税人的涉税信息非常困难，导致税源流失。在互联网和税收管理信息化背景下，税务部门对税源的管理从对纳税人资料的纸质化管理转变到对税源的信息化管理。以税务部门税收征收系统、信息支付平台、银行支付系统等为整体的税收信息系统的运行，也会提高电商企业和相关经营个人的涉税申报的真实性。

为降低税收风险，纳税人提供的电子化税收信息资料更为全面真实，收征管部门和纳税人之间税收信息不对称程度降低。电子化征税方式的推广普及，特别是电子发票的使用推广，使得电商企业的销售与其他纳税人提供的涉税信息实现电子化比对，这就抑制了电商企业为逃避纳税义务而减少纳税申报额度的可能性。

税收信息化发展和互联网结合，使得税务部门利用互联网获得公开信息和开展大数据分析，对重点税源进行监控成为可能。电商企业尽管在税收申报和税收信息方面存在虚假的可能，但是其在资本市场的股价变动信息、业务披露信息等公开的大数据信息，都可以成为税务部门的依据。税收信息化的发展，要求税务部门提高税源信息管理能力，实现从税务管理员对纳税企业的个别管理转向对众多纳税人税源信息的综合管理。通过加强重点税源综合信息管理，提高税收遵从度。

3. 探索新型的税收征管方式

电子商务的发展要求税收征管方式要相应调整。在传统的交易模式下，税收监管是以发票、物流为主要监管对象，实行以发票控税的模式。电子商务的发展，特别是无形商品和服务交易的发展，使得物流、信息流、资金流一体化趋势明显，税务部门的监管应该从流转环节的监管转向信息流和资金流的监管。实际上，不管交易对象和交易方式如何发展，交易主要目的都是获得收入，所以，资金流动和资金数量比物流和发票更应该受到重视。

随着现代支付方式和银行支付系统的发展，税务部门监控"资金流"更为便利。税务部门应该在立法规范交易支付方式的基础上，探索建立以电子银行、第三方支付平台为依托的"资金流"税收征管模式。通过监控资金流动取代监控发票流动，更接近于交易的实质，也能节省发票管理费用，信息监控资料也更容易查询保存。

4. 加强税收总体风险的预测控制

税收管理信息化发展和"两级"税务处理机制的建立和完善，使得国家税务部门和省级税务部门积累了海量的数据。当前税务部门实行简政放权，税务管理从事前管理转变为事中和事后管理。因纳税人对税法理解的偏差、对政策了解不够、纳税人存在的侥幸心理等因素导致的税收流失风险仍然存在。电子化申报纳税需要税收征管系统与外部工商、银行等部门的信息互通互联、信息共享。如果信息交换系统运行不畅，不能实现税务部门与其他部门之间的信息共享和部门联动，也会产生税务部门与纳税人之间的税收信息不对称，税收流失风险依然存在。因此，在税收管理信息化条件下，税务部门对于税收风险的管理比传统模式下更为重要。

税务部门根据掌握的数据资料，以分类分级为原则，对大型企业、中型企业、小企业等纳税人实行分级管理。完善税收信息系统，建立"一户式"纳税人税收管理和信用系统，该系统一方面可以利用纳税人自身的信息给纳税人风险提示，便于纳税人实现自我纳税风险管理，减少纳税风险。通过税收管理信息系统，还可以实现自动筛选重点风险事项，实行税源动态监控和精细化管理，自动形成重点税源对象的税收风险提示。对于经过风险提示仍然存在税收风险的纳税人，税务管理部门则重点实行税收稽查，提高税收稽查的效率。

利用税收数据进行数据深入挖掘，实现对税收收入风险预测与监控。除针对纳税人因信息不对称造成的税收流失风险外，两级税务部门还应该利用其掌握的覆盖税务、工商、海关、银行、统计等诸多数据资源进行深度数据分析挖掘。税务部门可以按照行业、税种、税目、时间获得多维税收信息，了解分析对比各个行业、各地区税收收入变化情况。通过建立税收税源及经济总量、税收收入结构与产业结构变化的关系模型，根据宏观经济发展变化趋势、产业结构调整、产业发展、地区经济特点，分析预测每一种税源的变化，对税收收入进行预测预警。通过税收系统与工商部门、政府其他部门的信息联系，实现对被忽视的小税种的征收征管的监控，以及对长期居住在我国的外籍人员的税收监控，实现税收的应收尽收，实现税收公平和税收收入增长目标。

这种税源管理方式变化已经给税收信息系统运行较好的地区带来了真实的税收收入。例如，北京市地税系统，通过税收信息系统管理，大大提高了契税等小税种的征收增长率。通过与公安、工商等部门的信息共享和联合行动，对长期没有纳税的外籍人士进行税收约谈，提高对外籍人士税收征收。

（三）完善税收征管体制，加强国际税收协调

电子商务的发展和与之相对应产生的纳税地点的确定困难、税源流动性增加等现实问题，对于我国现行的税收征管体制和国际税收协调也提出要求。

电子商务活动的税源具有流动性特点，税源管理需要各地共同监管，才能防止

税源流失。税源跨国界的流动性以及对税收管辖权的挑战，也必须发挥中央层级的税收管理力量，建立电子商务跨国纳税的税收协议条款，加强国际商务信息情报交流，建立更加公平合理的电子商务国际税收分配制度，保障国家的税收权益。

电子商务征税税源存在流动性，需要中央和地方税务部门做好税收利益的协调。税收信息丰富程度增加，税收信息系统的协调需要发挥中央层级政府的力量。因此，电子商务的发展以及相应对税收信息系统要求的提升，对我国现有的税收征管体制改革提出了新要求，中央和地方层级的税收权配置、国家税务部门和地方税务部门的机构设置都需要重新考虑。

# 电子商务交易流程及其资金流分析[①]

## 一、B2C 电子商务的交易流程分析

（一）有形商品交易流程分析

有形商品交易过程的参与方主要有：消费者、B2C 电商企业、银行、第三方支付平台、物流公司等，具体交易流程如图 1 所示。

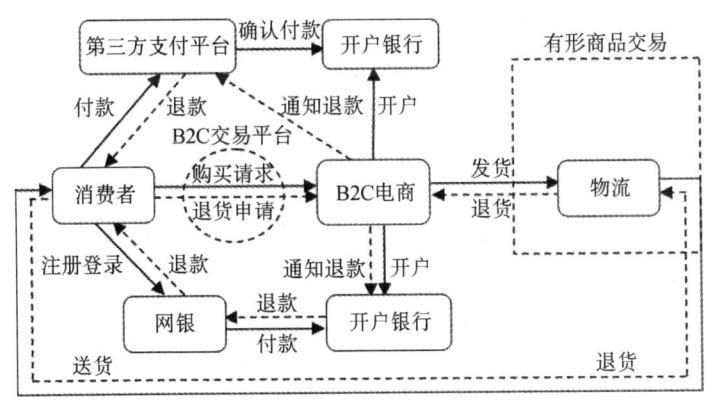

图 1　B2C 电子商务下的有形商品交易流程图

1. 选择商品

B2C 电商企业通过自己的网上平台或入驻第三方网上平台，将产品信息、价格等内容发布，消费者通过浏览网站页面选择自己喜欢的商品，并且可以像在实体超

---

[①] 本部分由北京中经阳光税收筹划事务所黄洁瑾研究员、重庆理工大学黄荷卿撰写。

市中那样将商品先存放在购物车内,最后一起对商品总额进行结算。

2. 完成付款

消费者可以使用两种方式完成付款:一种是通过银行的网银体系来直接付款,优点是资金直接从消费者账户划拨到企业账户,汇款即时到账,无须人工确认;企业收到货款后在规定期限内发货。另一种方式即第三方支付平台付款,其收集企业和消费者的账户信息,通知 B2C 电商企业已经收到款项并提醒其发货;消费者取得商品并验货合格以后,通知第三方支付平台向电商企业支付款项。

另外,如果 B2C 电商企业拥有自己的物流体系,那么消费者还可以选择货到付款的方式来完成支付,直接将货款交给物流单位,再由物流单位与 B2C 电商企业进行内部结算。这种形式的代表企业就是京东的自主配送,货到付款,优点是配送速度快,缺点是成本比较高。

3. 退换货申请

如果商品不合格要求退换货,则由消费者在网上提交退换货申请,并且通过快递公司邮寄,卖家确认收到商品后,开始换货或者向消费者退款。这种方式的好处是买卖双方不需要直接进行资金交易,通过互相信任的第三方达成协议,交易过程相对比较安全,能够有效降低交易风险,维护买方和卖方的利益,促使交易更好更快完成。

(二)数字商品交易流程分析

数字商品的 B2C 交易与有形产品的 B2C 交易根本区别在于交易对象所有权转移方式上,有形产品的交易仍然无法脱离物流公司来实现商品的时空转换,而数字商品则不同,买卖双方完成交易后只需简单的网络传输即可完成物流过程,交易过程实时迅捷。但是这种方式省去了物流环节,从商品的购买、支付到物流全部在网上通过电子化的方式完成,数字化的"三流"环节对税务机关的网上信息和资金安全监控工作提出了更高要求。B2C 电商平台下无形商品和服务的交易流程如图 2 所示。

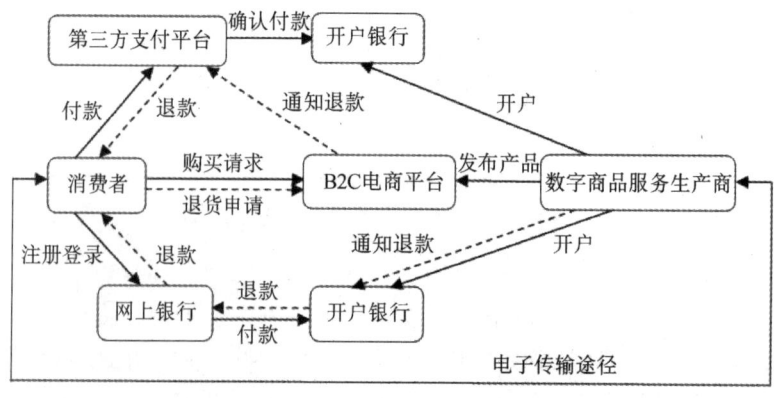

图 2　B2C 电子商务下的数字商品交易流程图

## 二、B2C 电商企业的资金流分析

（一）无实体销售渠道的 B2C 电商企业

无实体销售渠道的 B2C 电商企业主要是电商平台以及自主经营的 B2C 电商企业，它们的资金收入和支出如图 3 所示，所有资金流入和流出都要通过第三方支付企业或者网银来完成。

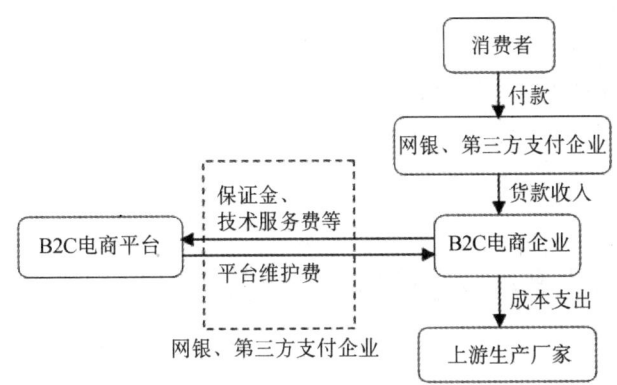

图 3　无实体销售渠道的 B2C 电子商务资金流

1. 自主经营 B2C 电商企业

自主经营的 B2C 电商企业收入主要来自销售商品所得，以及提供品牌策划、整体运营等相关网络服务的收入，而其成本支出主要是支付上游生产厂家的购货费用以及品牌推广费用。

2. 平台型 B2C 电子商务企业

平台型电子商务企业为商家经营提供网络平台，其支出主要就是平台维护费用、广告费用等，而其收入来源主要有以下几方面：一是保证金，在大型 B2C 电商平台上注册的商家需要预先支付保证金，保证金用于 B2C 电商平台的维护，此外，当商家违反规定损害了消费者的权益时，保证金用于赔偿消费者损失；二是技术服务费，商家每年需要缴纳一定数量的年费，同时根据销售金额的不同，还需缴纳实时抵扣的技术服务费[①]。

（二）有实体销售渠道的 B2C 电商企业

传统企业为了自身更好发展而进入 B2C 电子商务领域，这些企业通常都会同时采用实体和网络渠道进行商品销售，其资金流入和流出如图 4 所示。

---

① 天猫商城 2014 年度各类目技术服务费年费一览表，http://rule.tmall.com/tdetail-22.htm?spm=3.186283.0.0.5TGvl4&tag=self。

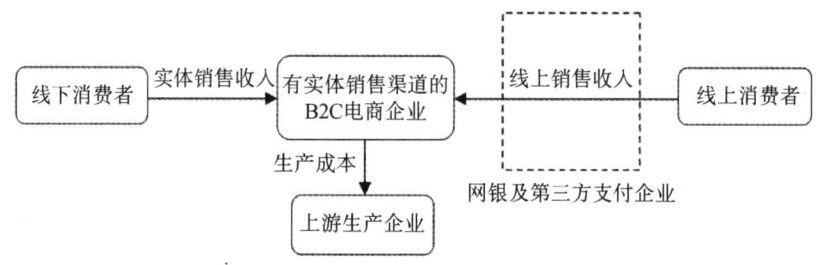

图 4　有实体销售渠道的 B2C 电子商务资金流

可以看到，有实体销售渠道的 B2C 企业的收入主要来源于两部分，即线上销售收入和实体收入，其支出则主要是生产成本支出。

# 跨境 B2C 电商税收征管难题与破解[①]

近年来，随着互联网知识与技术的普及，支付技术与手段的进步以及现代物流技术的发展为跨境 B2C 电子商务的发展提供了技术支持；消费者日益多元化、碎片化的需求进一步刺激了跨境 B2C 电子商务的发展；国家一系列支持跨境电子商务发展的保税政策和打通海关数据等技术措施的通知规定为跨境 B2C 电子商务的发展提供了政策利好；同时，跨境 B2C 电子商务本身的多边化、直接性、高频率特征使其具有进口环节少、时间短、成本低、效率高等优势，这样在极大便利消费者的同时也吸引了大批资本注入，促使跨境 B2C 电子商务成蓬勃发展之势[②]。虽然跨境 B2C 电子商务的发展带来了巨大的经济利好，但是基于其跨境性、小批量、高频度、虚拟性、隐匿性、无纸化等特点，在税收征管的过程中给现有税收征管也带来了严峻的挑战。

### 一、跨境 B2C 电子商务税收征管的政策梳理与分析

跨境电商是互联网时代的产物，是"互联网 + 外贸"的具体体现。2012 年 5 月，随着中国跨境电商服务试点的启动，跨境电商逐步进入商家和消费者的视野。2014 年到 2015 年政策层面不断释放跨境贸易利好，推动跨境电商井喷增长。2016 年税改"48 新政"规范跨境电商发展，推动跨境电商进入 2.0 时代。

---

[①] 本部分由西南政法大学经济法学院博士研究生侯欢撰写。
[②] 张怡、侯欢："跨境 B2C 电子商务税收征管问题研究"，《经济法论坛（第 15 卷）》，2015 年版，第 93 页。

2012 年以来财政部、国家税务总局、海关总署、商务部等部门密集出台一系列关于发展跨境电商的政策，主要涉及跨境电商出口退税、清关检疫、跨境支付等多项环节，政策具备很强实操性，积极促进跨境电商行业规范及完善。其中直接涉及跨境 B2C 电子商务税收征管内容的规范性文件共 18 部①。主要内容如下：

其一，跨境 B2C 电子商务税收征管的整体性规定。商电发〔2012〕74 号文提出为电子商务平台开展对外贸易提供通关、退税、融资、信保等政策支持和加强对利用电子商务平台开展对外贸易的监督以加强自我监督，防范贸易风险；国办发〔2013〕83 号文对发展跨境电子商务提出明确要求；国办发〔2013〕89 号文提出通过海关、质检、税收、外汇、支付和信用等六项措施支持跨境电子商务发展；商电函〔2013〕911 号文要求加快跨境电子商务物流、支付、监管、诚信等配套体系建设；国办发〔2015〕46 号文提出优化配套的海关监管措施，明确规范进出口税收政策，提供积极财政金融支持。

其二，国家电子商务示范城市电子商务试点的规定。发改办高技〔2012〕1137 号文明确重点领域中，中央部门政策性试点的网络（电子）发票应用试点和跨境贸易电子商务服务试点；署科函〔2013〕59 号文明确网购保税进口模式中的试点进口商品范围、购买金额、数量、征税、企业管理等问题；属科函〔2014〕59 号文明确跨境贸易、电子商务服务试点网购保税进口模式有关问题。

其三，海关监管方面的规定。总署公告〔2014〕12 号文、57 号文和〔2016〕75 号文分别增设"9610""1210""1239"三个监管方式代码；总署公告〔2014〕56 号文（失效）明确监管要求、企业登记注册备案管理、电子商务进出境货物、物品通关管理和物流监控。

---

① 其中，商务部 2 部：《关于利用电子商务平台开展对外贸易的若干意见》（商电发〔2012〕74 号）、《关于促进电子商务应用的实施意见》（商电函〔2013〕911 号）；国家发展改革委办公厅 1 部：《关于组织开展国家电子商务示范城市电子商务试点专项的通知》（发改办高技〔2012〕1137 号）；国务院办公厅 3 部：《国务院办公厅关于促进进出口稳增长、调结构的若干意见》（国办发〔2013〕83 号）、《关于实施支持跨境电子商务零售出口有关政策的意见》（国办发〔2013〕89 号）、《关于促进跨境电子商务健康快速发展的指导意见》（国办发〔2015〕46 号）；财政部、国家税务总局 1 部：《关于跨境电子商务零售出口税收政策的通知》（财税〔2013〕96 号）；海关总署 9 部：《关于调整进出境个人邮递物品管理措施有关事宜》（总署公告〔2010〕43 号）、《关于增列海关监管方式代码的公告》（总署公告〔2014〕12 号）、《关于跨境贸易电子商务服务试点网购保税进口模式有关问题的通知》（署科函〔2013〕59 号）、《关于跨境贸易电子商务进出境货物、物品有关监管事宜的公告》（总署公告〔2014〕56 号）（失效）、《关于增列海关监管方式代码的公告》（总署公告〔2014〕57 号）、《海关总署关于跨境贸易电子商务服务试点网购保税进口模式有关问题的通知》（属科函〔2014〕59 号）、《关于调整进出境个人邮递物品管理措施有关事宜》（总署公告〔2010〕43 号）、《关于加强跨境电子商务网购保税进口监管工作的函》（加贸函〔2015〕58 号）、《关于海关特殊监管区域内开展委内加工业务的公告》（总署公告〔2016〕75 号）；财政部、海关总署、国家税务总局 1 部：《关于跨境电子商务零售进口税收政策的通知》（财关税〔2016〕18 号）；财政部、发展改革委、工业和信息化部、农业部、商务部、海关总署、国家税务总局、质检总局、食品药品监管总局、瀕管办、密码局等 11 部门 1 部：《关于公布跨境电子商务零售进口商品清单的公告》（2016 年第 40 号）。

其四，具体税收制度方面的规定。总署公告［2010］43号文对进出境个人邮递物品的数额、免税额等进行监管；财税［2013］96号文明确跨境电子商务零售出口的增值税、消费税退（免）税政策、条件及申报主体；加贸函［2015］58号文严格规定网购保税进口的地点范围、设施、信息化建设、核查等内容以进一步加强海关对跨境电子商务试点网购保税进口模式的监管；财关税［2016］18号文规定跨境电子商务零售（企业对消费者，即B2C）进口税收政策的货物征收、适用范围、交易限额等内容；2016年11部门第40号文公布跨境电子商务零售进口商品清单。

通过对以上18个规范性文件的考察，可以发现我国目前的跨境B2C电子商务税收征管呈现如下特征：

其一，由促进跨境B2C电子商务转变为规制跨境B2C电子商务发展。18个规范性文件的核心目标由单一的"促进跨境B2C电子商务健康发展"渐进转变为"营造公平竞争的市场环境，促进跨境B2C电子商务进口健康发展"。跨境电子商务自2012年起发展迅猛，政策初始的态度是让其发展壮大，2016年以前的15个文件中都存在"促进跨境电子商务健康发展"的类似表达方式，而2016年的2个文件中以"营造公平竞争的市场环境，促进跨境电子商务零售健康发展"为目标和导向。例如：财关税［2016］18号文中明确指出"为营造公平竞争的市场环境，促进跨境电子商务零售进口健康发展"。

其二，税收征管趋向规范化、法治化。从2016年起，国家对跨境B2C电子商务逐渐采取规制态度，相应的，其税收监管也趋向规范化、法治化。这一趋势在海关总署公告［2016］75号文、财关税［2016］18号文、11部门2016年第40号文中逐渐得到体现和实践，特别是财关税［2016］18号文更是细化和调整了原有的乱象丛生的税收政策。具体来讲：（1）"行邮税"向"跨境电商综合税"转变，"跨境电子商务零售进口商品按照货物征收关税和进口环节增值税、消费税"；（2）调整并细化交易限额的规定，"跨境电子商务零售进口商品的单次交易限值为人民币2000元，个人年度交易限值为人民币20000元"；（3）取消免税额，变更税率，"在限值以内进口的跨境电子商务零售进口商品，关税税率暂设为0%；进口环节增值税、消费税取消免征税额，暂按法定应纳税额的70%征收。超过单次限值、累加后超过个人年度限值的单次交易，以及完税价格超过2000元限值的单个不可分割商品，均按照一般贸易方式全额征税"。

## 二、跨境B2C电子商务税收征管的难解之题

（一）跨境B2C电子商务税收征管中面临的课税要件难题

1. 税收管辖权难以界定

税收管辖权由居民税收管辖权和来源地税收管辖权构成，跨境B2C电子商务的发展给税收管辖权的确定带来了挑战。其一，跨境B2C电子商务的虚拟性和无国界

性增加了纳税主体居民身份和所得来源地的不确定性，加大了流转税和所得税的税收管辖权的认定难度①；其二，跨境 B2C 电子商务突破国界壁垒，横跨至少两个税收管辖区域，不同的税收主权国家（地区）间的税收原则存在差异，当交易双方分别为发达国家和发展中国家时，各有侧重的税收管辖权必然发生冲突。例如，作为发达国家的美国要求扩大居民税收管辖权，限制其他国家来源地税收管辖权的使用范围，而发展中国家中国则要求扩大本国的来源地税收管辖权，二者间的冲突显而易见。

2. 纳税主体难以确定

纳税主体，也称纳税义务人，是确定税收法律关系的必备要素。如果不能确定纳税主体，那么相应的税收征管自然无从谈起。依据传统的规定，纳税主体涵盖具有明确身份的自然人和法人，然而跨境 B2C 电子商务中，连接企业和消费者的桥梁是虚拟的网络交易平台。购买数字化产品、签订合同等新型的交易方式由于电子商务自身的虚拟性、互联网信息的不对称性以及交易双方的匿名性等因素，造成了征税机关难以确定纳税主体的身份，客观上增加了包括海关在内的税务机关的工作成本。

3. 征税对象性质难以判断

商品、所得和财产的"三分法"构成现代社会的征税对象，是征税对象"物化"特征的一个佐证②。征税对象的确定有利于保护国民的财产权，降低征纳成本，维护市场公平竞争。而跨境 B2C 电子商务中新增加的信息财产和线上服务等数字化产品，依据现有的税收征管法律法规及技术，难以界定其性质。例如，依据现有理论，信息财产交易的性质有三种观点：货物说、许可说和劳务说③，而在实务中，税务机关仍未就信息财产的交易性质形成共识。

4. 纳税期限和地点难以确定

纳税期限是税收固定性特征的重要体现，纳税地点表明纳税人申报纳税的征税机关及其管辖权的确定。而在跨境 B2C 电子商务中，一方面传统纸质课税凭证作用弱化与新兴电子信息取证困难使得判断收发货物时间、收款日期等要素难度增大，致使纳税期限无法准确界定；另一方面，依据网络服务器、网址等虚拟性营业场所无法准确界定常设机构所在地，征税对象的判断困难提高了确定财产所在地、经济活动发生地等的难度，进而以此为基础的纳税地点更是无法确定。

（二）跨境 B2C 电子商务税收征管中存在的程序性不足

1. 纳税申报自主性不高

---

① 戴芳、任宇：《论跨国直接电子商务对我国税收管辖权制度的冲击与对策》，《税务研究》，2015 年第 10 期，第 81－85 页。

② 张守文：《税法原理》，北京：北京大学出版社，2016 年版，第 54－55 页。

③ 齐爱民：《电子商务法原论》，武汉：武汉大学出版社，2010 年版，第 276 页。

实现对跨境 B2C 电子商务有效税收征管的前提是纳税人、扣缴义务人进行规范的纳税申报，涉及出口退（免）税和进口征税两个环节。在出口环节，国办发〔2015〕46 号文、财关税〔2016〕18 号文等指出"继续落实现行跨境电子商务零售出口货物增值税、消费税退税或免税政策"。然而以上规范性文件并没有充分考量跨境 B2C 电子商务量大、件小、交易对象多的特点，"部分中小微跨境电子商务企业，多采用邮包、快递等形式零售出口商品，但是作为增值税的小规模纳税人，无法出具增值税缴款凭证和收付汇证明而导致无法办理退税"[①]。在进口环节，涉及关税、增值税和消费税的征收，而跨境 B2C 电子商务中普通消费者并未养成纳税申报的意识和习惯。例如，单次的几罐进口奶粉或者女士化妆品的总金额很轻易地就超过 2000 元，依照规定应按照一般贸易方式全额征税。即使单次不超过 2000 元，仍面临征收进口环节增值税与消费税的问题，这无疑挑战着普通消费者的惯性通关思维。

2. 税收征收服务有待提高

跨境 B2C 电子商务的税收征管给我国现有的税收征管服务提出了新的挑战。一方面，我国虽正在全力打造以实施"金税三期工程"、推行电子发票、开展大数据税收征管、开通各地 12366 纳税服务中心等为重点的"互联网+税务"全新纳税服务模式，但这些并未完全发挥信息化服务的准确、便利功能。因为我国还未对税务、工商、银行、支付平台等部门的电商信息进行整合，尚未建立电商信息共享平台，无法实现各部门之间有效的信息共享。另一方面，跨境 B2C 电子商务的税收征管呼唤一支业务能力扎实、作风过硬、执行有力且熟悉国际税法的税务铁军队伍，这就对税务人员提出了新的要求。

3. 税务稽查难度加大

税务稽查包括选案、检查、审理和执行四个环节。目前税务稽查还是依托货物、资金、信息的流向，建立在对纳税人原始凭证、财务报表、库存资产等检查的基础上[②]。但是，前已述及课税要素的难以确定，这就直接影响选案工作的开展；在此基础上第三方交易平台的介入，进一步增加了税务检查过程中实地检查、询问相关主体、调查取证等环节的成本和难度；据此，突破特定国家（区域），纳税人能否到庭以及审理后的执行工作能否在短期内顺利进行是对税务稽查最后两个环节的挑战。

### 三、税收公平：跨境 B2C 电子商务税收征管的实质性检视

税收公平原则的理论内涵随着社会历史的发展而得到不断的发展。税收公平原

---

① 苏如飞："跨境电子商务征税改革研究"，《税收经济研究》，2016 年第 2 期，第 13 页。
② 武汉市国际税收研究会课题组："电子商务税收征管国际经验及借鉴"，《国际税收》，2015 年第 3 期，第 55 页。

则最早可以追溯至威廉·配第的税收公平思想。在其代表作《赋税论》中，虽未专门论述税收公平原则，但是其论述中体现了配第对税收横向公平和纵向公平以及缺失公平原则后果的认识。第三章"导致国民不甘心承担赋税的原因如何才能减少"中的论述，说明了税收横向公平原则，"不管赋税多么重，如果政府能一视同仁，按照合理的比例对每个人征税，那么相对于任何人来说都不会因负担了赋税而使自己的财富减少，人们的财富关系不变，每个人都保持了原有的地位、尊严和身份""使纳税人感到最为不满的，是对他们课征的税额高于对他们邻居课征的税额"[①]。第七章"人头税"中对"绝对的人头税"的论述是配第对税收纵向公平的最直接阐述，"征收人头税的方法其缺点是非常不公平，能力不同的人都要纳相同的赋税"[②]。亚当·斯密在《国富论》中系统明确地将税收公平原则升华至理论高度，提出"平等""确定""便利"及"最少征费"的著名税收四大基本原则，其中平等原则包含取消免税特权、依法普遍征收，按受益比例即每个国民按国家保护下所得收益（个人收入）的比例缴纳税款。诚如美国学者彼得斯所言"一种公平地对待所有公民的税制，不仅是基于社会正义的合理诉求，而且是提高税收水平的功能性要求[③]"。

税收公平原则逐渐进入我国理论界和实务界的视野。我国主流的观点是税收公平原则包括横向公平和纵向公平两个方面，理论界逐渐出现新的解释，代表性的观点如王鸿貌认为基于税法和税收的基本职能，税收公平原则包括了税收权力的分配公平、税收权利与义务的分配公平、纳税负担分配公平三个内容[④]；张富强认为"对于税收公平原则的内涵，除了解读为在整体意义上体现为国家与国民之间在社会财富收入分配上的公平，在个体意义上则体现为纳税人与纳税人之间的税负公平，还应当强调税收实质公平的实现"[⑤]。可以肯定的是这些理解体现了税收公平原则的多元性，丰富和发展了税收公平原则的内涵。

税收公平不是一个平面的概念，而是一个立体的概念，它包含多个层次的意蕴。我们应当全面地理解税收公平原则的内涵，构建起一个立体而非平面的、动态而非静态的、回应性的而非单向性的保障税收公平的制度体系[⑥]。我们将从微观、中观和宏观三个维度来解析税收公平原则，使其回应跨境 B2C 电子商务税收征管的基本需求。

---

① ［英］威廉·配第：《赋税论》，邱霞等译，北京：华夏出版社，2013年版，第28页。
② ［英］威廉·配第：《赋税论》，邱霞等译，北京：华夏出版社，2013年版，第85页。
③ ［美］B·盖伊·彼得斯：《税收政治学——一种比较的视角》，郭维佳、黄宁译，江苏：江苏人民出版社，2008年版，第173页。
④ 王鸿貌："税收公平原则新论"，《浙江学刊》，2005年第1期，第178页。
⑤ 张富强："税收公平原则下我国营改增'扩围'的顶层制度设计"，《现代财经》，2013年第9期，第37页。
⑥ 张怡等：《衡平税法研究》，北京：中国人民大学出版社，2012年版，第153页。

(一) 微观维度：纳税人间的税收公平

在纳税人与纳税人之间的关系上，税收公平原则要求不因纳税人所在的区域或行业不同而承担不同的税负。为不同的规范或说明目的，对跨境 B2C 电子商务的纳税人按各种标准加以分类。总体来讲，我国对于跨境 B2C 电子商务采取的是一种倾斜性的保护（鼓励）政策，具体如组织开展国家电子商务示范城市，进出口采取税收优惠政策等。这就造成跨境 B2C 电子商务不同的纳税主体间的不公平。

其一，跨境 B2C 电子商务采取进出口的退（免）税优惠政策，造成跨境 B2C 电子商务纳税人（优惠的享受者）和传统非电子商务纳税人（优惠的非享受者）间的不公平。参考日本著名的税法大师金子宏在其代表性著作《日本税法》中的描述"税之优惠措施从税负的承担力这一点来看，尽管是纳税义务者都处在同一状况下，但税之优惠措施在税负的承担力上是给予特定者以特别利益的，故，税之优惠措施是同税之公平主义相抵触的"①。财关税[2016] 18 号文以 2000 元人民币为单次交易额限制和 20000 元为年度交易额限制，分别采取不同的税收征管税率。而限额内的纳税人与传统的一般进口纳税人所承担的税率是不一致的，这无疑是对税收公平的挑战。

其二，跨境 B2C 电子商务试点因为涉及的地域有限，因而仍然存在着试点地区纳税人与非试点地区纳税人的税收不公平的现象。例如在包括上海、重庆、郑州等在内的国家电子商务示范城市组织开展电子商务试点工作的过程中，开展网络（电子）发票应用试点和跨境贸易电子商务服务试点工作，促进其税收征管的标准化和便利化。这弱化并阻碍了全国其他非试点城市的电子商务发展，特别是加贸函[2015] 58 号文第二条明确指出"网购保税进口应当经批准开展跨境贸易电子商务服务试点城市的海关特殊监管区域或保税物流中心（B 型）开展。非跨境贸易电子商务服务试点城市不得开展网购保税进口业务"。这就为试点城市和非试点城市划定了清晰的"楚汉之界"，进一步加剧试点城市与非试点城市间纳税人的不公平性。

(二) 中观维度：国家与纳税人间的税收公平

国家与纳税人间的税收公平，即国家（政府）与纳税人之间权利与义务的公平问题，也是税收公平的首要和关键问题。随着税收债权债务关系说对税收行政权力说的取代，国家与纳税人间的关系也由"一元关系"过渡到"二元结构"，在这个过程中"合理地分配国家与纳税人间的权利与义务，通过纳税人的合法权利以制约国家征税权力的行使，也是税收公平原则的基本要求"②。在跨境 B2C 电子商务税收征管的过程中，一方面现有的税收规范性文件侧重于对国家征税权力的维护，片面

---

① ［日］金子宏：《日本税法》，战宪斌、郑林根等译，北京：法律出版社，2004 年版，第 69 页。
② 张怡等：《人本税法研究》，北京：法律出版社，2016 年版，第 58 页。

从形式的量能课税的角度出发指出为防止国家税款流失，保障国库收入，应该对跨境 B2C 电子商务课以税收，这实际上仍是"国库中心主义"思想的遗留，未真正做到税收公平。例如，总署公告［2010］43 号文将个人邮寄物品的免税额从 500 元降为 50 元，而财关税［2016］18 号文中取消 50 元的免税额度，并规定进口的跨境零售电子商务由按照"物品"征收"行邮税"变更为依照"货物"征收"关税、增值税和消费税"，以及规定年度交易限值和不同层次的增值税、消费税税率，这一系列的规定事实上是维护国家财政收入的体现。另一方面，现有的税收规范性文件偏重于纳税人义务的履行，片面强调义务而忽视纳税人应有的权利，这实质上是"国家分配论"的表现。例如在一系列的跨境 B2C 电子商务税收征管的规范性文件中强调纳税人的协力义务，却对纳税人受到侵害的救济权只字未提。

（三）宏观维度：国家间的税收公平

在跨境 B2C 电子商务这样一个特殊的交易环境下，税收公平原则除了解读为个体意义上的纳税人间的税收公平和整体意义上的国家与纳税人间的税收公平，还应当强调国家间的税收公平。在传统的贸易模式下，各国通过长期的竞争与合作，建立了普遍认可的税收利益分配格局和基本准则。而跨境 B2C 电子商务打破国界壁垒，进一步促进了税基在各国间的自由流动和分配，但同时也带来国际双重征税、国际逃避税等税收问题。因为"跨境电商模式下通常无须在消费市场所在国家设立有形的场所，因而容易规避构成常设机构，侵蚀了消费市场国家的税收权益[①]。以跨国公司为例，若该跨国公司母国为美国，在中国属于非居民企业，中国政府出于招商引资的目的，依据《企业所得税法》第 3 条第 3 款和第 4 条的规定，给予其适用 20% 税率的优惠，但该公司仍回美国缴纳规定额税收，而中国免征的那部分企业所得税，最终会流入美国，这显然是国家间税收不公平的体现。

**四、税收公平视野下跨境 B2C 电子商务税收征管的路径探索**

（一）衡平化：明确税收公平原则

前已述及，税收公平包括纳税人之间、国家与纳税人之间以及国家间的税收公平。中国跨境电子商务虽异军突起，但中国毕竟是新兴的电子商务大国，在跨境电子商务税收征管方面仍处于探索期。在此背景下，关键是立足我国跨境 B2C 电子商务的发展现状和特点，吸收和借鉴域外跨境电子商务税收征管的有益经验。

美国和欧盟作为世界最具代表性的两大经济体，在（跨境）电子商务税收征管方面立场相对：美国的免税政策与欧盟的增值税政策。作为互联网发源地的美国，是最早倡导推动并践行"全球电子商务自由化"的国家，对包括跨境电子商务在内

---

[①] 路向东、张建民："跨境电子商务的税收应对措施"，《国际税收》，2015 年第 10 期，第 74 页。

的电子商务采取免税、多次延长免税期等税收优惠政策①，然而，2008 年的金融危机撬动了其坚定的免税立场，2009 年纽约州"亚马逊缴税法案"开启了各州电子商务征税之路，2013 年《市场公平法案》进一步表明美国免税立场的松动。欧盟认为对电子商务征收增值税与促进电子商务的发展二者并不存在矛盾，坚持税收中性，自 1997 年的《伯恩声明》后逐步明确对电子商务征收增值税不课以新的税种②。同时，重视税负实质公平，采取渐进式差别化的税收政策：由原来的对欧盟企业和非欧盟企业采取不同的税收政策到一致的税收政策，课税对象由实体的货物和应税劳务扩大到数字产品，交易主体由企业之间扩大到企业向消费者交易也要征收增值税。

跨境 B2C 电子商务税收征管过程中追求税收公平要做到以下三点：首先，注重纳税人之间的税负公平。税收征管相关政策的制定与实施要坚持量能课税，真正做到纳税人税负的横向公平和纵向公平。第二，注重纳税人与国家间的权利义务的公平。在税收征管的过程中，一方面强调纳税人权利本位理念，强调纳税人自觉履行纳税义务的同时注重纳税人权利的保护，做到权利与义务的一致性；另一方面，注重国家义务的对价——税款的征收的同时重视国家对公共产品服务的提供，保持二者的均衡性。第三，注重国家间税负的公平。跨境 B2C 电子商务突破地域界限，涉及国家与国家之间、区域与区域之间的公平，这样在税收征管方面就不应该只考虑本国、本区域的利益，应该立足国家间、区域间的整体利益，积极参与并制定相应的双边或多边税收协定，实现国家间、区域间税负的公平。

(二) 规范化：完善和细化税收征管体系

明确征税要素内容。完善现有跨境 B2C 电子商务税收征管的法律法规，对我国现行《税收征收管理法》《企业所得税法》《个人所得税法》《海关法》《增值税暂行条例》《消费税暂行条例》以及国际条约和协定进行相应补充、修订和完善，增加关于跨境电子商务税收征管的相关内容，规范落实具体的跨境 B2C 电子商务税收征管。明确税收管辖权，增加虚拟常设机构，明确借鉴欧盟的做法对于数字化产品实行统一的增值税，细化关税规定，明确将信息财产定性为销售劳务③。

规范税收征管程序。从源头上，强化纳税人纳税申报和用法律维护自己合法权益的意识，明确规定第三方平台代征代缴的法律制度；从过程上，进一步推进"互联网+税务"的征管模式，培养并提高税务人员的专业素质以提高税收征管服务；从监管上，确保电子数据资料的真实性，引进第三方平台的监管，密切同海关的联

---

① 李恒、吴伟库、朱倩："美国电子商务税收政策及博弈行为对我国的启示"，《税务研究》，2014 年第 2 期，第 75 页。

② 崔晓静：《欧盟税收协调法律制度研究》，北京：人民出版社，2011 年版，第 190 页。

③ "由于在以通信网路下载数字货物时，并无有体物的授受，而只是将以定制数字信息加载购买者之储存媒体中，以供后来之利用，所以应将之定性为销售劳务。"转引自邱祥荣：《电子商务课征加值型营业税之法律探析》，北京：北京大学出版社，2005 年版，第 106 页。原文出自黄茂荣："网上交易之课税问题"，《植根杂志》，2001 年第 17 期，第 18 页。

系以加大税务稽查力度。

（三）合作化：加强国际交流合作

党的十八大以来，全国税务系统以推动构建新型国际税收关系为己任，全力服务国家"一带一路"发展战略，在推进国际税务合作，特别是同"一带一路"沿线国家的税收合作中积极发出中国声音、提供中国方案、贡献中国智慧，为全球经济发展贡献积极力量[1]。作为我国跨境税收征管重要组成部分的跨境 B2C 电子商务税收征管，其面临的现实难题是协调各国税收政策。因此，我国积极主动地推进跨境 B2C 电子商务税收征管全球合作，对完善跨境 B2C 电子商务税收征管有重要意义，同时也有助于提升我国税收影响力和话语权，推动我国税制向更加公平、透明、稳定、高效的方向发展，持续打造国际税收升级版。

创新国际税收征管合作方式与内容。习近平总书记在 2014 年的 G20 峰会上提出"加强全球税收合作，打击国际逃避税，帮助发展中国家和低收入国家提高税收征管能力"。中国继续深入参与全球税收合作，担当起大国税务的责任，积极主动走向国际舞台，逐步成为规则的制定者。在我国已有的双边或多边协定中，明确各国跨境电子商务的税收管辖权，避免双重征税和防止偷漏税，争取在全球范围内建立普遍的避免双重征税和防止偷漏税的协定。

加强国际税收情报交流。目前，国家税务总局与 OECD 等 25 个国际组织建立了合作关系，与包括"一带一路"沿线国家在内的 113 个国家和地区建立了双边税收合作机制。已与 105 个国家和地区签署了避免双重征税协定和 10 个信息交换协定，数量规模仅次于英国和法国，排名世界第三[2]。中国应该继续致力于广泛参与国际组织有关会议和区域税务局长会议，并向 OECD、国际联合反避税信息中心（JITSIC）、驻外使领馆派驻税务官员，并积极和美国等发达国家建立金融信息互换机制，通过税收协定和情报交换获取大量的有效信息。

# 我国境内电子商务税收征管模式初探[3]

在 2016 年 11 月 11 日，阿里巴巴旗下电商"双 11"交易额已经达到了 1207 亿

---

[1] 构建新型国际税收关系 服务"一带一路"发展战略，http://www.chinatax.gov.cn/n810219/n810724/c2227481/content.html，最后访问时间，2016 年 12 月 9 日。

[2] 构建新型国际税收关系 服务"一带一路"发展战略，http://www.chinatax.gov.cn/n810219/n810724/c2227481/content.html。

[3] 本部分由中国社会科学院研究生院税务硕士教育中心 2016 级研究生曾经华撰写。

元。这也意味着我国电子商务已经进入了比较成熟的阶段。根据中国"互联网+产业"智库、国内知名电子商务研究机构——中国电子商务研究中心（100EC.CN）发布的《2016年（上）中国电子商务市场数据监测报告》显示，2016年上半年中国电子商务交易规模达10.5万亿元。其中，B2B市场交易规模达7.9万亿元，网络零售市场交易规模2.3万亿元①。尽管我国电商交易额数字如此巨大，但是国家税务总局并没有明确出台对于电商征税的规定。为了保证纳税主体的税收公平以及维护国家税收收入的稳定，需要对电子商务进行征税，因此急需研究和出台我国电子商务的税收征管措施。

**一、目前我国电子商务税收征管中存在的问题**

（一）对于我国电子商务是否进行征税的问题

电子商务作为20世纪末社会经济领域发展起来的新兴事物，是否对其征税在目前全世界仍然没有形成一个统一的观点。国外许多学者的观点分为两种：一种观点主张税务机关对电子商务征税；另一种观点主张对电子商务免税。持免税观点的主要是美国。税收政策的具体规定和国家的经济发展状况密切相关，美国凭借其强大的技术领先优势，通过推行电子商务免税政策进而向其他国家输出自己的产品，达到占领发展中国家市场份额的目的。除了美国鼓吹免税的政策，西方部分发达国家则认同电子商务需要征税。加拿大税收专家阿瑟·科德尔（Arthur Cordell）提出了"比特税"的概念，然而"比特税"没有区分商业和非商业②，征收办法简单但是违背了税收实质课税原则，因此并没有实际推行开来。国内对于电子商务征税研究的观点大致为电子商务征税势在必行，只是何时征税、如何征税的问题。2015年1月5日国务院法制办公室向外界发布了关于《中华人民共和国税收征收管理法修订草案（征求意见稿）》公开征求意见的通知。在2015年的税收征收管理法征求意见稿首次提到了网络交易平台，征求意见稿中第四章信息披露中第33条规定"网络交易平台应当向税务机关提供电子商务交易者的登记注册信息"。这意味着，我国正在加紧如何对电子商务进行征税的研究。因此，对于电子商务的征税势在必行。

（二）税收征管在电子商务领域存在的问题

税收征管体系在电子商务领域是滞后于其发展的。电子商务种类繁多，有ABC、B2B、B2C、C2C、B2M、M2C、B2A（即B2G）、C2A（即C2G）、O2O电子商务模式等等。其中作为一般纳税人，当中具有良好内部控制的企业通常处于税收征管领域之内，而对于个人或者不具备良好内部控制的企业电子商铺是没有处于管控范围的。以淘宝电商为例，注册成为电子商铺十分简便，只需要提供个人身份证

---

① 《2016年（上）中国电子商务市场数据监测报告》，中国电子商务研究中心。
② 孔令秋："电子商务比特税方案的再认识"，经济研究导刊。

以及缴纳一定的押金即可，根本不需要进行税务登记。税务机构征收税款的起点是纳税人应该主动到税务机构进行税务登记，如果电商跳过了税务登记这个环节，那么税务机关就无法根据现行税收征管法进行征税，更无法进行纳税评估等进行一系列的税收管理。目前，我国税收征管还停留在早期阶段的划分税收收入的属地原则，一家企业外出销售货物或者劳务需要向当地税务机关申请《外出经营活动税收管理证明》。这主要是因为我国税制改革之后，税收归属权划分的问题。而电子商务交易模式不同于传统经济的交易形式，无法划分交易地点，没有统一的认定发货地是交易发生地或者收货地址是交易发生地，因此如果按照传统上的税收征收管理办法很难区分交易发生地，因此税源属地很难区分。

（三）我国的电商数量基数庞大难以有效征管

我国电商数量庞大是不争的事实。电子商务需要区分企业的规模大小，具备良好内部控制的大型电商是不具备税收流失条件的，处于税务机构重点监控的范围。而对于没有良好内部控制的一般规模的纳税人和个人电子商铺存在逃税漏税动机，因此需要分析没有处于税务机构监管下的个人注册的电商和一般规模纳税人的电子商铺。根据中国电子商务研究中心发布的 2010 年至 2013 年中国电子商务市场数据监测报告，2010 年我国个人电子商铺数量为 1200 万家，而在 2013 年实际运营的个人网店数量下降到 1122 万家。尽管在 3 年之内，个人网店呈现出下降趋势，而对于目前税务机关人员的数量来说，要全部监管是存在一定的困难的。因此，面对数量庞大的个人电子商铺需要运用信息化的手段进行征收和管理。

## 二、对电子商务进行征税的必要性

（一）电子商务符合现行税法规定的应税行为

电子商务本质上也是销售方与卖方进行的交易活动。《中华人民共和国增值税暂行条例实施细则》第一条明确规定：在中华人民共和国境内销售货物或者提供加工、修理修配劳务以及进口货物的单位和个人，为增值税的纳税人，应当依照本条例缴纳增值税。2016 年 5 月 1 日在全国范围试行的《营业税改征增值税试点实施办法》第一条明确规定：在中华人民共和国境内（以下称境内）销售服务、无形资产或者不动产（以下称应税行为）的单位和个人，为增值税纳税人，应当按照本办法缴纳增值税。这也就意味着无论电子商务中交易的是有形商品还是无形商品都需要缴纳增值税。现实当中，税法没有明确规定电子商务处于免税和零税率，因此，电商当中销售货物的零税率属于偷逃税款行为。我国现行税收征管体系需要对此尽快进行修补和完善。

（二）电子商务不征税是对实体经济的不公

电子商务是新兴事物，与传统的实体经济有着十分显著的差别，电子商务交易具有虚拟性、全天性、低成本高效率和全球性等显著特征①。但这并不能够成为电子商务零税负的理由。税法最高原则之一的税收公平原则是确保纳税人的纳税公平，税收公平原则包括纳税主体的横向公平，如果电子商务不征税而实体经济需要缴纳税款，是对税收公平原则的践踏。更加重要的是，电子商务近年来呈现出增长趋势，这必定会对实体经济产生替代效应。因此，这种做法不但促使实体企业转为零税负的电子商务，长期以往并且在脱离税务机关的有效监管下势必会扭曲我国经济的健康运行，而且对于我国税收收入造成一定的侵蚀。

（三）对电子商务征税可以加速电子商务良性发展

我国电子商务可以分为三大类，第一类是实体业当中大规模企业电子商务化，这类企业仍然承担我国税收的主体部分；第二类是具备企业规模的电子商铺，这类企业缺乏良好的内部控制，电子商务税收流失主要是这类企业；第三类是个人电子商铺，主要功能是发挥实体经济中的零售商功能，这部分电子商务也是脱离税务机关监管的。从而可以看出，目前的电子商务容易偷逃税款的是那些不具备良好内部控制的规模比较小的企业商铺和个人商铺。1937 年罗纳德·科斯（R. H. Coase）发表开创性论著《企业的性质》，创造性地利用交易成本分析了企业与市场的关系，阐述了企业存在的原因。市场和企业是资源配置的两种可互相替代的手段。企业是当前市场资源配置最优的组织，因此对电子商务征税有利于电子商务企业的成立和发展。如果电子商务只是进行简单的 C2C 交易，电商之间展开激烈的价格战，不具备规模效应，那么这对于国家整体经济运行没有起到积极的作用而只是资源的浪费。对电商征税有利于电子商务的良性发展，我们的分析过程如图 1 所示。图中横轴为电子商铺的产量 Q，纵轴为电商产品的价格 P。

假设在个人电子商铺当中他们的产品类似于垄断竞争市场，垄断竞争是一种介于完全竞争和完全垄断之间的市场组织形式，在这种市场中，既存在着激烈的竞争，又具有垄断的因素。垄断竞争市场是这样一种市场组织，一个市场中有许多厂商生产和销售有差别的同种产品②。既不是完全竞争又不是完全垄断的市场，是处于完全竞争和完全垄断之间的一种市场。假设在没有对 C2C 电子商务模式征税，市场均衡点为 SAC3 曲线与 LAC 曲线的切点 Z。如果对其征税，那么表现为成本提高以及需求曲线的上升。因此，短期成本曲线 SAC3 向左上方移动到 SAC2 曲线，需求曲线 D 上升为曲线 D′，此时市场需求曲线与短期成本曲线的均衡点也会上升至与 SAC2 相交于一点 Z′，此时单个市场的产量 Q′会小于原先市场的产量 Q，将这个结论推广到全体的个人电子商铺，也就是说一些经营效率低的个人电子商铺会被市场清空。

---

① 蒋丽萍：关于电子商务税收征管问题的研究。
② 高鸿业：《西方经济学》（第五版），中国人民大学出版社，第 186 页。

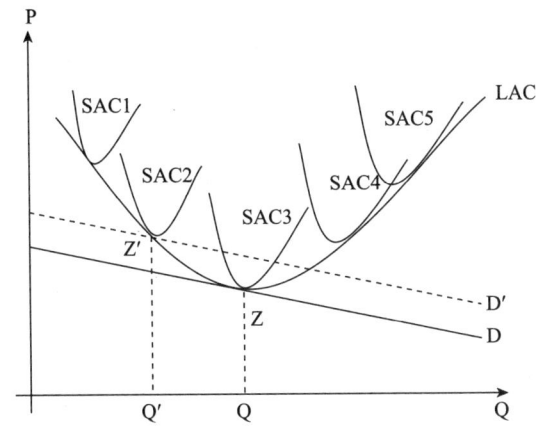

图 1　电子商务征税的市场均衡

（四）电子商务征税能够给国家带来一定的税收

我国电子商务最明显的特点是数量众多。不计算大型的具有良好内部控制的大企业的电子商铺，只是初步考虑个人电子商铺能够提供的税收收入也不容忽视。根据统计，2013 年个人电子商铺达到 1122 万家[①]，仅仅采取简易征收 3% 增值税也是一笔可观的收入。如果确定了增值税，那么相应的所得税也是可以合理推测的。个人电子商铺漏税严重的是之前分析的第二类电子商铺，其本身具备企业规模，但是没有到税务机构进行纳税登记，利用了目前税收征管法的漏洞，利用 C2C 电子商务模式进行税款偷逃。不可否认，这部分税款的红利会促使更多企业从线下销售转为线上销售，从而导致国家税收进一步流失。如果对电子商务进行有效的征管，可以给国家带来一定的税收。

（五）电子商务具备信息化的征管条件

电子商务在信息化上的定义是以信息网络技术为手段，以商品交换为中心的商务活动。电子商务以信息化为依托，商品交易通过信息技术而更加方便快捷，因此电子商务模式下的企业销售能够产生更大的规模效应。在电子商务发展初期，第三方支付结算平台的缺失是阻碍电子商务飞速发展的重要因素，而支付平台的技术突破成功释放了电子商务的巨大潜能。近几年 3G 的蓬勃发展促进电子商务进入 V5 时代，而这离不开交易的数字化。电商平台和支付结算平台为了准确核算经营收入，会将销售额进行数字化处理，这对于税收征管部门来说是获取企业销售额的重要手段。电子商务的推行便于税务机关精准计算企业的销售额，确定了销售额可以极大减少税务机关对企业进行纳税评估的压力。当前征管手段缺乏的是政府与企业之间的税务合作，税务机构没有权利获取第三方支付平台的相关数据，同时第三方支付

---

[①] 中国电子商务研究中心：《2013 年（上）中国电子商务市场数据监测报告》。

平台没有义务提供交易数据。而2015年1月5日国务院法制办公室向外界发布了关于《中华人民共和国税收征收管理法修订草案（征求意见稿）》公开征求意见的通知。因此，电子商务具备潜在的税收征管条件。

### 三、对于我国电子商务税收征管的若干建议

（一）尽快完善我国税法的法律地位

党的十八届四中全会提出的新阶段的目标是在党的领导下，坚持依法治国、依法执政、依法行政共同推进，坚持法治国家、法治政府、法治社会一体建设，实现科学立法、严格执法、公正司法、全民守法，促进国家治理体系和治理能力现代化。因此，依法治税也是符合法治国家、法治政府、法治社会一体建设。我国现行税法体系中，只有《中华人民共和国企业所得税法》《中华人民共和国个人所得税法》《中华人民共和国车船税法》和《中华人民共和国税收征收管理法》属于税收法律。因此，在面临新的交易形式时，对其进行规范的约束力不够强。如果税法法规都具有法律地位，那么在进行税收征管时就有法可依，便于税收征管的推进。

（二）电子商铺的规范处理

为了规范电子商务交易，电商平台需要对电子商铺进行规范处理，区分个人商铺与企业商铺。个人商铺在审核的过程中需要向网络交易平台提供纳税识别号。目前个人是没有纳税识别号的，一旦个人成为以营利为目的的电商就不再是普通的个人身份了，因此税务机构需要对电子商务交易模式进行个体工商户纳税识别号的登记。最新的税收征管法只是要求网络交易平台应当向税务机关提供电子商务交易者的登记注册信息[①]。这样的做法离完善的税收征管还有一定的差距。为了完善这个制度，政府相关部门有针对性地规范电子商务纳税登记是一种解决措施。

（三）大力推进电子发票的应用

在传统经济领域，我国税收流失的原因之一在于纳税人可以和消费者进行协商是否开具发票，如果消费者不要发票那么纳税人可以给予一定的价格优惠。出现这种情形的原因主要在于两点：第一点是消费者的纳税意识不强，第二点是税务机关不能时刻关注企业的经营情况，致使纳税人与消费者合谋逃避税款。在电子商务领域，可以采取开具电子发票的手段防止买卖双方合谋偷逃税款的行为。从支付手段入手，采取第三方代扣代缴的征管模式。也就是当消费者支付一定价款给第三方交易平台时，第三方交易平台支付系统自动扣取相应税款并且开具相应的电子发票。这样就实现了一笔收入一笔税款。如果消费者不采用这种方式付款进行交易，消费者与电商之间的交易成本提高，因此消费者不会主动寻求其他方式规避缴纳税款。因此采用这种模式，可以很好地防止偷逃税款而且不会给税务机关造成过大的额外

---

① 国务院法制办公室：《中华人民共和国税收征收管理法修订草案（征求意见稿）》，2015。

负担。

(四) 电子商务特定的征管模式

为了更好地促进电子商务的发展,以及规范电子商务的税收征管,保障经济的健康发展,税务机构可以借鉴现行征管法当中对小规模纳税人采取的简易征收模式,但考虑到电子商务的独特性,不能完全照搬。与已有的简易征收办法相区别开来的是需要额外评估电子商务的平均利润率 X 和重新设定电子商务的起征点 Y。电子商务征收办法需要重新评估的指标包含征收率 q、起征点 Y 以及行业平均利润率 X。首先,获取电子商铺的销售额,对电子商铺进行企业商铺以及个人商铺的区分,企业电商可以按照已有征税办法征税,对于个人电子商铺需要进行交易额的划分。借鉴已有的小规模纳税人起征点概念,对于销售额在起征点 Y 以下的电商,采取简易征收的办法,获取个人电商的销售额计算得出增值税,然后对个人电商所属行业进行区分确定合理的行业平均利润率 X,然后采取应交所得税纳税额 = 销售收入×行业平均利润率的计算方法进行核算。因此在起征点以下的电子商务应缴纳增值税和所得税公式为:

应纳增值税 = 销售额/(1+q)×q

应纳税所得额 = 销售额×X

应交所得税 = 应缴纳所得额×所得税率

对于超过起征点 Y 的电商,需要其进行一般规模纳税人的纳税登记,相关处理方法可以借鉴已有的缴税流程,而不能仅仅根据简易办法进行缴税。有了新的征收办法可以计算出电子商务应该缴纳的增值税和所得税。发挥竞争机制,淘汰效率低下企业,促进企业的健康发展。再加上运用大数据对销售额进行监管,可以合理准确地确保税收收入的准确性。采取这种征管模式可以不对电子商务造成重大的不利影响的同时又对我国经济运行起到了很好地调控作用。

# 加强电子商务税收征管问题浅析[①]

## 一、电子商务发展现状

随着网络技术的飞速发展,及其逐渐渗透到商业领域,给传统的商业模式带来了根本性的变革。在互联网全面普及和人民生活水平显著提高的今天,中国电子商

---

① 本部分由中央财经大学单滢羽撰写。

务市场的交易规模已经连续十年保持稳定高速增长，电商的繁荣对经济发展起到了极大的促进作用。

电子商务，简单来说，是商务活动的电子化，即以电子技术手段所进行的与商业活动有关的活动。中国互联网网络信息中心发布的统计报告显示："截至 2015 年 12 月，中国网民规模已达 6.88 亿。"众多的网民给电子商务提供了巨大的市场潜力。2015 年，中国电子商务交易额达 18.3 万亿元，同比增长 36.5%，增幅上升 5.1 个百分点。其中，B2B 电商交易额 13.9 万亿元，同比增长 39%。网络零售市场规模 3.8 万亿元，同比增长 35.7%。营运成本低、用户范围广、不受时间地域的限制和便捷的互动交流等，促进了我国电子商务在上世纪末萌芽起始，到如今逐年成倍递增的发展速度，成为我国经济中一支不可忽视的力量。

然而，电商却一直处于税收征管体系之外，造成了我国税收的巨大流失。电商行业和传统商业的交易具有同质性，因此这是税收公平性的内在要求，同时为了避免财政收入流失，也为了促进电商行业健康发展，在全球电商征税的大背景下，我国电商征税势在必行。虽然电子商务因其交易主体的虚拟化、交易对象的多元化、交易环节的分散化、交易程序的数字化等区别于传统商业模式的新特点，给税收的征管带来了巨大的挑战，但是也应看到它为我国税收征管体系的进一步发展带来了新契机。

### 二、电子商务税收征管难点

（一）税收制度导致的征管困境

1. 纳税主体难以确定

交易主体的虚拟化造成了纳税主体难以确定和监管。

（1）具体纳税主体不易确定。与传统商务不同，电子商务中的交易双方不再面对面交流，具有虚拟化的特征，通过网上交易平台这个虚拟的市场建立联系。最简单的经营者只需要在网上建立一个虚拟的身份，利用第三方交易平台的信用保证就可以与顾客进行交易。电子商务带来的便利使得经营者的流动性、隐蔽性、不确定性较大，税务机关难以对经营者进行有效的监管，若非经营者主动申报纳税，现行制度对其监管基本处于空白状态，如此带来具体的纳税主体不易确定。

（2）纳税主体范围不易确定。在我国居民管辖权和来源地管辖权并重，纳税主体包括我国公民、居民企业，以及有来源于我国收入的外国公民、非居民企业。首先，如果把外国公民、非居民企业在我国设立的电子商务网站作为常设机构，那么他们会成为我国纳税主体的新成员。其次，外国公民、非居民企业在外国设立电子商务网站但在我国获取收入的也应纳入我国的纳税主体。最后，提供网上服务的外国公民、企业，直接面向我国消费者，同样应视为我国的纳税主体。这些主体是否纳入我国的纳税主体，因目前阶段还没有合理的手段进行征管，因此尚待考虑。

2. 征税对象性质难以认定

交易对象的多元化造成了征税对象性质难以确定。电子商务中的交易对象包罗万象,从货物到服务,从实体商品到数字化无形的商品,交易对象的性质、形式多种多样。针对不同性质、形式的商品、服务,税法规定了不同的税种、不同的课税标准、不同的征收方式,而电子商务的部分交易对象的性质、形式难以界定,因此很难找到适用的规定。例如数字化直接提供网络下载的交易,是按照提供无形商品征税,还是按照提供某种服务征税,税法也未明确规定,这会对具体实践带来困扰。

3. 税收管辖权难以界定

交易环节的分散化造成了税收管辖权难以确定。世界各国实行税收管辖权主要依照两个原则,居民税收管辖权原则和来源地税收管辖权原则。一方面,电子商务的虚拟性使得经营者的居民身份难以确定;另一方面,网站的设立不遵照传统的物理国界,又由于互联网动态 IP 的分配,涉及跨国贸易的收入来源地也难以确定。这就使得这两个原则的准确贯彻都存在着困难。

(二) 纳税流程方面的征管困境

目前我国纳税的一般流程可以分为五个环节:纳税登记、发票管理、纳税申报、税款征收和税务检查。本部分将从这五个方面逐项分析税收征管面临的困境。

1. 纳税登记制度效力减弱

传统的纳税登记制度以工商注册登记为前提和基础,可以比较全面地掌握辖区内纳税人的情况,而电子商务的虚拟化打破了这种基础,致使绝大部分电商可能不进行税务登记。一方面,经营者没有进行纳税登记的动力,即便不进行税务登记,不能领购发票,基于经营者和第三方交易平台的信用,交易也可以进行下去,消费者大多不会主动索取发票,也不会影响消费者对交易安全性的怀疑。另一方面,税务机关不能有效查处没有税务登记的经营者,因为传统税务检查依托固定实体经营场所,而即便对网站直接进行查处,也不能准确分辨在辖区范围内的网站。

2. 交易无纸化威胁票证管理基础

由于电子商务的隐匿性和快速变化性,要想开展税收,不仅要解决交易主体识别问题,还要解决交易信息的捕捉问题。传统交易中,账簿、凭证、发票真实地记载了交易双方的交易,这是税务部门了解交易情况的重要方式,也是纳税人进一步进行纳税申报、税款缴纳的基础。而电子商务中,这些纸质的凭证多以电子数据的形式存在,存在方式不规范,而且极易被删除更改,这就使得票证管理这一环节难以有效持续。

3. 亟须探索网上纳税申报系统

电子商务的便捷也带来交易不易监控,所以纳税人纳税多少,主要靠自觉的纳税申报,这就要求税务机关有效解决这一问题。第一,根据电子商务依托网络的条件,税务机关应充分利用计算机网络技术,优化和整合社会网络资源,为电子商务的纳税人提供多元化纳税服务，提供便捷高效的纳税申报，这就涉及建立一个网上纳税申报体系。第二，注意简化申报系统的程序，简易的纳税申报流程，也能更好地促进纳税人积极进行申报。

4. 尚未建立适合电商的税款征收制度

电子商务的纳税人缴税，目前既无激励制度又无审查制度，纳税人倾向于逃避缴款。税款征收部分的难点主要涉及两个方面：第一，怎样简化税款征收程序，探索适合的网上缴纳税款制度；第二，对于利用第三方平台进行交易的C2C模式，可以探索代扣代缴制度。前者可以起到促进纳税人缴税的作用，后者则利用代扣代缴人对纳税人进行监管。

5. 传统纳税检查方式难以提供有效检查

电子商务使实体变成虚拟，使纸质文件变成电子数据。一方面检查对象的隐蔽性增加，税务机关无法依赖传统的实地检查，无论是电商的寻找还是确立查处的目标资料，都需要探索网上检查的新方式；另一方面，检查的账簿、凭证、发票可能无从索取，即便可以查找，易于改变的电子数据也使得其真实性值得怀疑，随着计算机技术的发展，经营者反检查的手段多种多样，相应的，税务机关也应该不断探索，提高检查的技术手段。

## 三、完善电子商务税收征管的对策建议

### （一）进一步完善电子商务的税收制度

为了加强电子商务的税收征管，首先应完善电子商务的税收制度。

1. 税种的选择

对电商进行征税，如果新增税种，这会增加我国税制体系的复杂性，可以在原有的税种基础上扩大征税的范围。具体的考虑有以下几个方面：

（1）增值税。在网上销售货物、提供应税劳务和应税服务，应缴纳增值税。B2B、B2C模式和部分达到限额的C2C经营者，可以纳为一般纳税人，对于小规模的C2C经营者，应该纳为小规模纳税人。

（2）消费税。在网上销售的已纳入消费税征税范围的商品进行消费税的征收。

（3）营业税。在网上提供营业税应税服务和转让无形资产，应该纳入此范围。

（4）所得税。企业所得税适用于B2B、B2C和部分C2C，而个人所得税适用于个人经营的C2C模式。

2. 税收优惠的设置

电商还是正在发展中的行业，国家的优惠政策应该尽可能向其倾斜。过重的税收负担对个体经营者的影响很大，C2C中存在着大量小微企业、新创业企业，在制度设计上可以采用适当的税收优惠，设立免征额，营业额在其之下的经营者免税，超过的经营者也不应一刀切，应按照营业额大小来征税。

3. 税收管辖权的界定

从我国经济社会发展的经验来看，来源地税收管辖权依然适用于我国经济社会发展的现有水平，仍然要坚持来源地税收管辖权为主、来源地和居民税收管辖权两者并举的原则。发达国家较为推崇居民管辖权，因为其多为电子商务的输出国，居民管辖权的实行可以增加国家税收收入。而像中国这样的发展中国家，仍是电子商务的输入国，我国应该坚持来源地管辖权不放弃，坚持自己国家的税收利益，促进电子商务发展，这才是明智之举。

（二）进一步规范纳税流程

1. 建立规范的电子商务登记制度

电商和传统商业相比，具有主体虚拟化的特征，经营者往往只需要几台电脑、一个网站就可以建立起交易。传统的税务登记制度无法约束这些企业进行税务登记，应该建立适合电子商务的新型登记制度，不仅要及时探索适合的网上登记体系，也要考虑在现有税收法律体系中加上相关条款。

复杂的税务登记程序是阻碍电商进行登记的一个因素，因此，我们可以顺应电子商务的网络依托性，建立流程简洁的网上登记。纳税人可以在税务机关建立的网上登记平台上，进行统一的登记，无须到达指定的地点，这就免去了经营者奔波于税务机关的环节。简化的登记信息主要包含网络商店的名称、联系地址、联系电话等基本信息，和域名、IP 地址、管理负责人、ISP 提供商、服务器所在地地址等涉及网络问题的信息，这更结合电商实际，也为了解决今后管理中可能会遇到的切实问题。登记完毕后，要将其登记注册信息列在自己网站上，便于税务机关检查其登记情况，没有登记或者登记不健全的，税务机关可以责令其进行更改，同时也便于购买者凭借此确定商家身份的合法性。今后，如电商出现纳税方面的问题，税务机关根据登记的信息可以快速追踪经营者的各种情况。

2. 进一步完善电子发票

《网络发票管理办法》自 2013 年 4 月 1 日开始实施，2013 年 6 月京东商城开出了中国第一张电子发票，到现在，电子发票已经实施了两年多的时间。电子发票的实践，为我国电商征税打下了一定的基础，切实提高了对未来电子商务征税的能力和手段。电子发票可以帮助获取交易内部完备的交易信息，一旦经营者和税务机关进行联网，每一笔交易信息都将在税务机关的监控之下，经营者很难隐瞒交易信息。

目前我国的电子发票有嵌入式和非嵌入式两种形式，对于电子商务应该继续扩大使用嵌入式发票。非嵌入式电子发票是由卖方在线填制、本地打印的纸质发票，卖方可先办理一个用于证明自己身份的数字证书，电子发票空白票本，其开票、计税、退票、验真的实现都需使用电子方式。而嵌入式电子发票由电子商务交易平台连接税务局的电子发票接口，为每笔成交的交易自动生成发票信息。只要成交，就必须开出发票，卖方无须事先到税务局领购纸质发票。由此可见，嵌入式发票对经营者的经营行为有更大的监督力度，连接税务局发票系统，这样税务机关也可以用技术化的手段，直接录入交易信息，更方便下一步的监督。

### 3. 建立网上申报系统

与电商的税务登记制度一样，为了简化申报程序，便利纳税人及时进行纳税申报，相应地要建立网上的申报系统。建立和完善的重点在于应该明确申报的程序和申报的具体内容。税务机关应该积极开发建立网上申报软件，要求符合条件的纳税义务人，根据自己的经营范围和销售额，在规定的时间登录系统，按照统一的格式如实填写申报表格，系统可以自动审核逻辑关系，并要求上传相关申报资料，通过网络传输到对应的有管辖权的税务机关系统。税务机关在单位内部，通过内部系统，对纳税人的申报表格和材料进行审核。这是对申报流程的大致概括。

然而这一系统得以顺利建立，需要依靠相应的技术和宣传的保障。首先，税务机关要保持传输中的网络通畅，加强系统中相关保密技术的研究，防止第三方通过网络窃取相关申报信息。其次，纳税人怎样正确使用申报系统，其详细的填报细节需要税务机关进行必要的培训和宣传，这是保障系统效用的首要环节。最后，网上申报是否切实可行还有赖于纳税人的自觉和诚信，可以考虑建立相关的信用档案，对于查处出的逃漏税行为，给予一定警告，可促进自觉申报。

### 4. 建立电商的第三方代扣代缴制度

电子商务中的 C2C 模式，即买卖双方都为个人，可以采用代扣代缴制度，其中双方所依赖的同一电子商务平台是代扣代缴人。这是考虑到，C2C 模式的卖家所进行的交易多为零售，进入门槛低而操作便捷，税源容易隐蔽，应纳税额主要依靠纳税人自行申报，在现有条件下，税务机关的监察十分有限，而他们的交易基本依靠第三方交易平台，通过中间平台的帮助，可以进行有效的监督，防止税源的流失。

其代扣代缴的大体过程大概如下：买家支付货款后，货款并非直接给了卖家，为了保障卖家及时发货，货款暂时存放于第三方的支付平台里，待货物在到达买方手中后，买方可以确认付款，这时第三方的支付平台可以帮助税务机关扣除其中需要从卖家收取的税款，然后把剩下的余额打入卖方账户。这样，第三方交易平台就为 C2C 的卖家起到了代扣代缴的作用。

但是这一问题并非那么简单，也有学者看到，代扣代缴对增值税一般纳税人而言很难起到作用，因为交易平台往往只掌握销项而不知进项，另外代扣代缴机构的增多也会进一步加大税务机关征管的难度。所以怎样建立一个合适的代扣代缴制度，还需要好好考虑。

### 5. 通过资金流监控完善纳税检查

资金流控税的思想的提出是为了弥补传统账户监控的不足，传统的账户监控仅指对银行账户的监控，通过发现纳税人银行账户中不明来源的收入，税务机关可以发现被隐瞒的税源。而电子商务的发展使得纳税人不仅通过银行进行相应资金的转移和获取,还会通过支付平台等,这就要求建立有效的全面的资金监控体系。资金流监控含传统的银行账户监控和电子商务环境下的各种电子货币账户监控,当委托人通过柜台交易、ATM 交易、计算机网上交易等各种方式进行资金转移时,交易信息即时进入银行或电子支付平台的数据库,以供各相关单位共享查询。传统的银行账户监控,需要一定的批准程序,也仅仅适用于个别较为可疑的纳税人的调查,而这里建立的资金流监控体系,可以达到在银行、支付平台、税务机关联网共享信息后,账户监控成为一个常规的、最有效率的监控手段。

# 电子商务税务稽查问题探讨[①]

## 一、电子商务税务监管面临的问题

目前,我国电子商务已获得了充足的发展,而针对电子商务的税收监管却显得较为滞后。由于经营主体和方式的不同,电商中 B2B 和部分 B2C 均严格按照我国现行税法申报纳税,较少出现漏征漏管户。这里,我们讨论的电商征税问题主要存在于 C2C 形式或者以 C2C 形式从事 B2C 交易的电商企业。

(一)电子商务对我国现行税制要素的冲击

我国现行税制要素对电子商务的界定不明确,在实际税收征管中难以做到有法可依,主要集中体现在以下方面。

1. 未明确界定纳税义务人

纳税义务人的确定通过居民税收管辖权和收入来源地税收管辖权来判定。例如,通过住所来确认居民,对居民行使税收管辖权,通过营业地确定企业,对企业行使税收管辖权。在传统的贸易模式下,纳税义务人身份很容易被界定;在电子商务模式下,部分既有实体店又在网上从事交易的商家其纳税义务人也很明确,即为实体店铺。然而对于由境外向境内提供服务、境内向境外提供出口的这类电子商务企业,由于交易双方隐匿了身份、地址和交易行为,在互联网上只有服务器、网站和网上账号,整个交易过程完全是在网上完成,买卖双方难以明确,甚至无法确认这项贸易究竟发生在国内还是国外。另外,对在国外设立、租用的服务器是否视同国际税法中的常设机构仍有异议,有关厂商是否因此而成为该国纳税人也难以确定。

2. 未明确界定征税对象

---

[①] 本部分由上海市嘉定区国税局徐德晞撰写。

征税对象指对什么征税，是区别一种税与另一种税的重要标志。根据交易对象和内容的不同将其分为有形商品、无形劳务和特许权三类，分别采用不同的课税标准。电子商务由于其数字化、信息化的特征，将一部分以有形形式提供的商品转变为数字形式提供，如书籍、报纸、CD 及计算机软件和无形资产等。由于易被复制和下载的特性，模糊了有形商品、无形劳务及特许权之间的概念，使得商品、劳务和特许权难以区分，模糊的边界直接导致对征税对象的难以准确把握和判定。

3. 未明确规定纳税地点

纳税地点是纳税人（包括代征、代扣、代缴义务人）缴纳税款的具体地点。纳税地点涉及税收管辖权和常设机构等问题，现行税制对纳税地点以领土原则和有形原则为依据，但是由于电子商务的交易活动往往没有固定的物理交易场所，使得纳税地点也变得十分灵活和隐匿，具有很强的流动性和随意性。与此同时，电子商务中涉及的其他方面，如服务器、卖方、支付方、物流所在地等可能都处在不同的位置。因此，税务机关往往无法像对传统交易活动那样准确地确认纳税人的经营地或纳税行为发生地，也就无法正确行使税收管辖权。

（二）电子商务税收监管存在的主要问题

1. 税源监管问题

电子商务税源具有无形性和隐匿性，因税源失控导致的税收流失现象越来越突出。

（1）纳税主体不清晰。电子商务活动的交易双方只以网址、服务器、网上账号在互联网上出现，消费者可以匿名，制造商和提供商可以隐匿其住址，他们的真实身份无法查证，这就使纳税主体变得模糊化，这必然给纳税申报工作和税收征管带来困难。

（2）征税对象不明确。传统的征税对象是以产品实物形式确定的。电子商务活动中，商品的存在形式发生变化，有关税法规定在这里失去了基础，税务机关难以通过现行税制确认其所得的性质，也难以确定其应适用的税种和税率。

2. 税务日常监管问题

（1）根据现行《税收征管法》的规定，从事生产、经营的纳税人必须在法定期限内依法办理税务登记。电子商务企业只要缴纳一定的注册费，就可以获得自己专用的域名，根本不需要经过税务登记。

（2）网上交易为账簿、凭证管理带来难题。电子商务是无纸化交易，运用电子信息技术形成电子交易记录，如电子汇票。电子账簿、凭证可以轻易地被修改，且不留下任何痕迹。数据信息加密技术在维护电子商务交易安全的同时，也增加了税务机关掌握纳税人交易及财务信息的难度。

## 二、电子商务税务稽查面临的冲击与应对策略

（一）电子商务对税收稽查的冲击

1. 电子商务中的交易无纸化，增加税务稽查证据的获取难度

传统税收征管离不开对凭证、账册、报表的审核，而互联网的发展使得纳税人的财务信息趋向无纸化。传统财务软件中存贮账表的是纸介质和磁盘，而互联网财务软件中的存贮账表越来越趋向于网页方式和以网页为主体的多媒体方式，而且网页数据可以轻易被修改而不留下任何线索，导致传统的凭证追踪审计失去基础。

2. 电子商务中电子支付系统的完善，增加交易追踪难度

电子商务的发展刺激了电子支付系统的完善，联机银行与数字现金的出现，使得跨国交易成本降至与国内成本相当的水平。如果纳税人在国际避税地开设联机银行，税务当局就很难对支付方的交易进行监控。数字现金的使用也存在类似问题，数字现金的使用者可以采用匿名的形式，难以追踪。

3. 电子商务中计算机加密技术的发展，增加税务稽查难度

随着计算机加密技术的发展，纳税人可以用超级密码和用户名双重保护来掩盖有关信息，也可用授予方式掩藏交易信息。税务机关既要严格执行法律规定，对纳税人的知识产权和隐私加以保护，又要搜集纳税人的交易资料，从而加大了税收稽查的难度。

（二）电子商务税收稽查的应对策略

1. 培养电子商务税收专业人才

"以计算机网络为依托"的要求，也是适应网络经济的要求。要强化对电子商务的管理，税务干部队伍不仅要精通经济税收专业知识，更需要精通电子商务管理技术，只有拥有一支一专多能的税务干部队伍，才能应对网络经济和电子商务提出的严峻挑战。

2. 完善电子商务税务稽查的法律体系

对电子商务不增加新税种的情况下，依据《税收征管法》对现行税法进行调整，补充电子商务税务稽查的相关法律法规，明确纳税主体和征税对象的相关政策，使税源监控和税务稽查做到有法可依。

3. 建立科学的电子商务税务稽查模式

加快税务机关的信息化建设，建立电子税务，以推动电子商务的发展。所谓电子税务，就是把税务机关的各项职能搬到网上，实现网上办公、网上征管、网上稽查、网上服务、网上专用发票认证等。使用网络功能来实现信息的储蓄、加工及使用，不断探索有效的电子商务税务稽查模式。

# 电子商务征税漏洞与征管盲点分析[①]

## 一、电子商务的特征

### (一) 交易环节少、成本低

电子商务有效地减少了交易环节,大幅降低了交易成本,致使最终价格也变得较低。网上销售使得商家与买家直接联系,避免了传统模式中的中间商,所有商品发布在网上,能够迅速将其商品信息传播到世界各地,与此同时又可以行之有效地实现"零库存"生产,调节进货出货。

### (二) 无地域限制

商家利用互联网将商品展现窗口网络化、无形化,网店展示商品的多少不受店面限制,且经营方式灵活,无店面租金成本,买家随时随处都能够进入卖家店铺。

### (三) 电子化支付

随着 SET 标准的推出及第三方支付的发展,各个银行金融机构、信用卡发行机构、腾讯阿里等大型互联网企业纷纷推出了自己的支付办法,有网上银行、信用卡支付、支付宝、微信支付等,消费者可以用它方便快捷地从事任何消费活动。

### (四) 买家信息易于管理

在当前大数据时代,买家的任何消费行为或消费意愿,都会自动收集到后台服务器中进行汇总分析,卖家根据各自不同的需求,从数据中各自提取对其有帮助的买家信息,来寻找商机,引导消费者的再次购买。

## 二、电子商务税收征管漏洞

### (一) 增值税方面的征管漏洞

电子商务按交易模式分为在线式电子商务和离线式电子商务。

离线式的电子商务和传统交易模式别无两样,这种模式符合现行的增值税相关规定。然而,在线式模式的税收征管面临着一些棘手的问题:第一,在线式模式的交易客体是无形的产品,即数字化的产品,而非实物。现行税法只是明确了对有形商品征收增值税,对于无形的数字化商品是否征收增值税,并没有明确的规定。第二,对于我国出口的货物,实行增值税出口退税制度,对于通过互联网销售的商品,

---

[①] 本部分由国家外国专家局张渤雯撰写。

销售者无法确定其是对国内销售还是对国外销售，也就不能确定是否应该享受出口退税等相关政策。第三，消费者不能确定其购买的产品或服务的来源地是哪里，以至于不能确定何处是纳税地点。第四，在电子商务交易活动中，各网络用户利用实名制或非实名制认证的电子邮箱进行交流，其真实身份难以确认。第五，飞速发展的银行网络业务，使税务部门无法清查供货途径和货款来源，更不易判断是否符合免税政策。总之，电子商务的快速发展，使得增值税的征收难度加大，以至于出现一系列亟待解决的税收征管漏洞。

（二）消费税方面的征管漏洞

消费税是对生产、委托加工、零售和进口的应税消费品征收的一种税，充分体现了国家的引导消费倾向。由于上述提到的电子商务交易的本质特征，使得税务部门难以明确交易主体身份和交易额度，从而导致消费税的征收困难。此外，我国进口消费品消费税的征收是通过海关代收的，而在电子商务交易情况下，海关的征税能力也被大大弱化。目前，我国消费税的征收对象主要是烟、酒、化妆品等14种对资源环境影响较大的消费品，但这些消费品有一部分可以通过电子商务交易进行买卖，比如网络销售化妆品，尤其针对一些海外代购的化妆品更是如此；再如委托加工业务，某企业从事首饰的生产销售，委托网上另一家同行企业为其代加工首饰，只需要提供加工首饰的规格指标、参数等数据信息，再通过网络付款，即可以在税务部门不知晓的情况下，完成整个交易流程。如果双方统一隐瞒这一交易行为，就会造成大量消费税的流失。

（三）营业税方面的征管漏洞

电子商务交易的发生地不易确认在境内还是在境外，这是营业税征管难点之一；另外，电子商务购销双方或提供服务的一方与接受服务的一方，可以不在同一个时空完成交易，如远程咨询服务、网络医疗服务和网络授课服务等，这就使得税务机关征收营业税变得困难重重。此外，在电子商务交易中，由于出售商品、提供服务等活动的界限变得模糊，使得税务部门对无形的、数字化的商品交易的性质难以确定，该征营业税还是该征增值税也变得不好确认。

**三、电子商务征税漏洞的原因分析**

（一）电子商务交易具有隐蔽性

在网络交易平台上的一般交易流程如图1所示。在这个交易过程中，很显然没有履行纳税环节。在网络交易中的购销双方，为了降低彼此的成本会达成一致的共识，最后形成规避税收的行为，主要表现为不开发票。根据淘宝网的工作人员介绍：企业用户都是要通过仔细审查才能获得许可在淘宝商城进行网上经营，其经营用的银行账号和相关收付的网络账号都是绑定的，网络监管部门能轻易监测相关交易信息，企业经营用户会自觉履行纳税义务，不会轻易偷逃税款。但是，如果是个人用户，税务机关对其不易进行监测，只能在签订用户协议时提醒个人网店自觉履行纳税义务。在日常网络交易中，淘宝网会号召个人网店自觉纳税，但还是会存在一些偷逃税现象。网站并非权力机构，还不能强制个人网店主动缴税。

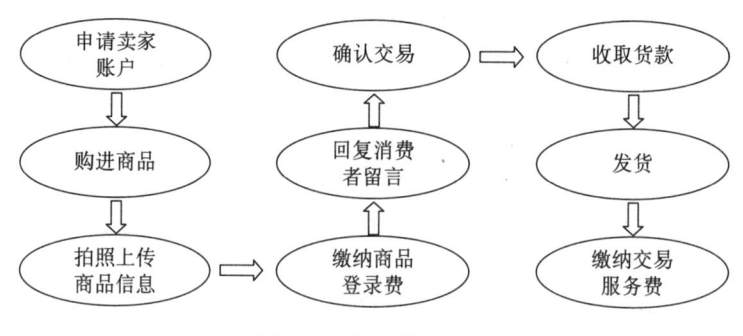

图 1　网络交易流程图

（二）电子商务征税相关法律并不明确

目前我国并未对网络交易相关征税问题做出明确规定，这方面仍然存在立法空白。

有学者认为，若想开设自己当店主的网店，需到有关部门办理营业执照和相关税务登记。专家们认为对 C2C 模式的店主强制其进行工商注册，可能会影响我国电子商务行业的蓬勃发展，因为电子商务解决了一部分人的就业问题。更关键的一点是，尽管国家有关部门提高约束力，制定出正式的部门规章，但其强制效力会比较弱。北京市曾通过《北京市信息化促进条例》，规定如果开设网店销售商品，需依法办理营业执照，而非只要注册账号就能经营网店。显然，一个地方性法规文件的约束力，是远远不能满足对一个无边界的网络的深度管理。从全球范围来看，对于 C2C 电子商务模式的商业经营活动，大部分国家都持以支持鼓励的态度。若要制定一个完整、切实可行的电子商务征税法律制度，可能不是一朝一夕的事情。

（三）加密技术和结算方式使电子商务监管难度增加

对电子商务征税缺乏明确的法律约束。国家曾明令电子商务实行实名制，但税务机关要想获得网店的纳税信息仍属不易。由于个人网店经营的非稳定性，造成网店易主时有发生，让"实名制"管理收效甚微。由于互联网是虚拟的，交易都以电子化方式进行，双方的销售凭证、交易信息、销售票据具有信息化、数字化、无纸化，虽然便于读取和储存，但是可能随时随地会被篡改而不留下任何痕迹。随着信息加密技术的发展，从事电子商务交易的网站可以应用此技术来掩盖其真实经营状况，给税务审计带来巨大的挑战。

此外，结算方式多种多样，如支付宝、余额宝、网银快捷支付、微信支付、电商内部代金券等线上支付方式，以及货到付款、刷卡、话费充值等线下支付形式。如果税务部门对各种各样的资金结算方式一一监管，不仅难度大而且监管成本高。

### 四、电子商务税收征管盲点分析

（一）C2C 模式的税收征管盲点

一是概念模糊。现阶段，C2C 模式与 B2C 模式的概念模糊。B2C 模式由于有现实的具体的实体店，进行过工商和税务登记，往往不易逃避税收。但 C2C 模式普遍都不交税，于是一些企业纷纷到淘宝网站上以 C2C 模式开店，这样就导致实质交易是 B2C 模式，但是表现形式却是 C2C 模式。这样一来，电子商务的价格竞争具有一定的随意性，而对交易中的发票也可以省去。

二是交易过程不对外公开。C2C 模式的交易过程不像实体经营那样全部是实际化操作，其每个操作步骤均是在网络环境下完成的，可以通过网络信息传输隐蔽部分操作信息，包括税收数据信息等。这样，在税收征管过程中，如果卖家能够通过一些操作方法隐瞒交易信息，税务机关也无从得知。

三是无法可依。我国目前还没有针对电子商务征税的系统性规定，执法部门也就无法可依，更谈不上对违法者进行法律制裁。

四是税收征管手段欠缺。首先，属地认定不确定。根据国家《税收征收管理法》的要求，相关税务部门一般会设定特殊机构专门确定企业经营所得来源地，通过专门机构来行使企业管辖权，凡事在管辖权范围之内的纳税人，都得依照税法的规定行使税务登记和税款缴纳的义务。C2C 环境下很明显的特征就是双方交易均是个人，通过动态 IP 进行网络交易与支付，税务部门无法按照统一标准强制执行或者核定。其次，征管对象不明晰。C2C 环境下产品种类繁多而且复杂，除去有形产品外，还有很多无形产品，包括服务和数字产品等。这些就使得交易中很多对象被处理成数字信息形式进行在线传输，例如音乐、图书、课程等，这样一来税收征管对象性质就变得不明晰，再加上现有税法对无形产品等规定的征税方式有不同要求，容易在实际操作中因为界定模糊或者歧义而无法操作执行，使得今后的税收工作很难开展。

另外值得考虑的是，如果对 C2C 个人卖家不征税的现状继续持续下去，网上交易的数量会越来越大，这样必将会威胁到实体店的销售，从而直接对整个传统交易市场造成巨大影响，对实体店经营者来说极其不公平，也严重违背市场经济的公平性原则。

（二）B2C 模式的税收征管盲点

一是税源监控容易消失。在增值税监管过程中，交易中转环节是监控的重点，从采购生产到最后的销售环节都有纳税的设置。对于税收工作而言，中转环节的存在，使得增值税税款抵扣能够有所依据，对零散的流转比较复杂的代扣代缴过程来说，监管效率可以提高，成本在一定程度上也可以降低。但是 B2C 环境下，交易可以直接面向企业和消费者，中转环节减少很多，这样一来常规纳税环境下的监管方法、课税地点都将失去作用，会由此而带来税源点消失，存在征税漏洞的现象。

二是常规税控方式不适于电子商务行业。以票控税是传统税收监控的重要而有效的措施。现实生活中发票的运用非常广泛，也比较容易被税务机关监控。但是，对于电子票据的使用，更多的还是在于企业能够在交易中主动提供，消费者在交易中能够有意识去索要票据。

## 电商征税仍需区别对待[①]

近日，电商征税问题经多家媒体报道，迅速发酵并成为财税界人士热议的话题之一。更有知情人士透露，广西桂林市国税局首次开展了包括电子商务行业在内的税收专项检查；上海市闵行区地税局对辖区内的电商企业下发了纳税自查的通知。北京、江苏、上海和深圳也正在对电子商务的税务风险进行摸底，而东部某省会城市的税务部门则将该辖区电子商务企业的经营数据进行了技术性汇总。山雨欲来风满楼，一场电商征税大战似乎一触即发。

电子商务的本质，就是通过互联网交易平台来完成商品、劳务或服务的交易活动，不管是B2B、B2C、还是C2C，虽然方式不同，但其本质与传统的营销渠道一样，都是帮助卖主卖出商品、劳务或服务，且其最终承载的具体内容也并未发生实质性的变化，依然是人们生产经营活动或日常生活中所需要的商品或服务。从税收法理上讲，是否应当征收税款是基于某项交易活动的实质，并不会因为交易渠道的不同而予以豁免。

从国际上来看，在欧盟，为打击非法竞争，规定自2015年1月1日起，凡在欧盟境内网上购物，增值税将执行买家所在地税率。在美国，2013年美国国会参议院通过《2013市场公平法案》，规定美国各州政府可以对电商跨区进行征税。在英国，法律明确规定，所有在线销售商品都需要缴纳增值税，税率与实体经营一致，一般标准税率为17.5%、优惠税率为5%。在澳大利亚，一直以来对电商和实体店铺一样征税。在亚洲邻国，韩国在电商征税方面，网店和商场在缴税上标准是一致的，除了各种基本税，还要缴纳10%的增值税；日本已确定2015年度税制改革大纲，从10月起通过互联网购自海外的电子书及音乐服务等将被征收消费税。

纵观我国现行法律法规，也还从未制定过关于网络交易免税的规定。而恰恰相反，财税〔2003〕16号、财税〔2006〕162号、国税函〔2008〕818号等文件，分

---

[①] 本部分由中崇信会计师事务所所长戴琼撰写。

别对网络交易中可能涉及的相关劳务或行为征收营业税、印花税和个人所得税作出了相应的规定。此外,地方政府根据实际情况,也出台过相关的税收政策,京地税营〔2008〕21号文件曾明确了网络游戏消费卡销售收入、单位和个人代售游戏消费卡所取得的代售卡收入的营业税适用税目、税率等的应税规定。2011年,武汉国税局曾经尝试对电商征税,并在互联网上引发轩然大波,虽最终以低调收场,但可以看作是地方税务机关对电商征税的试水。电商企业或个人,作为中华人民共和国纳税义务人,理应依法诚信纳税,电商征税不应存在争议。但是,电商征税大战是否真的会立即打响,是否会在全国范围内统一实施,笔者认为尚需区别对待。

第一,中国特色的国情决定了电商是否征税仍存在地区间的博弈。长期以来,我国对采用单一制的国家结构形式的判断并无异议,但在实践中,这种单一制具有强烈的中国特色。首先,中央与地方关系的一体多元格局①,客观上我国一些地方权力在授予和运行的程度上,甚至超过了传统联邦制国家中地方组成单位的权力。中央和地方关系类型的多样化(即除了省、市、县这种一般意义上的地方外,我国还存在民族自治地方、香港和澳门特别行政区以及尚待解决的台湾),要求在强调一体的基础上,必然存在对不同类型的地方予以差异化的理论剖析和制度对照;其次,中央和地方关系中的"行为联邦制"②,导致决定地方政府能否获得与中央政府近似平等的协商与谈判的地位及可能性的关键性因素是地方的经济实力,这就诠释了地方政府发展本地经济的内生动力。正是各地方政府这种发展本地经济的内在需求,导致作为调节经济的重要手段的税收,尤其属于地方财政收入的地方税收,必然成为各地政府熟练运用的重要杠杆。这是导致地方政府以不同方式、不同特点的"地方税收优惠政策"刺激当地经济发展的最根本原因。电子商务作为一种新型交易方式和新型业态,同样为地方政府招商引资所高度关注。由于"行为联邦制"的客观存在,在没有更有效的办法解决中央政府和地方政府财权与事权相统一的前提下,各地方政府之间的"税收优惠"博弈仍将持续存在,从而导致对新型经济业态的征税与否抑或优惠与否,会存在不同的诉求,并难以统一。

第二,税收的本质决定了各地对电商征税不能"一刀切"。毋庸置疑,税收创建的终极目的是增进社会每个成员的福祉总量,而不是为少数国民福祉总量的增进服务。在我国社会主义制度下,税收的本质是"取之于民,用之于民"。即以满足公共需要为目的,由政府凭借政治权力进行分配而体现的特殊财产分配关系。由于"行为联邦制"的客观存在,地方政府之间必然会在一定范围内存在较为激烈的竞争。各地方政府之间合理和必要的竞争,包括地方政府在一定范围内给予辖区内企

---

① 费孝通在《中华民族多元一体格局》一书和熊文钊在《大国地方:中央与地方关系法治化研究》中系统提出了这一观点。

② 郑永年在《中国的"行为联邦制":中央—地方关系的变革与动力》一书中正式提出了"行为联邦制",并试图以此来诠释中国中央与地方关系实践中超越单一制传统而呈现出的某些联邦制色彩。

业的"税收优惠",有助于地方政府因地制宜地通过实行合理的有利于经济增长的政策鼓励地方经济的发展;随着地方经济的不断壮大和发展,其所赖以征税的税基越来越大,从而为进一步降低税负提供了基础。而税负的降低将进一步促进地方经济的发展;当各地地方经济都得到普遍发展时,全体国民的生活水平都将在改革中得到提高而不是相反;与此同时,各地方政府之间合理的"税收优惠"竞争,倒逼当地政府相关部门改善投资环境、节约财政开支、增强服务意识,从而进一步推动当地政府为"全民创业、万众创新"的"新常态"提供更为优质的服务和制度保障。2015年5月6日,国家税务总局出台《关于坚持依法治税更好服务经济发展的意见》,要求各级税务部门切实增强税收服务经济发展的主动性,始终坚持依法征税,认真落实税制改革和税收政策措施,积极支持新业态和新商业模式健康发展,更好地服务经济发展大局;并明确表示,"各级税务部门不得专门统一组织针对电子商务、某一新兴业态、新型商业模式的全面纳税评估和税务检查",结束了外界对电商全面征税的猜测。5月10日国务院发布《关于税收等优惠政策相关事项的通知》(国发〔2015〕25号),以进一步规范各地方政府在执行《国务院关于清理规范税收等优惠政策的通知》(国发〔2014〕62号)中矫枉过正的问题。国发〔2015〕25号文的出台,正是在反对地方保护和不正当竞争,着力清除影响商品和要素自由流动的市场壁垒的同时,肯定了一定范围内的"地方税收优惠"的必要性。笔者认为,在没有安排好过渡政策和纳税人广泛认知下的"一刀切"式的税收制度改革,无论是对电商经济等新型经济业态,还是传统经济业态,尤其是对抗风险能力相对较弱的小微企业,都是一种创伤,进而对本已处于下行压力下的实体经济带来伤害。

第三,税收的公平性要求对电商征税按照税收负担能力区别对待。税收公平分为横向公平和纵向公平。横向公平是指经济能力或纳税能力相同的人应当缴纳数额相同的税收,并且税收负担与其经济状况相适应。根据税收横向公平原则,无论是线上的电商交易,还是线下的传统交易,都应当按照平等原则,缴纳相应的税款,这似乎为所有电商平等统一交税提供了理论基础。但税收公平不仅包括横向公平,而且还包括纵向公平。纵向公平是指经济能力或纳税能力不同的人应当缴纳不同的税收,纳税人之间的税收负担差别要同纳税人的经济能力或纳税能力的差别相适应。根据中国电子商务研究中心报告显示,截止到2014年6月,全国电子商务交易额达5.8万亿元,同比增长34.5%。其中,B2B交易额达4.5万亿元,同比增长32.4%。网络零售市场交易规模达1.08万亿元,同比增长43.9%[①]。但是,中国电子商务市场目前主要被两大网站控制,分别是天猫和京东,市场份额分别为57%和21%。而

---

① http://www.100ec.cn/zt/2014bndbg/

在移动电子商务市场,阿里巴巴占到了 85% 的份额,而京东为 7.1%,唯品会为 1.6%[①]。截止到 2014 年 6 月,国内使用第三方电子商务平台的中小企业用户规模(包括同一企业在不同平台上注册但不包括在同一平台上重复注册)已经突破 1950 万户[②]。如此庞大的交易金额、如此高的交易渠道集中度,以及如此众多的中小企业用户,加剧了经营规模和经济实力的不均衡性,也加剧了其税收承担能力的不均衡性,采用统一的征税政策不符合税负纵向公平原则。而事实上,现行增值税和营业税税收政策规定,自 2014 年 10 月 1 日至 2015 年 12 月 31 日,对月销售额 3 万元以下的增值税小规模纳税人,免征增值税;对月营业额 3 万元以下的营业税纳税人,免征营业税。因此,即便是立即对电商征税,按照现行税收政策,对于年销售额或营业额不超过 36 万元的纳税人,都不需要缴纳增值税或营业税。因此,对不同规模、不同类型、不同经济效益的电商,在"不引发打击电商企业的误导"的前提下,如何让电商在税负公平的原则下依法诚信纳税并加强征管,仍需要进一步研究。

第四,电子商务地区的发展很不平衡,必然导致不同地区不同发展诉求下的税收征管考量。根据中国电子商务研究中心监测数据显示,在企业区域的分布上,2013 年排在前十的省份(含直辖市)分别为:广东省、浙江省、北京市、上海市、江苏省、四川省、山东省、河北省、福建省、湖北省。具体如图 1 所示[③]。

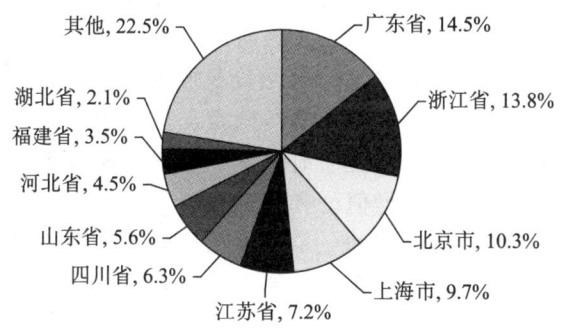

图 1　2013 年(上)中国电子商务服务企业区域分布图

图表编制:中国电子商务研究中心
数据来源:www.100EC.cn

从上图可以看出,广东、浙江、上海等沿海城市电子商务发展迅猛;而西部地区中,仅四川省排进了前十。随着更多的中小企业涉足电子商务,除了直接经济效益外,市场对电子商务专业人才的需求增加,电子商务创造的直接就业机会将会随之增长,进而促进当地劳动力的就业并进一步维护社会稳定。与此同时,电子商务

---

① http://tech.sina.com.cn/i/2015-02-05/doc-iavxeafs0863880.shtml
② http://www.100ec.cn/zt/2014bndbg/
③ http://www.100ec.cn/zt/2013sdssj/

衍生出第三方托管商、网络模特等新兴职业，电商发展将带动相关产业联动发展并推动产业结构转型。新型业态的发展具有一定的"产业集群效应"，对于电子商务不发达地区而言，统一的税收政策将更加不利于当地电商的快速、持续发展。因此，在电商经济发达地区先行试点，并逐步全国推开更具有经济意义和可行性。

第五，税收征管实践中，网络交易税收征管的瓶颈尚待突破。首先，尽管依法对网络交易进行税收征管是税务部门的职责所在，但电子商务税收法律体系尚不完善，基于有形交易基础之上的现行税收征管体系，由于电商网络交易的虚拟性，目前的税制体系还无法完全解决电子商务的税收基本概念、税收征管具体手段等基本问题，还有必要先对电商的纳税义务人、课税对象、交易发生地、征收环节等税法基本要素的内涵和外延进行界定和明确，以期明确纳税主体、划定征收范围、规定纳税期限、合理确定纳税义务发生地和纳税流程。其次，网络交易涉税信息的缺失为税收征管带来了障碍。尽管《税收征管法修订草案（征求意见稿）》要求对自然人也建立统一的纳税人识别号，以加强税收监管，但毕竟尚未通过并实施。对于自然人普遍参与的电商交易中，存在大量交易不开具发票的现象；而另一方面，电商为提高交易排名等特定目又大量存在虚构交易行为。在"以票控税"为主要监管手段的当下，"严重缺失的涉税信息将导致对网络交易实现的税收收入规模、已纳入正常税收管理的税源规模，税源分布情况以及税收流失规模等缺乏准确的判断。在底数不清、情况不明的前提下对是否加强对网络交易的税收征管，如何分类分级加强征管等很难做出正确有效的决策"①。电商税收流失情况还有待科学、系统地测算。同样，在电商征税过程中，电商税率的确定，也必须在充分考量其对电商经济影响的前提下，经过科学、系统、全面地测算。第三，现行税收体制下，自然人卖家应当承担的主要纳税义务包括增值税和个人所得税；而企业卖家则需缴纳增值税和企业所得税。自然人卖家所适用的免税条件和征收办法与企业存在显著差异，基于理性经济人的本能，很可能导致企业交易自然人化或自然人交易企业化，并进而导致交易主体为降低税负，蓄意变更经营交易行为，扭曲交易实质。因此，有必要在电商征税过程中充分考量现行税制中存在的税制设置差异所带来的影响。

综上，电商作为一种新的发展业态，其对经济的巨大推动作用已经为各地政府所认同。在对电商征税之前，有必要厘清现行制度体系对电商发展带来的制度约束，明确界定电商交易的纳税主体、课税对象、纳税期限、纳税义务发生地、征收环节、征收流程等税法基本要素。电商征税应当是一个渐进和区别对待的过程。

# 本篇参考文献

[1] 谢永健："大数据：实现税收现代化的利器"，《中国税务报》，2014年9月19日。

---

① 彭启蕾："也来说说电商查税风波"，《财税大观》，2015年5月1日。

[2] 刘尚希、孙静："税收治理：基于大数据的理论思考"，《中国税务报》，2015年4月23日。

[3] 孙毓泽："大数据平台上演绎的现代化税收管理"，《中国税务报》，2015年3月18日。

[4] 蔡磊、蔡昌：《构建税收诚信》，中国财政经济出版社，2015年版。

[5] 马海涛：《中国税收风险调查报告》，中国财政经济出版社，2012年版。

[6] 滕娟："电商征税：刷单、'吹牛'要纳税了吗"，《财会信报》，2015年5月13日。

[7] 彭启蕾："也来说说电商查税风波"，《财会大观》，2015年5月1日。

[8] 王凤飞．电子商务税源监控和税收征管对策探析 [J]．经济与管理，2012（03）．

[9] 李雪若．电商征税应从建立税务登记制度入手 [J]．中国税务报，2013（12）．

[10] 邵鹏．我国电子发票的应用前景和发展路径 [J]．上海证券报，2015（02）．

[11] 徐兵兵、王永军、于治楼．网络电子发票综合管理服务系统设计与实现 [J]．信息技术与信息化，2015（02）．

[12] 2016年（上）中国电子商务市场数据监测报告，中国电子商务研究中心

[13] 孔令秋．电子商务比特税方案的再认识．经济研究导刊

[14] 蒋丽萍．关于电子商务税收征管问题的研究

[15] 高鸿业．西方经济学（第五版），p186

[16] 2013年（上）中国电子商务市场数据监测报告，中国电子商务研究中心

[17] 中华人民共和国税收征收管理法修订草案（征求意见稿），2015，国务院法制办公室

[18] 曹海生．电子商务税收征管体系研究 [D]．东华大学博士学位论文，2012．

[19] 杨远见．浅析电子商务征税 [D]．中国社会科学院研究生院硕士专业学位论文，2014．

[20] 王元媛．我国C2C电子商务税收征管法律问题研究 [D]．西南大学硕士学位论文，2014．

[21] 孙萍．我国电子商务的税收征管研究 [D]．安徽财经大学硕士学位论文，2015．

[22] 张燕、秦诗涵、张增莲．我国电子商务模式下征税问题研究 [J]．财政监督，2013（10）．

[23] 迟翔．电子商务税收征管问题思考 [J]．现代商贸工业，2010（13）．

[24] 唐毅．我国电子商务环境下的税收流失问题 [J]．中国电子商务，2011（07）．

# 第3篇 电商税收流失与治理

## 电商税收流失测算与治理[①]

### 第1章 电子商务及其对税收活动的影响

#### 一、电子商务及运行模式

（一）电子商务的概念

电子商务（EC，Electronic Commerce）的通常性解释是"借由电脑网络将购买与销售、产品与服务等商业活动结合在一起，进而调整交易的基础和形态"，电子商务其实代表着一种商业形态。电子商务建构在电子交易系统上，将传统的资金流和物流数据化并将其发展成资讯流，这是电子商务的精髓之所在。

关于电子商务的一个开放性概念表述如下：电子商务是指在全球广泛的商业贸易活动中，在互联网开放的网络环境下，基于浏览器、服务器应用方式，买卖双方不谋面地进行各种商贸活动，实现消费者的网上购物、商户之间的网上交易、在线电子支付以及各种商务活动、交易活动、金融活动和相关的综合服务活动的一种新型商业运营模式。

（二）电子商务在中国的发展

随着信息技术和互联网的快速发展，电子商务作为一种新型商业运营模式，以其便捷性、无纸化、数据化等优点逐渐渗透进社会生活的每一个角落，改变着人们

---

[①] 本部分由中央财经大学《电商税收流失测算与治理研究》课题组完成，部分内容发表于《会计之友》2017年第8期。

传统的贸易方式，在全球经济融合发展中电子商务交易的"蛋糕"越做越大。据 Markets and Markets 公司 2013 年发布的一份报告显示，全球大数据市场将在未来五年内迎来高达 26% 的年复合增长率——即从 2013 年的 148.7 亿美元增长到 2018 年的 463.4 亿美元。

据艾瑞咨询研究报告显示，2015 年中国网络购物市场交易规模为 3.8 万亿元，较上年同期增长 36.2%，从网络购物市场结构来看，B2C 占比达到 51.9%，年度占比首次超过 C2C；从网络购物市场份额来看，B2C 市场中天猫继续领跑 B2C 市场，京东、苏宁易购、唯品会、国美在线增长迅速。

电子商务为商家带来了巨大的商机和高额的利润，越来越多的企业开始进入电子商务领域，电商交易平台在功能上越来越完善，电商交易额越来越高，吸引着越来越多的社会资源进入电商领域，电子商务交易出现前所未有的蓬勃发展。在我国政府倡导"大众创业、万众创新"的形势下，电子商务领域的创业风潮日益风靡。

（三）电子商务的运行模式

按照电子商务运行模式分类，电子商务主要包括以下四种类型：B2B、B2C、C2C、B2G，一般把 B2C、C2C 统称为网络购物，属于电子商务的典型应用。如表 1 所示。

表 1　　　　　　　　　　　电子商务的运营模式

| 电子商务模式 | 交易对象 | 举例 |
| --- | --- | --- |
| B2B | 企业之间 | 阿里巴巴、慧聪网 |
| B2C | 企业与消费者之间 | 天猫商城、京东商城 |
| C2C | 消费者之间 | 淘宝网、易趣网 |
| B2G | 企业与政府机关之间 | 政府采购 |

## 二、电子商务与税收活动

（一）电子商务引发的税收问题

随着电子商务的飞速发展和日趋成熟，越来越多的交易搬到网上经营，其结果是一方面带来传统贸易方式的交易量不断减少，使现行税基受到侵蚀；另一方面，由于电子商务是一个新生事物，税务部门对其进行税收征管存在一定的时滞效应，加上互联网、大数据技术在税收领域的应用还需要一个不断完善的过程，电商交易活动在某种程度上成为税务机关的"征税盲区"，形成一定程度的税收流失。

有人曾形象地将电子商务比作为 21 世纪税收最大的"敌人"。这是由于电子商务的快捷性、隐匿性、无纸化，造成税收源泉扣缴的控管手段失灵，客观上促成了纳税人不遵从税法的随意性，加之税收征管技术的严重滞后性和系统法律法规的匮乏性，最终出现电子商务税收征管的真空地带。当然，电子商务税收流失主要因为电商行为主体采用税收不遵从手段违反税收法律，将税款据为己有。因此，电商税收流失也可归之为税收征管制度不能适应新型商业模式的转变，是由于税务登记、纳税申报、税收监管等税收管理手段相对落后造成的。

（二）电子商务的税收征管难点

1. 纳税主体的确定和管理存在困难

在传统方式下，交易双方是很明确的，并且交易主体通常都会有固定的经营场所或居住地，因此纳税义务人确定较为容易。但是在 C2C 电子商务交易中，任何人都可以通过交纳一定的费用或免费注册在互联网上发布信息或参与电子商务交易，交易主体具有很强的隐匿性和流动性，所以建立在传统交易方式下的税收制度往往难以确认 C2C 电子商务交易的纳税人；即便是确认了纳税人，在网络中以数字化方式传送的数字化商品是否属于增值税征收范围内的货物以及如何征收都会产生新的问题。

入驻交易平台的 C2C 电商，为了减轻税收负担，往往不会主动进行工商登记和税务登记。个人在电商交易平台从事商品销售和应税服务提供等经营活动，也不会主动进行税务登记。在电子商务交易中，除了国内的电商企业和从事电商活动的个人外，还存在着国外企业、组织和个人面向国内的消费者的电商交易，特别是从事虚拟商品和服务的交易行为，这类电子商务的纳税主体更是难以确认和管理。

2. 计税依据的确定存在困难

传统税收征管的计税依据主要是各种有形的纸面单证，通过对商业活动留下的订单、发票、凭证、账册和报表等有形凭证的审查，可以确认交易的价值和营业额，从而确定征税对象和计税依据。但在 C2C 电子商务交易中，所有的交易信息均表现为电子数据形式，通过网络传输，而这些电子数据可以被轻易修改、删除而不留任何痕迹、线索。电子商务的无纸化操作及经营场所的频繁变动使交易活动不会留下可供税务机关确定计税依据的痕迹，使传统的税收征管失去了直接的计税凭证。

一些从事无形资产和服务等虚拟商品交易的电商企业，往往利用电子加密、授权等多种保护措施隐藏其真实的交易信息。电商企业与消费者的资金流传递除了由银行完成外，还有第三方支付平台、货到付款等方式。交易的媒介除了银行货币、信息卡以外，还出现了电子虚拟货币等其他交易媒介。原来传统交易之下税务管理方面有关计税依据确认、行为判断等标准不再适用于电商征税方面。电商企业真实的交易活动的销售收入实现、自然人等小电商经营者的销售收入或者所得等真实信息，难以为税务管理机构所掌握，增加了电商企业计税依据的确认难度。

3. 纳税地点的确认存在困难

电子商务交易的虚拟化、数字化、隐匿化和支付电子化，使"常设机构"、"居住地"、"经营场所"等这些建立在传统交易模式下的概念无法界定，比如数字化产品通过服务器在互联网上进行买卖，其营业行为很难被分类和统计，这必将弱化来源地税收管辖权。同时，各种先进技术手段的运用和国际贸易的一体化，使得一个企业的管理控制中心可能存在于任何一个国家或地区，税务机关很难合理确认纳税地点。很多小型电商平台没有固定的营业场所，只有一个虚拟的交易网站或者网址，而该虚拟网址或者网站有的设置在境内，有的设置在境外，其收入来源地确认、交易地点、纳税地点等确认过程变得十分复杂。

## 第 2 章 中外电子商务税政比较与借鉴

### 一、中国电子商务税政分析

#### （一）电子商务的税收分析

社会上普遍存在"网购不开发票也不需要缴税"的认识误区，这似乎已经成为一种潜规则。下面我们分析电子商务征税的真实情况，以及电子商务的税政导向。

1. 电子商务在我国不存在税外之地

电子商务是传统商业活动各环节的电子化、网络化，是一种商务模式的创新，但并未改变其商务之性质，也理应在征税范畴。依据《增值税暂行条例》和"营改增"政策规定，在中华人民共和国境内销售货物或者提供应税服务以及进口货物的单位和个人为增值税的纳税人，应当依法缴纳增值税。因此，电商是否应该征税是个伪命题，其实我国税收政策及征管领域全面涵盖电子商务，不存在税外之地。

2. 电子商务都不用纳税是一种误读

按照电子商务运行模式分类，B2C 电商交易平台的卖家如天猫、苏宁易购、京东商城、国美在线等均已在工商部门注册登记，也已在税务部门进行税务登记、具备正常纳税的完整体系，接受工商与税务的双重监督。B2C 电商交易平台的中小卖家如淘宝网、易趣网等，这些网店在成立之初，由于规模小，且绝大部分为个人网店，我国法律上尚未强制要求 C2C 个人网站办理税务登记，因此 C2C 电商平台的卖家长期没有被纳入税收征管之列。

3. 电子商务领域的税收征管相对薄弱

电子商务不仅对纳税主体身份的识别、纳税地点的确认带来一定的冲击，也对常设机构原则、税收管辖权归属等构成一定的影响。传统的税收体制对于这一新兴的经济模式难以完全适用，因此造成税收征管相对薄弱，要解决这个问题，需要国家从法律层面制定针对电子商务税收征管的政策法规，并形成一系列有效的实践监管手段。

#### （二）B2C、C2C 电商模式的税收政策

2014 年 3 月 15 日，国家工商总局出台的《网络交易管理办法》正式实施，该办法第七条规定：从事网络商品交易及有关服务的经营者，应当依法办理工商登记。

从事网络商品交易的自然人,应当通过第三方交易平台开展经营活动,并向第三方交易平台提交其姓名、地址、有效身份证明、有效联系方式等真实身份信息。具备登记注册条件的,依法办理工商登记。

根据该项规定,对以企业为主体的 B2C 电商卖家与 C2C 个人网店的监管将存在显著差异。企业或法人电商卖家必须依法办理工商登记,并在此基础上正常纳税;而对于个人网店,管理办法的规定较为模糊,也并未指出工商登记注册条件的具体内容。这意味着相当一部分 C2C 个人卖家,在核查其真实身份信息之后可以暂时不必办理工商登记,由电商平台进行管理。

事实上,根据中国电子商务研究中心监测,我国的 B2B 电商以及包括京东商城、苏宁易购、天猫、亚马逊、当当网等十余家第三方平台型 B2C 电商,其卖家均已进行工商注册,并实施正常纳税。B2C 商家入驻平台签订的协议中一般都有依法纳税的规定。以天猫为例,《2014 天猫入驻服务协议》中关于"商户的声明与保证"第七条规定:其在天猫出售商品,有义务按照买家实际支付的现金金额为买家开具适格发票,相关税收应按国家相关规定由商户自行承担。而淘宝网、拍拍网等 C2C 平台上的中小卖家,个人招商对象只针对年满 18 周岁的中国大陆公民,绝大部分为个人网店,没有工商注册执照,也没有税务登记证,因此没有纳入征税范畴。

出于税收管辖权和税收中性原则的考虑,我国政府将不会像美国一样对电子商务实行免税政策。但目前社会上形成一个误区,认为现有税收体系没有对 C2C 电子商务交易出台相应税收规定,就相当于缺乏对 C2C 电子商务征税的法律依据,无法实现对其征税,造成 C2C 电子商务交易理所当然的不缴税。实际上,这是一种错误认识,现在主流称 C2C 网站提供的交易模式已经成为一种纯粹的商业行为,其本质上同传统的个体工商户没有任何区别。所以,C2C 电子商务交易已被纳入征税范围。无论销售者是单位还是个人,是采取传统交易方式还是网上交易方式,只要销售货物都属于增值税的征收范围。此外,按照我国现行个人所得税法的规定,个体工商户的生产、经营所得适用 5% – 35% 的超额累进税率。如果考虑个人所得税和其他税款,则 C2C 电子商务模式的税收流失额将会更多。随着电商行业的繁荣和"互联网+"的进一步发展,C2C 电子商务对我国税收影响将不容小觑。

(三)中国电子商务税收的未来趋势

随着"互联网+税务"在税务系统的广泛推广,"电子商务征税问题"被列入国家税务总局重点研究范围,电子商务税收征管亟待实务领域的重大突破。

2010 年 7 月 1 日北京市施行的《网络商品交易及有关服务行为管理暂行办法》规定,凡从事网络商品交易并且具备登记注册条件的单位和个人都应依法办理工商登记注册。

2011 年 6 月,湖北省武汉市国税局开出国内首张个人网店税单,对淘宝女装网店"我的百分之一"征税 430 余万元(凤凰网,2011)。

国家税务总局于 2013 年 4 月 1 日起实行《网络发票管理办法》，为电子商务征税提供了法律上的支持。

2014 年国家工商总局发布的《网络交易管理办法》有以下关于电子商务的规定：自然人网商实名制，其他网商注册登记；电子形式的发票等凭证今后将应用，并成为纠纷凭证。

2015 年 1 月，国务院法制办发布《税收征收管理法修订草案（征求意见稿）》，其中明确规定，从事网络交易的纳税人应当在其网站首页或者从事经营活动的主页面醒目位置公开税务登记的登载信息或者电子链接标识。网络交易平台向税务机关提供电子商务交易者的登记注册信息。

2015 年 4 月开始，包括北京、江苏、广西、江苏、上海、山东、深圳等在内的全国主要沿海省市税务机关，相继约谈辖区内的电商卖家，并要求申报销售额并补缴漏缴的税款。其中，广西桂林市国税局开展的是税收专项检查，电子商务作为以往检查从来没有包含过的行业首次出现；上海闵行区地税局也对注册辖区内的电商企业下发了纳税自查通知书。据税务系统人员称，各地税务局约谈的名义是税务风险管理和纳税评估。这似乎意味着政府会对电商企业全面开展税务稽查，绝大多数电商企业的纳税问题受到政府的普遍关注。虽然这次约谈的对象主要是交易平台天猫上的大卖家，但在整个电商行业还是引起了不小的恐慌，大家以为电商征税的"靴子"马上就要落下来了。很多中小规模的电商卖家心情为之沮丧，大规模的电商企业也开始做好接受税务稽查的准备。

但事态发展有所变化，2015 年 4 月 1 日，李克强总理在国务院常务会议上指出：发展电子商务等新兴服务业是"互联网+"行动的重要内容。这次会议还明确了国家加快电子商务发展的三大举措，这为电子商务等新兴服务业的未来发展提供了政策支持。2015 年 5 月 7 日，国务院发布《关于大力开展电子商务加快培育经济新动力的意见》（国发〔2015〕24 号）①，提出要减少束缚电子商务发展的机制体制障碍，并明确要为从事电子商务活动的企业"合理降低税负"。

2015 年 5 月 6 日，国家税务总局出台的《关于坚持依法治税更好服务经济发展的意见》明确规定：要深入分析电子商务、"互联网+"等新兴业态、新型商业模式的特点，积极探索支持其发展的税收政策措施，特别是对处在起步阶段、规模不大但发展前途广阔、有利于大众创业及万众创新的新经济形态，要严格落实好减半征收企业所得税、暂免征收增值税和营业税等税收扶持政策，坚决杜绝违规收税现象。此外该意见还规定：各级税务部门年内不得专门统一组织针对电子商务、某一新兴业态、新型商业模式的全面纳税评估和税务检查。自此，对电子商务行业如箭在弦上的纳税评估、税务稽查等涉税检查暂告停顿。

---

① 文件落款时间为 2015 年 5 月 4 日。

自 2015 年这次电子商务税务稽查暂停以来，一直到 2016 年年底，税务机关并未再出台任何相关税收政策，也未实施任何征管措施。但是，很多人还是意识到，对电子商务征税可能会在不久的未来，税收这柄"达摩克里斯之剑"依然悬挂在电子商务行业的头顶之上，我国未来对电子商务征税必然是不可扭转的大趋势。从另一视角分析，我国政府目前未对电子商务税收实施有效监管，是否意味着国家鼓励电子商务行业发展的同时，也在密切关注电子商务交易的应纳税额的动态趋势，没有对电子商务实施税收监管，只是时机未成熟而已。

目前，电子商务的发展呈现迅速增长之势，电子商务交易额在国民经济中的占比日益提高，政府不可能一直对其免税，征税是电子商务发展到一定阶段的必然选择。即当电子商务行业发展成熟且其应纳税收额度足够大时，政府必然会对电子商务实施有效的税收监管。

基于上述分析，课题组的研究建议是主张尽快实现税收监管和有效征税，这基于以下两个理由：一是从税收公平视角分析，税收不应由于商业模式的不同而有所差异，电子商务尤其是 C2C 模式游离于监管之外，这是极为不公平的现象；二是电子商务的巨大潜力使得未对电子商务有效监管直接导致商品零售业税基的严重侵蚀，引起极大的财政收入损失。正如美国学者 Tanzi（2000）形象的比喻——"电子商务是贪婪的财政白蚁"。

**二、电子商务税政的国际比较与借鉴**

不同国际组织或国家对于 C2C 电子商务税收政策的分歧比较大，仅美国主张免税，其他国家或国际组织均倾向于征税。各国在重新审视电子商务税收政策时，大多以保持税收中性为原则，即为避免产生扭曲效应，在现有税收制度框架下，不建立新的税种及征税方法，电子商务税收政策与传统商贸税收政策一致。

（一）代表国家的电子商务税政比较

1. 美国

美国是电子商务的发源地，也是电子商务发展速度最快、影响最为显著的国家。美国政府始终对电子商务采取积极的扶持政策，先后颁发了一系列促进电子商务发展的税收优惠政策。

1995 年 12 月，美国开始制定与电子商务有关的税收政策，并成立了电子商务工作组，确立了制定电子商务税收政策的基本原则：政府的目标是支持并执行一个适用于电子商务发展的可预知的、始终如一的、简单的法律环境，避免对电子商务进行不适当的限制。

1996 年，美国财政部发表了《全球电子商务选择性税收政策》白皮书，认为税收中性是指导电子商务征税的基本原则，不通过开设新的税种或附加来征税，而是修改现有税种，使它适用于电子商务，确保电子商务的发展不会扭曲税收公平。

1997年，美国发布了有关电子商务的总统令，要求财政部与州及地方政府共同努力，保证不对电子商务征收新的税种。

1998年，美国于克林顿执政期间通过了《互联网免税法案》。该法案禁止各州和地方政府对互联网接入服务征税，也不允许在现行税收的基础上增加新税种。但目前美国电子商务顾问委员会向政府的建议是："电子商务不能永远免税。对于电子商务的征税不能多于，也不能少于其他商务活动。"

1998年10月通过的《互联网税务自由法》指出，虚拟商品（比如软件、音乐等）不应该被征税，但一般商品都需按照实体经营标准纳税，服装等品牌无论是网上零售业务还是门店零售业务都征收一样的税收，包括个人购买时交付10%的消费税。该法案适用期三年，后来三次延期继续执行。

2005年10月，美国的18个州实施了简化销售税项目（Streamlined Sales Tax Project，SSTP），通过计算机软件对某些在线销售自动征税（Matthews，2005）。

美国自2008年金融危机以来，许多州和地方政府面临财政困难和破产风险，纷纷加大电子商务税收征管力度，通过诉讼和州立法要求以亚马逊（Amazon）为代表的电子商务企业代征销售税。亚马逊开始反对电子商务征税，2012年改变立场，支持电子商务征税。截至2015年1月，亚马逊已在美国的23个州代征销售税，覆盖了美国一半以上的人口（Baugh et al，2015）。

2013年5月，美国国会参议院通过了开征在线销售税的《市场公平法案》，这是美国第一部全国性电子商务征税法案，依据此法案各州政府可对电子商务进行跨州征税。该法案授权相关的州对所有每年在美国远程销售（跨州销售的商品或服务）总收入超过100万美元的卖家征税。

通过以上分析可知，美国政府制定以《互联网税务自由法》为代表的电子商务税收优惠政策，一是因为电子商务作为新兴产业，成长过程中需要一定支持；二是为了保持美国电子商务在世界上的优势地位；三是通过促进本国电子商务的迅速发展，带动其他相关行业的发展，从而促进经济增长。

2. 欧盟

1998年2月，欧盟发布了有关电子商务的税收原则：（1）目前尚不考虑征收新税；（2）在增值税征税系统下，少数商品的交易视为提供劳务；（3）在欧盟境内购买劳动力要征收增值税，境外不征税。欧盟制定的电子商务税收原则主要考虑到两个方面：一是保证税收不流失；二是避免防止不恰当的税制影响电子商务行业发展。

1998年6月8日欧盟发表了《关于保护增值税收入和促进电子商务发展》的报告，认为不应把征收增值税和发展电子商务对立起来，决定对成员国居民通过网络购进商品或劳务，不论其供应者是欧盟网站或外国网站，一律征收20%的增值税，并由购买者负责扣缴。

1998年底，欧洲经济委员会（EU的政体）确立电子商务征收间接税的第一步原则：(1) 除致力于推行现行的增值税外，不开征新税；(2) 电子传输被认为是提供服务；(3) 现行增值税的方法必须遵循和确保税收中性原则；(4) 互联网税收法规必须易于遵从并与商业经营相适应；(5) 应确保互联网税收的征收效率；(6) 积极推行无纸化的电子发票。

2000 年 6 月，欧盟发布《电子商务增值税议案》，规定对于欧盟境外的企业，若其电子商务销售额在 10 万欧元以上，则应在欧盟成员国进行税务登记，并按当地税率缴纳增值税。

2002 年 5 月，欧盟通过了一项针对现行增值税法的修正案，该修正案对原增值税法中要求非欧盟居民销售数字产品要缴增值税的规定作了修正，非欧盟居民在向欧盟居民销售数字产品时，可以享受免征增值税的待遇。该法案 2003 年 7 月生效，并自生效日后三年内对非欧盟居民向欧盟居民销售数字产品免税。

2008 年 2 月，欧盟议会通过了 2008/8/EC 指令，决定从 2015 年 1 月 1 日起开始对电子商务增值税进行改革，将课税权由卖方所属国改为消费者所属国。根据这一新规，在欧盟境内开展电子商务的企业需要对欧盟境内的销售按照消费者所属国的增值税税率缴纳增值税额。

欧盟规定自 2015 年 1 月 1 日起凡在欧盟境内网上购物，增值税将执行买家所在地税率。如在亚马逊购买电子书，增值税税率为 3%，这是该门户网站所在地卢森堡的税率，而自 1 月 1 日以后，如西班牙消费者购买电子书，将执行西班牙 21% 的增值税率。欧盟实施这一规定旨在打击非法竞争。

欧盟对待电子商务的税收政策显得相对保守，倾向于制定较为严格的监察和治理措施，对免征关税问题也较为慎重，主要是担心免税会影响各成员国的财政收入。但目前也原则上同意不再对电子商务征收新的税种，并就跨国电子商务的有关原则与美国达成了一致。

3. 加拿大

加拿大有关电子商务的征税规定，要看不同的征税条目和不同税收地区的特别规定。对于不易确认的来源所得和网站是否属于常设机构，主要以电子商务的货物、劳务销售者居住地为征税依据，或视非独立服务器为常设机构。当进行电子商务交易时，由于不易确定货物提供地、合约签订地、付款地等关键信息，因此必须分辨非居民公司是否在加拿大从事营业活动。加拿大对电子商务征税政策所持的原则有以下三点：(1) 政府应避免制定不适当的法令或限制措施妨碍电子商务的发展；(2) 加强与国际的合作，制定有利于电子商务发展的政策以促进网络交易；(3) 注重公平，电子商务与非电子商务交易功能相同的纳税人，征税要一致，不能因交易形态而有所差别。

4. 英国

2002 年 8 月，英国《电子商务法》正式生效，明确规定所有在线销售商品都需缴纳增值税，税率与实体经营一致，实行"无差别"征收，分为三等：标准税率（17.5%）、优惠税率（5%）和零税率（0%）。根据所售商品种类和销售地不同，实行不同税率标准。年销售额超过 5.8 万英镑，则必须到税务部门进行增值税登记。若未超过该销售额标准，则不作硬性要求。

5. 新加坡

新加坡是较早发展电子商务的国家之一，自 1998 年开始，新加坡推出一系列关于规范网络信息和电子商务的法律法规，主要包括《电子交易法》及配套法规、《滥用计算机法修正案》，明确了网络内容规范和电子商务税收处理等方面的法律法规。

在新加坡，与电子商务有关的税种主要包括所得税、货物和服务税（GST），新加坡税务机关发布了《电子商务所得税指引》、《电子商务货物和服务税指引》。

（二）电子商务税政的国际经验

1. 保持税收中性，不开征新税种

大多数国家都同意对 C2C 电子商务交易征税，并达成征税时不应开征新税种的基本共识，即保持税收中性。欧盟在 1997 年的《欧洲电子商务动议》和《波恩部长级会议宣言》都一致通过对电子商务征税要保持税收中性，认为开征新税种没有必要；OECD 国家于 1997 年通过的《电子商务对税收征纳双方的挑战》同样指出不会开征诸如比特税、托宾税等新税种，征税要保持税收中性。

2. 区分征税对象，合理选择税种

新加坡对电子商务征税对象区别对待，但税法没有对 C2C 电子商务税收问题进行具体规定。新加坡 2000 年通过的电子商务税收原则指出：网上销售有形货物与线下销售货物等同纳税，网上提供无形服务和数字化商品按 3% 课税；澳大利亚与新加坡类似，对网上提供有形货物课征销售税，对网上提供劳务等无形货物课征劳务税；印度对电子商务征税范围还涉及卖家的所得额，对纳税人来源于印度的所得课征预提税。

3. 法定税收优惠，促进经济繁荣

韩国于 2006 年开始对 C2C 电子商务模式征税，但是其《税收例外限制法》也有一定的税收优惠规定，《电子商务基本法》同时也规定，对促进电子商务所必需的基础设施建设项目中支出的费用，在预算内给予部分补贴；新加坡规定卖家从因特网上以非新加坡币取得的对外贸易所得按 10% 优惠税率课税，相关资本设备可享受 50% 的资本减免。

4. 规范网络注册，线下实体登记

英国 2002 年制定的《电子商务条例》规定 C2C 电子商务模式中个人卖家在网上进行货物销售时要提供线下登记证明、真实注册机构、姓名、地址和商品含税信息（是否包括增值税和运费等）；澳大利亚政府当局将个人线下注册认证号公布在网上，方便买家查看，规范 C2C 电子商务模式网络交易行为。

5. 划分税收管辖权，防止税源流失

税收管辖权的划分以属人原则和属地原则为主，各国规定不尽相同。美国早在 1996 年通过的《全球电子商务的选择性税收政策》中就提出以属人原则对电子商务征税，克服网络交易地域难以确定的问题；加拿大规定提供货物或劳务的卖家居住地税务当局对 C2C 电子商务模式中的卖家负有征税义务；印度同加拿大一样采用属地原则，以维护在国际电子商务竞争中本国的税收管辖权，防止税源流失。

6. 成立专门机构，加强税收监管

日本早在 2000 年就成立了电子商务税收稽查队，它隶属于东京市税务局，分设个人线上卖家、公司线上卖家等 15 个部门，涉及 B2B、B2C、C2C 三种主流电子商务模式，有效地实现对电子商务征税，合理监督税收流向；同样，法国也成立专门的电子商务税收监察部门，有效地解决电子商务税收监管问题；澳大利亚整合 C2C 电子商务模式个人卖家、买主和税务机关三方资源，建立电子税务平台，方便电子商务税收的征管，及时便捷进行信息交换。

国际社会对 C2C 电子商务模式税收政策在很大程度上具有一致性和可操作性，各国都努力减少征税对经济的扭曲，建立和维护公平公正的线上线下交易环境。在不区别对待纳税人、坚持税收公平原则的基础上适当给予 C2C 电子商务模式卖家一定的税收优惠，结合各国实际条件划分税收管辖权，实名工商注册、税务登记，实行有效的税收监管。

### 三、我国电子商务的税政选择策略

（一）确立电子商务的税收公平原则

1. 不同交易形式遵循税收公平原则

政府确立线上个人卖家和线下个人卖家同等课税，保证个体卖家不因交易形式的不同而承担不同的税负，营造公平竞争的市场环境，确立电子商务的税收公平原则。不因任何电商平台、机构或其他原因而改变公平征税原则。

2. 坚持电子商务的税收效率原则

电子商务模式下税收效率的提高依赖于多部门、全方位的税收协作。例如，在 C2C 电子商务模式下，个人卖家必须在线下工商部门实名注册后才能在网上进行交易，每笔交易必须在线上签署电子发票并传递给买家后才能通过交易平台进行结算。第三方交易平台负有代扣代缴义务，在每笔交易进行的同时进行税款扣缴，当然，这需要交易平台和银行以及税务部门的三方合作，以卖家线下申请的工商注册号为纽带，交易平台、银行、税务部门可以有效地进行协作，确保税收效率的提高。

3. 选择属地原则维护税收主权

对 C2C 电子商务模式税收选择属地原则课税，符合我国具体实际，能有效解决境外买家通过中国 C2C 电子商务平台逃避税款或是国外卖家在中国 C2C 电子商务平台注册交易而不缴税的问题，维护中国税收主权，防止税源流失。针对电子商务交易地点难以确定的特殊情况，尝试以 C2C 电子商务模式中卖家线下实名工商登记注册地和买主实际开户银行所在地的税务部门分别课征增值税、所得税、消费税等税种，保证顺利实施税款课征。

（二）明确电子商务税收的税制要素

1. 对电子商务不开征新税种

对不同的电子商务模式，以现行税种区分征税对象，实施有效税收征管，既符合国际经验又符合中国实际。中国"营改增"以后，对线上卖家无论是销售有形货物还是无形劳务均征收增值税，对购买的商品属于消费税税目的买家征收消费税，对个人卖家征收个人所得税。同时，电子发票的领受签署课征印花税。此外，卖家还有义务缴纳城建税和教育附加费等。

2. 明确税率、起征点等税制要素

对 C2C 电子商务模式，政府征收增值税时按照 6% 的低档税率普遍课征，防止对经济造成过度扭曲。当然，对于一些 C2C 电商平台的小型卖家，6% 的低档税率仍然较高，可以结合具体实际情况，以卖家 5000－20000 元/月的销售额为起征点，同时对新注册的个人卖家以三年内免税的措施进行创业扶持，同时给予一定的就业补助。

在个人所得税等方面，借鉴现行税法规定无须作出调整；其他诸如印花税、城建税和教育费附加等税种可在一定期期内予以免征，待时机成熟后再予以课征。

3. 明确纳税环节，确定纳税期限

C2C 电子商务模式纳税环节不同于传统以销售环节为主的纳税环节，而是以第三方支付平台为扣缴义务人在每笔业务结算时确定为纳税环节。C2C 电子商务模式的纳税期限也不同于传统业务的纳税期限，买卖双方在网上实时交易时，通过电子税务平台同时缴纳。

（三）强化电子商务的税收征管

1. 制定电子商务税收征管细则

进一步修改完善《税收征管法》，详细规定电子商务税收征管细则。例如，对电子发票的领受、开具和电子凭证管理与审核进行具体规定，配合《网络发票管理办法》的要求，建立银行、税务、支付平台三方协作的税收征管体系。税务机关定期在网上公布税款缴纳情况，支付平台根据卖家的缴税情况进行评比，量化信用等级，方便顾客随时查看，并自主选择交易卖家。

2. 成立专门的电子商务征管稽查部门

细化对 C2C 电子商务模式的税收征管，建立高度协作的信息传递网络，该网络应覆盖工商、税务、银行、支付平台、交易平台等，以个人卖家的工商注册号为基础，实现跨地区、跨年度的税收动态监管。

依据各个电商交易平台，建立专门的个人卖家数据库，实时监控交易动态，定期进行税务检查，并在相关网站公布纳税人信息，保证税收征管的及时性和有效性。同时建立纳税人信息库和纳税风险评级体系，对纳税人进行评级，分级管理、重点关注，防止税源流失。

## 第3章 电商税收流失情况测试

### 一、抽样调查测试

中国电子商务发展主要有两个重要的运营模式：B2C 模式和 C2C 模式。经营者入驻电商平台提供商品和服务是最重要的商务形式。由于国内电商平台以阿里巴巴旗下的淘宝、天猫最为发达，经营商户和消费者众多，为此，我们选择市场交易规模大、交易活跃的淘宝、天猫两个平台，随机选择经营商户作为测试样本进行抽样测试与统计分析，研究电商纳税和潜在税收流失问题[①]。

（一）抽样调查测试的基本步骤

步骤一：确定抽样样本

为了保证抽样的科学性和样本的代表性，我们按照行业和地区两个维度选择样本。

首先，我们选择天猫、淘宝两大平台经营商户众多的行业，分别是电器、服装、食品、图书、酒水、家具、化妆品七大行业。其次，为考察不同地区经营者税收遵从意识，我们对每个行业按照东部、中部、西部的地区分布随机抽取样本，每个行业内的每个地区抽样 10 家店铺。这样，天猫和淘宝两大平台各抽样 210 家店铺，总样本量为 420 家店铺。

步骤二：择定数据口径

我们按照商品的实际付款金额统计商家平均月销量、单价，计算平均月销售额，即：平均月销售额 = 平均月销量 × 单价。

然后采用平均税负率法，根据公式"月增值税应纳税额 = 国民经济行业增值税税负率 × 平均月销售额"，计算获得"月增值税应纳税额"数据。

步骤三：随机暗访测试

根据税务管理中"以票控税"的特点，对两大电商平台商家或经营者的工商税务登记、发票开具情况作为重点测试内容进行随机暗访测试。把"是否开发票"行为分为"无条件开发票""提供税点开发票""不开发票"三种情况。

---

① 电商测试时间为 2015 年 11 月 18 日 –12 月 2 日，课题组中有三位成员负责抽样调查测试与统计分析。

根据不同的发票开具行为将其界定为不同的税收流失结果：

（1）"不开发票"视为"税收确定流失"；

（2）"提供税点开发票"视为"税负转嫁"，即如果消费者不要求开发票，商家就不会主动提供发票，即使商家能够提供发票，也会将应纳税额转嫁给消费者承担，违背了税收基本原则。因此，在后面统计中此类情况也应归之于"税收流失"；

（3）"无条件开发票"视为"税收无流失"。

按照上述抽样测试要求，所获取的抽样数据满足统一口径、真实准确的要求；采用随机抽样方法，样本具有典型代表性，且准确度处于可容忍误差范围之内。采用大数据样本，可以真实反映电商经营者实际税收缴纳和税收流失情况。

（二）调查测试分析框架

第一部分：随机抽样测试

我们对淘宝、天猫两大电商平台分行业、分地区随机检索抽样，采用统一口径统计商家某一类型商品的平均月销量、单价，计算平均月销售额，并进一步计算增值税应纳税额。同时对每家店铺的发票开具情况进行暗访测试与调查，记录工商税务登记情况，通过测试结果估算税收流失率情况。由于得到的数据众多，不便在此一一展示，相关的抽样样本和测试结果详见附录。

第二部分：样本数据统计分析

抽样数据的统计分析是本项研究的主要内容，为清晰描述统计分析结果，拟以图、表等形式清晰展现抽样测试数据特征和统计性规律，由部分推断总体特征，深入分析淘宝、天猫两大电商平台上不同行业、不同地区商家或经营者的纳税遵从度和税收流失情况。

第三部分：电商税收流失对策建议

根据抽样数据统计分析结果，对电商税收流失问题提出多维度的政策建议。

## 二、抽样调查测试结果

（一）电商抽样调查测试结果

1. 开具发票情况测试

天猫、淘宝两个电商平台的属性不同，入驻天猫的多为企业商家，入驻淘宝网的多为个体商户。我们对天猫、淘宝电商平台的商家分别随机取样，各抽取210个样本，共抽取420家商户样本。

通过分析发现，天猫平台上的企业商户由于多数具有工商登记和税务登记，作为法人单位的企业商家经营相对规范，95.73%的商户交易完成后会主动开具发票，只有3.79%的商户交易完成后不开具发票，而仅有0.47%的商户在消费者承担税款的情况下许诺开具发票。相比较而言，淘宝网上的卖家多数属于非法人的个体商户性质，只有少数个体商户会选择主动提供发票，有68.25%的个体商户不会开具发票，还有13.74%的个体商户会在消费者承担税款的条件下开具发票。相关统计分析结果如表2所示。

表2　　　　　　　　　调查样本企业发票开具情况对比

| 发票开具情况 | 淘宝（家） | 比重 | 天猫（家） | 比重 |
|---|---|---|---|---|
| 不开发票 | 142 | 67.62% | 8 | 3.81% |
| 无条件开发票 | 39 | 18.57% | 201 | 95.71% |
| 提供税点开发票 | 29 | 13.81% | 1 | 0.48% |
| 合计 | 210 | 100.00% | 210 | 100.00% |

2. 两大平台增值税额流失情况对比

根据两大平台抽样企业的销售估算数据，对电商销售环节增值税流失进行估算。研究发现，淘宝平台增值税流失严重，由于"不开具发票"造成增值税流失额占应缴增值税额的比重约为52.35%，由于要求"消费者承担税点"而可能造成增值税潜在流失的比重约占29.92%。

相比较而言，天猫平台由于大部分是企业商户，增值税流失较少，增值税确定流失额占应缴增值税额的0.077%，增值税潜在流失额占比约为0.003%。相关统计分析结果如表3所示。

表3　　　　　　　　　　增值税额流失情况对比表

| 增值税缴纳情况 | 淘宝（单位：元） | 淘宝税额比例 | 天猫（单位：元） | 天猫税额比例 |
|---|---|---|---|---|
| 确定流失 | 739422.50 | 52.35% | 806135.63 | 0.077% |
| 无流失 | 250405.58 | 17.73% | 1043010924.52 | 99.920% |
| 潜在流失 | 422559.66 | 29.92% | 28155.57 | 0.003% |

注：此处将"不开发票"认定为"税额确定流失"，"无条件开发票"认定为"无流失"，"提供税点开发票"是一种税负转嫁现象，如果消费者不要求开票，商家就不会主动提供发票，因此界定为"潜在流失"。

3. 不同行业样本商户开具发票情况对比

为了考察淘宝、天猫两个平台不同行业内部样本企业的发票开具情况，我们选择两个平台上的七个行业内的各210家共420家企业进行对比，这七个行业分别是：电器、服装、食品、图书、酒水、家具和化妆品。每一个行业选择样本企业30家。

研究发现，淘宝网平台上商户多数不开具发票。根据抽样数据进行估算，总体上看，不开具发票的商户占比为67.62%，无条件开具发票的商户占比为18.57%，提供税点开票的商户占比为13.81%。而天猫平台样本企业开具发票情况良好，不开具发票的商户占比为3.81%，无条件开具发票的商户占比为95.71%，提供税点开票的商户占比约为0.48%。相关抽样数据如表4、图1、图2所示。

表 4　　　　　天猫、淘宝各行业内部样本企业开具发票情况　　　　　（单位：家）

| 项目 | 行业 | 不开发票 | 无条件开发票 | 提供税点开发票 | 企业总数 |
|---|---|---|---|---|---|
| 淘宝 | 电器 | 11 | 8 | 11 | 30 |
| | 服装 | 29 | 1 | 0 | 30 |
| | 食品 | 23 | 5 | 2 | 30 |
| | 图书 | 21 | 8 | 1 | 30 |
| | 酒水 | 22 | 7 | 1 | 30 |
| | 家具 | 10 | 9 | 11 | 30 |
| | 化妆品 | 26 | 1 | 3 | 30 |
| | 企业总数 | 142 | 39 | 29 | 210 |
| 天猫 | 电器 | 2 | 28 | 0 | 30 |
| | 服装 | 1 | 29 | 0 | 30 |
| | 食品 | 1 | 28 | 1 | 30 |
| | 图书 | 4 | 26 | 0 | 30 |
| | 酒水 | 0 | 30 | 0 | 30 |
| | 家具 | 0 | 30 | 0 | 30 |
| | 化妆品 | 0 | 30 | 0 | 30 |
| | 企业总数 | 8 | 201 | 1 | 210 |

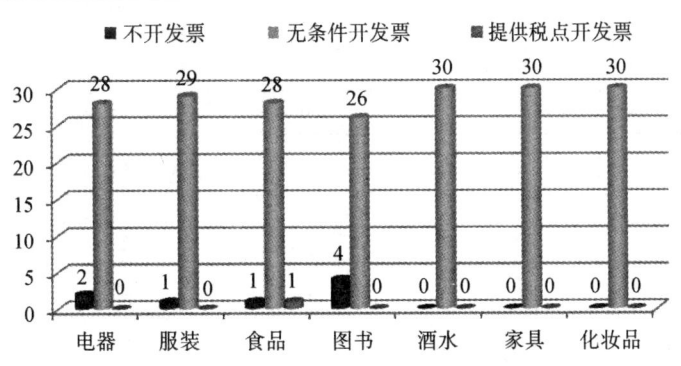

图 1　天猫平台各行业商户开具发票情况

就淘宝平台而言，不同行业商户开具发票情况也有一定的差异性：服装、化妆品、食品不开票现象普遍，造成这些行业的税收流失较严重，而电器、家具等行业开具发票情况相对较好。

4. 不同地区样本商户开具发票情况对比

我们对淘宝、天猫两个电商平台的东、中、西部地区企业的抽样结果进行分析，发现天猫平台上东、中、西部地区开具发票情况差异性不大。相对而言，中部地区的天猫商户不开具发票的较多，70 家中有 7 家商户不开具发票。对于淘宝平台而

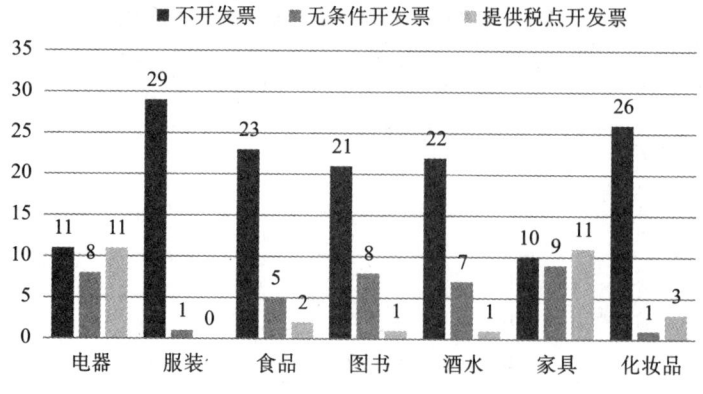

图 2 淘宝平台各行业商户开具发票情况

言,绝大多数商户都选择不开具发票,其中东部占比为 58.57%,中部占比为 72.86%,西部占比为 71.43%;其余商户有一半以上选择无条件开具发票。相关数据详见表 5、图 3、图 4。

表 5 东、中、西部不同平台开具发票情况对比 (单位:家)

| 发票开具情况 | 天猫 | | | 淘宝 | | |
|---|---|---|---|---|---|---|
| | 东部 | 中部 | 西部 | 东部 | 中部 | 西部 |
| 不开发票 | 0 | 7 | 1 | 41 | 51 | 50 |
| 无条件开发票 | 70 | 62 | 69 | 16 | 13 | 10 |
| 提供税点开发票 | 0 | 1 | 0 | 13 | 6 | 10 |
| 企业总数 | 70 | 70 | 70 | 70 | 70 | 70 |

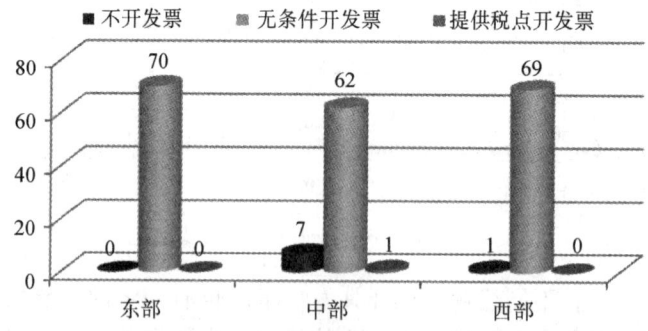

图 3 天猫平台不同地区商户开票情况

### 5. 样本商户实际增值税税负率计算

根据抽样调查的全部样本商户的月销售数据,我们进行销售金额以及实际增值税税负率估算。由于很难获得调查样本企业的真实销售额,我们根据商户公布的销售数量、商品的销售单价计算出其月平均销售额,然后对其加总,得到调查样本企

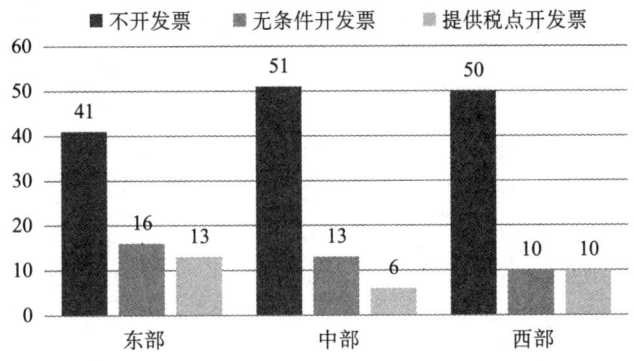

图 4 淘宝平台不同地区商户开票情况

业的销售额。对于调查样本企业的增值税流失额,我们采用政府公布的"国民经济行业平均增值税税负率"计算,用行业增值税税负率乘以月平均销售额估算月增值税应纳税额。相关公式如下:

公式1:平均月销售额=平均月销量×单价

公式2:月增值税应纳税额=国民经济行业平均增值税税负率×平均月销售额

根据调查样本企业的销售情况,我们计算的不同平台商户的销售额和应纳增值税税额数据参见表6、表7。国民经济行业平均增值税税负率(节选)① 见表8。

表 6　　　　东、中、西部地区不同平台税收流失情况估算　　　　(单位:元)

| 电商类别 | 数据 | 全部调查样本企业 | | 存在税收流失的企业 | |
|---|---|---|---|---|---|
| | | 销售金额 | 应纳增值税额 | 销售金额 | 应纳增值税额 |
| 淘宝 | 东部 | 30975545.37 | 782784.13 | 25451485.79 | 684696.55 |
| | 中部 | 13734059.50 | 278746.53 | 8746639.72 | 184454.72 |
| | 西部 | 27939763.01 | 350857.08 | 23276897.27 | 292830.90 |
| | 总额 | 72649367.88 | 1412387.74 | 57475022.78 | 1161982.17 |
| 天猫 | 东部 | 52876587595.00 | 1041761836.00 | 0.00 | 0.00 |
| | 中部 | 71248805.13 | 1604633.97 | 34970901.43 | 826432.32 |
| | 西部 | 26204789.95 | 478745.92 | 434192.00 | 7858.88 |
| | 总额 | 52974041190.00 | 1043845216.00 | 35405093.43 | 834291.19 |
| 整体 | 东部 | 52907563141.00 | 1042544620.00 | 25451485.79 | 684696.55 |
| | 中部 | 84982864.63 | 1883380.50 | 43717541.15 | 1010887.03 |
| | 西部 | 54144552.96 | 829603.00 | 23711089.27 | 300689.78 |
| | 总额 | 53046690558.00 | 1045257603.00 | 92880116.21 | 1996273.36 |

---

① http://www.qingdaocaiwu.com/thread-86086-1-1.html.

表7 调查样本商户的增值税税收实际负担率

| 商户 | | 淘宝 | 天猫 | 整体 |
|---|---|---|---|---|
| 全样本税负率 | | 1.944% | 1.970% | 1.970% |
| 税收流失商户应承担税负率 | | 2.022% | 2.356% | 2.149% |
| 东部 | 全部商户 | 2.527% | 1.970% | 1.971% |
| | 税收流失商户 | 2.690% | — | 2.690% |
| 中部 | 全部商户 | 2.030% | 2.252% | 2.216% |
| | 税收流失商户 | 2.109% | 2.363% | 2.312% |
| 西部 | 全部商户 | 1.256% | 1.827% | 1.532% |
| | 税收流失商户 | 1.258% | 1.810% | 1.268% |

表8 国民经济行业分类平均增值税税负率（GB/T 4754 – 2011）（节选）

| 行业 | 平均增值税税负率（%） | 具体品类与业务类型 |
|---|---|---|
| 电器 | 1.33 | 日用家电设备零售 |
| 服装 | 1.81 | 纺织、服装及鞋零售 |
| 食品 | 1.97 | 食品、饮料及烟草制品专门零售 |
| 图书 | 2.39 | 图书、报刊零售 |
| 酒水 | 2.85 | 酒、饮料及茶叶零售 |
| 家具 | 1.00 | 五金、家具及室内装饰材料专门零售 |
| 化妆品 | 4.78 | 化妆品及卫生用品零售 |
| 百货零售业 | 2.19 | 日常百货零售商品 |
| 超级市场零售业 | 1.72 | 超级市场零售商品 |
| 综合零售业 | 1.7 | 综合性零售商品 |

根据抽样结果，统计估算样本企业的应纳增值税额和销售金额，进而估算不同平台样本商户的增值税实际税收负担率。研究发现，样本商户之间真实的税收负担存在显著性差异。从淘宝平台来看，东部地区商户的税收负担最重，西部地区商户的税收负担较轻。从天猫平台来看，中部地区商户的实际税收负担较重，西部地区的税收负担较轻。从两大平台全部调查商户的实际增值税负担看，存在税收流失商户的实际应纳增值税税收负担普遍高于全部样本商户的增值税税收负担。

从淘宝、天猫两个电商平台之间调查样本商户的增值税负担看，天猫平台的商户实际税收负担要高于淘宝平台的商户。这也说明，政府通过严格规范的税收监管，确实可以提高商户的税收遵从度，降低税收流失现象。

（二）电商测试的主要结论

1. 不同电子商务平台税收流失情况不一致

研究发现，不管是具有完整工商税务登记的企业商家，还是未进行工商税务登记的个体经营商户，在其电商交易活动中，都存在一定程度的税收流失问题。但是，具有工商、税务登记的电商税收流失程度相对较轻，而个体经营商户普遍存在规模性税收流失现象，且税收流失率相当惊人。

根据对采取不开具发票或者税负转嫁方式开具发票的商户进行分析，有 3.79% – 4.26% 的天猫平台商户存在税收流失问题，而淘宝平台上的商户的税收流失比例竟高达 68.25% – 81.99%，这表明淘宝平台个体经营商户多采取不开发票等方式逃避纳税义务，且逃避税收情况相当严重。

运用销售额和增值税平均税负率对天猫、淘宝两个电商平台税收流失量进行估测发现，淘宝平台上的商户的应纳增值税税款流失率为 52.35% – 82.27%，天猫平台上的商户的应纳增值税税款流失率仅为 0.0772% – 0.0799%。

根据上述分析，我们得到以下结论：不同电商平台实际增值税流失率存在天壤之别，究其原因在于是否存在工商、税务登记的约束。只要管理规范、监管到位，通过工商、税务登记全程控制，就会形成有效的监管机制，使电子商务交易活动的税收流失率明显下降。这同时也表明，如果没有严格的税务登记和管理制度，税务部门也难以对个体电商经营者实施税务监管，导致电商交易存在大量税收流失问题。

2. 不同行业和地区商户税收流失情况大相径庭

不同电商平台的商户由于自身经营条件存在差异，导致逃避纳税义务的情形存在显著不同。即使在同一平台上，不同行业电商的税收流失情况也有所差异。

以淘宝平台的商户为例，服装、食品、化妆品、酒水、图书等不开具发票居多，而相对耐久的电器、家具等商品无条件开具发票相对比例较高。电器、家具等耐用消费品即使商户要求消费者承担税款，消费者也会主动索要发票。

再分析天猫平台的商户，图书、电器行业相对只有少数商户不开具发票，其余行业的电商都会主动开具发票。这也进一步说明，尽管存在着行业差异，但电商平台上商户自身的经营特点仍是影响发票开具的重要因素；即使在同一个电商平台上，消费者是否索要发票也是影响商户是否提供发票的一个因素。

从商户地区分布看，商户所处的地理位置也会影响其发票开具情况。天猫平台上的商户，东、中、西部的商户发票开具情况基本类似。而淘宝平台上，东部地区的商户开具发票情况较好，但要求消费者承担税点的商户数量也较多。中、西部地区不开具发票的情况较多，也存在让消费者承担税点的情形。这种地区的差异性与消费者自身的税收意识有关。东部地区经济相对发达，人们的税收意识、维权意识较强，主动索取发票的情况也较普遍。

3. 不同地区电商之间的实际税负水平存在差异

电商平台的商户基于利益动机，在政府监管不力的行业或领域，会采用不开具发票的手段逃避纳税义务。

不同地区的电商之间实际税负水平存在差异。从抽样电商的税负情况看，淘宝平台上东部地区商户税收负担比中部和西部地区的商户要重，天猫平台上东部地区商户的实际税收负担最轻。这种情况与西部地区税收优惠政策多、小规模纳税人多、税收征管松懈等综合因素有关。

税收负担差异影响商户开票选择。从税收流失情况看，税收流失较为严重的商户实际税负水平也较重，实际税负较重可能成为商户逃避纳税义务的主要诱因。这从侧面证明了这样一个道理：如果税收负担较重，则电商逃避税收的动机较强，税收遵从度自然会较低。

税收管理影响实际税负水平。政府对天猫电商在线下监控严格，天猫平台商户开具发票规范，很少出现以不开发票方式逃避税收，因此，管理规范的天猫平台上的商户的税收遵从度较高。相比较而言，政府对淘宝平台的税收监管不到位，商户不开票者居多，其税收流失程度相当严重。所以，不同电商平台的税收流失率不同，导致商户的税收负担有很大差异，这严重影响了市场的公平基础。

## 第 4 章 电商税收流失额测算

### 一、电商税收流失测算的背景分析

（一）电商税收流失测算的研究成果

不少国家和地区的税务机关对电子商务还缺乏有效的税收征管措施，导致一定程度的税收流失。对此，国内外学者进行了相关研究。Brooks（2005）估计 2008 年电子商务导致的美国销售税流失额达 215 亿—337 亿美元；Omar 等（2009）估计 2011 年美国电子商务税收流失的规模达 621 亿美元；Bruce 等（2009）对电子商务导致的美国销售税流失额进行估计，2012 年销售税流失 114 亿—126.6 亿美元。朱军（2013）认为"窄口径"和"宽口径"的电子商务税收流失规模在 2011 年分别为 1157 亿元和 7800 亿元，占实体总税收的比例分别为 1.29% 和 8.29%。

（二）电商税收流失的背景分析

课题组分析了 C2C 模式的基本特点，也参考了阿里巴巴 2014 年、2015 年、2016 年前两个季度公布的数据，以及阿里巴巴关于"95% 的淘宝卖家营业额在 24 万元以下（不超过 36 万元的增值税免征额）"的说法。但课题组分析认为还存在以下情况需要深入分析：

一是 C2C 模式的电商平台上的卖家，并非都是个人店，其中一部分属于已注册过公司的个人网店，只不过网店信息出于各种原因没有和公司联结起来；还有一部分属于实体店的网上店铺，是实体店拓展业务的一个销售渠道。这两种卖家与线下的实体公司别无二致，其实质是 B2C 电子商务交易，均应依法纳税。

二是不论何种店铺，采取何种商业模式，个人经营者获取的收入一律需要纳入个人所得税的征税范围。即使是那些纯粹的 C2C 电商，也存在一定程度的逃避个人所得税行为。

## 二、淘宝电商平台税收流失测算——平均税负法

在本报告第 3 章课题组测试了天猫、淘宝电商平台的税收流失情况，天猫平台上的商户的应纳增值税税款流失率仅为 0.0772% – 0.0799%，而淘宝平台上的商户的应纳增值税税款流失率为 52.35% – 82.27%，淘宝平台上的商户存在较严重的税收流失，这里主要研究淘宝平台上的电商的增值税和个人所得税的流失情况。

### （一）增值税流失测算

淘宝平台经营者业态不一，经营行业分布较多，主要模式是商品的零售，而不同的零售业态造成增值税实际税负率存在差异。为了使增值税流失更能反映真实情况，本研究根据国民经济各行业零售类目下的几种零售模式所对应的增值税平均税负率进行估算，从而推算淘宝平台上的商户的税收流失额范围。由于淘宝平台就像一个大的百货市场，主要从事与社会零售相关的百货零售、综合零售和超级市场等经营活动，为此，课题组选择国民经济不同行业下零售业三种零售模式下的增值税平均税负率进行估测，如表 9、表 10、表 11 所示。

#### 1. 按百货零售业估算增值税流失

表 9　　按百货零售业平均增值税率（2.19%）估算增值税流失　　（单位：亿元）

| 时期 | 淘宝交易 | 应纳增值税 | 确定流失率 | 确定流失 | 潜在流失率 | 潜在流失 | 确定流失 + 潜在流失 |
|---|---|---|---|---|---|---|---|
| 2012Q2 | 1670 | 35.79 | 52.35% | 18.74 | 29.92% | 10.71 | 29.44 |
| 2012Q3 | 1790 | 38.36 | 52.35% | 20.08 | 29.92% | 11.48 | 31.56 |
| 2012Q4 | 2550 | 54.65 | 52.35% | 28.61 | 29.92% | 16.35 | 44.96 |
| 2012 年后三季度合计额 | 6010 | 128.8 | 52.35% | 67.43 | 29.92% | 38.53 | 105.96 |
| 2013Q1 | 2330 | 49.93 | 52.35% | 26.14 | 29.92% | 14.94 | 41.08 |
| 2013Q2 | 2570 | 55.08 | 52.35% | 28.83 | 29.92% | 16.48 | 45.31 |
| 2013Q3 | 2750 | 58.93 | 52.35% | 30.85 | 29.92% | 17.63 | 48.49 |
| 2013Q4 | 3460 | 74.15 | 52.35% | 38.82 | 29.92% | 22.18 | 61 |
| 2013 年合计额 | 11110 | 238.09 | 52.35% | 124.65 | 29.92% | 71.23 | 195.88 |
| 2014Q1 | 2950 | 63.22 | 52.35% | 33.1 | 29.92% | 18.91 | 52.01 |
| 2014Q2 | 3420 | 73.29 | 52.35% | 38.37 | 29.92% | 21.93 | 60.3 |
| 2014Q3 | 3800 | 81.44 | 52.35% | 42.63 | 29.92% | 24.36 | 67 |
| 2014Q4 | 4940 | 105.87 | 52.35% | 55.42 | 29.92% | 31.67 | 87.1 |

续表

| 时期 | 淘宝交易 | 应纳增值税 | 确定流失率 | 确定流失 | 潜在流失率 | 潜在流失 | 确定流失+潜在流失 |
|---|---|---|---|---|---|---|---|
| 2014年合计额 | 15110 | 323.82 | 52.35% | 169.53 | 29.92% | 96.88 | 266.41 |
| 2015Q1 | 3810 | 81.65 | 52.35% | 42.75 | 29.92% | 24.43 | 67.17 |
| 2015Q2 | 4270 | 91.51 | 52.35% | 47.91 | 29.92% | 27.38 | 75.29 |
| 2015Q3 | 4380 | 93.87 | 52.35% | 49.14 | 29.92% | 28.08 | 77.22 |
| 2015Q4 | 5630 | 123.3 | 52.35% | 64.55 | 29.92% | 36.89 | 101.44 |
| 2015年合计额 | 18090 | 390.33 | 52.35% | 194.35 | 29.92% | 116.78 | 311.13 |
| 2016Q1 | 4490 | 98.33 | 52.35% | 51.48 | 29.92% | 29.42 | 80.9 |
| 2016Q2 | 5080 | 111.25 | 52.35% | 58.24 | 29.92% | 33.29 | 91.53 |
| 2016年前两季度合计额 | 9570 | 209.58 | 52.35% | 109.72 | 29.92% | 62.71 | 172.43 |

数据来源：阿里巴巴集团官网 http：//www.alibabagroup.com/cn/news/article? news = p151027；《中国统计年鉴》（2012 - 2014）。

根据阿里巴巴官网提供的交易额和选择的增值税平均税负率，以及根据课题组实际调研的税收流失率计算，2013 年的增值税确定流失额为 124.65 亿元，增值税潜在税收流失为 71.23 亿元，两者合计为 195.88 亿元。2014 年，增值税确定流失额为 169.53 亿元，增值税潜在流失额为 96.88 亿元，两者合计为 266.41 亿元。2015 年增值税确定流失额为 194.35 亿元，增值税潜在流失额为 116.78 亿元，两者之和为 311.13 亿元。估算的增值税流失的纵向变化趋势如图 5 所示。

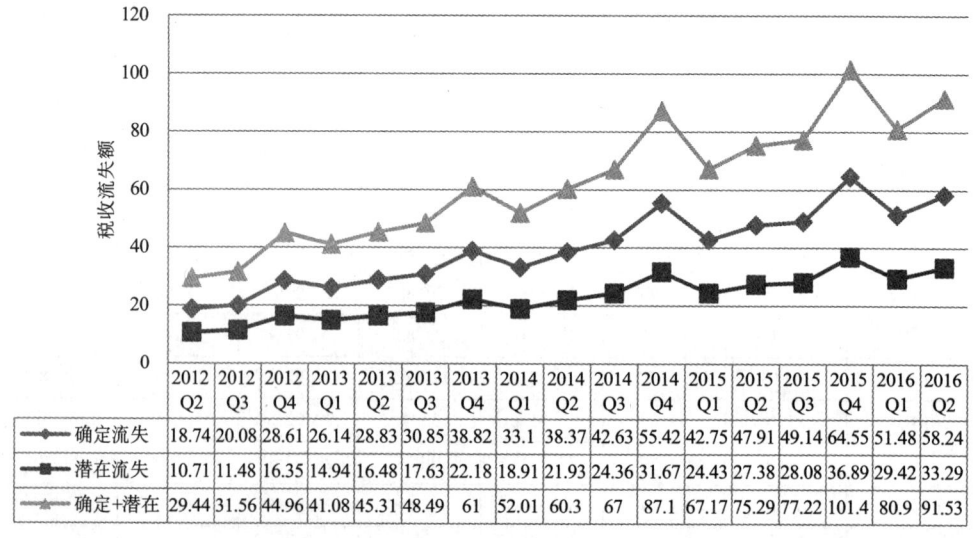

图 5　增值税税收流失估算——按百货零售业平均税负率估计（单位：亿元）

## 2. 按超级市场零售业估算增值税流失

表10　　按超级市场零售业平均增值税率（1.72%）估算增值税流失　　（单位：亿元）

| 时期 | 淘宝交易 | 应纳增值税 | 确定流失率 | 确定流失 | 潜在流失率 | 潜在流失 | 确定流失+潜在流失 |
|---|---|---|---|---|---|---|---|
| 2012Q2 | 1670 | 28.24 | 52.35% | 14.78 | 29.92% | 8.45 | 23.23 |
| 2012Q3 | 1790 | 30.27 | 52.35% | 15.85 | 29.92% | 9.06 | 24.90 |
| 2012Q4 | 2550 | 43.12 | 52.35% | 22.57 | 29.92% | 12.90 | 35.47 |
| 2012年后三季度合计额 | / | / | / | 53.20 | / | 30.40 | 83.61 |
| 2013Q1 | 2330 | 39.40 | 52.35% | 20.63 | 29.92% | 11.79 | 32.41 |
| 2013Q2 | 2570 | 43.46 | 52.35% | 22.75 | 29.92% | 13.00 | 35.75 |
| 2013Q3 | 2750 | 46.50 | 52.35% | 24.34 | 29.92% | 13.91 | 38.26 |
| 2013Q4 | 3460 | 58.51 | 52.35% | 30.63 | 29.92% | 17.50 | 48.13 |
| 2013年合计额 | / | / | / | 98.35 | / | 56.20 | 154.55 |
| 2014Q1 | 2950 | 49.88 | 52.35% | 26.11 | 29.92% | 14.92 | 41.04 |
| 2014Q2 | 3420 | 57.83 | 52.35% | 30.28 | 29.92% | 17.30 | 47.58 |
| 2014Q3 | 3800 | 64.25 | 52.35% | 33.64 | 29.92% | 19.22 | 52.86 |
| 2014Q4 | 4940 | 83.53 | 52.35% | 43.73 | 29.92% | 24.99 | 68.72 |
| 2014年合计额 | / | / | / | 133.76 | / | 76.43 | 210.19 |
| 2015Q1 | 3810 | 64.42 | 52.35% | 33.73 | 29.92% | 19.27 | 53.00 |
| 2015Q2 | 4270 | 72.20 | 52.35% | 37.80 | 29.92% | 21.60 | 59.40 |
| 2015Q3 | 4380 | 74.06 | 52.35% | 38.77 | 29.92% | 22.16 | 60.93 |
| 2015Q4 | 5630 | 96.84 | 52.35% | 50.69 | 29.92% | 28.97 | 79.67 |
| 2015年合计额 | / | / | / | 160.99 | / | 92 | 252.99 |
| 2016Q1 | 4490 | 77.23 | 52.35% | 40.43 | 29.92% | 23.11 | 63.54 |
| 2016Q2 | 5080 | 87.38 | 52.35% | 45.74 | 29.92% | 26.14 | 71.88 |
| 2016年前两季度合计额 | / | / | / | 86.17 | / | 49.25 | 135.42 |

数据来源：阿里巴巴集团官网 http://www.alibabagroup.com/cn/news/article?news=p151027；《中国统计年鉴》（2012-2014）。

如果选择超级市场零售业平均增值税率（1.72%）估算增值税流失，2013年增值税确定流失额为98.35亿元，增值税潜在流失额为56.20亿元，两者合计为154.55亿元。2014年，增值税确定流失额为133.76亿元，增值税潜在流失额为76.43亿元，两者合计为210.19亿元。2015年，增值税确定流失额为160.99亿元，增值税潜在流失额为 92 亿元。估算的增值税流失的纵向变化趋势如图 6 所示。

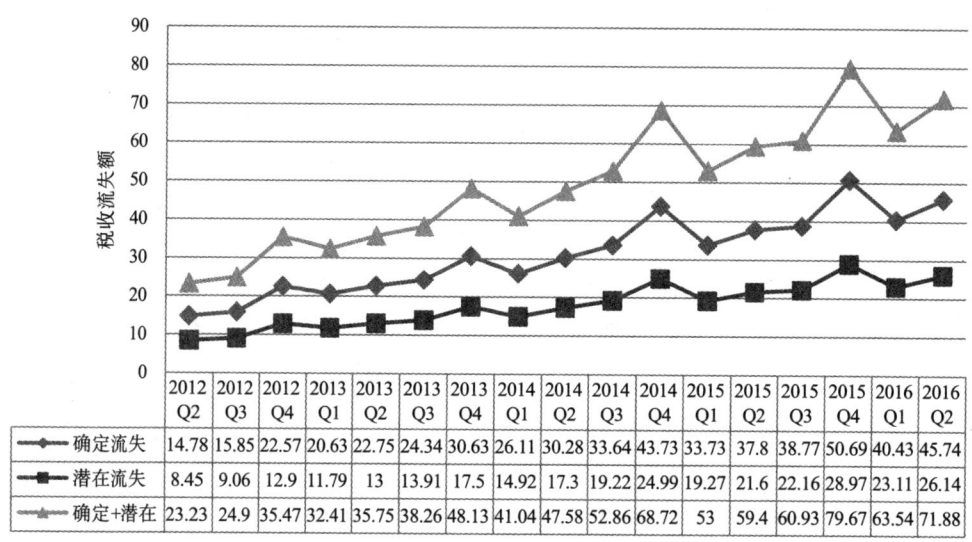

图 6 增值税税收流失估算——按照超级市场平均税负率估计

## 2. 按综合零售业估算增值税流失

表 11　　　按综合零售业平均增值税率（1.70%）估算增值税流失　　（单位：亿元）

| 时　期 | 淘宝交易 | 应纳增值税 | 确定流失率 | 确定流失 | 潜在流失率 | 潜在流失 | 确定＋潜在 |
|---|---|---|---|---|---|---|---|
| 2012Q2 | 1670 | 27.92 | 52.35% | 14.61 | 29.92% | 8.35 | 22.97 |
| 2012Q3 | 1790 | 29.92 | 52.35% | 15.66 | 29.92% | 8.95 | 24.62 |
| 2012Q4 | 2550 | 42.63 | 52.35% | 22.32 | 29.92% | 12.75 | 35.07 |
| 2012 年后三季度合计额 | 6010 | 100.47 | 52.35% | 52.59 | 29.92% | 30.06 | 82.65 |
| 2013Q1 | 2330 | 38.95 | 52.35% | 20.39 | 29.92% | 11.65 | 32.04 |
| 2013Q2 | 2570 | 42.96 | 52.35% | 22.49 | 29.92% | 12.85 | 35.34 |
| 2013Q3 | 2750 | 45.97 | 52.35% | 24.07 | 29.92% | 13.75 | 37.82 |
| 2013Q4 | 3460 | 57.84 | 52.35% | 30.28 | 29.92% | 17.3 | 47.58 |
| 2013 年合计额 | 11110 | 185.72 | 52.35% | 97.23 | 29.92% | 55.56 | 152.79 |
| 2014Q1 | 2950 | 49.31 | 52.35% | 25.82 | 29.92% | 14.75 | 40.57 |
| 2014Q2 | 3420 | 57.17 | 52.35% | 29.93 | 29.92% | 17.1 | 47.03 |
| 2014Q3 | 3800 | 63.52 | 52.35% | 33.25 | 29.92% | 19 | 52.26 |
| 2014Q4 | 4940 | 82.58 | 52.35% | 43.23 | 29.92% | 24.71 | 67.94 |
| 2014 年合计额 | 15110 | 252.58 | 52.35% | 132.23 | 29.92% | 75.57 | 207.8 |
| 2015Q1 | 3810 | 63.69 | 52.35% | 33.34 | 29.92% | 19.05 | 52.4 |

续表

| 时 期 | 淘宝交易 | 应纳增值税 | 确定流失率 | 确定流失 | 潜在流失率 | 潜在流失 | 确定+潜在 |
|---|---|---|---|---|---|---|---|
| 2015Q2 | 4270 | 71.38 | 52.35% | 37.37 | 29.92% | 21.35 | 58.72 |
| 2015Q3 | 4380 | 73.22 | 52.35% | 38.33 | 29.92% | 21.9 | 60.23 |
| 2015Q4 | 5630 | 95.72 | 52.35% | 50.1 | 29.92% | 28.64 | 78.74 |
| 2015年合计额 | 18090 | 304.01 | 52.35% | 159.14 | 29.92% | 90.94 | 250.08 |
| 2016Q1 | 4490 | 76.33 | 52.35% | 39.96 | 29.92% | 22.84 | 62.8 |
| 2016Q2 | 5080 | 86.36 | 52.35% | 45.21 | 29.92% | 25.84 | 71.05 |
| 2016年前两季度合计额 | 9570 | 162.69 | 52.35% | 85.17 | 29.92% | 48.68 | 133.85 |

数据来源：阿里巴巴集团官网 http://www.alibabagroup.com/cn/news/article? news = p151027；《中国统计年鉴》（2012－2014）。

如果选择超级市场零售业平均增值税率（1.70%）估算增值税流失，2013 年确定增值税流失额为 97.23 亿元，增值税潜在流失额为 55.56 亿元，两者合计为 152.79 亿元。2014 年，增值税确定流失额为 132.23 亿元，增值税潜在流失额为 75.57 亿元，两者合计为 207.80 亿元。2015 年增值税确定流失额为 159.14 亿元，增值税潜在流失额为 90.94 亿元。估算的增值税流失的纵向变化趋势如图 7 所示。

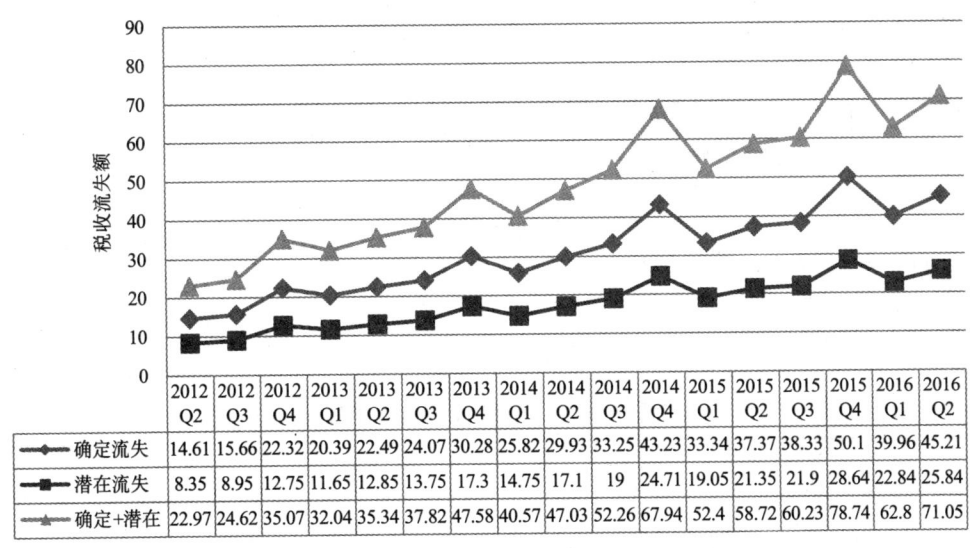

图 7　增值税税收流失估算——按照综合零售业平均增值税税负率估计

（二）个人所得税流失估算

1. 淘宝交易额的确定

淘宝电商平台绝大多数商户都是 C2C 模式。阿里巴巴官网公布的淘宝交易额和艾瑞研究公布的 C2C 交易额基本接近。为达到增值税流失测算的科学性和合理性，本研究采用阿里巴巴官网公布的数据作为分析依据。

2. 个人所得税税负率的选取

目前，我国电商 C2C 模式没有完善的个人所得税代扣代缴制度，多数淘宝平台上的电商属于个体经营业主，没有进行工商登记和税务登记，交易所得中明显存在个人所得税流失问题。我们根据已有的个人所得税平均税负率经验值进行估算，个人所得税平均税负率经验值的测算方法如下：

个人所得税平均税负率 = 个人所得税/批发和零售业商品销售额 × 100%

根据中国统计局网站年度数据关于 2009 - 2014 年的个人所得税金额、批发和零售业商品销售额以及个人所得税的平均税负率测算如表 12 所示。我们以最近年份的数据为基础（因年份较远，忽略 2009 - 2011 年度的数据），2012、2013、2014 年度的个人所得税平均税负率分别为 1.42%、1.32%、1.36%，个人所得税平均税负率的中位数为 1.36%，考虑到个人所得税的优惠政策和实际征管情况，我们取 1.2% - 1.5% 作为个人所得税平均税负率的经验值。

表 12　　　　　　　　　个人所得税平均税负率测算表

| 项目 | 2014 年 | 2013 年 | 2012 年 | 2011 年 | 2010 年 | 2009 年 |
| --- | --- | --- | --- | --- | --- | --- |
| 个人所得税（亿元） | 7376.61 | 6531.53 | 5820.28 | 6054.11 | 4837.27 | 3949.35 |
| 批发和零售业商品销售额（亿元） | 541320 | 496604 | 410533 | 360526 | 276636 | 201166 |
| 个人所得税平均税负率（个人所得税/批发和零售商品销售额） | 1.36% | 1.32% | 1.42% | 1.68% | 1.75% | 1.96% |

数据来源：中国统计局年度数据。

估算出的个人所得税的税收流失额度范围为：2013 年为 133.32 亿—166.65 亿元之间。2014 年的个人所得税流失额度为 181.32 亿—226.65 亿元之间，2015 年的个人所得税流失额度为 217.08 亿—271.35 亿元。2016 年前两个季度的个人所得税流失额度为 114.84 亿—143.55 亿元之间。相关数据见表 13。

表 13　　　　　淘宝平台个人所得税的税收流失估算　　　　　（单位：亿元）

| 时期 | 淘宝交易 | 个人所得税流失（平均税负率 1.20%） | 个人所得税流失（平均税负率 1.5%） |
| --- | --- | --- | --- |
| 2012Q2 | 1670 | 20.04 | 25.05 |
| 2012Q3 | 1790 | 21.48 | 26.85 |
| 2012Q4 | 2550 | 30.6 | 38.25 |
| 2012 后三季度合计额 | 6010 | 72.12 | 90.15 |
| 2013Q1 | 2330 | 27.96 | 34.95 |

续表

| 时期 | 淘宝交易 | 个人所得税流失（平均税负率1.20%） | 个人所得税流失（平均税负率1.5%） |
|---|---|---|---|
| 2013Q2 | 2570 | 30.84 | 38.55 |
| 2013Q3 | 2750 | 33 | 41.25 |
| 2013Q4 | 3460 | 41.52 | 51.9 |
| 2013年前全年合计额 | 11110 | 133.32 | 166.65 |
| 2014Q1 | 2950 | 35.4 | 44.25 |
| 2014Q2 | 3420 | 41.04 | 51.3 |
| 2014Q3 | 3800 | 45.6 | 57 |
| 2014Q4 | 4940 | 59.28 | 74.1 |
| 2014年全年合计额 | 15110 | 181.32 | 226.65 |
| 2015Q1 | 3810 | 45.72 | 57.15 |
| 2015Q2 | 4270 | 51.24 | 64.05 |
| 2015Q3 | 4380 | 52.56 | 65.7 |
| 2015Q4 | 5630 | 67.56 | 84.45 |
| 2015年全年合计额 | 18090 | 217.08 | 271.35 |
| 2016Q1 | 4490 | 53.88 | 67.35 |
| 2016Q2 | 5080 | 60.96 | 76.2 |
| 2016年前两季度合计额 | 9570 | 114.84 | 143.55 |

数据来源：阿里巴巴集团官网 http://www.alibabagroup.com/cn/news/article?news=p151027；《中国统计年鉴》（2012－2014）；艾瑞研究 www.iresearch.com.cn；中华人民共和国财政部国库司官网：http://www.mof.gov.cn/zhengwuxinxi/caizhengshuju/。

**表14　淘宝平台总体税收流失估计（2012年后三季度－2016年前半年）**

| 时期 | 淘宝交易 | 个人所得税流失 | | 按综合零售业增值税流失率（1.7%） | | 按百货零售业平均增值税率（2.19%） | | 按综合零售业增值税流失率（1.7%） | | 按百货零售业平均增值税率（2.19%） | |
|---|---|---|---|---|---|---|---|---|---|---|---|
| | | 按平均税负率1.20% | 按平均税负率1.5% | 增值税确定流失 | 增值税确定流失+潜在流失 | 增值税确定流失 | 增值税确定流失+潜在 | 两税最低流失额合计 | 两税最高税收流失额合计 | 两税最低流失额合计 | 两税最高税收流失额合计 |
| 2012Q2 | 1670 | 20.04 | 25.05 | 14.61 | 22.97 | 18.74 | 29.44 | 34.65 | 48.02 | 38.78 | 54.49 |
| 2012Q3 | 1790 | 21.48 | 26.85 | 15.66 | 24.62 | 20.08 | 31.56 | 37.14 | 51.47 | 41.56 | 58.41 |
| 2012Q4 | 2550 | 30.6 | 38.25 | 22.32 | 35.07 | 28.61 | 44.96 | 52.92 | 73.32 | 59.21 | 83.21 |

续表

| 时期 | 淘宝交易 | 个人所得税流失 | | 按综合零售业增值税流失率（1.7%） | | 按百货零售业平均增值税率（2.19%） | | 按综合零售业增值税流失率（1.7%） | | 按百货零售业平均增值税率（2.19%） | |
|---|---|---|---|---|---|---|---|---|---|---|---|
| | | 按平均税负率1.20% | 按平均税负率1.5% | 增值税确定流失 | 增值税确定流失+潜在流失 | 增值税确定流失 | 增值税确定流失+潜在 | 两税最低流失额合计 | 两税最高税收流失额合计 | 两税最低流失额合计 | 两税最高税收流失额合计 |
| 2012后三季度合计额 | 6010 | 72.12 | 90.15 | 52.59 | 82.65 | 67.43 | 105.96 | 124.71 | 172.8 | 139.55 | 196.11 |
| 2013Q1 | 2330 | 27.96 | 34.95 | 20.39 | 32.04 | 26.14 | 41.08 | 48.35 | 66.99 | 54.1 | 76.03 |
| 2013Q2 | 2570 | 30.84 | 38.55 | 22.49 | 35.34 | 28.83 | 45.31 | 53.33 | 73.89 | 59.67 | 83.86 |
| 2013Q3 | 2750 | 33 | 41.25 | 24.07 | 37.82 | 30.85 | 48.49 | 57.07 | 79.07 | 63.85 | 89.74 |
| 2013Q4 | 3460 | 41.52 | 51.9 | 30.28 | 47.58 | 38.82 | 61 | 71.8 | 99.48 | 80.34 | 112.9 |
| 2013年前全年合计额 | 11110 | 133.32 | 166.65 | 97.23 | 152.79 | 124.65 | 195.88 | 230.55 | 319.44 | 257.97 | 362.53 |
| 2014Q1 | 2950 | 35.4 | 44.25 | 25.82 | 40.57 | 33.1 | 52.01 | 61.22 | 84.82 | 68.5 | 96.26 |
| 2014Q2 | 3420 | 41.04 | 51.3 | 29.93 | 47.03 | 38.37 | 60.3 | 70.97 | 98.33 | 79.41 | 111.6 |
| 2014Q3 | 3800 | 45.6 | 57 | 33.25 | 52.26 | 42.63 | 67 | 78.85 | 109.26 | 88.23 | 124 |
| 2014Q4 | 4940 | 59.28 | 74.1 | 43.23 | 67.94 | 55.42 | 87.1 | 102.51 | 142.04 | 114.7 | 161.2 |
| 2014年全年合计额 | 15110 | 181.32 | 226.65 | 132.23 | 207.8 | 169.53 | 266.41 | 313.55 | 434.45 | 350.85 | 493.06 |
| 2015Q1 | 3810 | 45.72 | 57.15 | 33.34 | 52.4 | 42.75 | 67.17 | 79.06 | 109.55 | 88.47 | 124.32 |
| 2015Q2 | 4270 | 51.24 | 64.05 | 37.37 | 58.72 | 47.91 | 75.29 | 88.61 | 122.77 | 99.15 | 139.34 |
| 2015Q3 | 4380 | 52.56 | 65.7 | 38.33 | 60.23 | 49.14 | 77.22 | 90.89 | 125.93 | 101.7 | 142.92 |
| 2015Q4 | 5630 | 67.56 | 84.45 | 50.1 | 78.74 | 64.55 | 101.44 | 117.66 | 163.19 | 132.11 | 185.89 |
| 2015年全年合计额 | 18090 | 217.08 | 271.35 | 159.14 | 250.08 | 194.35 | 311.13 | 376.22 | 521.43 | 411.43 | 582.48 |
| 2016Q1 | 4490 | 53.88 | 67.35 | 39.96 | 62.8 | 51.48 | 80.9 | 93.84 | 130.15 | 105.36 | 148.25 |
| 2016Q2 | 5080 | 60.96 | 76.2 | 45.21 | 71.05 | 58.24 | 91.53 | 106.17 | 147.25 | 119.2 | 167.73 |
| 2016年前两季度合计额 | 9570 | 114.84 | 143.55 | 85.17 | 133.85 | 109.72 | 172.43 | 200.01 | 277.4 | 224.56 | 315.98 |

数据来源：根据表9、表10、表11、表13计算获得。

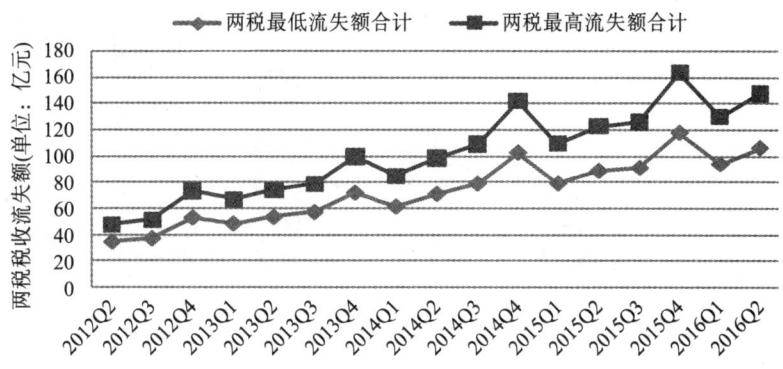

图 8 按照综合零售业增值税率估算的税收流失额（季度数）

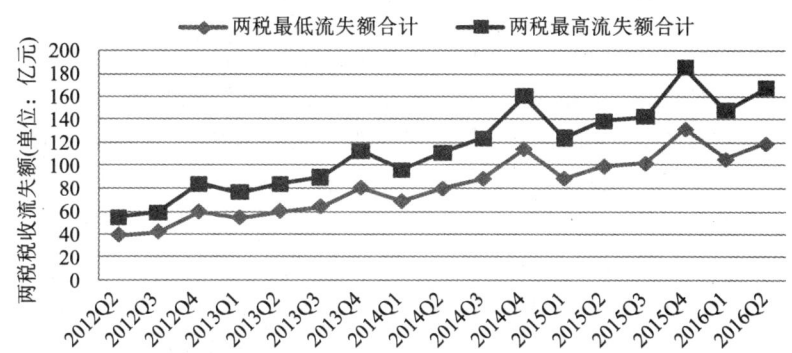

图 9 按百货零售业增值税率估算的税收流失额（季度数）

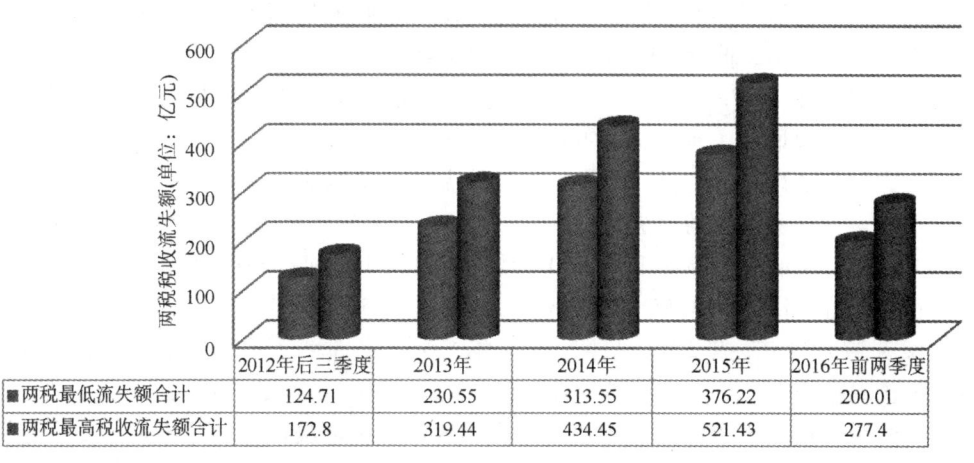

| | 2012年后三季度 | 2013年 | 2014年 | 2015年 | 2016年前两季度 |
|---|---|---|---|---|---|
| ■两税最低流失额合计 | 124.71 | 230.55 | 313.55 | 376.22 | 200.01 |
| ■两税最高税收流失额合计 | 172.8 | 319.44 | 434.45 | 521.43 | 277.4 |

图 10 按照综合零售业增值平均税负率估算的税收流失额（年度数）

（三）淘宝电商税收流失测算结论

总体来看，淘宝电商平台存在一定程度的税收流失，随着电子商务交易量的逐年增长，相应的，淘宝平台增值税和个人所得税的流失额也在逐年增长。由于淘宝

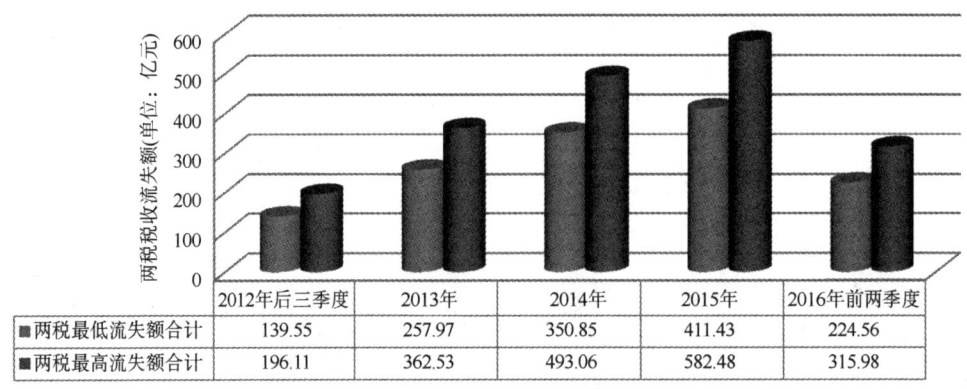

图 11 按照百货零售业平均增值税负估算税收流失额（年度数）

平台的商户的经营业态复杂，我们按照国民经济分行业的实际增值税率较低的综合零售业和实际增值税率较高的综合零售业进行增值税流失额估算，以确定税收流失作为较低的税收流失，以确定"税收流失 + 潜在税收流失"作为较高的税收流失。并根据个人所得税平均税负率经验值的上下限范围选择 1.2%–1.5% 的税负率弹性区间进行个人所得税流失额区间的估算。

我们研究发现以下规律：(1) 2012–2016 年期间，不管以何种口径进行税收流失的估计，电商 C2C 模式交易的税收流失额都呈现逐年增长之势，且税收流失额增长率与 C2C 电商交易额增长率基本一致；(2) 由于每年第四季度"双 11"网购潮的影响，第四季度的交易额明显高于前三季度的平均数，淘宝电商平台也不例外，因第四季度的交易量骤然增长，导致第四季度的税收流失额也骤然上升。阿里巴巴集团披露的数据称，截至 2016 年 11 月 12 日零时，2016 年天猫"双 11"全球狂欢节交易额定格在 1207.48 亿元，无线交易额占比达到 82%。阿里在迈入"千亿时代"的同时，也刷新了单日全球零售的历史纪录①。

从课题组统计的增值税、个人所得税的流失总额的估计值来看：2012 年后三季度增值税、个人所得税的流失额之和在 124.71 亿—196.11 亿元；2013 年全年增值税、个人所得税的流失额之和在 230.55 亿—363.53 亿元；2014 年全年增值税、个人所得税的流失额为 313.55 亿—493.06 亿元；2015 年全年增值税、个人所得税的流失额为 376.22 亿—582.48 亿元；2016 年上半年（前两个季度）增值税、个人所得税的流失额为 200.01 亿—315.98 亿元。考虑电商交易额的增长率和"双 11"网购潮的影响因素，2016 年全年增值税、个人所得税的流失额估计将不低于 500 亿—700 亿元。

---

① http://news.163.com/16/1114/05/C5QDIQPT00014Q4P.html.

## 三、全国 C2C 模式税收流失额测算——平均税负法

### （一）C2C 模式税收流失的基本假设

我国电商平台除了淘宝平台外，还有其他众多的电商平台。为了对我国电商 C2C 模式下增值税和个人所得税的税收流失进行测算，课题组提出如下前提假设：在税务部门对电商涉税信息获取能力不足时，C2C 模式下的经营者出于自身利益考虑，存在着类似的税收逃避动机和税收逃避行为。虽然 C2C 经营者所处的电商平台有所差异，但由于征税机关对电商监管能力有限，C2C 模式下的经营者和淘宝平台上的经营者的税收遵从情况具有相似性。

### （二）数据的获取与处理

国内已有若干研究机构密切关注电商的发展动态，典型的研究机构如中国电子商务研究中心，他们每个年度和每个季度均发布电子商务相关统计分析数据。本课题组利用中国电子商务研究中心的公开数据，借鉴有关淘宝平台的税收流失的研究结论，对我国电商 C2C 模式下的经营者的税收流失进行测算。

课题组根据中国电子商务研究中心于 2014 年发布的有关 "2011－2018 年中国网络购物市场交易规模和结构" 中的相关数据进行研究。其中对 2015 年的数据，根据中国电子商务研究中心发布的最新数据进行了调整。中国电子商务研究中心给出的基本判断是，在网络购物市场交易规模不断扩大的条件下，我国网络购物市场交易结构也在不断变化，其中 C2C 交易量占比逐渐下降。相关数据见图 12 和图 13。课题组对相关数据进行整理，见表 15。

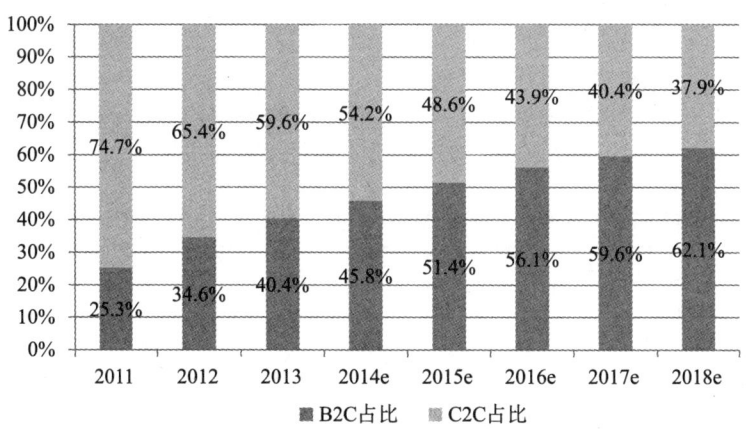

图 12 中国网络市场交易结构

资料来源：综合企业财报及专家访谈，根据艾瑞统计模型核算。

数据来源：http://news.iresearch.cn/zt/246308.shtml。

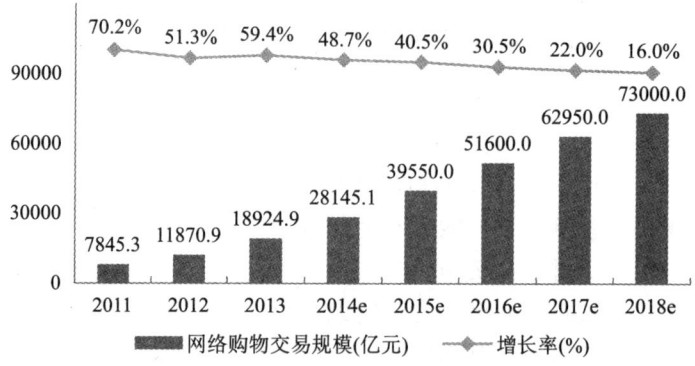

图 13 中国网络购物市场交易规模

注释：网络购物市场规模为 C2C 交易额和 B2C 交易额之和。
数据来源：http://news.iresearch.cn/zt/246308.shtml。

表 15　　　　　　　　中国网络购物市场的交易结构和规模

| 年份 | 2012 | 2013 | 2014 | 2015 | 2016 | 2017 |
|---|---|---|---|---|---|---|
| 交易规模结构（占比） | 65.40% | 59.60% | 54.20% | 48.60% | 43.90% | 40.40% |
| 市场交易规模（亿元） | 11870.9 | 18924.9 | 28145.1 | 38285 | 51600 | 73000 |
| C2C 交易规模 | 7763.569 | 11279.24 | 15254.64 | 18606.51 | 22652.4 | 29492 |

注：相关数据主要来自于图 12 和图 13。其中 2015 年 C2C 交易规模的数据来自于《2015 年度中国电子商务市场数据监测报告》（http://news.efu.com.cn/newsview-1158334-1.html）。

### （三）税收流失额的测算

**1. C2C 模式个人所得税流失额测算**

课题组基于 C2C 交易规模，根据个人所得税的平均税负率进行测算该模式下的个人所得税的流失额，相关数据见表 16。

表 16　　2012 - 2017 年度个人所得税流失估算（按 C2C 交易规模为基础）（单位：亿元）

| 年份 | 交易规模结构（占比） | 市场交易规模 | C2C 交易规模 | 个人所得税流失—平均税负率 1.2% | 个人所得税流失—平均税负率 1.5% |
|---|---|---|---|---|---|
| 2012 | 65.40% | 11870.9 | 7763.57 | 93.16 | 116.45 |
| 2013 | 59.60% | 18924.9 | 11279.24 | 135.35 | 169.19 |
| 2014 | 54.20% | 28145.1 | 15254.64 | 183.06 | 228.82 |
| 2015 | 48.60% | 38285 | 18606.51 | 223.28 | 279.10 |
| 2016 | 43.90% | 51600 | 22652.40 | 271.83 | 339.79 |
| 2017 | 40.40% | 73000 | 29492.00 | 353.90 | 442.38 |

## 2. C2C 模式增值税流失额测算

课题组借鉴淘宝平台的增值税流失的基本结论，分别采用百货零售业增值税平均税率和综合零售业增值税平均税率进行增值税流失额的测算。相关数据见表 17 和表 18 所示。

表 17　　2012 - 2017 年电商 C2C 模式下增值税流失额
　　　　——按百货零售业平均税负率（2.19%）测算　　（单位：亿元）

| 年份 | C2C 交易规模 | 应纳增值税 | 确定流失率 | 确定流失 | 潜在流失率 | 潜在流失 | 确定流失 + 潜在流失 |
|---|---|---|---|---|---|---|---|
| 2012 | 7763.57 | 170.02 | 52.35% | 89.01 | 29.92% | 50.87 | 139.88 |
| 2013 | 11279.24 | 247.02 | 52.35% | 129.31 | 29.92% | 73.91 | 203.22 |
| 2014 | 15254.64 | 334.08 | 52.35% | 174.89 | 29.92% | 99.96 | 274.84 |
| 2015 | 18606.51 | 407.48 | 52.35% | 213.32 | 29.92% | 121.92 | 335.24 |
| 2016 | 22652.40 | 496.09 | 52.35% | 259.70 | 29.92% | 148.43 | 408.13 |
| 2017 | 29492.00 | 645.87 | 52.35% | 338.12 | 29.92% | 193.25 | 531.36 |

表 18　　2012 - 2017 年电商 C2C 模式下增值税流失额
　　　　——按综合零售业平均税负率（1.7%）测算　　（单位：亿元）

| 年份 | C2C 交易规模 | 应纳增值税 | 确定流失率 | 确定流失 | 潜在流失率 | 潜在流失 | 确定流失 + 潜在流失 |
|---|---|---|---|---|---|---|---|
| 2012 | 7763.57 | 131.98 | 52.35% | 69.09 | 29.92% | 39.49 | 108.58 |
| 2013 | 11279.24 | 191.75 | 52.35% | 100.38 | 29.92% | 57.37 | 157.75 |
| 2014 | 15254.64 | 259.33 | 52.35% | 135.76 | 29.92% | 77.59 | 213.35 |
| 2015 | 18606.51 | 316.31 | 52.35% | 165.59 | 29.92% | 94.64 | 260.23 |
| 2016 | 22652.40 | 385.09 | 52.35% | 201.60 | 29.92% | 115.22 | 316.81 |
| 2017 | 29492.00 | 501.36 | 52.35% | 262.46 | 29.92% | 150.01 | 412.47 |

## 3. 电商 C2C 模式个人所得税和增值税流失额测算

课题组通过个人所得税和增值税流失额的测算结果，通过加总方式计算最低的增值税和个人所得税流失额之和，以及最高可能存在的增值税和个人所得税流失额之和。相关测算结果如表 19 和图 14、图 15 所示。

通过测算发现，按百货零售业平均增值税率测算，增值税和个人所得税的流失额之和的估计区间如下：2012 年为 182.1 亿—256.33 亿元；2013 年为 264.66 亿—372.41 亿元；2014 年 357.94 亿—503.66 亿元；2015 年为 436.60 亿—614.33 亿元；2016 年预测值为 531.53 亿—747.92 亿元；2017 年预测值为 692.02 亿—973.74 亿元。按照电商交易额的逐年增长趋势，课题组预测 2018 年的增值税和个人所得税的流失额之和将会突破 1000 亿元。

表 19　2012－2017 年 C2C 交易模式下增值税、个人所得税流失之和的估计值

（单位：亿元）

| 年份 | C2C 交易规模 | 个人所得税流失 | | 按综合零售业增值税流失率（1.7%） | | 按百货零售业平均增值税率（2.19%） | | 按综合零售业增值税流失率（1.7%） | | 按百货零售业平均增值税率（2.19%） | |
|---|---|---|---|---|---|---|---|---|---|---|---|
| | | 按平均税负率 1.20% | 按平均税负率 1.5% | 确定流失 | 确定流失+潜在流失 | 确定流失 | 确定流失+潜在流失 | 两税最低流失额合计 | 两税最高税收流失额合计 | 两税最低流失额合计 | 两税最高税收流失额合计 |
| 2012 | 7763.57 | 93.16 | 116.45 | 69.09 | 108.58 | 89.01 | 139.88 | 162.25 | 225.03 | 182.17 | 256.33 |
| 2013 | 11279.24 | 135.35 | 169.19 | 100.38 | 157.75 | 129.31 | 203.22 | 235.73 | 326.94 | 264.66 | 372.41 |
| 2014 | 15254.64 | 183.06 | 228.82 | 135.76 | 213.35 | 174.89 | 274.84 | 318.81 | 442.17 | 357.94 | 503.66 |
| 2015 | 18606.51 | 223.28 | 279.10 | 165.59 | 260.23 | 213.32 | 335.24 | 388.87 | 539.33 | 436.60 | 614.33 |
| 2016 | 22652.40 | 271.83 | 339.79 | 201.60 | 316.81 | 259.70 | 408.13 | 473.42 | 656.60 | 531.53 | 747.92 |
| 2017 | 29492.00 | 353.90 | 442.38 | 262.46 | 412.47 | 338.12 | 531.36 | 616.37 | 854.85 | 692.02 | 973.74 |

注：数据来源表 16、表 17、表 18。其中：

最低增值税、个人所得税流失额之和 = 按 1.2% 平均税负计算的个人所得税流失额 + 按照综合零售业计算的确定税收流失额

最高增值税、个人所得税流失额之和 = 按 1.5% 平均税负计算的个人所得税流失额 + 按百货零售业计算的增值税确定流失额与潜在流失额之和

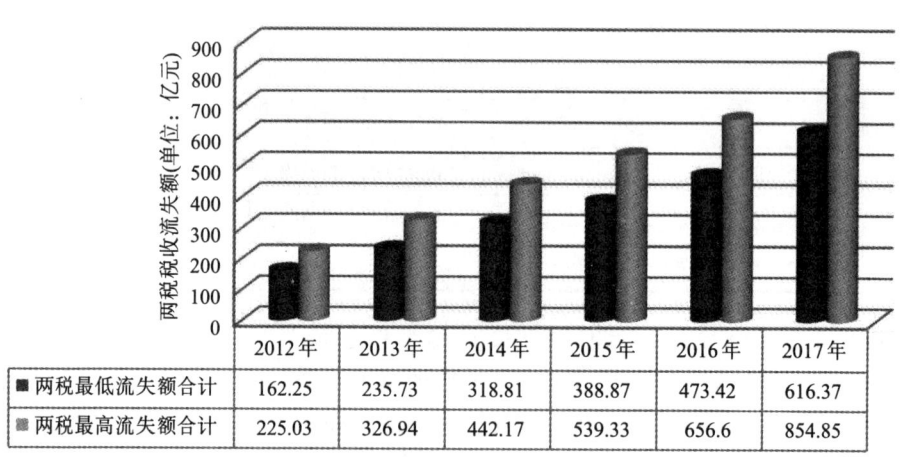

| | 2012 年 | 2013 年 | 2014 年 | 2015 年 | 2016 年 | 2017 年 |
|---|---|---|---|---|---|---|
| 两税最低流失额合计 | 162.25 | 235.73 | 318.81 | 388.87 | 473.42 | 616.37 |
| 两税最高流失额合计 | 225.03 | 326.94 | 442.17 | 539.33 | 656.6 | 854.85 |

图 14　C2C 模式按零售业增值税平均税负率测算的税收流失额

（四）电商税收流失的研究结论

以 C2C 模式经营的电子商务主体由于税收征管能力弱和纳税人主动纳税意识不强等原因，存在一定程度的税收流失现象。由于淘宝平台在我国网络购物 C2C 模式中占有龙头地位，淘宝平台相对于国内其他 C2C 模式的电商而言，税收流失总额相对较多，占比较高。但是随着国内电商平台的蓬勃发展和竞争者的不断加入，淘宝

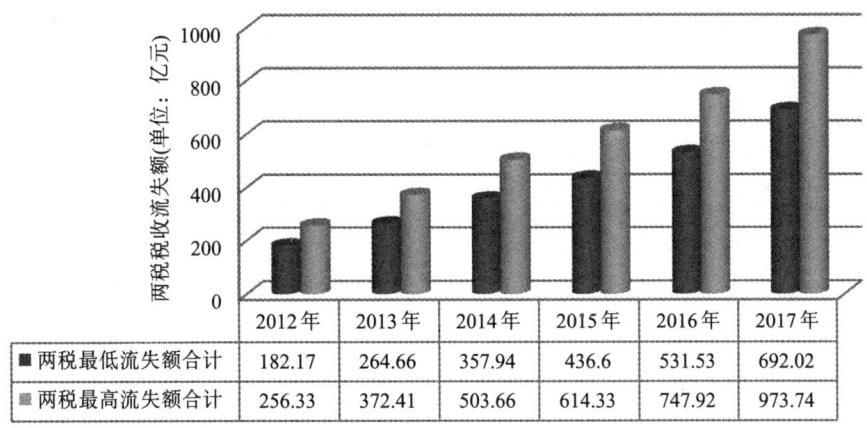

图 15　C2C 模式按百货零售业增值税平均税负率测算的税收流失额

网电商平台税收流失额相对呈现出下降态势，相关动态变化趋势如表 20 所示。

表 20　淘宝平台增值税、个人所得税流失额占国内 C2C 网络购物税收流失额之比

| 年份 | 按综合零售业增值税流失率（1.7%） | | 按百货零售业平均增值税率（2.19%） | |
| --- | --- | --- | --- | --- |
| | 两税最低流失额合计 | 两税最高流失额合计 | 两税最低流失额合计 | 两税最高流失额合计 |
| 2013 | 97.80% | 97.71% | 97.47% | 97.35% |
| 2014 | 98.35% | 98.25% | 98.02% | 97.90% |
| 2015 | 96.75% | 96.68% | 94.23% | 94.82% |

## 第五章　电商税收流失的治理对策

### 一、电商税收流失的管理策略

（一）加强对电商的基础管理

政府应尽快完善税收征管模式，建立纳税人识别号制度。法人机构、商务组织以及从事电子商务交易活动的个人，理应依法进行工商登记和税务登记。实行工商营业执照、组织结构代码、税务登记"三合一"制度后，法人机构、商务组织必须具有唯一纳税人统一识别号。个人从事电子商务活动，也必须在税务机关的监管下进行交易，即不论法人机构、商务组织抑或个体商户或个人都要按照税法要求进行纳税申报和税款缴纳。

（二）规范交易平台的运行

政府应通过立法规范电子商务交易平台的运作规则。交易主体要在交易平台上从事经营活动，必须首先具有相应的税务识别代码，与电子商务活动有关的所有支

付平台、银行账号等，而且与税务机关实现信息共享。税务机关有权通过纳税人识别号获得电子商务交易主体的背景情况，以及电商交易主体的交易信息和资金流转信息。

（三）建立税收信息化管理平台

伴随着计算机及网络技术的发展，税务部门积极推动税收信息化建设工作。税务部门必须建立以纳税人为中心的纳税服务平台，实行涉税信息的网上采集、税源网上申报、网上交税，涉税信息资料的电子化储存，这一信息技术的变化对电子商务征税具有积极的推动作用。对于税务部门而言，税款征收的电子化和无纸化，税收征收从传统大厅纳税转变为电子纳税平台服务和咨询，可以节省税款征收费用，实现对各类纳税主体的税收监控，也有利于提高税收征管效率。

## 二、电商税收流失的治理对策

（一）完善电子商务相关税收法律法规

全国人大应该尽快制定《电子商务法》，依法建立由工商、税务联合审批的电子商务登记制度，严格电子商务的市场准入机制，通过立法逐步实现由非强制性的电子商务备案管理向强制性的注册登记转变。

根据电子商务交易的特点，要建立和完善电子商务税收征管制度，重新界定传统税制中诸如"常设机构"、"居民"等基本要素概念和修订具体税制条款等，明确网络交易的性质、计税依据、征税对象等，在我国现行增值税、消费税、所得税、关税等税制中补充对电子商务征税的相关条款，对现行税制要素根据电子商务的税收征管要求进行适当的补充和调整。

（二）明确电子商务环境下的课税主体

遵循现行税法规定，电子商务交易活动以卖方企业或个体商户为纳税人。对于跨国模式下的电子商务，必须实行消费地征税原则，消费地税务机关拥有征税权，纳税人的认定将采用消费地原则。

纳税人在办理了上网交易手续之后必须到主管税务机关办理电子商务的税收登记，取得一个专门的税务登记证，税务机关应对纳税人申报有关网上交易事项进行严格审核，逐一登记，并通过税务登记对纳税人进行管理。

（三）加强部门之间的信息沟通

税务机关要与网络技术部门合作，研究解决电子商务征税的技术问题；加强与金融、海关、电信等部门的沟通和联系，充分利用现有技术和设备与金融、交易双方认证机构、工商、海关、电信等部门的联网，特别是与交易双方认证机构的联网，随时掌握网上交易的情况，对购销双方进行监控，形成协税护税网络。

建立行业动态数据库，选择电商企业试点"纳税诚信交易专区"。加强市场准入执法、知识产权保护、产品质量监督、消费维权等内容的电子商务市场公共服务平台的建设，提供电子商务企业在线市场主体身份识别、信用信息查询服务等，并每年定期发布电子商务行业税收报告。

（四）探索新型的税收征管方式

针对电子商务"隐匿性"导致计税依据难以确定的问题，以完善电子发票为切入点，与电子商务中心联合研制开发网上电子发票自动开具和认证稽核系统，在电子商务交易完成并支付时，该系统自动开出电子发票作为支付系统代征代扣税款的依据。

利用互联网技术，建立税务、银行之间的虚拟专用外联网，而其他单位则不能登录。利用该网络共享信息，传递数据文件，委托银行直接支付缴税或采取通知银行支付缴税方式完成税款缴纳。同时要求银行内部加快网络建设，在各银行之间建立一个统一的电子商厦和电子支付网络，解决国内各种信用卡与税务征收机关缴款网络的兼容问题，以便纳税人可以在任一地点、任一时间将税款划入国库，方便纳税人申报和缴纳税款。

# 网络交易税收流失测度及治理路径的现实选择[①]

## 一、引言与文献综述

随着国家的诞生，税收便成为维持国家这一统治机器得以运转的主要财力来源，国家征税必然要设立一系列的规章制度，这些规章制度的总和便构成了一个国家的税收制度。与征税以获得税收收入相对应的便是税收的流失。税收流失，顾名思义是指国家或政府本应该获得的税收收入中因为各种原因没有获得的部分，这些原因大体上可以归结为四个方面的原因：第一，税收制度因素，因为税收制度的规定或表述不甚清楚，或经济生活发生了新的变化对原有的税收制度产生了冲击，使得现有的税收征管难以适应。如在政府大力倡导的"互联网+"行动下的一些新经济业态，如"网约车""网络直播""互联网金融"等，对其征税以及如何征税等问题未有明确可行的规定；第二，税收征管因素，税收征管能力建设滞后于经济社会与信息技术的发展，也会导致严重的税收流失问题。我国现在的税收征管手段依然处在"间接+截留"和落后的"以票控税"的阶段，典型的例子是网络零售的税收征管问题。近十年来，电商在我国得到了快速的发展，网络销售、网络购物已经从野

---

[①] 本部分由中央财经大学税务学院博士研究生李昊源、郭沛廷合作完成。

蛮无序的发展状态步入了有序平稳发展的状态，应该说对其征税的各方面条件已经成熟，但限于税收征管手段和能力不足，导致相当大部分的网络交易处于整个税收征管的框架之外；第三，地下经济因素，地下经济又称之为隐形经济、灰色经济等，它是指政府难以监管和掌控的经济活动的总称，涉及生产、流通、分配和消费的各个领域。因为地下经济游离于政府的监管之外，因此对其课税也无从谈起；第四，纳税主体故意为之，即纳税主体通过利用各种违背税法精神和税法规定的手段来逃税、骗税、漏税、抗税、欠税等行为造成的国家税款的损失。税收流失的影响是显而易见的，它会对商业环境、经济增长、政府收入、社会治理和个人收入等五个方面产生影响。其一是税收流失会扭曲市场机制的资源配置效应，导致市场上的价格信号失真，损害了公平竞争的市场环境；其二是税收流失对是否能够促进经济增长和增进社会福利的影响是不确定的；其三是税收流失会减少政府的财政收入，由此可能导致政府提供的公共物品和公共服务低于社会最优水平；其四是税收流失的存在助长了经济社会中的偷逃税和税收不遵从行为，对政府的社会治理能力和税收征管水平提出了更高的要求（贾绍华，2016）；其五是税收流失的存在可能加大收入分配的不公平性（刘希静，2007）。

　　税收流失的测算方法可以分为宏观和微观两种方法，前者主要是采用来自宏观经济的数据，从经济活动中蕴含的税收总量来测算应征得的税收收入，减去实际的税收收入，从而计算出税收流失的额度；后者则多是指采用来自企业和个人的微观的经济资料和税收数据，通过模型和数据计算、比对等估算税收流失额度。由于微观数据的获取比较困难，学术界对税收流失的测算多数采用宏观方法，在具体的测算中，对地下经济的税收流失额度的测算多采用现金比率法、交易法（又称货币购买力交易法）、收支差异法、固定比例模型和生产要素投入法；对公开经济中的税收流失的测算主要采用税收收入能力测算法、曲线拟合法和样本推测法，其中，现金比率法、收支差异法和税收能力测算法是最常用的三种方法。如贾绍华（2002、2016）采用现金比率法测算了我国2001－2013年宏观经济中的税收流失规模；郝春虹（2004）采用同样的方法估测了我国1982－2002年间地下经济和公开经济中的税收流失规模；伍云峰（2008）采用修正的现金比率法测算了我国1994－2006年的税收流失规模；李一花等（2010）采用修正后的现金比率法测算了山东省2000－2007年间的个人所得税税收收入能力与税收流失；毛程连、侯敬雯（2012）采用税收收入能力法估算了2004－2009年我国外资经济流转税税收流失规模；马俊宇（2015）采用修正后的固定比率法模型估算了我国1994－2013年地下经济的规模及可能产生的税收流失。微观层面的研究主要有样本推算法和家庭收支差异法等，这类估算方法要求具体的企业和家庭微观层面数据，但是在实践中具体微观数据的缺失导致该类研究难以实现，因此在我国学术界从微观样本数据测算税收流失的文献尚不多见。其中，郝硕博、陈远燕（2013）利用某市2010年的行业微观数据对该市企业所得税流失率进行了测算；吴武清等（2012）用全国重点税源的 8000 多户企业和某两个地级市的各行业共计 1 万多户企业的纳税数据，采用纳税评估模型进行了税收流失规模的测度。

互联网交易的特殊性使得传统的宏观测度税收流失的方法不具有可操作性，从理论上讲，最合理和最准确的方法是利用企业层面的微观样本数据进行估算，但现实的情况是，网络零售企业，如天猫、淘宝、京东、国美、苏宁易购等企业的组织形式和详细的交易数据等相关资料很难获取。因此，从微观层面去测算互联网交易中存在的税收流失不具有可行性，故退而求其次，只能采用相关的替代方法去估测互联网交易中的税收流失规模。本文将在借鉴国内外相关学者的经验做法的基础上，以网络零售为例，采用"平均税负法"和"税收流失率法"估算我国 2004－2014 年税收流失的规模及其变动情况，根据互联网交易的特征与流程构建了网络交易的框架图，结合国内外网络交易课税的理论与实践和我国税收征管的现状，着眼于未来税收征管的要求提出了完善互联网交易课税的路径并进行了具体的分析。

### 二、实证模型与测算结果：以网络零售为例的分析

（一）基于"平均税负法"的分析

"平均税负法"的基本原理和估计方法是根据历年实体经济交易中的增值税和消费税总和除以商品销售总额，估计出实体经济中在商品交易环节的税负率，然后用估计出的税负率乘以不同口径的网络零售总额便可以得到各年网络零售的税收流失额度。鉴于网络零售主要是集中在商品的批发和零售环节，本文在遵循"平均税负法"基本原理的前提下采取了如下具体的估计方法：（1）"平均税负"的计算采用来自各年度国内的增值税与消费税的总和除以社会商品销售总额来估测；（2）将网络零售规模分为了网络零售总额和 C2C 网络零售总额两类，其中网络零售总额包括 B2C 和 C2C 两类①；（3）根据网络零售总额和 C2C 网络零售额的两种不同分类方法，乘以估计出的"平均税负"便可以获得"宽口径"和"窄口径"（表 1 中的税收流失 1 和税收流失 2）下的具体的税收流失规模；（4）将不同口径下的税收流失规模与总税收收入相比便得到因网络零售导致的税收流失的规模占整体税收收入的比例大小；具体的估计与计算结果如表 1 所示。

---

① 朱军（2013）在对电子商务的税收流失的测算中，在"窄口径"的估算中没有更一步地区分出 C2C 类网络交易，而其"宽口径"的税收流失的估算中是包含了 B2B 在内的电子商务总额，本文认为包含 B2B 的电子商务统计口径严重高估了电子商务的税收流失规模，因为 B2B 类电子商务的税收征管基本上不存在问题，而网络零售和不断发展的互联网交易使得 B2C 和 C2C 模式逐渐成为了主流，这使得传统的以"B（Business）"为核心的税收征管模式难以适应以"C（Customer）"为核心的互联网经济和互联网交易的时代。

表 1　　　　　"平均税负法"下的网络零售税收流失的估计结果

| 年度 | 商品销售额（亿元） | 增值税（亿元） | 消费税（亿元） | 平均税负（%） | 网络零售总额（亿元） | C2C网络零售（亿元） | 税收流失1（亿元） | 税收流失2（亿元） | 占总税收比例1（%） | 占总税收比例2（%） |
|------|------|------|------|------|------|------|------|------|------|------|
| 2004 | 86928.6 | 9017.94 | 1501.90 | 12.11 | 54.9 | 47.6 | 6.65 | 5.76 | 0.028 | 0.024 |
| 2005 | 93151.3 | 10792.1 | 1633.81 | 13.34 | 162.5 | 148.4 | 21.68 | 19.79 | 0.075 | 0.068 |
| 2006 | 110054.8 | 12784.8 | 1885.69 | 13.33 | 295.6 | 233.1 | 39.41 | 31.07 | 0.113 | 0.089 |
| 2007 | 132740.8 | 15470.2 | 2206.83 | 13.32 | 514.4 | 471.1 | 68.52 | 62.75 | 0.150 | 0.138 |
| 2008 | 208229.8 | 17996.9 | 2568.27 | 9.88 | 1220.1 | 1138.9 | 120.55 | 112.52 | 0.222 | 0.208 |
| 2009 | 201166.2 | 18481.2 | 4761.20 | 11.55 | 2527.7 | 2307.5 | 291.95 | 266.52 | 0.490 | 0.448 |
| 2010 | 276635.7 | 21093.4 | 6071.55 | 9.82 | 5459.2 | 4430.3 | 536.09 | 435.06 | 0.732 | 0.594 |
| 2011 | 360525.9 | 24266.6 | 6936.21 | 8.65 | 8673.9 | 6438.4 | 750.29 | 556.92 | 0.836 | 0.621 |
| 2012 | 410532.7 | 26415.5 | 7875.58 | 8.35 | 12856 | 8217 | 1073.48 | 686.12 | 1.067 | 0.682 |
| 2013 | 496603.8 | 28810.1 | 8231.18 | 7.46 | 19749.8 | 11466.8 | 1473.34 | 855.42 | 1.330 | 0.774 |
| 2014 | 541319.8 | 30855.3 | 8907.12 | 7.35 | 28637.2 | 14936.1 | 2104.83 | 1097.81 | 1.766 | 0.921 |

注：批发零售业的增加值数据来源于各期的《中国统计年鉴》，其增值税和消费税数据来源于各期的《中国税务年鉴》，网络零售的数据来源于艾瑞咨询（iResearch）和易观智库（analysys）以及商务部出版的历年的《中国电子商务发展报告》。

由表 1 可知，从 2004 年到 2014 年，随着我国网络零售市场规模的急剧增长，由此导致的税收流失规模也在不断扩大，在 2004 年，"宽口径"下的整个网络零售市场的税收流失规模为 6.65 亿元，其中"窄口径"下的 C2C 网络零售导致的税收流失为 5.76 亿元。而到 2014 年时，"宽口径"下的整个网络零售市场的税收流失规模达到了 2104.83 亿元，11 年间增加了 315.6 倍，其中"窄口径"的 C2C 网络零售的税收流失规模为 1097.81 亿元，增加了 190.6 倍，占网络零售市场税收流失规模的比重从 86.6% 下降到了 52.2%；从网络零售市场的税收流失规模占国家整体税收收入的比重来看，2004 年，这一比重分别仅为 0.028% 和 0.024%，而到了 2014 年时，这一比重分别达到了 1.766% 和 0.921%，分别上升了 1.738 和 0.897 个百分点。

（二）基于"税收流失率"的分析

"税收流失率"的测算方法是通过重点回归计量分析法，估算出在现实生活中由互联网交易导致的潜在的税收流失率，然后用估算出的税收流失率乘以不同口径的互联网交易的规模，便可以获得互联网交易的税收流失规模。本文基于"税收流失率"法估算互联网交易的税收流失规模时，在参照和借鉴 Brox 和 Fader（1999）、Bruce 和 Fox（2004）和朱军（2013）的具体做法的同时，对具体模型中的相关参数和变量做了进一步的优化，具体的互联网交易的"税收流失率"估算模型如下[①]：

$$Tax = \alpha_0 + \alpha_1 \times Com + \alpha_2 \times Q_1 + \alpha_3 \times Q_2 + \alpha_4 \times IMP + \alpha_5 \times M + \alpha_6 \times T + \alpha_7 \times EC + \varepsilon$$

在该模型中，Tax 表示我国实体经济中的税收总量，$\alpha_0$ 为模型的常数项，Com 是社会消费支出总额，IMP 是我国历年的商品进口总额，Q 表示我国重大流转税税收政策变化的"虚拟变量"。在研究的时间区间里，2008 年到 2012 年，$Q_1$ 取值为 1，其余各年取值为 0，这是因为在 2008 年国务院修订了增值税暂行条例、消费税暂行条例和营业税暂行条例，2013 年及以后 $Q_2$ 取值为 1，其余年份取值为 0，这是因为"营改增"的试点工作于 2013 年在全国范围内展开，M 表示互联网交易的成熟度与渗透率，在这里用网购人数占整体社会人数比重表示，T 为时间趋势项，EC 表示网络零售的交易额。

"税收流失率"法的研究时间区间为 2004 年到 2014 年，采用的是季度数据，其中实体经济中的税收总量（Tax）、居民社会消费支出总额（Com）和进口额（IMP）的数据均来自国家统计局的国家数据库（National Data）和历年的《中国统计年鉴》、《中国税务年鉴》；网络交易渗透率和成熟度的指标 M 的数据来自于中国互联网网络信息中心（CNNIC）发布的相关各期的《中国互联网络发展状况统计报告》；网络零售（EC）的数据主要来自各期商务部主编的《中国电子商务报告》，部分数据补充于艾瑞咨询（iResearch）和易观智库（analysys）。各变量的描述性统计结果如表 2 所示。

**表 2　　"税收流失率"回归下的各变量的描述统计结果**

| 变量<br>（Variale） | 名称（单位） | 观测值<br>（Obs） | 最大值<br>（Max） | 最小值<br>（Min） | 均值<br>（Mea） | 标准差<br>（Std. Dev） |
|---|---|---|---|---|---|---|
| Tax | 税收总量（亿元） | 44 | 29793.83 | 6041.41 | 16826.94 | 4203.75 |
| Com | 消费支出（亿元） | 44 | 67974.03 | 14875.25 | 36882.6 | 9151.21 |
| IMP | 进口额（亿元） | 44 | 30259.38 | 11608.95 | 21581.56 | 3454.81 |
| M | 渗透率（%） | 44 | 0.557 | 0.123 | 0.321 | 0.0165 |
| EC | 网络零售额（亿元） | 44 | 40924.75 | 2323.25 | 13245.41 | 5914.49 |

在修正模型的异方差和自相关等问题后，得到的估计结果如表 3 所示。由表 3 可知，2004－2014 年我国网络零售的平均税收流失率为 12.4%，由此得到各年度的税收流失规模如表 4 所示。

---

[①] 与其他研究者测算电子商务税收流失的模型相比，在模型中加入了表示互联网交易成熟度的变量 M，以研究互联网交易的税收流失程度与互联网交易市场成熟度之间的关系。

表3　　　　　　　　　　税收流失率模型的估计结果①

| 变量 | Com | IMP | M | EC | $Q_1$ | $Q_2$ | Constant | Ar（1） | Ar（2） |
|---|---|---|---|---|---|---|---|---|---|
| 系数 t 值 | 0.651*** (8.65) | 0.117** (1.88) | -1.39*** (-3.75) | -0.124** (-2.68) | -329.32*** (-5.42) | -87.63*** (-2.76) | -1699.18*** (-4.45) | 1.732*** (6.47) | -0.983** (-2.31) |
| 修正后$R^2$ 0.998 | | | DW　2.09 | | F 1482.91 | | Prob > F = 0.0000 | | |

注：***、**、*分别表示1%、5%、10%的显著性水平。

由表4可知，在2004年时，"窄口径"下的税收流失规模为5.9亿元，"宽口径"下的税收流失规模为6.8亿元，而到2014年时，"窄口径"下的税收流失规模为1852.1亿元，"宽口径"下的税收流失规模为3551.0亿元，分别增长了314倍和522倍；从税收流失的规模占整体税收的比重来看，在2004年时，"窄口径"下的税收流失规模占整体税收的比重仅为0.024%，"宽口径"下的税收流失规模占整体税收的比重仅为0.028%，而到2014年时，这一比重分别达到了1.554%和2.980%，分别上升了1.23和2.952个百分点。

表4　　　　　"税收流失率"法下的网络零售税收流失测算结果

| 年份 | 2004 | 2005 | 2006 | 2007 | 2008 | 2009 | 2010 | 2011 | 2012 | 2013 | 2014 |
|---|---|---|---|---|---|---|---|---|---|---|---|
| 税收流失1（亿元） | 6.8 | 20.2 | 36.7 | 63.8 | 151.3 | 313.4 | 676.9 | 1075.6 | 1594.1 | 2449.0 | 3551.0 |
| 税收流失2（亿元） | 5.9 | 18.4 | 28.9 | 58.4 | 141.1 | 286.1 | 549.4 | 798.4 | 1018.9 | 1421.9 | 1852.1 |
| 占总税收比例1（%） | 0.028 | 0.070 | 0.105 | 0.140 | 0.279 | 0.527 | 0.925 | 1.199 | 1.584 | 2.216 | 2.980 |
| 占总税收比例2（%） | 0.024 | 0.064 | 0.083 | 0.128 | 0.260 | 0.481 | 0.750 | 0.890 | 1.013 | 1.286 | 1.554 |

（三）两种估算方法的结果对比分析

由图1可知，在"宽口径"的整体网络零售市场的税收流失规模的估计结果中，在2008年之前，网络零售市场的税收流失规模很小，占整体税收收入的比重也很小，由表1和表4可知，在2008年时，网络零售市场的税收流失规模分别为120.55亿元和151.3亿元，占整体税收收入的比重分别为0.222%和0.279%；在2004年到2009年之间，"平均税负法"和"税收流失率"法下的网络零售的税收流失规模和占整体税收收入的比重之间的差异很小；从2010年开始，"税收流失率"法估测的税收流失的规模与比重逐渐高于"平均税负法"估测的结果，2010年，两种估测方法估测的税收流失规模分别为536.09亿元和676.9亿元，两者相差140.81亿元，而2014年，这一规模分别为2104.83亿元和3551亿元，两者相差达到了

---

① 由模型回归结果可知，网络交易的市场渗透率M的系数显著异于零，而且其作用效果要大于社会消费支出总额和进口额变化的作用，这是因为市场渗透率M每上升一个百分点，网络消费的人口数上升近1400万人。近几年，随着互联网交易向各行各业的不断渗透和网络支付的普及化和线下场景支付的不断丰富化，新的互联网交易形式不断出现，使用互联网交易的人数及频率急剧上升，导致了网络交易的市场规模急剧增长，由此也导致了税收流失规模的不断增加。

1446.17亿元；税收流失规模的比重从2010年的0.732%和0.925%上升到2014年的1.766%和2.980%，两者的差距分别从1.034个百分点扩大到2.055个百分点。

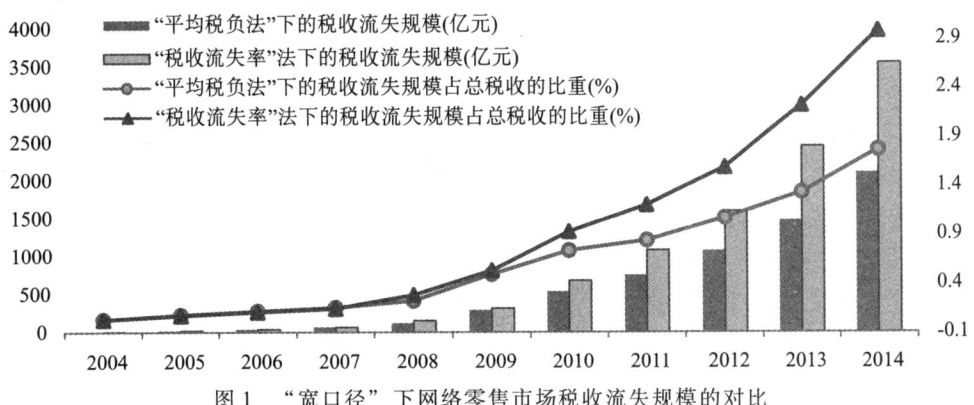

图1　"宽口径"下网络零售市场税收流失规模的对比

由图2可知，在仅以C2C网络零售为研究对象的"窄口径"视角下的税收流失规模和占整体税收的比重呈现出与图1相同的趋势，即在2008年及以前，我国网络零售市场尚处于发展的起步阶段，税收流失的规模和比重也不是很大，由表1和表4可知，在2008年时，C2C网络零售市场的税收流失规模分别为112.52亿元和141.1亿元，占整体税收收入的比重分别为0.208%和0.26%，同样的是，在2004年到2009年之间，"平均税负法"和"税收流失率"法下的C2C网络零售的税收流失规模和其占整体税收收入的比重之间的差异很小，从2010年开始，"税收流失率"法估测的税收流失规模与比重逐渐高于"平均税负法"估测的结果，2010年，两种估测方法测算的C2C网络零售的税收流失规模分别为435.06亿元和549.4亿元，两者相差114.34亿元，而到2014年，两种估计方法估测的C2C网络零售的税收流失规模分别为1097.81亿元和1852.1亿元，两者相差达到了754.29亿元；而税收流失规模的比重从2010年的0.594%和0.750%上升到2014年的0.921%和1.554%，两者的差距分别从0.156个百分点扩大到0.804个百分点。

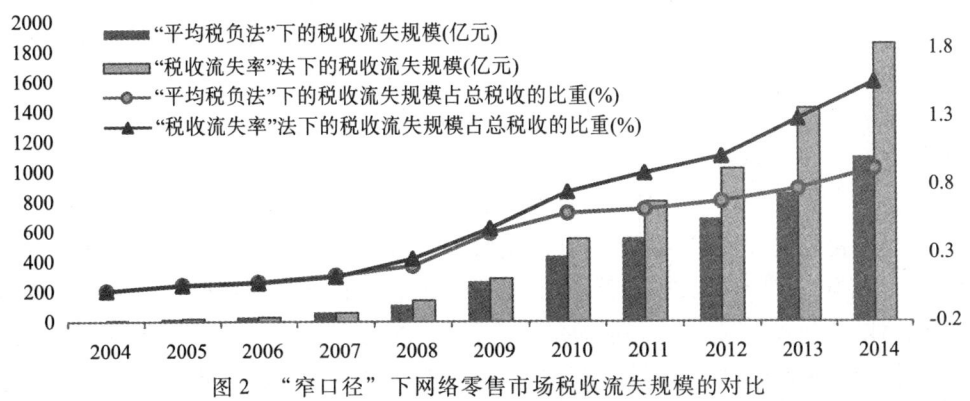

图2　"窄口径"下网络零售市场税收流失规模的对比

需要指出的是，若是从网络零售一诞生开始便就对其征税，必然要花费很大的税收征管成本，但实际上只能征到很少的税，征税的成本和收益显然是不对称的。2004年时，网络零售对传统的线下销售的替代与冲击还不明显，网络零售总额占整个社会消费品的总额仅为0.09%，对其征税很可能会阻碍网络零售乃至互联网经济这一新事物的发展。但在2014年，网络零售市场总额已经占到了社会消费品总额的10.53%，2015年更是上升到了12.74%，每年由网络零售导致的税收流失的规模已经达到了3000多亿元，从总量上看，由表1和表4可知，在"平均税负法"和"税收流失率"法的估算下，2004年到2014年间的"宽口径"的网络零售市场的税收流失规模总额分别为6486.79亿元和9938.8亿元，而仅考虑C2C网络零售的"窄口径"下的税收流失总额也分别达到了4129.74亿元和6179.5亿元。预计在未来几年，这一比例还会进一步地上升，由此导致的问题便是，由于网络零售对线下实体店的冲击与影响越来越明显，而网络销售征税存在的漏洞，使得越来越多的线下销售商开始采用线上销售手段来扩大销售量并逃避税收。因此，如若对网络零售依然不能够实现全面课税，则会产生三方面的结果，一是越来越多的销售者将采取网络销售的手段，线上销售对线下销售的替代性进一步增强，网络零售总额占社会消费零售总额的比重会进一步上升，而且越来越多的销售者会将网络销售视作逃避税收的重要途径之一；二是对网络零售的不完全征税扭曲了市场公平竞争的环境，这种不公平既体现在传统线上与线下之间的不公平竞争，也体现在线上企业之间的不公平，如京东商城销售的货物都可以提供发票，而其他电商则很难完全做到，这造成了市场主体之间的税负不均，给偷逃税行为提供了可能，不利于培育和构建诚信纳税的社会氛围；三是随着互联网交易市场的成熟度不断提高将进一步导致税收流失规模的扩大，由此便可能会危害税收的法制精神，威胁国家财政安全。

### 三、网络交易税收治理路径的现实选择

在经历了近十年的快速增长之后，我国的网络零售市场已经步入了相对稳定的阶段，寡头垄断的市场竞争格局已经初步形成，社会舆论对互联网交易征税的呼吁也更加正面化，社会大众对互联网交易征税的接受度也大大提高。因此，可以说实现对以网络零售为代表的互联网交易征税已经具备了条件，而主要的问题在于如何在坚持税收中性的前提下实现税负公平和鼓励发展之间实现平衡，如何在消费者利益、企业利益和国家利益之间实现平衡，如何在税收征管的高效便利与高昂税收征管成本之间实现平衡。通过对互联网交易、互联网经济各种新业态特征的分析，本文认为导致税收流失的四种原因在互联网交易领域均有体现，因此对互联网交易的税收治理必须从完善税收制度建设、健全税收征管、建立交易数据、信息的获取与共享机制以及加大偷逃税的处罚力度四个环环相扣方面入手。在对互联网交易的流程与特征进行深入的剖析，找出网络交易征税的突破口是完善互联网交易课税的必

由之路。

（一）网络交易的流程与框架

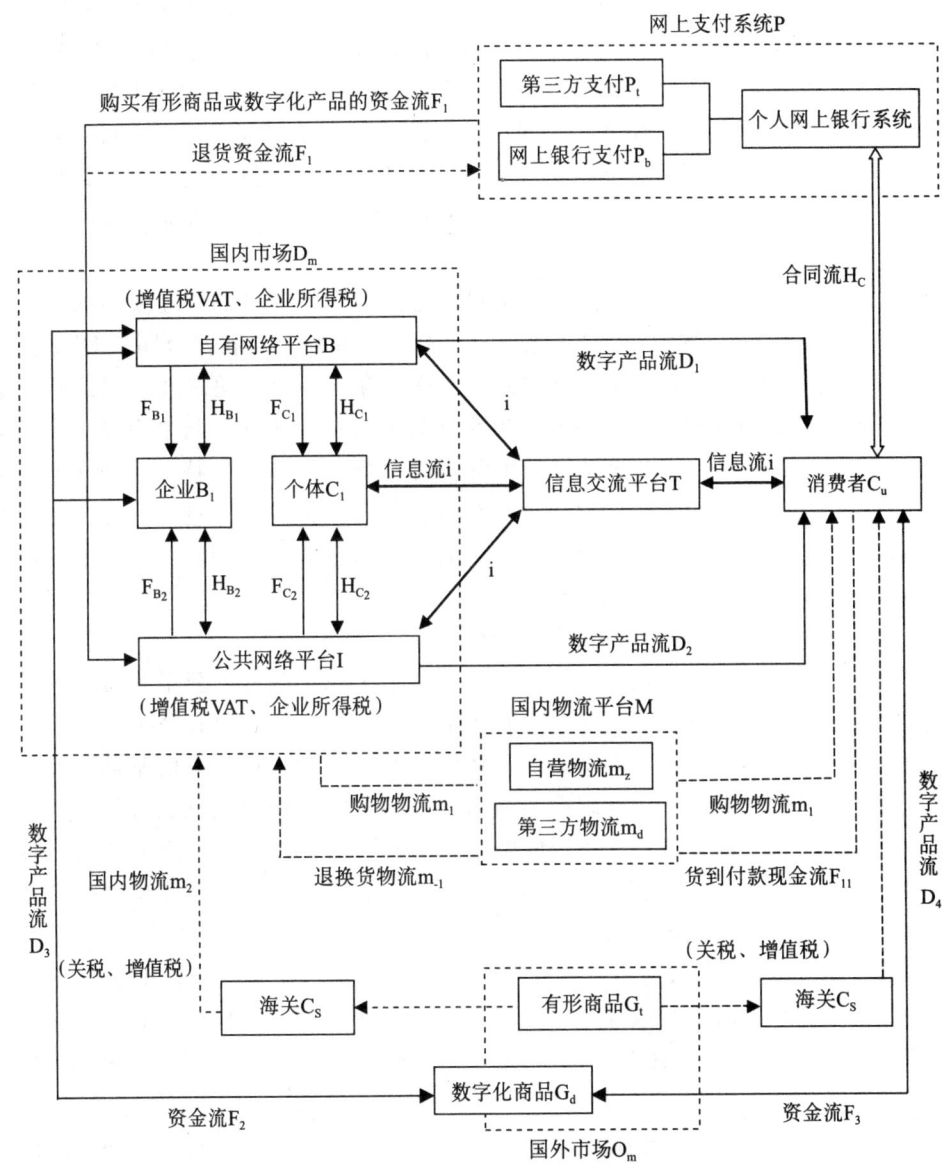

图 3 网络交易的流程与框架图

本文构建了如图 3 所示的互联网交易的流程与框架图，由图 3 可知，整个互联网交易体系由国内市场 $D_m$、国外市场 $O_m$、消费者 $C_u$、网络支付系统 P、国内物流平台 M、购物信息交易平台 T、海关 $C_S$ "七大模块"组成，在其中有资金流 F、物流 m、信息流 i、数字产品流 D①和合同流 H 五大"数据流",这"七大模块"和五大"数据流"共同构成了一个完整的互联网交易的框架图。由图 3 可知,整个网络交易市场中除了数字化商品的交易是全部在网上完成的,其余的交易都是网上交易、线下递送,确认货物无误后签收,完成交易。由此可见,网络只是实现交易的媒介,交易的实质和传统的线下交易并没有太多的差别,而且越来越多的线下厂商逐渐转移到线上,线上线下兼营,如苏宁、国美,而部分线上销售商在线下也设立了体验店与销售店,如华为、苹果、oppo 等。因此,在零售领域,网络销售与传统的线下销售不再是替代或补充的局面,线上与线下相互融合渗透日益明显,勾勒出一副"新零售"的现实画面②。

由图 3 可知,在网络交易系统的七大模块之间存在着大量的相互流动的"数据流",如"资金流 F""物流 m""信息流 i""数字产品流 D"和"合同流 H",这些"数据流"就如同整个网络交易系统的血液一样贯穿于各个模块之间,对这些"数据流"进行深入的分析有助于深刻理解网络交易的特征与内涵。网络交易平台上的"五大数据流"使得整个网络交易呈现出鲜明的"数字经济"的特征,即在网络上进行的一切活动都可以以数字的形式进行刻画,并以数据的形式进行保存,这些数据可以被用来分析微观层面的用户行为、中观层面的企业行为和宏观层面的经济社会行为等。

(二)网络交易税收治理路径的现实选择

以互联网交易为核心的数字经济的税收管理事关税收制度的公平与可持续发展的整体格局,楼继伟(2016)③指出对网络交易的征税应该以税收公平为前提,其次是鼓励发展。本文在对互联网交易的整体框架与流程和特征分析的基础上,结合国内外税收征管的实践,认为在理论上网络交易的税收治理应该以现有的税收征管框架为基础,通过不断地升级完善税收管理制度、不断提高税收治理的能力建设来实现对网络交易中所蕴含的税收的"应收尽收"。本文认为对网络交易税收治理由近及远、由难到易的可供选择的路径主要有:(1)以现有的税收征管能力为基础,通过完善税务登记④、要求网络平台提供相关交易数据,在税收征管中实行"抓大放小"策略以实现部分的税收征管;(2)建立网络平台的代扣代缴机制,让网络交易领域的平台企业根据现有的税法规定协助税务机关实现一定程度的税收征管;

---

① 本文的"数字物流 D"实质上就是一般意义上的数据流,是指在网上购买的商品和服务不需要线下递送服务,直接在线上传送就可以完成的交易,也可以看作是商品和服务在线上递送的网络交易形式。

② 2016 年 10 月 13 日,在杭州召开的杭州云栖大会上,马云在演讲中指出纯电商时代过去了,未来十年是新零售的时代,未来线上线下必须结合起来。物流本质是消灭库存。

③ 2016 年 7 月 23 日在成都举行的"G20 高级别税收研讨会"上表示数字经济应该征税,税收征管公平排第一。

④ 《中华人民共和国税收征收管理法修订草案(征求意见稿)》,未来我们每个公民可能都将拥有一个由税务部门编制的唯一且终身不变、用来确认其身份的数字代码标识。

（3）在完善网络交易的税务登记的前提下，以"互联网＋税务"行动计划全面展开和"金税三期"即将完成为契机，由国家税务总局的牵头建立全国系统的网络交易的"税收大数据平台"，以税收大数据为核心能力建设逐步实现由"以票控税"、"信息管税"到"数据管税"的转变，以适应互联网交易、数字经济时代的税收管理的客观要求；（4）在远期，在我国全面完成"营改增"之后，在我国税收制度建设中可以考虑逐步降低生产与流转环节的税收负担，选择在最终消费环节对消费者征收一道"一般消费税或服务税"，并将其作为地方税，这不但可以解决网络交易导致的区域间的税收背离问题，如果税制设计得当，还可以解决"营改增"之后中央财力过于集中，地方主体税种缺失等问题。

任何一种税收制度的调整与变革都会促使业已存在的利益格局发生变化，由此导致实施的难度也相去甚远，显而易见的是，上述四种可供选择的网络交易税收治理路径的实施难度是完全不一样的，第一种是最现实最易实现的，但其存在的主要问题是税收征管始终落后于经济社会的发展变化，税收征管的成本较高、较低的税收征管效率不能实现"应收尽收"的要求；第二种路径存在的问题是需要通过法律制度建设赋予网络平台代扣代缴义务，而现实的问题是网络平台是否愿意接受代扣代缴制度，即使愿意，怎么通过制度建设保证网络平台公司正确、真实有效地履行代扣代缴义务[①]，而且在互联网经济时代，网络平台层出不穷，如何对新的网络平台实行监管并要求其实行代扣代缴制度，因此，这一路径的可实施难度极大[②]；本文认为，构建网络交易的税收大数据征管平台是可供选择的最好方案，由图3可知，在网络交易领域，只要有货物或服务的购买行为都有对应的资金流，且不管是货物流、资金流、物流、信息流、数字产品流、合同流都可以以数据的形式展现并进行保存、比对。如果说"以票控税"的税收征管模式适应于分工明确的链条式生产、流通和销售的工业化大生产时代，"信息管税"则是在信息技术不断发展的时代背景下"以票控税"模式的延伸，而"数据管税"就是适应于互联网经济领域与时代的税收征管模式；第四种路径则可以被视作一种远期选择，该选择方案是着眼于解决网络交易导致的区域间税收背离、保障地方财政收入、改革地方经济发展激励机制的一种潜在的选择，其可行性及具体的实施方案还要经过详细的研究与预判。

## 四、政策建议

互联网信息技术的发展已经彻底改变了人们生活的方方面面，以互联网信息技

---

[①] 由图1可知，货到付款的资金流不通过网络平台，如果让网络平台实行代扣代缴，这一部分资金怎么监管，也让物流公司实行代扣代缴制度的话，则在一定程度上会导致代扣代缴制度的混乱。

[②] 国内的一些研究者曾经提出了网络交易的"代扣代缴制度"，本文也将其作为一个可供选项之一，但是根据我们的调研发现，即使给予网络平台一定的利益，网络平台或第三方支付平台也是不愿意担当代扣代缴义务的。

术为依托的网络交易也对传统的税收征管制度提出了巨大的挑战。由于微观层面数据的缺失导致网络交易税收流失规模的估计困难,本文从宏观上采用"平均税负法"和"税收流失率"估计了我国2004年到2014年间网络零售导致的税收流失的规模。研究发现,不管是利用"平均税负法"还是"税收流失率"法,在2008年之前,"窄口径"和"宽口径"下网络零售的税收流失规模都不是很大,而在2008年之后,随着我国网络交易市场规模的不断扩大,网络交易导致的税收流失的规模也不断扩大,在2014年时,在"平均税负法"和"税收流失率"法估计下的我国C2C网络零售导致的"窄口径"的税收流失规模分别为1097.81亿元和1852.1亿元,占整体税收的比重分别为0.921%和1.554%,而"宽口径"的整体网络零售的税收流失规模分别为4129.74亿元和6179.5亿元,占总税收收入的比重分别为1.766%和2.98%。

根据对互联网交易特征的分析,结合我国税收征管的实践,着眼于未来经济社会的发展变化,本文认为在互联网经济领域的税收征管,应该摒弃传统的"以票控税"和"信息管税"的思维与实践,取而代之应用"数据管税"的思维与实践实现对互联网交易的课税要求,而自然人纳税登记、实现部门之间的信息与数据的互通与共享、构建网络交易的税收大数据平台是实现"数据管税"的先手棋。在未来,着眼于完善我国税制和构建地方税的视角,可以考虑逐步降低商品的生产、流通环节的税负,选择在最终消费环节征税一道"零售税"或"一般消费税",并将其作为地方税。

# 我国电子商务税收流失额的测算[①]

## 一、电子商务发展现状与相关政策梳理

(一)电子商务的概念与我国电子商务发展现状

1. 电子商务的概念

电子商务是一种相较于传统的线下交易而言,交易双方依托开放的互联网及移动网络,基于各种电子平台、网络或移动终端应用方式,"是利用计算机网络进行的商务活动,现在主要指在国际互联网(Internet)上进行的交易活动"[②]。它主要包

---

① 本部分由中央财经大学财政税务学院唐斓撰写。
② 吴俊培.关于电子商务的税收问题[J].涉外税务,2000,05:1.

括企业对企业（B2B）、企业对消费者（B2C）、消费者对消费者（C2C）三种模式。

2. 我国电子商务的发展现状

从 1994 年我国开始引进电子商务以来，随着电脑、手机用户群体的进一步扩大以及互联网的飞速发展，随着互联网的逐步普及，中国人的消费模式也从单一的线下购物，发展到了现在的多元化消费，尤其是线上的交易，更是在逐年的增加。中国电子商务研究中心监测数据显示，2015 年我国全社会电子商务交易额达 16.39 万亿元，而 2016 年仅上半年这一数字就达到了 10.5 万亿元，同比增长 37.6%。在 CBNData 发布的《2016 年中国互联网消费生态大数据报告》中我们可以发现，2016 年中国的电子商务市场规模已超过排名第二的北美市场的两倍，是目前世界上电子商务规模最大的国家。图 1、图 2 反映了我国电子商务市场的发展现状。

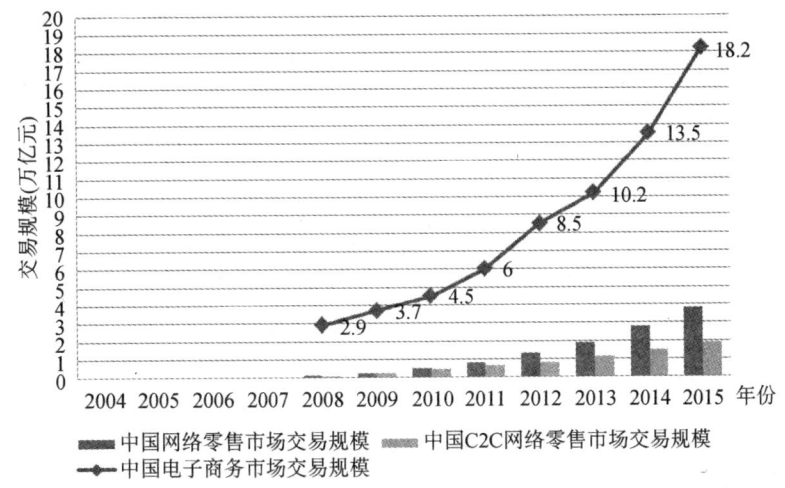

图 1　2004 - 2015 年中国电子商务市场及网络零售市场交易规模①

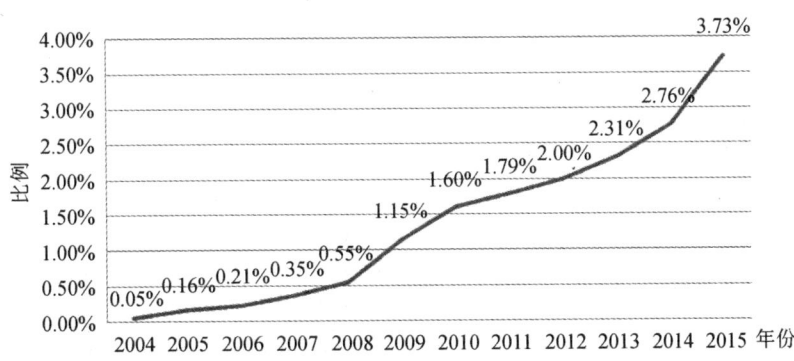

图 2　2004 - 2015 年中国 C2C 网络零售市场规模占社会商品销售总额的比例②

---

①　数据来源：《2016 年（上）中国电子商务市场数据监测报告》。
②　数据来源：《2016 年（上）中国电子商务市场数据监测报告》。

从图1和图2中可以看出，近年来，网络购物在我国发展迅速，我国电子商务市场交易规模和网络零售市场交易规模不断扩大。2015年这一规模达到了18.2万亿元，且增速仍呈上升趋势，而中国C2C网络零售市场规模占社会商品销售总额的比例则从2004年的0.05%上升到2015年的3.73%，相对11年前网络购物的占比增加了67倍之多，但是由于针对C2C的税收系统并不完善，绝大部分的C2C交易是没有纳税的，由此带来的税收流失金额将会非常巨大。在接下来的第二部分，将会着重讨论这一部分税收流失金额的测算，并在第三、四部分分析对电子商务进行征税的意义，并提出一些对策。

（二）我国电子商务相关政策梳理

电子商务对于促进传统经济转型、激发经济活力等具有重要意义。因此，我国对于电子商务在政策上一直持鼓励和引导其有序发展的态度。

针对电子商务征税的系统、明确的法律政策尚未出台，只是国家工商行政管理总局、发改委等出台了一些规范性的政策文件，而国家税务总局虽然对推行电子发票、跨境电商零售进口商品征税做出了规范，但依然没有关于电商征税的明确规定。电子商务相关法律政策一览表如表1所示。

表1　　　　我国电子商务相关法律政策一览表

| 法规名称 | 实施时间 | 颁发部门 | 内容及意义 |
| --- | --- | --- | --- |
| 《中华人民共和国电子签名法》（中华人民共和国主席令第18号） | 2005年4月1日 | 全国人民代表大会常务委员会 | "中国首部真正电子商务法意义上的立法"，对促进电子商务的快速发展具有重要意义 |
| 《电子银行业务管理办法》（银监会令2006年第5号） | 2006年3月1日 | 中国银行业监督管理委员会 | |
| 《网络商品交易及有关服务行为管理暂行办法》（国家工商行政管理总局令第49号） | 2010年7月1日 | 国家工商行政管理总局 | 规范网络商品交易及有关服务行为，促进网络经济持续健康发展 |
| 《网络交易管理办法》（国家工商行政管理总局令第60号） | 2014年3月15日 | 国家工商行政管理总局 | |
| 《中华人民共和国税收征收管理法修订草案（征求意见稿）》 | 2015年1月5日（公布时间） | 国务院法制办公室 | 最早对电子商务纳税做出原则性规定。国家统一实行纳税人识别号制度，规定电商"公开税务登记"、电子凭证可作为"记账核算、计算应纳税额的依据" |

续表

| 法规名称 | 实施时间 | 颁发部门 | 内容及意义 |
| --- | --- | --- | --- |
| 《关于推行通过增值税电子发票系统开具的增值税电子普通发票有关问题的公告》（税总2015年第84号） | 2015年12月1日 | 国家税务总局 | 全面推行增值税电子发票，对于规范电子商务的经营、保障消费者权益、营造便捷健康公平的税收环境，最终促进整体电商行业的长远健康发展具有重要意义 |
| 《关于跨境电子商务零售进口税收政策的通知》（财关税〔2016〕18号） | 2016年4月8日 | 财政部、海关总署、国家税务总局 | 跨境电子商务零售进口商品的行邮税改按进口货物征税、取消进口环节增值税和消费税免税额，有利于促进各种业态公平竞争，改善市场效率，促进共同发展 |
| 《关于坚持依法治税更好服务经济发展的意见》 | 2015年5月5日（公布日期） | 国家税务总局 | "不得专门统一组织针对某一新兴业态、新型商业模式的全面纳税评估和税务检查"，事实上将电子商务置于征税范围之外 |

## 二、电子商务税收流失规模测算及分析

（一）税收流失的测算方法综述

税收流失的测算方法主要有税收能力测算法、现金比率法、平均税负法、流失率法等。郝春虹（2004）从地下经济视角和公开经济视角两个方面，采用现金比率法测算了我国1982－2002年间的税收流失规模；梁鹏（2000）、陈迅、于鹏（2006），辛浩、王韬（2008），伍云峰（2008）等均采用同样的方法进行了税收流失规模的测算；杨绍媛（2006）则用现金比率法和税收能力测算法估测了我国2000－2004年的税收流失规模；毛程连（2012）利用税收收入能力理论，测算公开经济中我国外资企业的增值税及营业税的流失情况；贾邵华（2016）则对我国2001－2013年地下经济和公开经济中税收流失的规模进行了测算，采用的是修正现金比率法和税收能力测算法。电子商务税收流失测算方面，朱军（2013）采取回归分析下的平均税负法和流失率法首次估计我国电子商务的税收流失规模，并对电子商务税收治理的相关因素进行了分析。张阳（2015）采用平均税负法，就增值税和消费税，从"宽口径"和"窄口径"两个方面测量了我国电子商务税收流失的规模。

税收能力测算法主要用于计算公开经济中的税收流失，是用应纳税额（即应税能力）减去实际征收额得出税收流失额的一种方法，在计算应纳税额的过程中，由于不同纳税主体、纳税事项的法定税率不一样，税收优惠、税收减免、税前扣除等情况不一样，加上不同税基的数据难以全部获取，因此计算结果难以准确。而现金比率法是利用流通中的现金变化情况，计算地下经济规模，进而间接计算税收流失规模，但是实际的地下经济活动中，除了现金，还存在其他支付方式，同时假设条

件过于苛刻,也使得这种方法测算的结果不太准确,加上这种在传统的宏观税负或地下经济的前提下进行的测度,也不适用于电子商务领域。考虑到测算的准确性和数据的可获得性,本文采用的是"平均税负法"。

(二)基于"平均税负法"的电子商务税收流失规模测算

1. "平均税负法"的概念及模型

"平均税负法"指的是利用实体交易中的交易额和税收收入计算出平均税负水平,以此为基础估算电子商务交易中的税收流失。这里的主要税种采用了增值税和消费税,利用税收收入与社会商品销售总额的比例计算实体交易的税负水平,乘以电子商务交易额得到估算的税收流失额。

具体的电子商务税收流失估算模型如下:

$$T_L = t \times EC \tag{1}$$

$$t = (VAT + CT) / SOG \tag{2}$$

其中,$T_L$ 为电子商务税收流失额,t 为平均税负率,EC 为我国各年度电子商务交易额,VAT 为我国各年度国内实体经济交易中的增值税,CT 为我国各年度国内实体经济交易中的消费税,SOG 为我国各年度商品销售总额。

在朱军(2013)、张阳(2015)的测算中,EC 的数据均采用了电子商务的整体交易规模,而张阳(2015)的 EC 窄口径虽然采用了网络零售市场交易规模,但是考虑到我国电子商务在 B2B,以及网络零售市场中的 B2C 领域基本能管控住税收,若采用这两个口径将高估我国电子商务税收流失的规模,因此在本文的测算中,EC 的数据采用电子商务网络零售市场中的 C2C 部分,以此为基数进行测算。

2. 电子商务税收流失规模的测算

结合我国 2004 – 2015 年的有关数据,能估算我国电子商务 2004 年到 2015 年间税收流失规模、变动情况以及其占总税收的比例变化。

表 2 根据各年度国内的增值税、消费税以及社会商品销售总额,计算了我国国内增值税、消费税的税负,以此作为电子商务税收流失的测算基础,表 3 采用"中国 C2C 网络零售市场交易规模"作为 EC,乘以估计出的"平均税负",得出各年度的税收流失规模,与该年全国税收总额比较,得到税收流失占整体税收收入的比重大小。

表 2　　　　2004-2015 年我国国内增值税、消费税税负测算表①

| 指标 | 批发业企业商品销售额（SOG1） | 社会消费品零售总额（SOG2） | 国内增值税（VAT） | 国内消费税（CT） | 增值税税负（t1） | 消费税税负（t2） | 平均税负（t） |
|---|---|---|---|---|---|---|---|
| 地区 | 全国 | 全国 | 全国 | 全国 | 全国 | 全国 | 全国 |
| 频度 | 年 | 年 | 年 | 年 | 年 | 年 | 年 |
| 单位 | 亿元 | 亿元 | 亿元 | 亿元 | | | |
| 2004 | 71988.6 | 59501 | 9017.94 | 1501.90 | 6.86% | 1.14% | 8.00% |
| 2005 | 75510.7 | 68352.6 | 10792.11 | 1633.81 | 7.50% | 1.14% | 8.64% |
| 2006 | 87594.33 | 79145.2 | 12784.81 | 1885.69 | 7.67% | 1.13% | 8.80% |
| 2007 | 105619.88 | 93571.6 | 15470.23 | 2206.83 | 7.77% | 1.11% | 8.87% |
| 2008 | 170260.21 | 114830 | 17996.94 | 2568.27 | 6.31% | 0.90% | 7.21% |
| 2009 | 157834.6 | 133048 | 18481.22 | 4761.22 | 6.35% | 1.64% | 7.99% |
| 2010 | 219121.1 | 158008 | 21093.48 | 6071.55 | 5.59% | 1.61% | 7.20% |
| 2011 | 288701.01 | 187206 | 24266.63 | 6936.21 | 5.10% | 1.46% | 6.56% |
| 2012 | 327091.32 | 214433 | 26415.51 | 7875.58 | 4.88% | 1.45% | 6.33% |
| 2013 | 398116.54 | 242843 | 28810.13 | 8231.32 | 4.49% | 1.28% | 5.78% |
| 2014 | 430678.38 | 271896 | 30855.36 | 8907.12 | 4.39% | 1.27% | 5.66% |
| 2015 | 401312.19 | 300931 | 31109.47 | 10542.16 | 4.43% | 1.50% | 5.93% |

表 3　　　　2004-2015 年我国 C2C 网络零售市场税收流失测算表②

| 指标 | 中国 C2C 网络零售市场交易规模（EC） | 平均税负（t） | 税收流失（$T_L$） | 全国总税收收入 | 占总税收比例 |
|---|---|---|---|---|---|
| 地区 | 全国 | 全国 | 全国 | 全国 | 全国 |
| 频度 | 年 | 年 | 年 | 年 | 年 |
| 单位 | | | 亿元 | 亿元 | |
| 2004 | 47.6 | 12.10% | 3.808243268 | 24165.7 | 0.016% |
| 2005 | 148.4 | 13.34% | 12.81776887 | 28778.5 | 0.045% |
| 2006 | 233.1 | 13.33% | 20.50919509 | 34804.3 | 0.059% |
| 2007 | 471.1 | 13.32% | 41.80732512 | 45622.0 | 0.092% |
| 2008 | 1138.9 | 9.88% | 82.15543232 | 54223.8 | 0.152% |
| 2009 | 2307.5 | 11.55% | 184.3764234 | 59521.6 | 0.310% |
| 2010 | 4430.3 | 9.82% | 319.1194538 | 73210.8 | 0.436% |
| 2011 | 6438.4 | 8.65% | 422.1338313 | 89738.4 | 0.470% |
| 2012 | 8217 | 8.35% | 520.3275868 | 100614.3 | 0.517% |
| 2013 | 11466.8 | 7.46% | 662.6737023 | 110530.7 | 0.600% |
| 2014 | 14936.1 | 7.35% | 845.3144747 | 119175.3 | 0.709% |
| 2015 | 19221.3 | 8.08% | 1140.05905 | 124922.2 | 0.913% |

---

① 数据来源：《中国统计年鉴》（2005-2016 年）。
② 数据来源：《中国电子商务发展报告》（2016 年）。

## （三）对电子商务税收流失规模测算结果的分析

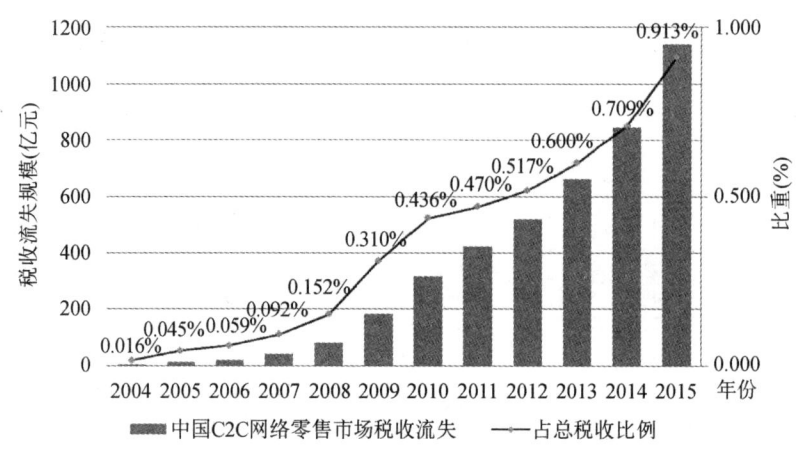

图 3　2004 – 2015 年中国 C2C 网络零售市场税收流失规模及占总税收的比例

从表 3 和图 3 中可以看出，随着我国电子商务市场的快速发展，我国的 C2C 网络零售市场税收流失规模从 2004 年的一位数迅速上涨到现在的四位数，2004 年，C2C 网络零售市场税收流失规模约为 3.80 亿元，而 2015 年这一数据约为 1140.06 亿元，短短 11 年时间，上涨超过了 299 倍，而其占总税收的比重也在波动中快速上升，2015 年这一比重达到了 0.913%，而在 2004 年，比重仅为 0.016%。如果电子商务刚出现时就对其征税，花费的征税成本和税收收益不对称，而且网络零售占社会消费品零售的比例非常低，还属于一种新兴业态，不对其征税从一定意义上来看能促进其发展。但是根据近几年尤其是 2015 年的估算结果我们可以看出，当前仅 C2C 网络零售市场的税收流失额就达到了约 1140.06 亿元，占比超过全国总税收收入的 0.9%。随着网络经济的进一步发展，如果不引起重视，电商的税收流失规模还将继续上升。

此外，对比其他学者的测算结果，如朱军（2013）采用"流失率法"估计出"窄口径"的流失规模从 2006 年的 36.4 亿元、占比 0.1% 上升到了 2011 年的 1157 亿元、占比 1.29%；而"宽口径"的流失规模则从 2006 年的 2158 亿元、占比 6.2% 上升到 2011 年的 7800 亿元、占比 8.69%。张阳（2015）采用"平均税负法"，认为我国 2012 年"窄口径"税收流失规模为 990 亿元，占比 0.98%，"宽口径"税收流失规模 6475 亿元，占比 6.44%。本文中测算出的流失规模和占比均较低，这主要是考虑到我国电子商务税收流失主要存在于 C2C 领域，采用的计算口径不一致导致的。

## 本篇参考文献

[1] 谢波峰. 澳大利亚电子商务税收政策简介. 国际税收，2013（3）. P64 – 67.

[2] 张炎. 我国电子商务课税问题及相应对策. 税务研究, 2013 (6). P84 – 86.

[3] 赵冰莹. 电子商务税收征管存在的问题及对策建议. 中国财政, 2011 (2). P43 – 44.

[4] 刘鹏, 张秀莲, 赵婷婷. C2C 电子商务模式税收的国际经验借鉴及路径选择. 安徽财贸职业技术学院学报, 2014 (1). P136 – 137.

[5] 徐凤照. 中国经济新常态下电子商务税收管理的政策建议. 中央财经大学税收筹划与法律研究中心"互联网 + 税收"探讨会论文集, 2015. P60 – 64.

[6] 叶韧. 互联网 + 电商网商涉税要点精解. 北京联合出版社, 2015. P2 – 5.

[7] 朱军. 我国电子商务税收流失问题及其治理措施研究. 财经论丛, 2013 (2). P6 – 7.

[8] 贾绍华. 我国税收流失的测算分析与治理对策探讨 [J]. 会计之友, 2016, 13: 2 – 9.

[9] 刘希静. 中国增值税流失研究 [D]. 厦门大学, 2007.

[10] 贾绍华. 我国税收流失的测算分析与治理对策探讨 [J]. 财贸经济, 2002, 04: 39 – 44.

[11] 郝春虹. 中国税收流失规模估测 [J]. 中央财经大学学报, 2004, 11: 12 – 16.

[12] 伍云峰. 我国税收流失规模测算 [J]. 当代财经, 2008, 05: 38 – 42.

[13] 李一花, 董旸, 罗强. 个人所得税收入能力与税收流失的实证研究——以山东省为例 [J]. 经济评论, 2010, 02: 94 – 99.

[14] 毛程连, 侯敬雯. 在华外资经济流转税税收流失规模的比较研究——基于税收收入能力法的测算 [J]. 江苏大学学报 (社会科学版), 2012, 02: 80 – 88.

[15] 马俊宇. 中国地下税收缺口规模测量——基于固定比率法的估算模型 [J]. 时代金融, 2015, 18: 179 – 180.

[16] 郝硕博, 陈远燕. 经典统计方法下的企业所得税流失率测算——对 2010 年某市行业数据的实证分析 [J]. 税务研究, 2013, 11: 71 – 75.

[17] 吴武清、汪成杰、陈敏. 《中国税收流失测度与评估研究》, 科学出版社, 2012 年 6 月, p92 – 109.

[18] Goolsbee, A. and J. Zittrain (1999). Evaluating the Costs and Benefits of Taxing Internet Commerce. National Tax Journal, 52 (3), pp. 413 – 428.

[19] Bruce, D. and W. F. Fox. State and Local Sales Tax Revenue Losses from E – Commerce: Estimates as July 2004 [R]. The University of Tennessee, 2004.

[20] 朱军. 我国电子商务税收流失问题及其治理措施 [J]. 财经论丛, 2013, 02: 42 – 49.

[21] 倪红日. 经济数字化、全球化与税收制度 [J]. 税务研究, 2016, 04: 3 – 7.

[22] 吕冰洋. 零售税的开征与分税制的改革 [J]. 财贸经济, 2013, 10: 17 – 26.

[23] 谢波峰. 对当前我国电子商务税收政策若干问题的看法 [J]. 财贸经济, 2014, 11: 5 – 12.

[24] 张阳. 基于中国税收制度分析电子商务税收流失的研究 [J]. 经济研究导刊, 2015, 04: 86 – 89.

[25] 蔡昌. 电商税收流失测算与治理研究 [J]. 会计之友, 2017, (08): 2 – 13.

[26] 司月峰. 电商企业的税收流失及征管问题研究 [D]. 山东大学, 2016.

[27] 谢菲. 电子商务税收征管问题研究 [D]. 华东政法大学, 2016.

[28] 李恒, 吴维库, 朱倩. 美国电子商务税收政策及博弈行为对我国的启示 [J]. 税务研究, 2014, 02: 74 – 78.

# 第4篇 电商税收征管技术

## 电商税收流失探析[①]

### 一、我国电子商务发展现状

电子商务的模式一般分为三种：B2B、B2C、C2C，即企业对企业的电子商务、企业对消费者的电子商务、消费者对消费者的电子商务。前两者，比如阿里巴巴、京东商城，都是以企业为单位，已经进行了注册和工商、税务登记，有完整的纳税流程，可以按法律规定缴纳税款。但是C2C模式的电子商务，例如淘宝网，大多是个人网店与消费者进行交易，没有进行工商税务登记，处于税收上的空白地带，所以这里主要讨论C2C模式。

根据中国电子商务研究中心检测数据显示，2016年上半年，中国电子商务交易额达10.5万亿元，同比增长37.6%，增幅上升7.2个百分点。其中B2B市场交易规模达7.9万亿元，网络零售市场交易规模达2.3万亿元，比2015年增长43.4%，预计2016年全年中国网络零售市场交易规模有望达5.2万亿元。同时，2016年上半年，中国网购用户规模达4.8亿人，较2015年上半年增长15.1%。由此看来中国网购人数增长较快，电子商务呈现稳速增长。网络零售市场如此大的交易额是否需要征税？这在税收领域存在争议。部分人认为，我国电子商务正处在发展初期阶段，此时对其征税势必会阻碍电商的发展，并且电商平台能够吸纳大量的就业，成为创业平台，征税会减少就业，打击创业积极性。但笔者认为，对电子商务理应征税。其一，电子商务交易与实体交易没有本质的区别，只是电子商务通过网络电子平台进行下单和支付，减少了中间环节，但本质还是属于销售行为，应该缴纳增值税；

---

[①] 本部分由中央财经大学税务硕士研究生李蓓蕾、李晨希撰写。

其二，C2C 模式已经存在多年，网购成为大众化的消费习惯，而这种方便、快捷的购物习惯不会短时间内被改变；其三，对电子商务征税不意味着全部的网店都要按照一般纳税人征税，淘宝上存在许多新店和基本不盈利的店面，税务机关在制定税收政策时根据网店信誉等级和销售额对其进行分类，只对月销售额达到一定数额和信誉等级高的网店进行征税，税率也可适当降低，这样就不会出现网上商品价格大幅增长而影响电商发展的情况；其四，电商发展过程中存在以 C2C 形式出现但实质是 B2C 模式的交易行为，这样就造成税款的流失和网络交易行为的不规范，对网上交易进行普遍登记和征税可以防范税款流失，规范交易行为。

## 二、电子商务税收流失现状

据中国电子商务研究中心监测数据显示，2015 年中国网络零售市场交易规模达 38285 亿元，相比 2014 年的 28211 亿元，同比增长 35.7%。电子商务不断发展扩大所带来的不仅仅是现行电子商务税收征管制度空白导致的网上贸易的税收流失，而且还有对传统贸易的冲击导致传统贸易的交易额减少，进一步侵蚀了税基。

现行的税收体系下，未对 C2C 电子商务交易出台专门的税收征管规定，没有明确的针对 C2C 电子商务征税的法律依据，因此不能合理合法地向其征税。但是，当今 C2C 的交易模式本质上与传统个体工商户没有区别。根据 2015 年 6 月艾瑞咨询发布的 2015 年中国网络购物行业年度监测报告预计，2015 年 C2C 占全国网络购物市场交易规模的 49.0%，2016 年占 44.0%。艾瑞咨询认为，从 C2C 市场发展情况看，C2C 市场体量大，产品品类齐全，在满足网购用户差异化及个性化需求方面有一定优势，未来仍将维持稳定增长。一旦电商开始征税，税法规定增值税一般采用 17% 的税率，小规模纳税人适用 3% 的征收率，"营改增"后同时还设置了 11%、6% 等多档税率，所以假设按照最轻的税收负担，以 3% 的税率估计，C2C 市场交易中我国损失的税收收入高达 546（38285×49.0%/（1+3%）×3%）亿元。此外，按照我国现行税法，C2C 还应缴纳个人所得税、城市建设税、教育费附加、印花税等，其流失的税款规模将会更大。而根据 2016 年上半年数据计算出流失税收大约 294（23000×44.0%/（1+0.3%）×3%）亿元，进一步预计 2016 年流失大约 666 亿元，由此看来税收流失缺口越来越大，因此 C2C 税收征管急需完善。

随着跨境电子商务的发展，一些纳税人利用电子商务这一"征税盲区"进行避税，把业务转移到互联网上进行，由于各国税率的不同，一些跨国公司利用其在免税国或低税国的站点在其内部采用转让定价来逃避纳税。随着互联网的进一步发展，C2C 电子商务对我国税收的影响力将不容小觑。

## 三、电子商务税收流失原因

（一）从电商角度分析税收流失原因

电商纳税遵从度不高在某种程度上拖慢了电商征税的步伐。淘宝中很多商铺尽管有很高的销量，但实际利润却很低，甚至有些店铺是亏损状态，如果对淘宝上超过九成的商家征税，将导致交易成本上升，影响淘宝商品的价格优势，使得卖家的生存处境更加艰难。除此之外，商家不主动对消费者开具发票，仅在卖家索要发票时开具，甚至很多商家要求等确认收货后再开具发票，目的在于减少索票率。不少电商表示，一旦每次销售行为都开具发票，那么开票量会增加，而应纳税额相对也会激增。在遍布中小网店的C2C交易中，一旦经营成本爬升过快，会导致电商行业受重创，因此电商针对征税的态度十分消极。在自身利益难以得到保证时，商家的纳税遵从度较低，即便是确定对各个C2C商家收缴税款，征税的过程也会困难重重，易产生较大的税款流失同时增加征税成本。

（二）从税务机关角度分析原因

造成电子商务税收流失的原因不仅是商家纳税遵从度低的主观结果，还是诸多税收征管难题等客观因素的作用。电子商务不同于传统销售行业，其经营管理、业务流程等诸多环节都依靠互联网，而互联网的虚拟性对税收征管形成了一定的挑战。

第一，纳税主体身份不明。首先，像淘宝这种C2C电商交易平台，个人卖家只需将身份证信息上传并绑定银行卡账号，进行相关设置和审查后即可陈列商品进行销售，这一过程完全不同于B2B和B2C模式，并不需要在工商局和税务局进行工商登记和税务登记，注册手续简单，意味着个人卖家可以随意转让电子商铺，使实际注册人和经营者分离，因此实名注册并不能保证纳税主体的准确性。其次，个人卖家的注册信息也可能为虚假信息，电子商务模式难以界定，一些B2C模式的经营行为往往披着C2C模式的外衣进行，税务机关难以对纳税主体进行准确判断，从而造成税收流失。

第二，纳税地点难以确定。传统销售商需要依据工商执照和税务登记上注明的经营场所所在地缴税，当地税务机关有明确的税收管辖权。但是涉及电子商务时，这一税收管辖权难以确定。因为电子商务仅需通过IP地址连入互联网即可进行经营销售活动，而IP地址具有不稳定性和隐蔽性，税务机关不可能随时对IP地址进行跟踪定位，追缴征收税款。C2C电子商务交易的流动性为纳税地点的确定带来了困难，也易造成税收流失。另一方面，数字经济下出现了诸多跨境电子商务交易，一些个人商家位于海外，通过互联网从海外跨境销售商品回国内，从国内获得收入，这部分收入也存在税收流失的风险。

第三，税款稽查面临困难。在一般性的税务稽查中，税务机关可以通过企业的会计凭证、账簿等资料，审查企业的经营和纳税状况。但在C2C电子商务模式中，税务稽查难以正常发挥其检查应纳税额情况。因为电子商务的交易全部依赖于互联网，虚拟化、无纸化、流动性、隐蔽性特征的电子交易使得单凭税务机关难以追踪各个商家的资金流和交易行为，网络交易没有交易凭证，使税务稽查无从下手，无法判断其应纳税所得额的准确性。另外，网络交易的无纸化使得交易双方的所有订单、合同、票据和收付款记录都以电子数据的形式保存和传递，这就意味着交易数据可以被轻易修改和删除，税务机关稽查缺乏物质基础，或者说稽查可能是基于错误的误导性的数据，可能出现税收流失的情况。对于跨境电商而言，税务机关难以准确全面地掌握纳税人境外银行账户的信息，就难以对跨境商品网络交易进行稽查，从而造成税款流失。

第四，电子商务交易形式复杂化。类似淘宝等C2C交易平台上的个人电子商家良莠不齐，一些商家经营状况不良，常年亏损，但也有一些"皇冠商家"拥有很高的销售量，考虑到促进电商发展的现实需要，税务机关并未对个人电子商家进行征税，这对于经营状况不良的商家是一种减负，但拥有大量销售额的店家却因此免于缴税，获得税收利益，在一定程度上也会构成税收流失。另外，随着移动互联网络的飞速发展，一些电子销售活动形成了新的销售渠道和模式，例如在微信平台上通过朋友圈宣传销售，形成销售网络，微商目前也成为税收征管的难点之一，形成了一定的税款流失。

以互联网为工具的数字经济的新特征成为电子商务税收征管必须克服的难点，税务机关必须充分了解互联网电子商务的交易流程，在考虑不阻碍电子商务发展势头的前提下，制定完整具体的电商税收征管制度，减少税款流失。

**四、解决电子商务税收流失的建议**

**（一）颁布相关法律文件，对电子商务征税进行明确界定**

我国现存的税收领域的法律文件、各种暂行条例和相关规定还没有将电子商务作为一项新兴产业列入其中，对电子商务征税的纳税主体、课税对象、税率、纳税地点、扣缴义务人都没有明确的规定。所以要对电子商务进行征税，必须以法律形式对具体税制要素和征管办法进行明确，才能有执行上的权威性。

**（二）建立网络税务登记制度**

税务机关可以和工商部门进行合作，建立电子商务工商税务登记网站，从事电子商务的个人可以在网上进行工商税务登记，取得税务登记号；税务机关可以与淘宝等电商平台合作，规定只有店主在网上进行工商税务登记后，才能在电商平台进行网店账号的申请，并将网店账号与税务登记号码进行关联处理。这样，税务机关可以根据个人店主的税务登记号对其相关经营活动进行追踪了解。

**（三）第三方支付平台进行代扣代缴**

由于税务机关难以第一时间把握网店的资金动态，而一般的电商平台都会采用信用度高的第三方支付平台，例如支付宝，因此税务机关可以将第三方支付平台作为代扣代缴方，并将税务网络征收系统与第三方支付平台对接，在买方下单时，自动显示货款和税款，当支付完成资金流入第三方支付平台时，平台自动扣除税款，缴入税务系统中。这样能够从源头保证税款的及时缴纳。

（四）完善电子发票制度

税务机关应该完善电子发票的在线申请、领购、开具、取得、保管的制度，建立全国联网的电子发票服务平台，设定电子发票全国规范统一的标准，防止纳税人对发票信息的篡改。个人店主在交易完成时，必须开具电子发票并上传给支付平台，平台对交易情况和发票内容进行比对，审核通过后再将扣除税款的货款划给店主，店主可以在网店管理中查看自己开出的电子发票。这样可以强制网店开具电子发票，同时税务机关的电子发票平台可以同步各种发票开具的信息，便于税务机关对税款缴纳的监督稽查。

（五）针对纳税人经营情况区别征收

在淘宝这样 C2C 模式的电商平台中，网店的经营情况往往参差不齐，有的网店经营多年已达到皇冠级别，有的网店刚刚开业还未有销售量，所以在制定税收政策时应对网店进行区分。税务机关可以对电商平台上的个人网店数和月销售额进行调查，评估出一个合理的标准，月销售额低于这一标准的可以免税，高于这一标准的可以采用优惠税率，已经达到皇冠级别并且月销售额达一定数额的则正常纳税。这样根据纳税人的信用等级和月销售额进行分类征收，可以减轻对网络商品价格的影响，消除对电商平台创业积极性的打击，从而不影响电子商务的发展。

（六）与其他部门进行信息共享，利用大数据进行税收风险预测

大数据时代，网络商店和消费者在互联网上的任何操作行为都会以数据流的形式产生和传递，这就意味着电商平台、银行、第三方支付平台每时每刻会产生海量数据，税务部门应与电商平台、银行、第三方支付平台进行信息共享，在海量数据中挖掘有价值的数据信息，从而掌握更多网络店家的资金动态和交易行为，利用大数据技术对异常值进行分析，预测可能发生的税收风险。

# 信息化技术破解电子商务征管困局[①]

## 一、电子商务的税收征管困局

相比传统企业行为，电子商务对现行税收征管体系提出了许多挑战，而现行税收征管体系应对效果难尽人意而陷入征管困局。

---

① 本部分由山东省税务干部学校张玉堂撰写。

（一）税收管辖权的挑战

税收管辖权是税收征管的基础。长期以来，我国国内实行的是以属地管理为主的税收管辖权，即根据地域的划分来确定管辖对象的归属，只有对个别超大型纳税人，才由总局或者省局指定管辖方，如中国银行、农业银业、工商银行、建设银行、交通银行五大银行的所得税，由总局指定分别归北京或上海负责汇总缴纳，不管其收入来源地或分支机构是否在北京或者上海。这种管理方式的基础来源于纳税人的居民管辖权，税务机关通过税务登记管理的方式对纳税人进行户籍监管，通过发票管理的方式约束纳税人的经营、申报、纳税行为。对于传统的商务行为，这种"铁路警察，各管一段"监管方式效果较好，但是对于电子商务，这种管辖方式则面对着严峻的挑战。

传统商务如果是直接面向最终消费者进行经营的话，势必要选择一个交通便利的营业场所进行交易活动，并且随着交易影响的扩大，这种营业场所即使经营者不申报登记，也难以逃脱税务部门的日常巡查。但是在电子商务活动中，交易行为往往只依托于一套数字化的商品展示平台、虚拟化的交易场所、电子化的支付手段，就可以完成交易行为。一根网线、一台电脑、一部电话，以及便捷稳定的物流和货源联系方式，就足以保证电子商务经营者正常开展业务，基本不需要实体化的大型经营场所。通过抽样调查发现，存在大量的电子商务经营者把经营场所选在了居民家庭之内，这就有效规避了税务部门的检查。虽然《中华人民共和国税收征收管理》第54条第四款规定税务机关有权"到纳税人的生产、经营场所和货物存放地检查纳税人应纳税的商品、货物或者其他财产，检查扣缴义务人与代扣代缴、代收代缴税款有关的经营情况"，但是面对这种店、家一体的经营方式，要进入居民住宅进行检查，往往需要司法部门或者公安部门的配合，仅靠税务部门本身难以开展，这又加大了税收征管的难度。

由于电子商务中的B2C和C2C两大类贸易是直接面对最终消费者，免去了传统商务中那种制造商—各级批发商—零售商—消费者的很多中间环节，这种交易上的简便化使得税务部门很多常规监控手段应对乏力，比如就无法通过上下游行业的经济行为对中间行业进行测算，使得增值税的链条管理效应大大缩减。最为有力的"以票管税"手段，如果最终消费者并不需要发票，那么效果也可想而知。同样，当经营者发现不需要发票也可以正常开展业务时，通过避免税务登记来脱离税务部门的户籍管理也成为经常性选择。

更为严峻的是，随着电子商务经营额的迅猛增长，也大大挤占了传统商务的正常经营空间，导致大量的传统商务行为迅速向电子商务转变，这也促使电子商务的税收征管漏洞越来越大。

当居民管辖权管理效果不佳的时候，我们能否通过收入来源地管辖权加以补救呢？实践证明，这种管理方式更难，如果说对于海量的销售方税务部门都难以管辖，面对天量的消费者,税务部门更是处于绝对被动状态。

为了解决这种管辖不力的现状,学界提出了多种替代管理方式,主要包括以下四种:

第一种是地方自管类。由各地通过数据筛选的方式对各电子商务平台上的经营者进行筛选,挑选出属于本地管辖范围的纳税人,再逐户进行巡查核对,督促办理涉税业务。

第二种是代扣代缴类。由总局指定各电子商务平台经营者对利用其平台开展业务的商家进行纳税管理,根据其营业额和适用税种、税率实行代扣代缴。

第三种是指定管理类。由总局比照五大银行管理例子,指定某家税务机关负责管理某电子商务平台,对利用其平台开展业务的商家进行纳税管理。

第四种是总局直管类。由总局大企业管理司或者成立电子商务司直接对各大电子商务平台进行直管,对利用其平台开展业务的商家进行纳税管理。

总的说来,这四种管理方式各有利弊,而且即使按照某一种方式进行管理,依然需要面对错综复杂的征管环境。例如,第一种方式中地方税务机关的积极主动性较强,但是难以想象的是全国税务部门以县或者市为单位去和阿里巴巴公司商讨数据源的获取事项;第二种方式中先不讨论阿里巴巴公司是否愿意签署对数十万甚至上百万商家代扣代缴的税企协议,即使阿里巴巴公司同意签署,当某一商家说明"我已经在所属地税务机关申报纳税,你不能重复征税的时候",阿里巴巴公司又如何去审核该商家出具的完税证明是否属实呢?第三种方式中假如总局指定杭州市国税局负责对淘宝网站(淘宝网实际经营地在杭州)上的所有经营者进行纳税管理,如果允许经营者扣除已经在实际所属地缴纳的税款,则杭州市国税局就要负责对商家出具的各级税务机关开具的完税证明进行审核,那么杭州市国税局就要陷入和第二种方式中阿里巴巴公司类似的困境。当然,为了避免这种困境,也可以硬性规定淘宝网上的电子商务经营者只需对杭州市国税局申报纳税,不需向实际经营地税务机关申报纳税。但是,这种硬性规定实际上是把全国的税收集中到杭州去缴纳,其余地方税务机关的态度可想而知。如果出现了内蒙古某家电子商务纳税人的偷逃税案,靠杭州市国税局的力量去实地检查也很难想象。并且还有发票管理、税务登记等一系列税收业务如何开展,这都是被指定税务机关需要面对的棘手问题。第四种方式可以有效解决管辖权的问题,在具体操作上,为降低征管工作强度,总局可以从阿里巴巴公司筛选出各地区应管辖的纳税人,指令各单位对应监管。

(二)税负公平原则的挑战

税收原则是制定相关税收政策的基本依据和衡量其是否合理的基本准则。税收公平原则是税收最高原则之一,它指具有相等纳税能力者应负担相等的税收,不同纳税能力者应负担不同的税收。对于什么是公平,学界主要有收益说和负担说两种观点,但是无论是哪种观点,都承认同质同类的经营行为应当承担同样的税收负担。

从税负公平原则的要求来看，相比传统商务行为，电子商务中同质同类的经营行为其税收负担要少得多，这就有悖于税收公平的原则。因为随着电子商务的发展，建立在互联网基础上的这种与传统的有形贸易完全不同的"虚拟"贸易形式往往不能被现有的税制所涵盖。电子商务的流动性、隐匿性及交易本身的数字化又与税务机关获取信息能力和税收征管水平不相适应，使之成为"优良"的税收避税地，导致传统贸易主体与电子商务主体之间税负不公。这种局面如果不能及时加以扭转，则影响到的不仅仅是税收，而是扭曲了整体经济的公平竞争环境，最终形成一种"劣币驱逐良币"的恶性市场行为。

（三）课税对象的挑战

课税对象又称税收客体，它是指税法规定的征税的目的物，是征税的根据。每一种税都必须明确对什么征税，每种税的课税对象都不会完全一致。在传统商务行为中，课税对象是比较明晰的，而在电子商务中，许多产品或劳务是以数字化的形式、通过电子传递来实现转化的，而数字化信息具有易被复制或下载的特性。所以，它模糊了有形商品、无形劳务和特许权之间的界限，使得有关税务当局很难确认一项所得究竟是销售货物所得、提供劳务所得还是特许权使用费，这将导致税务处理的混乱，很可能会因为不知其适用何种税种而无从下手。例如，一家书店 1 个月卖出 1000 本书，税务机关就可以根据 1000 本书的销售额对该书店的销售行为征收增值税。现在假如将书店搬到网上，读者通过上网下载有关书籍内容，那么我们是作为许可费用征收还是比照出售书籍征收？在未"营改增"以前，这涉及营业税和增值税两大税种的管辖权的划分问题。从 2013 年 8 月 1 日"营改增"试点后，将前者划为改缴增值税的范畴，前者按照"营改增"办法，也只适用 6% 的税率，而后者则适用 13% 的税率，两者之间存在较大差异，如何确定对税务机关也是一个挑战。

（四）税收效率的挑战

"依法治税，应收尽收，坚决不收过头税，坚决制止和防止越权减免税"是税务部门组织收入的工作原则，但是在实际工作中，税收征管资源不是无限的，税制设计和日常税收管理都要求征税过程必须是有效率的，征收的行政管理费用不应铺张浪费，纳税人缴纳税收的从属费用不能毫无必要的增加，并且还要使税收的额外负担最小。但电子商务的发展对税收效率原则将产生一定的冲击。例如在电子商务交易中，产品或服务的提供者可以直接免去中间人（如代理人、批发商、零售商等），而直接将产品提供给消费者，而中间人消失的结果将会使税收征管复杂化，原来可以从少数代理人取得巨额的税收，现在却将许多无经验的纳税人加入到电子商务中来，变成了向广大的消费者各自征收小额的税收，这将加大税务机关工作量，提高税收成本。

（五）征管信息的挑战

按照博弈论的观点，税务部门与纳税人始终是一种博弈的关系。在博弈过程中，税务部门多处于一种被动的、非对称信息交流状态。对于电子商务经营者来说，这种信息的不对称现象尤为突出，由于电子商务是以一种无形的方式在一个虚拟的市场中进行交易的活动，其无纸化操作的快捷性、交易参与者的流动性，决定了税务部门对其纳税主体、客体、纳税环节及纳税地点等征管信息更加难以确定。即使经过不懈努力，能够获取一部分信息，但是这种片面、零碎、混乱的信息也难以作为税务部门开展税收征管的依据。仅以纳税主体为例说明：确定纳税义务人是征税的前提条件，在互联网上确认客户的身份有两种最基本的方式，一是"跟踪供货途径"，一是追踪"货款来源"。在跟踪供货途径方面，通过电脑可以查出供货目的地的电脑地址，但由于企业对于电脑地址名称的使用不规范，所以光凭一个电脑地址并不足以确认供货的目的地国。此外买方还可以通过因特网匿名提供电子信箱的服务，从而故意掩饰自己的身份。人们甚至发明了"障眼法"，用这种方式，通过中间插入多个电脑的方式使得连发货人都不知道客户的真实的电脑地址。可见，由于电脑地址的原因，通过追踪"供货路径"确认客户身份是很难做到的。在追踪贷款来源方面，互联网上的记账将来都会以信用卡和电子货币为基础，目前的结账工作有一部分还是通过信用卡号码进行的，由于信用卡的国际识别，可以查清持卡人的国籍。但大型信用卡组织将来都实行SETP（Secure Electronic Transaction Proto-col）标准，这种记账方式将不对卖方公开买方的身份和信用卡信息。电子现金的使用同样应引起充分的重视。目前运用的电子现金没有统一的标准，而且在可审计性方面也不一致，在很多情况下，支付人是匿名的，从而大大增加了信息获取难度，使利用电子现金逃税成为可能。因此，从技术上来讲，无论是追踪供货过程还是付款过程，都难以查清买方身份或供货目的国的信息。

（六）税收利益分配的挑战

隐藏在税收难以监管背后，更为复杂的是税收利益分配的挑战，现行的税收分配制度，使得各级政府把在本地区内经营的税收利益天然地认为应该是属于自己的财政利益。如果对电子商务的税收问题大家都无计可施，地方政府尚可理解，如果采取前文所述的任何一种集中管理制度，而不对地方进行税收利益分配，虽然表面上看起来税收漏洞缩小了，体现了税收公平中性原则，但是各地方政府很可能反而会产生不满情绪，或是认为当地税务机关监管不力，导致税收流失，或是认为中央又从地方上"揩油"，从而影响了财政税收关系，反而埋下地方政府与税务部门之间的矛盾。

如果电子商务是跨国进行的，则还将影响到国家之间的利益分配。某些国家是信息技术大国，势必利用其技术上的优势地位损害其他国家利益。例如，前美国总统克林顿在《全球电子商务纲要》中宣布：因特网应为免税区，产品及劳务如经由因特网传送者，均应一律免税。由于美国是信息输出大国，其主张当然对自身有利而遭到其他国家反对。可以想象，电子商务的迅猛发展，必将带来新的国际税收冲突以及为解决冲突而进行的新的国际税务合作。如何建立有利于我国的更公平的电子商务税收分配制度，尚需在国际谈判与合作中去努力争取。

（七）征管执法手段的挑战

由于信息上的不对称，导致税务部门的各种税收征管执法手段也受到了挑战，虽然《税收征管法》及其实施细则赋予了税务机关拥有检查、税收保全、强制执行、责令提供纳税担保等种种执法手段，但是对于一个信息基本空白的潜在纳税人，这些执法手段效果很不乐观。这便形成了一种信息空白导致执法手段虚化，执法手段虚化导致信息更加空白的恶性循环状态。

（八）国际税收秩序的挑战

如果说前面所提出的挑战多是站在全国的角度来分析问题，那么当视野放宽到全球的角度，问题更多，挑战更大。电子商务还对常设机构等一系列国际税收基本管理概念提出了挑战，如果不能妥善加以解决，很可能会演变成对整个国际税收秩序的挑战。

一是对常设机构概念的挑战。在国际税收中，现行的税法通常以外国企业是否在该国设有常设机构作为对非居民营业所得是否征税的依据。而在电子商务中，因特网不仅打破了空间界限，而且使得现行的固定营业场所的概念也变得模糊起来：商家只需要在互联网上拥有一个自己的网址、网页，即可向全世界推销其产品和服务，并不需要现行的常设机构作保障，因而也就没有了征税依据。另外，在有关代理商方面，《经合组织范本》认为对非居民在一国内利用代理人从事活动，而该代理人（不论是否具有独立地位）有代表该非居民经常签订合同、接受订单的权利，就可以由此认定该非居民在该国拥有常设机构。面对电子商务，大多数国家都希望网络服务供应商符合独立代理商的定义，从而可以将其视为常设机构行使税收管辖权。但事实上，即使所有合同都是通过网络服务供应商的基础设施商议和签订的，据此将网络服务供应商视为代理商，其理由也不够充分。在现行概念体系下，由于大多数国际税收协议都将非独立人特指为人，因而将网络服务供应商视为代理商就不符合现行概念。

二是对国际税收管辖权的挑战。现行的国际税收管辖权一般分为居民税收管辖权和所得来源税收管辖权。当存在国际双重或多重征税时，一般以所得来源国际税收管辖权优先。而在电子商务中，由于交易的数字化、虚拟化、隐匿化和支付方式的电子化，交易场所、产品和服务的提供和使用难以判断，使所得来源税收管辖权失效。而如果只片面强调居民税收管辖权，则发展中国家作为电子商务产品和服务的输入国，其对来源于本国的外国企业所得税管辖权，将被削弱甚至完全丧失，由此导致的大量税收流失显然不利于发展中国家的经济发展和国际竞争。

三是税收的国际协调面临挑战。电子商务的快速发展加大了商品、技术、服务在全球的流动，客观上要求各国在电子商务的征税问题上采取同一的步骤与策略，但各国现行的税收征管差异又使得税收的国际协调面临着巨大的挑战。

## 二、应用信息化技术破解电子商务征管困局的建议

面对庞大复杂的电子商务现状，要做到"颗粒归仓"，只能是我们的理想和终极目标，现实最优选择只能是把有限的征管力量投入到那些最有可能带来税收效益和社会效应的征管对象中去，如果脱离当前电子商务的征管现状高谈应收尽收，将会陷入空谈的局面，反而适得其反。

本文并不打算通过信息化技术来全面解决当前在电子商务管理中的征管问题，这实际上也不可能，因为很多征管问题是无法通过技术来解决的，只能通过建立适应电子商务的征管流程来有目的地加强管理。本文只是从实践出发，通过运用信息化技术手段来探讨如何破解或缓解电子商务征管困局。

### （一）广泛应用数据库技术以缓解信息不对称的征管困局

电子商务是基于网络与数据库服务器的一种商业行为，其各个环节都会产生海量的数据信息，如果能够有效利用数据库技术进行数据挖掘与分析，则可以准确掌握电子商务的真实数据信息，便于税务机关进行税收征管。

电子商务企业构建的电子商务平台，是建立在数据库技术基础之上的，该数据库会记录在该平台进行经济活动的电子商务企业的基本登记信息、经营活动信息等基础数据。这些基础数据是税务部门对电子商务企业进行征收管理的基础数据。由于电子商务的虚拟特性，会有部分电子商务企业，利用诸如虚假信息进行登记、伪造虚假的交易信息等手段，规避税务部门的监管。在这种情形下，这些基础数据很难确保真实性和有效性，为税务部门进行征管带来极大的困难。

由于电子商务虽然是虚拟的交易模式，但是终归还要回归到资金往来、物流配送等实体流程中来。例如各银行和其他第三方支付平台会记录交易双方的账号及资金流动信息；物流配送企业会记录商品的物流信息，其中会包含商品的真实信息、交易双方的真实地理信息。因此，充分利用金融机构和物流配送企业的相关数据信息，进行集中采集后，与电子商务平台的基础信息进行汇总，通过数据库技术对所有数据进行处理、分析和挖掘，可以得到较为准确的所有电子商务经营者的基础信息与经营数据。税务总局将上述内容导入税收征管系统下发至各级国税地税机关，各地国税地税机关就可以根据这些数据对电子商务商家进行有效监管。

例如，对于目前电子商务税收征管的难点之一C2C模式来说，由于全国各地的商家都是在某个电子商务平台上进行经营活动，无论是网商登记信息、交易信息，税务部门都无法确保单纯从电子商务平台获得基础数据信息的准确性。如果加入金融机构提供的资金往来数据，税务部门就可以较为准确地判断网商的交易金额；如果加入物流企业提供的数据，税务部门就可以准确地获取网商的真实经营地址，也就可以有效解决电子商务属地管理的难题。

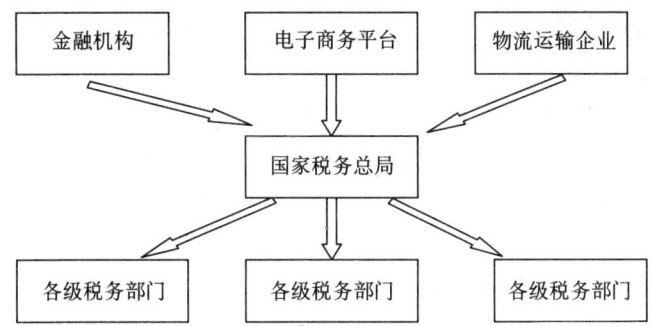

（二）应用云计算技术以有效提高管理效率

目前我国电子商务的规模已经相当巨大，每天产生的数据是海量的。每个电商企业每天都会产生大量的数据，包括商品采购和上架信息、商品出售信息、物流配送信息等，这些信息如果单纯依靠某台大型服务器或计算机，已经难以承受如此规模数据的分析计算任务。

数据处理的及时性，对于税务机关及时掌握电商企业的经营情况，提高征收管理的质量来说是十分重要的。电子商务的数据采集汇总需要一定的时间，如果在数据处理上耗费的时间过长，那么下级税务机关获取的数据时效性就会严重滞后，对于税收征管工作来说，将是极大的不利因素。

云计算能够实现普通计算环境下难以达到的数据处理能力。云计算通过一定的调度策略，可以通过对数万乃至百万的普通计算机之间进行联合来为用户提供超强的计算能力。目前"金税三期"网络已经基本建成，覆盖全国的高速专线网络和近百万台高性能的终端计算机，为税务部门利用云计算技术对电子商务数据进行分析处理提供了得天独厚的硬件基础。

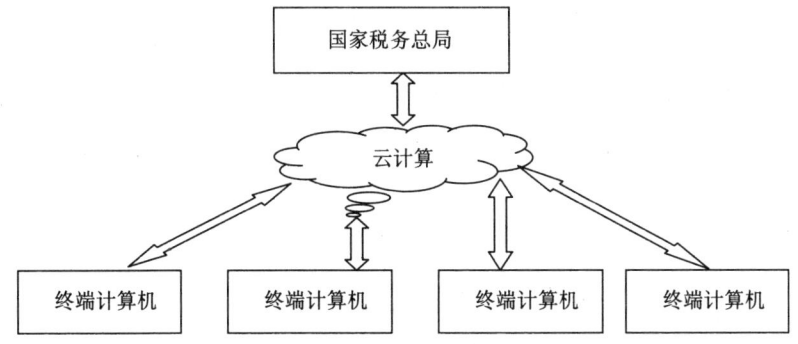

同时，采用云计算技术，能够充分利用"金税三期"已经建成的高速网络，百万台终端计算机的冗余计算能力，不仅可以大大提高电子商务数据分析的利用效率，更可以有效降低税务部门的征税成本。

（三）应用信息安全技术以保障征管工作的顺利开展

目前国际国内的网络信息安全形势不容乐观，数据服务器遭黑客入侵、个人信息泄漏等安全事件屡见不鲜。电子商务作为一种全新的企业经营模式具有开放性同时也带来了诸多麻烦，比如病毒入侵、黑客攻击、信息抵赖、信息假冒等，这些不可预知的问题给企业带来的损失不可估量。信息安全问题是电子商务的主要技术问题，安全问题是商家和消费者以及银行最关心的问题，主要面临以下威胁：一是信息篡改。电子的交易信息在网络传输过程中，信息可能会被人、被第三者非法篡改，导致信息失去了真实性和完整性；二是信息破坏。由于一些硬件和软件问题或者是一些恶意病毒使一些信息遭到破坏；三是身份识别。若没有身份识别，交易的一方就可以对交易内容否认或者是欺诈，或者会有第三方来冒充交易的一方；四是信息泄密。即交易双方进行交易的内容被第三方窃取或交易一方提供给另一方使用的文件被第三方非法使用。

2012年当当网大量客户信息遭泄露，部分账户余额被盗，就已经给电商敲响了数据信息安全的警钟。一个电子商务平台出现安全问题就会对用户和电商企业造成巨大的损失，那么税务部门如果采取前文所述的数据库技术和云计算技术集中采集海量的全国的电子商务的数据，那信息安全的重要性更是不言而喻。电子商务数据不同于一般的税收数据，它包含的不仅是企业的详细信息，还包括消费者的姓名、联系方式、住址、银行账号等详细信息，在个人信息泄漏带来的危害日益严重的当下，税务部门必须借助安全技术确保电子商务数据信息的安全，这是利用信息化技术进行电子商务征管必须解决的前提。税务部门必须充分利用先进的信息安全技术，确保各级网络设备、数据处理中心、服务器和终端计算机能够有效保护电子商务数据的安全，防止被非法分子盗取利用，对电子商务经济造成损害，给广大电商和消费者带来巨大的经济损失。

（四）应用税控技术和电子发票以有效发挥税收征管手段

电子商务的运营，尤其是C2C模式的电子商务，通常情况下缺乏有效的监管，税务部门难以掌握真实的交易情况。开发电子商务专用税控设备，是解决对已经纳入税务机关管理的电商进行有效监控的有效技术手段。针对电子商务开发的专用税控设备，除具备税控设备的基本功能外，还应该增加用户对于网上银行等涉及经营信息的数据采集功能。实现这一功能，应加强与银行、物流等企业的合作，并确保数据信息的安全。

电子商务零售市场，特别是网购已经逐渐成为人们生活中不可或缺的一部分。网购产品从吃穿用度到娱乐休闲，正逐步覆盖生活的方方面面，几乎到了无所不至的地步，这也有效促进了企业技术进步和社会经济效益的提高。但是这个市场还存在不少的问题，最为突出而普遍的就是开发票难，这也似乎是网购市场中的"潜规则"，其中不仅造成巨额税收流失，也给消费者维权带来证据障碍，同时还给这个新兴的市场提出了监管难题。面对如此多的市场乱象，规范电子商务税收问题成为重中之重，而加快普及电子发票就是眼下最好的举措。因此全面试点并推行电子商务发票电子化，无论是对于政府监管，还是销售渠道、品牌商、消费者三方的利益，都有着积极的意义。电子发票的实施，可以促进电商企业的规范化经营，将电商的征管基本信息、申报信息、入库信息等都结合起来，可以全方位地监管电商的经营活动，使税务机关高效地对电商企业进行税收管理。

与传统税收征管相比，不论是信息化技术还是电子商务，都是刚刚起步的新生事物，蕴涵着磅礴的生命力。随着时代的发展和进步，两者之间的碰撞肯定还会出现更多璀璨的火花，上文仅仅是我们很粗陋的一个整体构思，还有很多需要细化和完善的措施，由于篇幅所限，不能一一列举，但是可以肯定的是，在经济全球化的大趋势中，越早考虑和布局信息化技术在税收征管中的应用，就能在以后的全球竞争中占据越有利的位置，为中国梦的实现多奠定一块砖石，哪怕这种考虑和布局是很不完善的，也比在列强制定了通用准则后要求我们参照执行要好得多。

# 基于订单管理的 B2C 电商征管模型设计[①]

2014 年 11 月 11 日，中国最大的 B2C 电子商务平台"天猫"销售额 38 分钟突破 100 亿元，24 小时达到 571 亿元，比 2013 年"双十一"362 亿元的销售规模提高了 57.7%，而且随着移动端设备、跨境采购等新型商务方式的快速发展，B2C 电商的销售规模将会越来越大。但是，与之相关联的税收征管的风险也随之愈加被重视。为了更好地梳理现阶段 B2C 电子商务模式的发展情况，寻求有针对性的征管方法，我们对辖区内的电商企业进行了细致的调研，并在调研的基础上对现有的电子商务征管模式进行比较后提出了"基于订单管理的 B2C 电商征管模型"。

## 一、电子商务企业分类及征管现状

按照经营业务相对人的不同，电子商务企业可以分为：

（一）B2B

如阿里系中阿里巴巴平台上的加盟企业。此类卖方一般证件比较齐全，业务规模较大，管理相对规范。卖家普遍采用"实体+网络"的方式开展经营，有实体生产或者主要代理身份，交易双方维权意识较强，通常会线上进行洽谈，线下签订合约，买方多数通过电子支付工具或者电子转账进行支付，也基本会索要发票。针对

---

① 本部分由济南市长清区国税局凌璐撰写。

此类电子商务企业，现有征管体系基本上已将其涵盖在内，通过增值税一般纳税人备案、行政许可、发票审批领购等环节对纳税人进行管理和规范，纳税人可以根据实际经营及开具发票情况进行申报纳税。

（二）B2C

如阿里系中天猫平台上的加盟企业。此类卖方一般证件比较齐全，业务量较大。卖家面对大量零散消费者，普遍采用"仓储+客服"的方式开展经营，有实体生产或者终端代理身份，消费者对商品的价格敏感度较高，交易双方通过在线简要交流即可达成交易意向，买方多数通过电子支付工具或者电子转账进行支付，一般不会主动索要发票。针对此类电子商务企业，现有征管体系基本上也已将其涵盖在内，通过发票审批领购等环节对纳税人进行管理和规范，纳税人往往只根据开具的发票情况进行申报纳税。

（三）C2C

如阿里系中淘宝平台上的加盟企业。此类卖方一般为小型个体工商户或者自然人卖家，除部分具备税务登记证件外，基本上没有相关的资质证件，普遍采用"备货+客服"的方式开展经营，货源多以自主批发采购为主，交易双方通过在线简要交流即可达成交易意向，买方多数通过电子支付工具或者电子转账进行支付，一般不会主动索要发票，有些即使索要发票，卖方也无法提供。针对此类电子商务企业，除部分办理税务登记的卖方外，现有征管体系基本上未将其纳入征管范围。

通过走访调研，目前济南长清区主要电子商务企业共三家，为 B2C 模式，在天猫平台开设独立店铺 7 家，京东平台开设独立店铺 3 家，涉及的市场主体均为企业纳税人，业务量较大，经营方式及特点相对接近，不会存在太大差异，且现有征管方式下存在较大的税收漏洞及执法难度，可以作为探索新型征管模式的突破口。

## 二、B2C 电商企业存在的主要问题

（一）依法纳税意识淡薄

通过与电子商务从业人员的交谈，调研人员发现，多数从业人员依法纳税的意识相对淡薄，只注重交易行为的实现及电子商务平台的管理规范，对税法相关的要求知之甚少甚至不以为然。同时受到部分媒体报道及电子商务平台宣传的误导，有些从业人员认为从事网上交易不用缴税或者电子商务平台扣除的相关费用已包含税款无须另行缴纳。实际上，我国现行税法并没有针对电子商务交易的特殊优惠规定，电子商务交易只是交易方式的改变，无论在网上销售货物还是提供劳务，均与线下传统交易适用相同的税法规定。

（二）逃避登记问题突出

我们通过调研走访发现，部分正在进行电子商务交易的小型企业没有按照相关规定办理税务登记证，甚至还有一些连工商营业执照都没有办理。造成此种问题的

主要原因在于电子商务交易的虚拟本质，执法人员无法按照传统的实地查验方式发现漏管问题，加上电子商务主体的跨地域性，执法部门很难直观判断电子商务主体应归属何地进行管理，与传统的户籍式管理方式差异较大。

（三）账目核算不够健全

调研中发现，很多电子商务企业账目设置相对简单，核算项目不够全面，账外经营问题突出。因为电子商务企业往往会采用单一的网络销售方式，通过网店形式对所售商品进行陈列，商品种类繁多，实际仓储地址相对分散且隐蔽，税务人员无法像实体店面那样对电商企业的库存进行核实，而且电商企业在网店中标明的库存变动数量与实际库存数量并无准确的关联关系，无法作为判断其经营情况的依据。例如，在调研一户经营化妆品店铺的卖家，网上店铺陈列商品与仓库中实际商品完全不符，卖家解释商品为厂家直接发货，对于发货量较大且零散的化妆品明显与实际不符，卖家隐匿了部分仓储未向调研人员公开；买方维权意识淡薄或者为了追求较低的成交价格不会刻意要求电商卖家开具发票，有些电商就仅针对开票交易行为入账，账载相关的库存、收入、销项税额、进项税额等项目与经营实际不符，从而达到少缴税款的目的。同时，调研过程中还了解到诸如支付宝等电子支付工具在完成交易转账时会将资金转入卖方事前绑定的一个银行账户中，有些电商卖家为了隐匿销售收入会绑定一个个人开立的存款账户，造成税务人员无法掌握电商卖家的资金往来情况。

（四）存在虚假交易行为

由于电子商务交易行为的虚拟本质，买卖双方处于一种信息不对称的交易状态，卖家为了可以更好地吸引买家，促成交易，往往会人为地进行虚假交易，即俗称的"刷点"。电商平台一般都会明令禁止此种"刷点"行为，但是电商平台会从电商卖家的交易金额中提取5%的管理费，也就是说即使是虚假交易，电商平台也可以获得收益，所以最终就会对这种不正当竞争行为睁一只眼、闭一只眼。从与电子商务从业人员的谈话中，我们发现此类虚假交易行为普遍存在，且占交易总额比重较大，约为50%－60%。由于此类交易行为并不具备商业实质，而且在实际工作中税务人员无法掌握交易本身是否虚假，具体比重需由电商卖家进行计算，这就对税款查补工作带来一定的困难。

（五）经营费用复杂多样

调研中还发现，相比于传统商业模式，电商卖家需要承担的费用更加复杂。以天猫卖家为例，天猫收取的技术服务费为6万元/域名/年、交易扣点5%、积分佣金0.5%；信用贷款日利率0.06%、订单贷款日利率0.05%；几个常用的营销工具中直通车按点击收费、淘宝客按成交金额收费、聚划算按交易笔数收费；快递费用根据不同的快递形式收费标准也各有差异；同时为了提高店铺人气，卖家还会向买家提供一些交易返现、好评返现等促销措施。这些费用支出多数是与企业经营业务相关的合理的支出，由于受到企业账目核算问题、平台管理策略、控制成本压力等方面的影响，部分费用电商卖家未能取得相应的发票凭证，并未入账记录，税务人员受限于相关专业领域知识的缺乏，无法通过账目掌握企业的真实经营情况，造成税款的漏缴。

### 三、基于订单管理的 B2C 电商征管模型探讨

由于电商业务的虚拟性与跨地域性，传统的征管方法应对电子商务交易行为往往存在取证难、核对难、落实难等问题，为此我们在对现有电商征管模式进行梳理的基础上提出在目前征管框架下相对具有可操作性的新型征管模式。

（一）对两种主流征管模式观点的分析

1. 电子商务支付平台代扣代缴模式

一种主流的观点认为，对电子商务企业征税，应当通过第三方电子支付工具（如支付宝、财付通等）代扣代缴网络交易税款。通过对电子商务交易业务征税行为的调研，我们发现代扣代缴模式主要存在以下优缺点：

优点：操作相对比较简单，电子商务支付工具后台具有非常准确的支付款项往来数据，支付工具代扣代缴税基可以准确计算，且支付工具种类较少，征收管理工作相对集中，可以提高征收管理的成效。

缺点：其一，对增值税一般纳税人而言，其缴税是按销项税额与进项税额的差额计税。由于电子支付机构一般只掌握销项税额，不掌握进项税额信息，因此无法替增值税一般纳税人代扣代缴税款。如果采用简易办法征收，容易造成原进项发票有货虚开的问题。其二，一些纳税人同时经营实体店和网络店，若实体店收入采取自核自缴的方式缴税，而网络店的收入则由电子支付机构代扣代缴税款，容易产生税务会计处理问题，同时同一纳税人采用不同的纳税方式，也会增加管理成本。其三，目前，全国有数十家金融支付机构和 200 多家非金融第三方支付机构，若所有机构都可代扣代缴网络交易税款，则监督管理难度巨大，同时也会因支付机构的代扣代缴身份产生垄断、不正当竞争等扰乱市场发展的问题。其四，税款划分问题无法解决。平台/交易工具代扣代缴税款入库后，缺少相应的政策依据实现不同地域税款的划分。

2. 电子商务网络发票控制模式

这是另外一种主流的征管模式观点，它主张可以通过网络发票对电子商务交易行为进行控制。具体控制办法如下：第一步：国家税务总局联合工信、经信、财政、银监等部门，征求主要电子商务平台企业意见研发电子商务网络发票开票插件，所有从事电子商务交易业务（包括自营网站及电子商务平台）的网站通过网络开票认证的方式推行网络发票开票插件的使用。第二步：将网络发票的开票环节内置到电子商务交易过程中，接收客户订单信息后，网络发票开具模块作为电商卖家确认订

单的入口，根据客户订单信息自动生成发票票面。网络发票开具后通过电子报文的形式传递到网站管理后台、支付工具及承运快递单位系统中，同时，开票插件提供发票打印功能，将纸质发票随货交购买者。电子商务网站通过发票电子报文与客户支付金额的比对稽核，将交易金额转给电商卖家。第三步：电商卖家在申报期内根据电子发票开具金额向主管税务机关申报缴税，主管税务机关可通过电子发票开具系统中的记录数据核实纳税人申报数据的准确性。此种办法也具有较为明显的优、缺点：

优点：其一，可以解决电商卖家不办理税务登记漏征漏管的问题。网络发票开具模块中需输入纳税人的纳税识别号进行确认，不办理税务登记证件的电商卖家将无法通过网络交易平台确认订单，交易过程也就无法实现。其二，保证交易过程的完整性。网络发票始终贯穿电子商务交易的始终，可以有效地对电商卖家、平台网络、承运快递企业的业务进行监控，尽量防止虚假交易、账外经营情况的出现。其三，税务部门监管难度较小。税务部门只需要对从事电子商务交易业务（包括自营网站及电子商务平台）网站的网络发票开票插件的使用情况进行重点监控，就可基本掌握电子商务参与各方的交易发生情况，不需要对海量的电子商务参与方的经营活动进行监控，降低了电子商务交易行为监管难度。

缺点：其一，对税务机关与电商平台实时数据传输要求较高，税务机关需要很高的带宽及数据传输能力在很短的时间内获取电商平台订单对应的电子发票信息以用于与企业申报数据的比对，同时，后台数据仓库的数据清分能力也要求较高，极易因为税务机关后台原因导致纳税人无法正常申报。其二，将网络发票开具插件置入电子商务平台需电商平台对现有运营流程进行相应的修改和重设，会增加电商平台的运营成本，这就极易导致电商平台对插件的使用存在抵触情绪，需要各部门协调后，或者是有相应法律法规规范后才便于全面推行，而目前针对电子商务方面的立法还处于商讨阶段，正式推行还需时日。其三，网络发票的使用对纳税人的财务核算水平要求较高，纳税人应具备根据发票开具情况准确核算销售收入、计算应纳税额的能力，而目前有相当比例的小规模纳税人不具备准确核算的能力，且因为订单履行情况也可能会出现确认收入时间节点不一致的情况，如果一刀切的根据开票情况与企业申报情况进行比对后确认申报成功将极大地增加税务机关纳税申报服务人员的工作量，同时也会导致在自主申报方面税务机关与纳税人权责不够明晰，激化税企之间的矛盾。

以上两种征管模式的优缺点都比较明显，无法应对当前电子商务交易行为中存在的突出问题。

（二）基于订单管理的数据分析控制模式的提出

在对两种模式进行综合后，我们尝试提出"基于订单管理的数据分析控制模式"。之所以提出该模式，是因为通过调研我们发现，电子商务流程的一个核心接入点为订单环节,消费者根据想要购买的商品在平台中下单,商家对下单情况进行确认发货,平台对商家及消费者的订单履行情况进行监督,支付、物流等辅助功能也都以订单的有效与否来进行配套,所以,电子商务平台对参与的B2C企业都具有较为完善的订单管理系统,订单管理服务器中记载有非常完备的业务交易信息,包括订单状态、商品、价格、付款情况等数据。我们建议可以要求电子商务平台定期向总局提供一定时期内的电子商务订单信息,按照风险管理的理念,总局后台数据库(或者总局将数据清分打包后由省级后台处理)通过对同一纳税主体当期内订单完成情况进行汇总后与该纳税主体同一时期内的申报、开票情况进行比对,确认自主申报风险点,并根据业务量大小、差异额大小、查处税收贡献大小等因素对风险点进行识别、排序,对风险排序较高的通过专项评估的方式进行下发,并督导评估的完成情况;对风险排序较低的通过预警清单的方式进行下发,由各级风险控制部门自行安排。

　　此种方法较之以上两种方法具有以下优势:其一,在目前的法律框架下,此种方法可以找到相应的法律依据来确保方法的顺利实施。根据《中华人民共和国征收管理法》第四章的规定:税务机关有权对纳税人的账簿、记账凭证、报表及相关资料进行检查,有关单位和个人有义务向税务机关如实提供有关资料及证明材料。订单作为业务发生的主要证明材料,电子商务平台有义务向税务机关提供真实、完整的订单数据。并且,电商平台往往都会有较为完备的订单数据导出、汇总功能,向税务部门报送不会额外增加过多的负担,容易取得平台企业的配合;其二,通过对纳税人订单的签订、履行、完税等情况进行梳理,有利于引导纳税人规范自身的网络销售行为,从主观上减少"刷点"等虚假交易行为。通过对订单的追踪,税务机关可以确定自身辖区内开设有网上经营店铺的漏征漏管纳税人,从而督促纳税人办理税务登记,履行依法纳税义务。借助约谈、实地核查、账目检查等风险应对手段,使纳税人树立合理的经营理念,从根本上扭转电子商务平台业务混乱的现状,防止因强行开票比对激化税企矛盾;其三,可以更好地理顺自主申报方式下征纳双方的权利与义务关系,增强税务机关执法的严肃性,提高纳税人税法遵从度。此种方式下,税务机关不直接干预纳税人的自主申报行为,由纳税人根据自身财务核算情况进行申报,对适用税法情况负责,税务机关根据风险识别出的风险点对纳税人申报情况进行评定,可以要求纳税人对风险指标进行解释并提供合理的证明材料,纳税人承担举证的义务,改变以往在申报过程中过度干预、执法过程中举证义务模糊、税务机关无法准确把握纳税人经营实际的局面,提高纳税人准确建立会计核算体系的自觉性与紧迫感,发挥纳税人在自主申报过程中的主体地位;其四,可以将有限的税收资源合理分配到风险级别较高的纳税人身上,深入开展应对工作,减轻一线税务人员的工作负担,提高应对工作的质量,保证风险应对结果,而且可以将预警数据作为一种长期的监控数据自主进行后续应对。

综合分析来看，我们提出的基于订单管理的数据分析控制模式，可以更好地解决纳税人依法纳税意识淡薄、逃避办理税务登记、会计账务核算不清、虚假业务扰乱市场等多方面的问题，对持续性提升电商管理水平，促进电商环境良性发展都具有积极的意义。

# 电商税务平台风险识别与评估[①]

## 一、电商平台税收风险识别

随着电子商务的蓬勃兴起，越来越多的企业将营销环节推向网络，加上近年来例如淘宝、天猫商城、京东商城、一号店等电商平台建设日趋成熟，无论技术层面还是服务质量均得到极大提高，这使得一些实体经营的企业进驻电商的门槛越来越低。电商平台减少了企业应用互联网的成本，也帮助企业缩短销售周期，推动了企业网络化，但同时也将一些线下业务的涉税风险逐步扩大。

天猫商城等电商平台具有鲜明的特点，它类似于现实生活中的购物商场，为商家提供销售的平台。商城不直接参与销售，而是为商家提供技术、支付、宣传等方面的服务，并按规定收取相应费用。而天猫商城商户无需向传统的零售商户那样会发生大量的上架费、租金等大额支出，再加上电商平台提供的先进管理体系和宣传优势，从而可以获得较好的收益。

电商平台上的商家以个人消费者为主要销售对象，商家与个人消费者之间往往通过不开票行为降低交易金额，商家也往往未将该部分未开票收入申报缴纳增值税和企业所得税。这样的不开票销售方式已经成为电商平台商家 B2C 模式下的"潜规则"，造成大额税收流失。

电商平台风险识别应对项目以电商平台商家收到的由电商开具的技术服务费发票为突破口，按一定比例估算出电商平台商家的销售额，与其自行申报的销售额进行比对，从而筛选出差额较大、税务风险较大的商家。

## 二、电商平台风险评估指标及其说明

（一）范围筛选类指标

1. 指标名称：一般纳税人企业

---

① 本部分由上海市嘉定区国税局徐德晞撰写。

指标公式：增值税纳税人类型＝增值税一般纳税人

数据来源：征管系统增值税认定表

指标指引：筛选出一般纳税人企业。一般纳税人企业财务核算相对比较健全，有利于分析和判断

2. 指标名称：正常户企业

指标公式：纳税人状态＝正常户

数据来源：征管系统纳税人信息表

指标指引：筛选出正常户企业

3. 指标名称：天猫平台商户

指标公式：认证发票中销方识别号包含"330125563015652"

数据来源：金税系统认证发票抵扣联明细表

指标指引：通过进项发票的销售方与淘宝系相关公司的匹配，锁定在天猫上设立店铺的企业名单。天猫向其平台商户企业收取各类费用，开具增值税发票，开票的公司有 x 个，其中浙江天猫技术有限公司（330125563015652）面向的受众最广，一般天猫商户都会收受

4. 指标名称：大量抵扣快递类发票企业

指标公式：认证发票中销方名称关键字包括"顺丰""圆通""中通""申通""韵达"等字样

数据来源：金税系统认证发票抵扣联明细表、全国企业信息表

指标指引：通过进项发票的销售方与快递公司的匹配，进一步锁定在天猫上设立店铺的企业名单。天猫商户企业普遍采用快递公司进行货物流通，有大量的快递公司发票抵扣，但应与大宗物流发票进行区分

（二）风险识别类指标

1. 指标名称：估算销售额与申报销售额差额

指标公式：估算销售额与申报销售额差额＝估算销售额－企业增值税申报销售额

其中，估算销售额＝浙江天猫技术有限公司开具发票的价税合计/天猫服务费占比

指标说明：（1）天猫服务费占比＝技术服务费/［（1－推广费比例）×（1－退货率）］，这里取值为 20%，后期可适当调整

（2）技术服务费包含日常销售的技术服务费和聚划算销售的技术服务费。日常销售技术服务费的最高档为 5%，聚划算销售技术服务费的最高档为 3%。但是，由于天猫开给商户的发票往往汇总了费用，税务机关又无法采集发票明细，无法从总金额中区分各类费用金额，这里统一采用 5% 来计算

（3）经过前期对几家天猫商户企业的分析，推广费比例平均为 30%－80%，不

同的行业由于竞争激烈度不同推广费的占比也不同。这里取 70% 进行计算

（4）各行业的退货率也不尽相同，初步采用服饰行业等退货率相对较高的行业的最高退货率 15%，在后期积累一定量的样本后，可按行业采用不同的阈值

指标阈值：年估算销售额与申报销售额差额 >500 万元，得 60 分

数据来源：申报销售额：一般纳税人增值税申报表一般纳税人增值税申报表附表一第 2 栏"其中：货物及加工修理修配劳务"、浙江天猫技术有限公司开具发票的价税合计：金税系统认证发票抵扣联明细表销方为"330125563015652"销售额小计

指标指引：分析天猫商城与网店企业之间的费用结算规律，根据网店企业支付给天猫商城的费用情况，推算网店企业的在线销售额，从而计算出其未申报差额

2. 指标名称：未开票销售额占比

指标公式：未开票销售额占比 = 未开票销售额/总销售额

数据来源：未开票销售额：一般纳税人增值税申报表附表一第 2 栏"其中：货物及加工修理修配劳务"、未开票销售额总销售额：一般纳税人增值税申报表附表一第 2 栏"其中：货物及加工修理修配劳务"、小计销售额指标阈值：未开票销售额占比 =0，得 40 分

指标指引：商户企业的主要销售对象为个人消费者，大部分个人消费者不会主动索要发票，商户企业的未开票收入占总收入的比例较高。但要排除电子产品、家用电器等顾客主动索取发票的类目

### 三、影响电商平台纳税评估的若干因素

（一）刷销量行为影响销售额计算

通过前期实证分析，发现大量天猫商户存在虚拟交易，即刷销量行为。利用网络上存在的"互刷"QQ 群，天猫业主通过互相刷单，达到虚构高销售量高人气的目的。"刷单手"点击购买，通过支付宝正常付款，卖家利用物流公司寄出空的包裹，再通过个人账户退回货款。由此造成虚拟交易与实际交易难以区分，只有通过企业支付宝支付收款明细、企业与个人消费者的协议等方能实际核实企业的虚拟交易情况。商家可以通过混淆虚拟交易和实际交易，达到隐匿销售额目的，这会严重影响模型的准确性。

（二）发票开票时间和服务发生时间不对应

浙江天猫技术有限公司发票的开具日期和所产生费用的日期不对应，某段时间的发票价税合计不能等同于该时段服务所发生的费用。因此，模型分析应适当延长分析期长度，提高数据的准确性。

### 四、电商平台风险评估策略与税收征管措施

（一）电商平台纳税评估策略

### 1. 模型数据选取技巧

为提高风险企业的命中率,估算销售额模型中的推广费占比、退货率等系数都采用最高值。因此,估算的销售额可能低于实际成交销售额。在纳税评估中,应要求企业提供支付宝交易明细,由明细能取得比较真实的销售记录。或者采集浙江天猫技术有限公司开具发票中"技术服务费"明细和"聚划算技术服务费"明细,以相关费率进行折算。部分企业存在实体店和网络店铺两种销售方式,而模型只能估算网络销售的销售额,因此估算销售额与申报销售额的差值可能出现负数。纳税评估时,应要求企业分别提供网络端支付宝交易明细和实体店的销售记录等凭证。

### 2. 多平台销售问题

纳税风险评估主要以天猫平台为抓手,仍应考虑到一些商家在多个电商平台同时经营的情况。比较常见的电商平台有阿里巴巴(淘宝、天猫)、京东商城、一号店、亚马逊等。纳税评估时,应核实商家是否有多平台销售情况。

### 3. 刷销量的相关证据

对于刷销量的情况,应要求被评估企业提供相关材料,证实其销售行为并未真实发生。

## (二)加强电商税收征管的措施

### 1. 培养专业人才

目前我国税务系统缺乏专门的网络技术人才,更缺乏懂电子商务的复合型人才。因此,税务系统应提高税务人员的网络应用水平和业务技能,培养出一批税收业务精、网络操作强的高水平复合型、知识型人才,使税务电子化、信息化监控走在电子商务前面。

### 2. 开展风险预警应对

在构建电商专业税源管理机构的基础上,通过纳税人的自主申报和法定代征,积极开展电子商务数据分析和比对,有效连接网络经济和实体经济,将电商企业纳入风险预警评估系统,定期发布预警信息,堵塞征管漏洞。同时建立电商税源管理风险评价体系,依托电商涉税数据分析与风险预警系统,对电商企业采取纳税服务、提醒、约谈、评估、稽查等五级风险预警应对措施。

### 3. 建立诚信电商平台

我们建议由通信管理局、中国电子商务协会与电子商务交易平台营运商共同建立"诚信电子商务企业联盟",将依法纳税的电商企业纳入此联盟,以此体现这些企业经营有诚信、信誉有保障、质量能保证。

具体来说,此联盟实行准入制,工商执照、税务登记证、组织机构代码证等证照齐全并正常申报及年度审计的电商企业才能进入该联盟。只有进入该联盟的电子商务企业,方能获取电子发票、享受税收优惠政策。同时,此联盟也受理社会各界对电商企业的投诉,加强对电商诚信经营的监督和管理,促进电商企业的税收诚信建设。

# 揭开网络分销平台返利之谜[①]

## 一、案件来源

2013年6月,某区稽查局接到来信举报反映注册于某区的某电子商务企业存在偷逃税行为,但来信未提供明确的涉税线索。

## 二、案前分析

根据以往经验,像这样的小型电商企业最大的涉税风险就是不开发票、隐匿收入。检查人员按照这样的思路开始案前分析。但是,刚迈出第一步就出乎所有人的意料,征管系统显示,这家企业并不是一家电子商务企业而是软件开发企业,它享受增值税和企业所得税的优惠政策,其主要产品是一款D软件。该企业开业至今销售收入近1400万元,均开具增值税普通发票。如果不考虑增值税优惠政策的因素,该企业2012年增值税实际税负率高达16.81%,利润表数据显示,该企业生产成本为0,而管理费用占比超过50%。

奇怪,举报信中的电商企业怎么会变成软件开发企业?这其中难道还有什么隐情?既然销售软件,那么软件销售给了哪些人,又有什么功能呢?检查人员登陆了公司网站,了解该软件的具体情况,发现D软件是免费下载、有偿使用。

原来,它是一个网络分销平台,通过这个平台,供应商发布商品,采购商寻找货源。使用该平台的采购商都是淘宝卖家,这些淘宝商家自己不掌握货源,而是将分销平台上的信息发布到自己的淘宝网店上,待顾客下单后,这些商家再通过该平台向供货商采购货物,商品由供货商直接发给顾客。这样的交易模式克服了淘宝网店货源和物流两方面的瓶颈,深受小型网店的欢迎。

在提供网络分销平台的同时,D软件还提供"开店指导"服务,所谓"开店指导",就是帮助新开业的淘宝商家经营话费和游戏点卡充值等业务,这样就可以迅速积累信用度,为转向实物商品销售做准备。

通过案头资料的分析,检查人员整理出S公司的涉税疑点:公司费用占比畸高。管理费用和营业费用占总成本比例竟然超过90%。由于该企业享受软件产品增值税实际税负"超三退税"和企业所得税"两免三减半"的优惠政策,2012年该企业

---

[①] 本部分由上海市嘉定区国税局徐德晞撰写。

正处于"两免三减半"免税期。检查人员分析判断，该企业享受如此优惠的税收政策，隐匿软件销售收入的可能性不大，那么它会不会存在其他收入呢？

### 三、稽查预案

为此，检查人员制定了详细的稽查预案，重点在于了解企业软件开发的具体情况，以及有无其他收入。

### 四、实施检查

（一）税务约谈

按照稽查预案，检查人员来到公司，约谈公司负责人。很快，检查人员了解到，该公司销售的软件其实是个网络分销平台，软件以 100 元价格卖给购销双方，同时为购销双方搭建了一个信息平台。随后老板提供了所有注册于该平台的账号信息，用户总数近 14 万户。由于购买者都不索取发票，公司集中开具普通发票确认收入，老板表示虽然公司为购销双方搭建平台，但除此软件销售款外，绝无其他收入。检查人员对老板的这种说法当即表示怀疑，根据经验，软件销售收入是不可持续的一次性收入，这类销售平台更多的应该以进场费、佣金、返利、广告费等各种形式向入驻商家收取各类费用，这些费用才能支撑企业长期发展，才是企业编写软件的真正目的。

（二）数据采集

为了搞清真相，检查人员按照信息化稽查预案，对企业进行数据采集。整个数据采集过程比较顺利，最终，采集到公司的银行和支付宝账号明细信息、用友 U8 财务账套，以及销售平台的全部交易记录。

（三）分析数据

1. 软件分析，发现疑点

将数据封存带回后，检查人员用中普软件财务账套进行分析，发现企业管理费用偏大的主要原因是企业列支了大量软件开发人员和网站维护人员的工资费用，这符合软件企业的特性，该疑点被排除。但是在分析其他应付款时，却发现了几张奇怪的凭证，企业收到钱款，计入其他应付款，凭证摘要显示为"话费充值款"，这引起了检查人员的关注：D 软件为话费充值提供平台，难道这个话费充值款，就是企业作为销售平台而收到的返利呢？

根据以往的经验，对这类企业的检查，支付宝是关键，抓住支付宝就抓住电商的命脉，往往一击而中。但检查人员对该企业的支付宝进行分析，结果却一无所获。原来，该企业的支付宝有别于我们通常意义上的淘宝支付宝。通常淘宝商家的支付宝，买家支付货款，卖家收取货款，支付宝的资金流能够体现其交易过程。而该企业的支付宝实际上是个公用账户，用户在使用该分销平台时，先要在该支付宝中预存资金，资金由分销平台保管，当发生购销行为时，再由分销平台在支付宝内部相应用户间划转，这样，支付宝的资金流无法体现交易的过程，只有当用户提取现金时，支付宝账户才会变化。既然企业支付宝资金流无法反映其交易过程，那么众多商家之间是如何进行资金结算的呢？在企业内部必然存在一个数据库，该数据库中记录着交易平台每一笔交易的详细信息，这就是检查人员采集到的销售平台销售记录。

2. 化整为零，巧解难题

由于该数据库极其庞大，数据量高达 80G，有 2 亿多条记录，仅一天的数据就多达 40 万条。众所周知，Excel 2003 的最大处理量是 65536 行记录，连一天的交易信息都无法处理，而 Excel 2007 最多只能处理 1048576 行记录，也就两天半的交易信息，而大型数据库 Sqlserver 面对如此海量的数据也显得束手无策。怎么办呢？检查人员采取了化整为零的办法，巧妙地解决了这个难题。80G 的数据不能处理，800MB 能处理吧，2 亿条数据不能处理，2 万条数据总能处理吧。按照这个思路，检查人员按数据库中的交易时间，以 10 天为一个单位，把上述海量数据分割成许多小型数据库，然后再分别对每个小型数据库进行分析。由于小型数据库数量众多，若用 Sqlserver 单一逐个对其分析，效率极低。为此，技术人员利用 VB 语言自己编写了一个程序，自动对各个小型数据库进行分析汇总，最后筛选出 48 个交易比较频繁且金额较大的商户。

3. 穿行测试，实现突破

接下来，检查人员分别调取这 48 个用户的明细交易记录进行分析，终于在一个 ID 号为 3110 的供应商那里取得了重大突破。交易记录显示该供应商存在少量资金流出，且很有规律性，七天发生一次，且发生在半夜，谁会如此有规律在半夜里取钱呢？我们猜测这应该是通过程序设定自动实现的，难道这个资金流出就是支付给网站的返利？既然每七天发生一次，检查人员选取七天为一个结算周期，看看这七天内资金进出有何规律。结果发现，在这七天中，资金总流入为 199 万元，资金流出为 6061.2 元，共发生 20204 笔交易，检查人员把资金流出除以交易笔数，发现每发生一笔交易需支出 0.3 元，这么巧？这笔资金流出额显然与交易情况存在关联，检查人员估计这就是商家支付给网站的返利。接下来，检查人员就要想方设法证明网络平台收到了上述返利款。

为此，检查人员把上述返利金额与公司的银行交易记录进行比对，结果发现每笔返利金额均自公司银行明细记录中得到印证。与此同时，上述返利也在财务数据中得到印证，企业收到上述返利收入后计入"其他应付款"，凭证摘要为"话费充值款"。在证据链面前，老板最终还原了事情的真相，原来某供应商通过该网络销售平台将面值为 100 元的话费充值卡以 98.5 元的价格交易，网络销售平台对每笔交易收取 0.3 元返利。上述返利企业将其计入"其他应付款"，未申报收入缴税。

### 4. 外部协查，固定证据

话费充值卡有返利，推而广之，通过该网络销售平台实现的所有购销业务都应该存在返利。检查人员据此猜测，实物销售的返利可能更丰厚。

于是，检查人员按上述方法选取了几家交易量大的用户作为实物销售供应商进行测试。但这次却没有发现异常。

难道企业的操作手法又有所变化？检查人员并没有就此放手，而是抽取了3家位于浙江义乌的小企业进行外调协查，不出所料，所有老板全都否认存在返利行为。在当地税务机关的帮助下，检查人员到当地相关银行取得这些企业的资金进出记录，经认真核对，发现这些企业按销售额的一定比例将钱款打入被查企业老板的私人账户。在证据面前，商家不得不承认：他们通过销售平台进行销售，实现销售后全额提取货款，然后再按既定比例将返利金额打入网站老板的私人账户。至此，实物销售存在返利也真相大白。对此检查人员及时制作了询问笔录，对证据进行固定。

带着这些证据，检查人员再次找到了老板。在铁证面前，他不再狡辩，老老实实提供了保存在私人电脑中的"返利信息表"，上面分别记录了各个供应商的返利比例和返利金额，真相至此大白于天下。

### 五、处理结果

由于该案涉及软件销售、代理服务等多种业务，检查人员在征求相关业务科室的意见后，对该公司做出如下处理：

1. 为实物销售提供代销平台，获取返利属于"营改增"中的"信息系统服务"税目，按6%征收增值税。

2. 提供话费充值业务合计取得返利收入依"代理业"税目按5%征收营业税。

此案共查补收入85.25万元。

### 六、案件总结

1. 代理分销平台是今后网络销售的一个发展方向。D软件已经具备了主流网络分销平台的结构，极具代表性。

（1）此类企业主要存在相互关联的三类业务：首先将自己编写的软件销售给购销双方，然后为淘宝商家提供开店指导，最后为购销双方牵线搭桥，提供分销平台。

（2）资金收付方式：供销双方的交易资金全部在支付宝账户内部流转，支付宝资金流无法体现交易过程。

（3）涉税风险：对供应商来说，使用该平台更容易隐匿销售收入；对于软件公司来说，它为供销双方提供了分销平台，获得返利，未申报纳税。

2. 亮点及不足。本案最大的亮点在于支付宝资金流的分析和海量数据的处理。本案的不足在于没有对上游商户进行延伸检查。由于上游商户在支付宝的资金流无法体现其交易过程,极有可能存在实现销售不入账、隐匿收入的行为,因为大部分商户经营地址不在本市,检查人员无法及时对它们开展延伸检查。

### 七、相关建议

1. 关注网络分销平台。有别于传统支付宝,分销平台的资金流在账户内部流转,使得供货商更容易隐匿销售收入。检查人员建议税务机关加强对这类分销平台监管。

2. 加强软件企业的跟踪管理。检查人员建议税收征管部门加强对软件企业的监管,了解其产品的功能和运作模式,相关的风险控制与纳税评估要及时跟进,通过风险识别防患于未然,掌握税收征管工作的主动权。

S公司的市场份额并不算大,但反映出的问题却具有普遍性。随着网络的发展,相关逃避税手法也在不断更新。希望本案例能给大家一点启发,也希望更多的同行能参与进来,共同研究如何防范网络销售中的逃避税问题。

# 冰山一角:B2C 交易票案稽查始末[①]

随着电子商务的日益成熟,网上购物已经成为老百姓的日常选择。目前,电子商务大致分为 C2C、B2C 两种模式,C2C 交易一般都不涉及发票,而 B2C 则要正规许多,每单交易都会开具发票。然而,正规的背后果然无懈可击吗?南方某市的税务稽查局瞄准了国内一家知名的 B2C 电子商务企业,跟踪 B2C 发票流程。这一探,吓了一大跳:利用电子商务虚开增值税专用发票的现象非常惊人。

### 一、案件来源

为了掌握电商企业网上交易活动中可能存在的偷漏税问题,某市税务稽查局锁定辖区内一家全国知名的大型电商企业进行解剖式检查。首先,在电商企业的配合下,取得了其开业至今开票、发货的海量数据。随后,经过仔细分析比对,筛选出受票人与收货人地址完全不一致的疑点企业,列出黑名单。最后,将三户明显存在异常的企业交与第二检查所试点检查,力求有所突破,总结归纳 B2C 涉税票案的规律。

---

① 本部分由上海市嘉定区国税局徐德晞撰写。

## 二、纳税人情况

三户涉案企业均为增值税一般纳税人,企业所得税均为查账征收,都是注册于某区三个私营经济城的私营企业,其中两个涉案企业的法定代表人是外地人,一个是本地人。三户均为贸易型企业,都是收受大量电商企业开具的增值税专用发票,用于抵扣税金。其中一户主要销售进口改装汽车,其余两户主要是经营电子产品。

## 三、检查过程与检查方法

(一)检查预案

1. 收集静态资料,仔细寻找线索

在做好案前保密工作的基础上,检查人员首先利用税收征管网络全面收集三户涉案企业的营业活动、纳税申报等静态资料展开调查,分析其纳税申报、公司经营等情况,同时对涉案企业进行税负分析,发现三户涉案企业的增值税负担率均处于低位水平。

2. 明确检查重点,制定检查方案

(1)针对涉案企业的实际情况,成立了专案组,全面负责对三户涉案企业的具体检查工作。

(2)准备集中力量,突击调取企业的财务资料。

(3)准备对企业账册、记账凭证、进项凭证等进行全面检查。

(4)准备运用查账软件及时采集企业经营纳税数据。

(5)准备对涉案企业的相关人员进行询问调查及时固定证据。

(6)准备对涉案企业的资金往来、采购产品送货地址等进行调查。

(二)检查方法

1. 突击检查

税务稽查人员对三户涉案企业进行突击检查,依法调取了财务账册、记账凭证和增值税专用发票抵扣联,掌握了第一手资料。

2. 技术检查

稽查人员运用查账软件采集了三户涉案企业的相关财务数据、经营数据等,通过数据对比,发现三户企业采购商品科目、应付账款科目等有异常。根据此线索稽查人员对企业的账册和凭证等进行了全面检查。结果发现那家销售改装进口汽车的企业的行为非常诡异,它从网上采购大量的 50 英寸彩电作为抵扣凭证,而在实地检查中却看到该车型中安装的都是 10 吋小屏幕液晶屏,这明显与实际情况不相符。而其余两家企业电子产品贸易公司从网上采购的大量电子商品,其收货人根本不是这两家企业,到底谁是真正的买家?为什么发票却给了这几家企业抵扣?

3. 询问调查

在全面检查后，稽查人员对三户企业的相关人员进行了询问。

（1）在与销售改装进口汽车公司的老板交流时，稽查人员直接质问，进口汽车上安装的是 50 英寸的彩电吗？老板知道检查人员已上车实地查看过，根本无法自圆其说。当检查人员告知他检查部门已经掌握了其偷逃税的确凿证据时，老板整个人都在发抖。他最终承认，很多来自电商企业的增值税专用发票是从朋友处获得的，这些商品不是公司采购的，也就是在无货交易的情况下取得增值税专用发票并申报抵扣了增值税。

（2）在询问另两家企业时，稽查人员有针对地询问：电子产品体积不大，分量也不重，为什么不送到你们公司，而送到与公司毫不相干的地方呢？在事实面前，这两家企业的负责人只得承认其实有些发票并没有货物交易，而是通过中间人取得的某电商企业的增值税专用发票。

4. 弄清真相

汽车销售公司想要达到少缴税款的目的，直接买进增值税专用发票进行抵扣。另两家贸易公司是通过"中间人"取得增值税专用发票。巧的是，这两家企业的中间人为同一人。为了弄清这些发票的来龙去脉，稽查人员找到了这位"中间人"陈某。原来，他是一位淘宝卖家，曾经在京东、新蛋等电商企业供职，熟悉网上交易的套路。2006 年，他辞职后在淘宝网上开设了专卖电子产品的店铺，专门从京东等电商企业那里低价采购商品后转手卖出。因为量大，小陈从京东那里拿到了很多折扣，还获得不少返点券。由于当时京东的知名度远不及淘宝，许多买家贪图价廉，从小陈这里采购电子产品。有时，一些企业也会委托他采购。涉案的两家贸易企业也正是他的客户。为了保持好良好的合作关系，除了为这两家公司代购一些商品外，他还会把其他个人买家委托他从电商企业代购的商品都以这"两家"的名义，从电商企业开具增值税专用发票，让这两家企业申报抵扣税款。

5. 固定证据

根据询问调查情况，稽查人员认真梳理了案件资料，同时对涉案企业商品的采购、入库、领用等情况进行了深入的调查取证，并复印了相关凭证作为证据资料，证实了三家涉案企业直接或间接取得某电商企业开具的非自用的增值税专用发票抵扣税额的违法行为。

四、违法事实

1. 三户涉案企业利用电商企业通过网络销售商品，不与客户见面的特点，通过代购人，将电商企业实际销售给个人的商品发票，按网络代购人的要求开给三户涉案企业，造成三户涉案企业无货取得增值税专用发票抵扣其销项税额。

2. 稽查人员经过整理收集的证据确定，三户涉案企业共取得无货交易某电商企业的增值税专用发票 517 份，抵扣了增值税 180 万元，少缴增值税及附加 194 万元，少缴企业所得税 250 万元。

### 五、处理结果

根据《中华人民共和国增值税暂行条例》第九条规定，对上述三户企业少缴增值税及附加 194 万元补缴处理。

根据《中华人民共和国企业所得税法》第一条、第四条、第六条第（一）项、第十条第（八）项之规定，拟补缴企业所得税 250 万元。

根据《中华人民共和国税收征收管理法》第六十三条之规定，鉴于其三年内首次偷税行为，根据沪国税法〔2013〕5 号文之附件《税务行政处罚执行标准（暂行）》第四大类第（一）项违法事项的有关处罚规定，处少缴税款 50% 罚款并加收滞纳金的处理。

### 六、政策建议

电商企业近年来发展迅速，其经营方式、经营手段发生了很大的变化，这个行业已经形成了颇具潜力的税源。但是，网络交易在税收征管中存在难题，淘宝网 C2C 的卖家来自五湖四海，不知到底该由哪个地方的税务机关负责征收。如果由淘宝平台统一代扣代缴，又存在各地起征点不一的困难。对于 B2C 卖家，都具有营业执照和税务登记证，是正常纳税户，大多具有一定规模，可以开具正规发票。但电商企业与传统销售不一样，不是与顾客面对面交流，很难判断发生真实交易的客户是不是收货人、受票人。因而其开票环节很可能被不法分子利用，出现这种"张票李用"的现象。被查实的三家企业只是 B2C 票案中的冰山一角。

电商企业税收征管面临诸多新的课题，为此应加强对网络交易的税收监控。建议税务机关将辖区内的电商企业列入重点监控对象，从采购、销售、平均售价、资金使用、发票使用等方面进行全方位的税源监管，特别要关注其增值税专用发票开票比例，因为大多电商企业面对的都是普通消费者，专用发票的使用率应该非常低。从目前发现的情况来看，电商企业开具专用发票金额占其销售收入总额的比例只要超过 30%，"张票李用"的现象就可能发生。对此，管理部门、纳税评估部门对电商企业开出的专用发票定期进行评估分析，经常梳理出收货人地址与受票人地址不一致的企业，对明显有疑点的企业提交稽查部门检查处理，以实现管理、评估、风控与稽查之间的有机联动。

# 网上收藏品交易暗藏玄机[①]

"ZY 在线"是中国世界邮展全球合作伙伴,全球最大的中文邮币卡网络交易平台,推行"随时随地,快乐收藏"经营理念的新型电子商务平台,经营世界各地的古玩字画收藏品。但其网上收藏品交易暗藏玄机,最终查实企业隐匿收入 1000 万元,查补收入 130 万元。

## 一、案件来源

2013 年 3 月,某局举报中心接到来信,反应注册于某区的 ZY 电子商务服务有限公司(以下简称 Z 公司)未按规定扣缴职工应纳的个人所得税。

## 二、稽查选案

从举报反映的内容来看,此案似乎并不复杂。检查人员从举报人反映的个税缴纳情况入手,对 Z 公司的经营及纳税情况进行初步分析。从税收征管系统中看,Z 公司近两年持续亏损,主营业务收入两年累计申报 2000 多万元,而两年累计的管理费用竟也高达 2000 多万元。分析 Z 公司个人所得税申报情况发现,该公司拥有职工 199 人,两年累计申报个人所得税 100 多万元。

## 三、实施检查

1. 初探深浅:掌握经营基本情况

掌握 Z 公司初步资料后,检查人员直奔该公司进行突击检查。可到公司一看,检查人员傻眼了,Z 公司的办公场所占据了市区一栋高档写字楼的一整层楼面,公司内各业务部门、财务部门、管理部门一应俱全。这哪像是一家连年亏损的企业呢?检查人员还发现该公司专门开辟一个客服部门,有二三十人在电脑前忙碌地接听电话。接待人员解释说,该公司主要从事艺术收藏品的网上交易,主要业务通过其"ZY 在线"网站开展。

客服力量如此充足,看来 Z 公司生意不错。初探 Z 公司,经验丰富的检查人员心里已经大致有谱,这家公司颇具规模,信息化程度高,行业类型新颖,其涉税问题绝不仅仅是逃避个人所得税这么简单!

---

[①] 本部分由上海市嘉定区国税局徐德晞撰写。

检查人员在询问了解 Z 公司一些基本经营状况之后，告诉 Z 公司接待人员，这次仅仅是对新型电商行业的例行检查。一直有些紧张的接待人员明显放松下来，还和检查人员拉起了家常，说 Z 公司的老板是做拍卖行起家的，2006 年才开始推出"ZY 在线"这个网络交易平台，目前也是线上线下业务两手抓。新型网络交易平台，加上线下拍卖行的支撑，此案看来大有查头。

检查人员回去后立即向局里反映了初访情况，经过讨论分析，决定对 Z 公司开展信息化和调研式结合的全面检查。

2. 深入体验：剖析新型电商平台

由于 Z 公司的主要业务是通过"ZY 在线"网站开展，检查人员首先登录其网站并注册为用户，详细浏览并分析 Z 公司的经营模式、业务范围以及收入组成。

经过分析，检查人员发现 Z 公司代表的是一类兼具 C2C、B2C 与 O2O 电子商务营销模式的综合性电商平台。Z 公司于 2006 年上线推出"ZY 在线"电商平台，主打艺术收藏品的网上交易，为委托人及竞买人构建具有 C2C 性质的在线交易平台；同时"ZY 在线"拥有自己的网上商城板块，专门出售集藏文献、集邮衍生用品及积分兑换商品，属于典型的 B2C 电商模式；此外"ZY 在线"的艺术板块专门发布其关联企业 H 拍卖公司的拍卖会年展、艺术专场博览会信息，向竞买人发布 H 拍卖公司各项拍品的详细信息，对其感兴趣的拍品提供网上预先委托竞投服务，又兼具 O2O[①] 电商模式。

为详细掌握"ZY 在线"的收入来源，检查人员还注册为该网站用户，分别以委托人和竞买人的身份进行零距离体验，掌握了委托拍卖流程、支付方式及收费标准等第一手资料。

委托拍卖流程：（1）委托人联系"ZY 在线"客服人员并填写委托单，确认后寄送藏品至"ZY 在线"。（2）由"ZY 在线"专业鉴定团队对委托人寄送的藏品进行审核鉴定。（3）双方确认委托清单。（4）"ZY 在线"对藏品制作预展信息等并上线公开竞卖。（5）收藏品成交后，在买受人已经付清全部款项后，"ZY 在线"将扣除委托人应付的服务费和约定的其他费用后，将款项支付给委托人。

支付方式："ZY 在线"拥有其独立的 IPS 线上支付系统，竞买人通过该系统支付预付款、尾款等。

收费标准：

委托方：（1）保险费——结标价或保险金额之 1%（取高值）；（2）服务费——结标价之 2% - 15% 不等；（3）制作费——每件藏品 10 - 20 元不等；（4）保管费——自预展之日起至成交 1 - 2 元/天。

---

① Online to Offline，是指通过网络实现商品、服务的信息发布，把线下商品、服务的信息推送给受众面更广的互联网用户，从而将他们转换为自己的线下客户。

竞买方：按成交价 5%－10% 不等收取服务费。

此外通过收集"ZY 在线"的外围资料，发现其在该领域内颇有名气，是全球最大的中文邮币卡网络交易平台，拥有近百万用户关注度，5 万多活跃用户，累计成交拍品近 100 万件，还屡次刷新网络交易单笔成交价记录。

在掌握了 Z 公司的电商模式和经营规模之后，检查人员决定再次出击，采用信息化稽查方式获取该公司的一手业务数据。

3. 一石二鸟：获取内外账信息

做好充足准备之后，检查人员再次造访 Z 公司，向其出具了电子数据采集专门文书，要求企业人员配合业务数据和财务数据的采集。

"我们公司一直是委托××财务咨询有限公司代理记账的，账套信息不在这边。"

看来并没有想象的顺利，"不要紧，那我们先去技术服务部拷取业务数据。"

检查人员不乱阵脚，兵分两路，由信息化稽查骨干前往技术部采集业务数据，由查账经验更丰富的稽查干部去财务部门调取相关资料。到了财务部，发现六七个员工正忙碌工作着，而接待人员正是该部门的总监，一进去就向其中一人使了个眼色，那人立即关闭了手中的笔记本电脑。公司平时都不用做账，却聘用了一整个财务团队，必定大有蹊跷。

检查人员环顾四周，在办公室的角落发现了一大摞记账凭证，立即要求查看。财务总监有些慌了手脚，直说这只是内部核算费用的一些凭证。检查人员翻查了这些凭证，却发现这些是用友财务软件打印出来的纸质凭证。详细核算了 Z 公司的每一笔账务后，检查人员明白了，原来代理记账公司做的账，只是应付税务部门的假账，而真正的内账，必定就在财务部门内。检查人员向财务总监表明了利害关系，要求其提供完整的内账信息。眼看已然露出马脚，财务总监只得重新要求下属打开笔记本电脑，让检查人员拷取了账套信息。此时，另一组检查人员也采集到了"ZY 在线"网站的所有业务数据。一石二鸟，再战告捷。

4. 庖丁解牛：巧析海量大数据

回到稽查局后，检查人员立即着手对采集到的财务数据和业务数据进行对比分析。检查人员首先将财务部门提供的账套导入查账软件，并与 Z 公司向税务部门申报的财务报表比对分析，果不其然，内账中的主营业务收入两年累计 3000 余万元，印证了检查人员对 Z 公司隐匿收入的猜想。但光凭挖出的内账，还无法作为有效证据。要锁定证据，看来还得倚赖业务数据。然而拷贝出来的库备份文件数据量之浩瀚大大超出检查人员的预期，如何才能在这海量大数据中筛选出有价值的信息呢？

检查人员结合前期对"ZY 在线"电商平台调研式分析的结果，从拍品流转和 IPS 支付系统内资金流转两头切入，首先筛选出拍品中最终成交的数据，然后再从 IPS 支付系统内归集成交拍品的资金流转数据，最终根据竞买者转入 IPS 支付系统的金额扣除向委托者转出的金额，统计出 Z 公司向委托者和竞买者收取的保险费、服务费、制作费等各项费用，累计金额正是内账中 3000 余万元。

### 四、处理结果

在确凿的证据面前，Z 公司如实道出了真相。由于藏品交易的委托人和竞买人大部分为个人消费者，不需要开具发票，Z 公司就对外委托财务公司制作应付税务机关的假账，却把真实的收入"收藏"了起来。最终查实 Z 公司隐匿收入 1000 万元，少扣缴个人所得税 10 余万元，对其查补罚共计 132 万元。

### 五、稽查经验

1. 顺藤摸瓜，由个税检查铺展至全面彻查

对于举报案件，检查人员并未止步于举报问题，而是以敏锐的职业嗅觉发掘出更深层次的涉税风险点，最终查实企业逃避的营业税及企业所得税。

2. 深挖细究：发掘新型电商企业的税务风险点

此案中的"ZY 在线"平台，兼具 C2C、B2C、O2O 的电商模式特点，经营模式及盈利模式都具有新颖性和代表性，检查人员采用调研式稽查方法，由点及面层层剥开新型电商模式的税务问题。

3. 依托信技，以大数据还原企业营运真相

规模化的电商企业往往有独立的业务管理、支付系统，运用信息化稽查手段进行业务数据的采集和分析，从海量数据中去芜存菁，还原企业的营运真相。

# 电商税收征管探析与思考[①]

### 一、新税收征管法草案明确电商缴税四个关键点

2015 年 1 月 5 日，国务院法制办公布《中华人民共和国税收征收管理法修订草案（征求意见稿）》，该草案明确规定了网上交易要负有纳税义务。虽然电商征税的具体规则还要进一步出台，但该意见稿已经对网上交易纳税作出了原则性规定。

1. 《征管法》草案关于电商需公开税务登记的规定表明电商负有纳税义务

征管法草案第 19 条规定："从事网络交易的纳税人应当在其网站首页或者从事

---

① 本部分由威海市国税局庄松撰写。

经营活动的主页面醒目位置公开税务登记的登载信息或者电子链接标识。"税务登记是税务机关对纳税人实施税收管理的首要环节和基础工作,是征纳双方法律关系成立的依据和证明,也是纳税人必须依法履行的义务。税务登记证件是一种抽象性的征税通知、税务许可证和纳税人的权利证书,是国家机关颁发给符合法定条件的纳税人允许其从事生产、经营活动的法律文书,是企业开始生产经营之前必须到政府机关注册备案的一道程序。并且纳税人只有凭税务登记证件方可申报办理减税、免税、退税、购买发票等有关税务事项的权利。因此,该规定表明电商负有纳税义务。

2. 《征管法》草案解决了电子凭证缺乏法律效力的问题

《征管法》草案第24条规定:"纳税人、扣缴义务人使用征纳双方认可的电子凭证,可以作为记账核算、计算应纳税额的依据。"电子商务交易中的订单、买卖双方的合同、作为销售凭证的各种票据都以电子形式存在,从而使得以前立足于传统的纸质凭证、票据依法管理的模式失去了现实基础,而征管法草案的该项规定则适时根据电子商务的虚拟化特点对电子凭证赋予了法律效力。这一规定既从纳税人角度解决电子凭证可以作为合法有效凭证的问题,又从税务监管的角度解决了电子证据法律效力的问题。

例如,京东商城是第一家推行电子发票的企业,据总局的消息称,将在全国推广。尤其是当前增值税发票防伪税控系统升级为电子发票的全面推广提供了可能。再如,某跨国公司所有从国外直接进口的料件均无"正式签(章)的国外纸质发票",据该公司所讲,该发票均在系统中,根据需要再打印,按照中国发票管理办法,不能税前扣除,但是跨国集团的管理模式就是依靠先进的全球ERP系统进行管理。因此,该案例进一步佐证了推行电子发票的必要性。

3. 征管法草案解决了电子商务涉税信息难掌握的征管难题

电子商务的虚拟交易特点使得税务机关追踪、掌握、识别大量的电子商务交易数据并以此为计税依据是十分困难的,但征管法草案关于信息披露的规定则有效解决了电子商务信息流、资金流、物资流等涉税信息难掌握的征管难题。如:第30条规定:纳税人及与纳税相关的第三方应当按照规定提交涉税信息。第31条规定:从事生产、经营的单位和个人在其经济活动过程中,一个纳税年度内向其他单位和个人给付5000元以上的,应当向税务机关提供给付的数额以及收入方的名称、纳税人识别号。单次给付现金达到5万元以上的,应当于五日内向税务机关提供给付的数额以及收入方的名称、纳税人识别号。第33条规定:网络交易平台应当向税务机关提供电子商务交易者的登记注册信息。

在税收检查实务中,税企间的信息不对称是税务征管的最大挑战,尤其是第三方信息,比如,银行、政府管理部门的信息等,在工作实际中是很难取得配合的。

4. 征管法草案赋予了税务机关检查电商涉税情况的权力

征管法草案第 47 条规定：税务机关对纳税人依照本法第 36 条规定进行的纳税申报，有权就其真实性、合法性进行核实、确定。第 88 条规定：税务机关在履行税额确认、税务稽查及其他管理职责时有权进行下列税务检查：（七）到网络交易平台提供机构检查网络交易情况，到网络交易支付服务机构检查网络交易支付情况。这些规定从法律上赋予了税务机关到网络交易平台、网络交易支付服务等机构检查纳税人涉税信息的权力，其检查的基本流程是：对电商履行申报义务后，税务机关结合获取的第三方信息，对申报数据进行逻辑配比的综合分析，风险识别，启动确认程序；对案头审核不能排除疑点的，延伸实地核查；对涉嫌偷逃税的，由稽查立案查处；确定少缴税的，启动税款追征程序。

**二、电商 B2C（天猫商城）的涉税案例风险分析**

1. 各区间段网店户数分布情况（全部为零低申报）

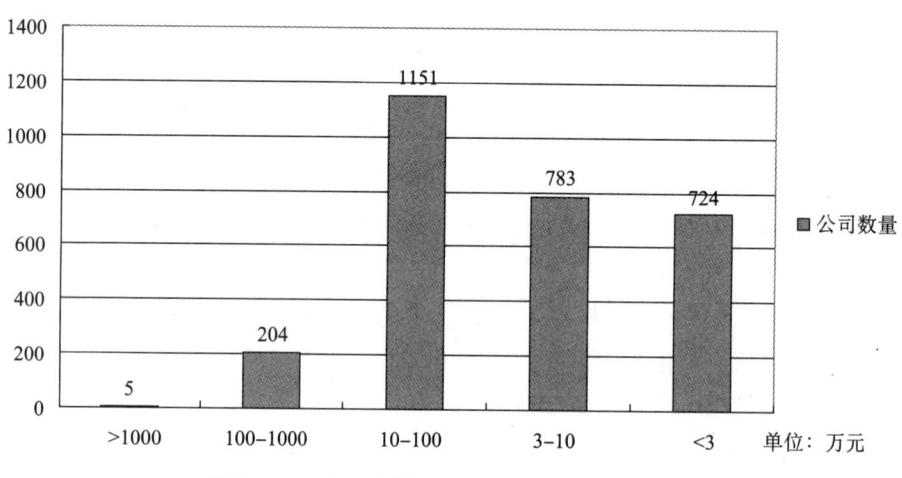

图 1　＊＊省 11 月份 B2C 网店销售额区间分布

2. 差异分析

根据网店销售不含税销售额与纳税申报比对的 1971 户纳税人中，差异率高于 20% 的有 1457 户，占比 73.92%；11 月份差异率高于 20% 且不含税网店销售额大于 3 万元的有 1193 户纳税人，其中网店不含税销售额合计 52767.71 万元，纳税申报额 3963.57 万元，差额 48804.14 万元，平均差异率达 92.49%，按 3% 征收率计算差异税额 1464.12 万元。比如：网店月销售额最高的为"＊＊商贸有限公司"，其 11 月份网店销售额达到了 815.22 万元，仍然零申报。

3. 经营者性质分析

在有申报额并根据网店不含税销售额与纳税申报比对共 1971 户纳税人中，其中共有小规模纳税人 1057 户，按网店月销售额估算达到一般纳税人认定标准的有 648 户，占比 32.88%，其中网店单月销售额超过 80 万元的有 99 户，占比 5.02%，

表1　　　　　　　　纳税人网店销售额与申报折算额的差异　　　　　　　单位：万元

| 序号 | 纳税人名称 | 网店销售额 | 申报折算额 | 差异额 |
|---|---|---|---|---|
| 1 | ＊＊跨界电子商务有限公司 | 715.96 | 13.95 | 702.01 |
| 2 | ＊＊隆商贸有限公司 | 642.61 | 29.51 | 613.1 |
| 3 | ＊＊玫瑰制品开发有限公司 | 507.63 | 57.51 | 450.12 |
| 4 | ＊＊美科技有限公司 | 480.03 | 43.65 | 436.39 |
| 5 | ＊＊未来商贸有限公司 | 404.38 | −0.1 | 404.48 |
| 6 | ＊＊电子科技有限公司 | 443.51 | 43.17 | 400.35 |
| 7 | ＊＊易商贸有限公司 | 446.76 | 64.19 | 382.57 |
| 8 | ＊＊胶系列产品有限公司 | 450.44 | 76.48 | 373.96 |
| 9 | ＊＊电器有限公司 | 360.18 | 1.87 | 358.31 |
| 10 | ＊＊美纺织品有限公司 | 303.21 | 5.75 | 297.46 |

如"＊＊商贸有限公司"网店月销售额达到了 815.22 万元。这部分小规模纳税人已经超过一般纳税人认定标准，但目前仍按照小规模纳税人的管理办法适用较低的征收率，如按政策规定要按适用税率 17% 征收，且不得抵扣进项。

4. 利用电商平台虚开增值税专用发票问题

D 商城是一家大型 B2C 电商企业，税务稽查部门在一起发票协查中，发现有些涉案发票来自 D 商城。稽查人员通过检查、排查了 D 商城恶意虚开的嫌疑，但发现交易中存在许多疑点，推测不法分子可能利用电商管理制度缺失，套取、虚开增值税专用发票。

稽查人员采取手段，迅速锁定了涉税疑点突出的 10 家受票单位，瞄准一家车行展开试点检查。该车行的进项发票大都来自 D 商城，但对应的货物却被送往了另一家电器公司。在车行实地查看时，发现其经营的车辆是一款进口的豪华房车，车厢内确实安装着不少小屏幕液晶彩电。但是，该车行的进项发票中显示的货品都是 50 英寸以上的大屏幕彩电，两者明显不符。车行负责人承认虚收 D 商城的增值税专用发票。经确认，他共虚收 300 多份 D 商城的发票，涉及增值税税额 100 多万元。

在对其余 9 户疑点企业实施检查后，确认这些企业均虚收来自 D 商城的增值税专用发票。在检查受票单位的同时，追查开票中间人也取得了重大进展。多家受票单位指向了同一位中间人——陈某。陈某是专为个人消费者从 D 商城代购商品的网店店主，为了维护大客户的生意，他主动把个人消费者代购的金额计算到几个大客户的头上，为它们从 D 商城开具增值税专用发票。

### 三、电商征管存在的主要问题

1. 网店偷税漏税现象严重

网店作为一个新兴产业，行业准入门槛比较低，行之有效的行业规范体系尚未建立，再加上国家相关税收政策法规的滞后和税源监控手段的落后，使得网络交易成为税收征管的盲区，造成网店偷税漏税现象相当严重。通过对网店网上销售情况调查，调查期内网上取得的年销售收入 500 万元，实际申报收入不足 50 万元，申报收入仅占实际销售收入的 10%。由此可见，对网店税收监管的缺失造成了国家税款的大量流失。

2. 缺乏有效的征管手段

税务机关传统的税收监控手段，是以财务账册、财务报表等书面凭证为依据，而网上交易是无纸化操作，具有无形性、隐匿性、虚拟性等特点，各种凭证都是以电子形式存在的，并且电子凭证可以轻易修改、删除。目前，对网店监控尚缺乏有效的手段，获取网络交易真实数据的难度较大。

3. 相关政策、法律法规体系尚未建立

虽然 2011 年 7 月 1 日《网络商品交易及有关服务行为管理暂行办法》已实施，要求个人网上开店需实名制，但是由于办理工商、税务登记并非个人注册网店的前置条件，在没有政策强制要求的前提下，网络运营商从自身利益出发，不会对商户进行有效监管。另外，目前实行的《税务登记管理办法》要求办理税务登记需要提供经营场所证明资料，也就变相地只承认实体店的存在，并没有对以网络为载体的网店进行税务登记的明文规定，这也使纳税人钻税收政策空子，增加了税务机关对"淘宝网店"的管理难度。

4. 网店经营者缺乏依法纳税意识

有许多网店经营者对税收政策并不了解，再加上对国家鼓励网络经营的政策理解不当，许多纳税人错误地认为网上交易无须缴税，经统计目前网店的办证率只有三四成左右，有些网店即便办理了工商、税务登记，也不会如实申报网上销售额。由于网店销售申报纳税的比例较小，网店店主相互攀比，以各种理由，采取各种方法，拒绝缴纳税款。

5. 买家放弃索取发票加剧税款流失

经调查，目前网上购物很少有消费者索要发票，网店主动提供发票的更是少之又少，甚至有部分网店明确标明不提供发票。可以说，网购无发票已经逐渐成为网上交易的潜规则。网店不按规定开具发票，使税务机关失去了以票管税的监控手段，这也增加了税收征管的难度。

**四、加强电商税收征管的主要措施**

1. 加快制定相关法律法规及设置配套的职权

目前，我国的税法尚未对网上交易的管理有明确的规定，因此应根据电子商务的性质、特点，尽快制定有关法律法规加以规范，同时，增设税务、工商等部门对电子商务的管理权，如充实纳税人税务登记信息，增加网店经营的登记内容，明确规定他们如实申报网上经营情况，向税务机关备案网店开具情况，报送其销售、结算方式，相关电子单证及保密的涉税信息等。同时建议要求金融机构和邮政部门定期向税务机关提供网上交易的凭证，或委托网络管理机构直接代扣代缴税款。

2. 规范准入门槛的设置

鉴于网店准入门槛过低且审核不够规范的现状，建议电信运营商认证网店时要求网店必须注册实名制，提供个人有效身份信息并加以审核，同时要求其及时办理工商、税务登记。通过进行税务登记，以保障税务部门对网店的有效控制，及时掌握纳税人的经营情况、发票使用及资金运动情况。

3. 建立和完善网店税收电子管理系统

对网店实行有效管理，关键是要有一个完善的电子征管系统。税务部门可在互联网上设立一个网络税收监控中心，通过网络搜索功能，捕获买卖双方在网上达成的每一笔网络交易信息，将税收综合征管系统、内部发票管理系统与网络交易平台进行对接，从而获得网店业主网上交易的真实数据，做到每一笔交易都能够有据可查，以达到网上税源监控自动跟进的目的。在电子征管系统建立前期可要求网店每月申报时一并报送支付宝对账单，以便税务机关掌握网店的真实销售情况。

4. 加强部门间的合作与信息沟通

由于网站存在形式的特殊性，仅仅依靠税务部门一己之力难以做到有效监管，因此，税务部门要加大同电信运营商、工商、公安、银行、认证中心、物流公司、海关等部门的合作与信息交流，从网店在电信运营商认证之初即要求必须进行税务登记，另外，通过各部门联合执法以建立起全方位的信息网络，构建出覆盖全局、全方位监督的综合治税机制，以期实现网店经营者与国家税收互利共赢的局面。

5. 强化网店业主的纳税意识

网店信誉等级对网店业绩至关重要，可以充分利用这一因素提高业主的纳税遵从度。税务部门可以将网店的纳税信用等级作为网店钻级晋升的主要依据。同时对于纳税信用等级较低的网店要加大征管、稽查力度，对于经常发生不开具发票、隐匿收入等税收违法行为的网店要加大处罚力度，可以与媒体联合对不依法纳税的纳税人进行曝光，以敦促网店守法经营、依法纳税。另外，税务部门也要加大税收法律知识的宣传，通过强化守法意识，确保税款的应收尽收。

## 本篇参考文献

1. 电子商务应用（第二版），清华大学出版社，2013.
2. 中国电子商务研究中心. 2013 年（上）中国电子商务市场数据监测报告.
3. 方玮：简析企业电子商务中的信息安全问题,《中国商贸》,2011 年 8 期.
4. 雷超：电子商务对国际税法的冲击和挑战,《税务研究》1999 年 11 期.

# 第5篇
## 电商税收征管的国际借鉴

## 从美国互联网法案看中国的选择[①]

互联网经济给现代社会带来的创新已经毋庸置疑,然而互联网经济发展的同时,税收制度也受到包括互联网交易在内的各种冲击,从而面临着不断的改革。近年来,我国在税制改革方面的实体和征管层面取得了重大进展,然而对于电子商务税收问题的态度依然极不明朗,究其原因:一方面,基于互联网税收涉及多个税种,而现行税制本身的缺陷以及内部体系的不协调,使得难以在短期内制定出完善的对策;另一方面,互联网的无国界性,使得跨境互联网交易对国家间的税收协调提出了更多的要求。这在某种程度上给各国的互联网税收政策选择带来了新的挑战,同时也给予了税制改革以新的合理的诠释和完善的方向。

作为电子商务最发达的国家,美国在征税与否的态度方面具有相当的代表性和影响力。然而美国并未采行增值税制,因此其参考价值更多在于征税与否背后折射出的基本理念以及能否在税制上予以延伸。对于通行增值税的国家和地区,如众多欧盟国,也包括中国、澳大利亚、日本、台湾地区[②]等,在态度上则较为明朗,即线上线下采用相同征税标准。

同时,就直接税而言,跨境(州)交易将会带来国与国之间、州与州之间对利润分配的税收利益。互联网的无地理性使得对交易联结点的界定成为获得更有利税收利益的重要因素。2013年,在G20的倡导下,OECD发表了一份"应对税基侵蚀和利润转移"(BEPS)的报告,并随后发表了一份长达40页的行动方案。该方案包含了预防打击税基侵蚀和利润转移的15项行动要点。而数字经济从更易监管的有形

---

[①] 本部分由中央财经大学法学院郭维真、卢影撰写。原载于《电子知识产权》2015年6期,原文题目为《中国的互联网交易税收政策选择》。

[②] 澳大利亚称为GST,日本称为消费税,台湾地区称为加值型营业税。

商品更多转向无形资产，从而带来前所未有的税收上的挑战。在这样一场巨大的转型中，中国面临着更严峻的选择。

**一、美国互联网税收系列法案：接入免税**

（一）美国互联网免税法立法沿革

1998年10月，美国国会通过《互联网免税法》（Internet Tax Freedom Act，ITFA）。人们对这部法律的关注远远超过了其所在的整部法律——《综合统一及紧急补充拨款法》（Omnibus Consolidated and Emergency Supplemental Appropriations Act)[①]，该法案涉及农业、艾滋病、海洋采矿、专利等内容，然而人们耳熟能详的却只是其中的互联网免税部分。

该法律由众议员 Frank R. Wolf 提出，而 Wolf 本人所服务的弗吉尼亚州的第十区，有着互联网和高科技公司。该法律的最初版本撰写人是来自加州的众议员 Christopher Cox 和来自俄勒冈州的参议员 Ron Wyden，而加州和俄勒冈州则被认为是 dot – com 世界的中心。所谓互联网免税法案其主旨并不复杂，只是出于互联网自由的基本想法，或至少应享受免税待遇。秉承此基本思路，该法案主要分为冻结课征某些赋税、不再扩增新型课税权力、筹建研究电子商务征税的临时委员会、不课征联邦国际网络税四个部分。具体包括：禁止各州及地方政府对互联网访问征收附加税，包括禁止征收"互联网接入服务税"，即对互联网服务提供商（ISP）提供的网络接入服务暂不征销售税或使用税；禁止对网上销售进行多重课税或征收歧视性税收。

由此可见，该法律并不适用于通过互联网进行的销售课税，即并没有免除现有税法对互联网销售的适用。然而法律却能够给予互联网接入服务暂停征税，虽然这种暂停也包括了给予那些在1998年10月1日之前对互联网接入征税的各州[②]以过渡期的祖父条款。当然这一暂停的无税实际上受制于美国国会日后的决定。

2001年、2003年和2007年，国会不断地对"暂停"进行了延展。

2001年10月21日是最初的暂停期的失效日，为了防止其失效后全国各州及地方政府对于网络服务或电子商务的买卖双方课征离线交易所不负担的歧视性税赋或多重课税，美国众议院于2001年10月16日通过了《互联网税收非歧视法》（The Internet Tax Nondiscrimination Act），将1998年以来所冻结的课税期间再延长二年，该法案在参议院于同年11月15日通过。

2003年，美国国会为了永久性地冻结由互联网免税法案所施加的互联网接入和对电子商务的多重歧视性税收，由参议院通过了《2003年互联网税收非歧视性法》

---

① P. L. 105 – 277, title XI.

② 目前仍然有少数州和地方继续对互联网接入服务征收销售税，包括夏威夷、新墨西哥、俄亥俄、德克萨斯、威斯康星、北达科他和南达科他州。

(The Internet Tax Nondiscrimination Act 2003)。该法案对 ITFA 进行了部分修改,如明确了网络接入服务的定义,也包含若干电讯服务在内;并将互联网免税政策再延展至 2007 年 11 月 1 日。

2007 年,在《2003 年互联网税收非歧视性法》到期前夕,美国参议院于 10 月 30 日通过决议,同意将互联网税收豁免期延长到 2014 年。11 月 1 日,美国众议院通过了参议院的一项将互联网免税法案再度延长四年的备忘录,使法案的有效期延长至 2014 年 11 月 1 日①。同时此次修正限缩了网络接入服务的定义,不包括语音、音频或视频节目,或其他产品和服务,即互联网语音协议。

(二) 美国互联网免税相关法案最新动态:2014 – 2015

在免税期即将截止前,2013 年 9 月 12 日,弗吉尼亚州众议员 Bob Goodlatte 提交了《永久互联网免税法案》(Permanent Internet Tax Freedom Act,PITFA)②。2014 年 7 月 15 日,美国众议院口头通过了 PITFA;7 月 16 日送至参议院审议。该法案将对电子商务的互联网接入服务永久免税,从而结束了此前互联网免税法案中的祖父条款。

对于此法案,从支持互联网发展的角度来看,宽带接入是推动美国经济增长的核心推动力,法案的修订不仅有利于保证宽带市场获得稳定投资及保持持续增长,而且民众获取网络信息的成本将被最小化。同时通过互联网的沟通已经变成了美国人民生活的重要一部分,无论是与家人和朋友的沟通,还是从事研究工作,或是从互联网上寻求新的机会。

而对此的反对则主要是从财政预算的角度来看,认为此举一方面带来了州税收的损失,对互联网接入服务免税的推行,意味着上述州如果不能寻求到可替代的税源,将会导致税收收入的损失,预估数字达到每年 5 亿美元。另一方面也是对州权利的侵犯。

然而 PITFA 并未在参议院获得通过。

2014 年 9 月 26 日,奥巴马签署联邦法令③将 ITFA 由 2014 年 11 月 1 日延长到 2014 年 12 月 11 日。2014 年 12 月 16 日,奥巴马就 2014/2015 财年预算签署了《巩固和进一步持续拨款法案》(Consolidated and Further Continuing Appropriations Act,2015)④,该法案的内容之一就是将 ITFA 延长至 2015 年 10 月 1 日,且其基本条款不变,延长的理由主要基于给议会更多的时间考虑到底是让互联网永久免税还是提出别的解决方案。

---

① Internet Tax Freedom Act Amendments of 2007.
② H. R. 3086, 113th. 在此之前,新罕布什尔州参议员 Kelly Ayotte、俄亥俄州众议员 Steve Chabot 分别于 2013 年 1 月 22 日和 1 月 29 日提交 PITFA [S. 31, 113th]、PITFA [H. R. 434, 113th]。但均未通过。
③ P. L. 113 – 164 (H. J. Res. 124), 113th Congress, 2nd Session, Laws 2014.
④ Public Law 113 – 235, Sec 624.

2015 年 1 月 9 日，Bob Goodlatte 重新提出与之前 PITFA［H. R. 3086，113$^{th}$］相似的法案，又称 PITFA［H. R. 235］。2 月 10 日，南达科他州参议员 John Thune 再次提出（Internet Tax Freedom Forever Act，ITFF）①。后 PITFA［H. R. 235］于 6 月 9 日由众议院口头表决通过；6 月 10 日被提交至参议院。

虽然上述这些具体的法律未来是否能够正式通过尚属疑问，然而无论是 ITFA，还是 PITFA 或是 ITFF，包括各自历次的版本并不涉及通过互联网交易的销售税，换言之业已存在的销售税如何延伸到互联网领域并不受其约束。因此这既反映了美国对互联网课税的保守态度，另一方面也反映了实体经济与网络经济在税收问题上是否公平对待已经越来越引发关注。

**二、美国互联网税收系列法案：基于公平的销售课税**

（一）市场公平相关法案

如果说对互联网接入征税的豁免只涉及了很小一部分的州和税收，那么 2014 年 7 月 15 日，美国参议院对《市场与互联网税收公平法案》（Marketplace and Internet Tax Fairness Act，MITFA）② 进行了二读则更引人关注。该法整合了 2013 年《市场与公平法案》（Marketplace Fairness Act，MFA 2013）③ 和 ITFA。MFA 2013 允许美国各州政府在简化各自纳税法规的前提下，对网络电商企业征收地方销售税。纳税路径为：电商企业向消费者收取消费税，然后电商所在州的州政府向电商企业收取销售税。MITFA 包含了对 MFA［S. 743，113$^{th}$］一定的技术性改变，同时还提出将 ITFA 延长十年。虽然 MITFA 获得了美国众多零售商的支持，但并未最终获得通过。

2015 年 3 月 10 日，Michael B. Enzi 再次提出了 MFA 2015④。

（二）数字商品及服务公平税收相关法案

2011 年德州众议员 Lamar Smith 提出《数字商品及服务公平税收法案》（Digital Goods and Services Tax Fairness Act，2011）⑤，旨在禁止州或地方政府对于数字商品或服务的电子化销售双重课税或歧视性课税。后 2013 年在修改之后又重新提交⑥。该法案禁止州或地方政府对于数字商品或服务的电子化销售双重课税或歧视性课税。法案限定了数字商品的范围，规定只有音乐、图片、数据和其他以数字形式存在的商品等属于将被禁止征税的数字化商品。法案还规定，网络上提供的服务并不属于

---

① S. 431. 2013 年 8 月 1 日，俄勒冈州参议院 Ron Wyden 曾提交 ITFF［S. 1431］至参议院，未获通过。
② S. 2609，113$^{th}$。
③ 该法案由怀俄明州参议员 Michael B. Enzi 于 2013 年 2 月 14 日［S. 336，113$^{th}$］和 2013 年 4 月 16 日［S. 743，113$^{th}$］两度提交，虽然后者在 2013 年 5 月 6 日获得参议院通过，但在众议院没有获得通过。因此 2014 年 Michael B. Enzi 等再次支持提出新的法案，即 MITFA。
④ S. 698.
⑤ H. R. 1860，112$^{th}$。
⑥ H. R. 3724，113$^{th}$。

数字商品的范畴。为了避免多重征税现象的发生，法案还规定，虽然各州有基于数字商品和服务向相关消费者征收税款的权力，但是只能对购买了网上数字商品和服务且纳税地址在本州内的消费者征税。虽然该提案在 2011 年、2013 年均未获通过，Lamar Smith 在 2015 年 3 月 26 日再次提交[1]；而 John Thune 则于 2015 年 3 月 24 日将之提交至参议院[2]，除了在保留条款方面存在差异，其余表述几乎完全一致。

（三）无线网络税收公平相关法案

2011 年 11 月 1 日，加州众议员 Zoe Lofgren 提出的《无线网络税收公平法案》（Wireless Tax Fairness Act, 2011）[3] 在众议院获得通过，但未获得参议院通过。2013 年 6 月 11 日 Zoe Lofgren 再次提交[4]。该法案禁止州或地方政府在法案实施后五年内对移动服务、移动服务供应商或移动服务财产（如手机）课征新的歧视性税收。法案认为对于移动服务、移动服务供应商或移动服务财产征税，如传统服务或财产没有该项负担或税率更低，即为新的歧视性税收，除非在法案实施前该税业已存在。同时该法案也明确将费用的征收排除在外。2013 年 6 月 26 日，Ron Wyden 也向参议院提交了版本一致的法案[5]。然而上述法案均未获通过。

《无线网络税收与费用征收公平法案》（Wireless Telecommunications Tax and Fee Collection Fairness Act of 2015）则由威斯康星州众议员 James Sensenbrenner Jr. 和西弗吉尼亚州参议员 Joe Manchin III 分别于 2015 年 2 月 25 日[6]与 2015 年 5 月 7 日[7]提交。该法案重申各州的征税权，同时强调对州际贸易的保护，避免产生不合理负担。该法案提出交易联结点作为税收或费用征收的要素。

由此可见，尽管诸多方面的法律仍然处在"提交议案—未通过—再次提交"的不断反复中，但从代表广大从事电子商务的零售商的议员们孜孜以求的努力中，不难看出美国对互联网征税的发展方向，主要是围绕以下方面：一是通过互联网免税相关法案永久性豁免对互联网接入方式征税；二是通过无线网络税收公平相关法案消除对无线网络服务的歧视性税收；三是通过数字产品和服务税收公平相关法案消除数字化产品的税收歧视；四是通过市场与互联网税收公平相关法案实现电子商务与实体经济的公平竞争。

### 三、美国互联网税收判例发展：基于交易联结点的销售课税

如前文所述，美国对互联网课征新税持保守态度，然而并不意味着对于电子商

---

[1] H. R. 1643.
[2] S. 851.
[3] H. R. 1002, 112th.
[4] H. R. 2309, 113th.
[5] S. 1235, 113th.
[6] H. R. 1087.
[7] S. 1261.

务的整体是免税的。美国对电子商务的课税原则便是维持税收中性，即对电子商务征税遵循现行税制，"对于电子商务的征税不能多于，也不能少于其他商务活动"。此种态度也为 OECD 所采纳，即电子商务必须遵守现行税法，现行税收措施也应简化从而更易应用于电子商务。

与互联网接入服务应给予免税待遇获得普遍共识不同，在销售层面，征税的核心要素是如何界定重要关联性。在网络销售还不是那么发达的情境下，重要关联性标准的宽严实际上决定了电子商务经营者的课税与否。

如果说存在对互联网交易的优惠的话，那么主要体现在 1992 年确定的判例，对重要关联性的界定以物理存在为基础。在 1992 年 Quill Corp. v. North Dakota 案件中，美国最高法院裁定，只有当企业在某个州拥有实体店或者连锁店时，该州才能向这家公司征税。如果网络零售商和邮购公司不设立实体连锁店，那么他们出售商品时无须征税，州政府也不能强迫企业代征交易税。换言之，除非远距离销售者于征税州境内实体存在，否则州政府与远距离销售者不具有关联性。

但自 2009 年始，纽约州成为首个通过"亚马逊缴税法案"的州政府。从那以后，北卡罗来纳、罗德岛、伊利诺伊和阿肯色等州①相继批准了类似的征税法案。换言之，网购消费者也需要支付一定居住州所规定的本地税了，而亚马逊作为销售者在那些拥有实体机构的州应当承担代征义务。因此，亚马逊一度中断了在诸多州的附属机构的运营业务，以避免实体性存在的认定。然而，征税的背后反映的是各方利益的博弈，各州对亚马逊征税的原因主要是经济上的困境使得州政府承受着巨额的财政亏空，销售额快速增长的网络零售业成为各州竞相征税的对象。因此亚马逊也提出通过开辟更多配送中心以创造更多工作岗位，以换取销售税的两年免税优惠期②。

2013 年 3 月，纽约州上诉法庭判定，亚马逊与 Overstock 必须执行该州的电商交易销售税，必要时可强迫这两家公司履行收缴义务。两公司试图让最高法院审查此判决，称宪法中的商业条款并未赋予州政府规范跨州商贸的权力。2013 年 12 月 2 日，美国最高法院拒绝就零售商代缴税款的相关法律进行听证，这意味着亚马逊以及其他在纽约州并没有实体店面的电商需要继续代缴营业税。最高法院此举意味着纽约州的法律依然有效。

虽然这只涉及跨州的互联网交易，然而对物理性存在的突破为跨国互联网交易中来源国受制于常设机构的物理性存在的征税权的拓展提供了操作空间。

---

① 目前共有 24 个州通过了类似法案。
② "Postponing Online Tax Bill Helps Create More Jobs". StockMarket Watch. September 13, 2011. Retrieved September 15, 2011.

## 四、欧盟等国的增值税征管制度设计

互联网交易,无论是货物销售还是服务提供,在实行增值税的国家里,基本都纳入增值税的征税范围。增值税税制设计中最具特色的便是对覆盖流转的各个环节征税,销售者收取的货款包含了增值税额,同时可作为进项税额在计算增值税时予以减除,同时还构成了销售者的销项税额。同时,通行的增值税管辖权行使的基础为属地原则,即"消费地主义",因此一国无法向不在国内销售的货物或提供的服务课征增值税,税收管辖权的基础不因为交易模式的改变而改变。

然而在跨境互联网交易中,对于境外销售者向境内销售货物和提供服务如何征收增值税则成为普遍的难题。目前反向稽征和非居民注册制度则在一定程度上对税源流失现象有所缓解。

### (一)跨境交易的反向稽征制度

反向稽征作为一项防止增值税舞弊的制度,被规定在欧盟增值税指令[①]中。28个成员国分别从各自的角度对反向稽征作出规定。但普遍意义上来讲,一般适用于单笔交易额达到5000欧元的B2B交易[②]。同时对于(1)在共同体内部向其他欧盟国家的增值税纳税人销售货物,(2)向欧盟国家的增值税纳税人提供服务,(3)在一些国家,商品的进口或国内销售,都有可能适用反向稽征,其中情形(1)对所有欧盟国家都是强制性的,情形(2)则从2010年开始强制实施[③]。

以荷兰为例,2012年5月29日荷兰发布了反向稽征机制新规范,要求符合一定条件[④]时,卖方开立发票与买方时不需额外加计增值税向买方收取,而由买方申报其应纳税额或应退税额。这一改革就制度设计者的初衷——防止增值税舞弊——而言,具有一定的意义,而对于互联网交易课征增值税则提供了可供借鉴之处。

在反向稽征制度下,由购买者申报增值税金,与增值税传统征收制度下购买者支付了含增值税税金的货款相比,并未增加购买者经济上的负担。同时,对于销售者而言,根据"消费地主义"课征原则,其(货物或劳务的)出口在国内并不负担增值税,也不存在国内抵扣环节。

因此,可以考虑针对特定交易改变征管模式,重新确定纳税人为购买方。某种

---

① VAT Directive, 2006/112/EC (199/199a).

② 在这样的体系下,纳税人必须核实其国内销售的消费者。如果消费者不能满足反向稽征的条件,则供应商需要向其消费者收取含增值税的价款。一般是个人,非纳税法人以及全额免税的人不符合反向稽查条件。参见 Lúðvík Lúðvíksson, VAT Frauds in the European Union: The Reverse Charge Mechanism, Joint and Several Liability and the "Knowledge Test", Lund University, 2012.

③ See at http://www.vatlive.com/eu-vat-rules/reverse-charge-on-eu-vat/, 2015-6-12.

④ 条件包括:(1)增值税纳税人(VAT entrepreneur),无论是否在荷兰设立;(2)销售手机及电脑零件产品;(3)荷兰境内交易;(4)交易金额1万欧元以上。参见 European Commission, Assessment of the application and impact of the optional 'Reverse Charge Mechanism' within the EU VAT system, 2014.

意义上也有利于国民更加明晰间接税带来的负担。

（二）非居民增值税纳税人注册制度

非居民增值税纳税人注册制度较反向稽征制度的适用有限性和征收间接性而言，是一种更为直接解决纳税人识别的方案①。

现在许多国家已经推行该项制度。在欧盟，作为协调欧洲增值税体系措施的一部分，以及为了促成欧盟单一市场（产品和服务）的形成，每个国家需要注册为增值税纳税人的要求应该是一致的。对于（1）外国公司在其他国家买卖货物，（2）向欧盟国家进口货物，包括欧盟境内的跨国移送，（3）在其他欧盟国家囤积货物，（4）付费的在线会议、展览或培训，（5）（通过互联网或销售目录）远距离销售，（6）特殊情形下的设备提供与安装，非居民的增值税纳税人注册是必需的，并且无注册门槛要求；同时通过互联网的销售，即远程销售，自 2015 年 1 月 1 日起 B2C 类型的销售也不再有门槛要求。

在 2015 年新的 B2C 增值税规则下，特别是现有技术条件的支持下，所有的欧洲国家将对所有提供给其居民的电子服务征收增值税，即基于消费者所在地，而不论该电子服务提供商在哪里。而这也将刺激所有欧盟国家进行税源调查并强制电商们在欧盟境内注册增值税税号并以合适的税款缴纳税款（每一个欧盟国家的税率都是不同的基于其消费者所在）②。

在具体注册要求方面，欧盟成员国的公司与非欧盟成员国的公司分别选择增值税纳税人注册或普通纳税登记，提交相关文件。而申请获得增值税税号在特定的国家可能面临附加的要求和更高的遵从度。

在瑞士，虽然不是欧盟成员国，但在很大程度上与欧盟的增值税制度相符合。基于反避税考虑，2015 年 1 月 1 日后也取消了非居民增值税注册的门槛要求。同时瑞士也采用了反向稽征机制，对于那些符合条件的外国公司无须强制增值税注册。

在澳大利亚，除非适用反向稽征，或境内有指定代理人，否则境外实体应当对其销售的税收负责。因此境外实体可以进行 GST 注册，但并非强制性的。

在韩国，没有常设机构的外国公司无须进行增值税注册。进行增值税注册的外国公司无须在当地成立公司，但必须委任一名财务代表。该代表与该公司向韩国税务当局承担连带的申报和缴纳增值税义务。

在南非，自 2014 年 1 月起，非南非税务居民在南非提供电子商务服务，应注册为增值税厂商，以计算销售税额给南非税务居民。依新法律规定，非南非税务居民

---

① 也有人认为增值税会使得电子产品的价格上涨约 27% 并且（或者）降低电子商务的边际利润。另外，税务遵从成本以及税务管理成本也会上涨。所有这些都会直接影响利润，还可能导致电子商务经营者不愿意注册并缴纳增值税而导致其被阻挡在欧盟市场之外。

② See at http://ebiz.pwc.com/2012/04/new-b2c-2015-eu-vat-rules-for-eservices/, 2015-6-10.

提供电子商务服务，于对南非税务居民完成服务的提供，或经由南非银行完成款项的支付时，应在南非进行增值税注册。增值税注册无最低门槛，即使是交易金额非常小，也应遵循注册的规定。

由此可见，这种注册制度已经普遍推行，对于我国增值税制改革与完善也具有一定的借鉴意义。

**五、中国的互联网税收政策选择**

（一）《电子商务法》立法对互联网税收政策的定位

互联网并不能带来税收的真空，这一点无疑已经在学界与业界达成共识[①]。换言之，在正在制定的《电子商务法》这部具有统摄性的法律文本中，国家明确对电子商务产业发展的鼓励和支持，并从电子商务发展的角度对互联网税收政策予以一般性的明确定位，应当以不突破现行税收法治框架为基本前提。

在我国现行税制框架下，电子商务仅是销售方式的变化，基本属于我国目前的流转税的征收范围；电子商务带来的营业利润属于所得税的征收范围；跨境电子商务的利润归属于税收利益的跨境分配。可以说目前对电子商务税收问题的争论实质在于是否给优惠以及如何给优惠。

无论是美国还是欧盟等国的相关立法均表明，电子商务的税收政策应当符合市场公平这一基本理念。因此在《电子商务法》中应当明确"国家鼓励和支持电子商务产业发展，应当制定必要的扶持、鼓励等促进措施。从事电子商务活动以及电子商务提供服务的单位和个人依法享受税收优惠"。而对于如何征税等技术性问题则无须予以进一步规定，只需以该条款规定为指导思想，在具体的税种法律中对我国互联网税收的政策进行如下规范：

首先，明确互联网税收的税种。无论是所得额还是增值额、营业额，必须明确在互联网经济中相应的应税客体，不应承担额外税收负担。

其次，明确互联网税收的纳税人、扣缴义务人以及委托代征人及其法律责任，不因从事电子商务而承担额外税收征管成本。尤其是2014年《税收征收管理法修订草案（征求意见稿）》第37条规定，税务机关根据有利于方便纳税和降低税收成本的原则，可以委托有关单位代征税款。该条款被认为是在电子商务交易中对于难以确定纳税人、扣缴义务人的一种防止税源流失的方案。然而也必须以不对电子商务经营者施加过度义务为前提。

最后，明确税收优惠的无差别适用。从事电子商务的主体，无论是从事符合流转税优惠条件的货物、劳务交易，或者是符合企业所得税主体优惠的条件，均应当与传统贸易的经营主体在条件与程序方面无差别。

---

① 谢波峰. 对当前我国电子商务税收政策若干问题的看法 [J]. 财贸经济，2014（11）：5.

## （二）连接服务的增值税问题

互联网交易的可税性在中国并不存在争议。然而其交易流程，既涉及交易流转方面，也涉及所得收入方面。互联网征税在美国的争议主要集中在销售税和使用税方面，而从未涉及所得税。

就中国而言，面临电子商务课税问题主要有以下困境：

首先，个人所得税征管的落后带来了大量税源的流失，包括对 C2C 个税监控的技术落后。在技术不足的条件下，由于个税制度层面的缺失，使得在中国个税的正义性和公平性受到了相当层面的质疑。

其次，对于争议的焦点，交易环节的课税问题，在"营改增"之前，实际上存在着交易性质认定的模糊。然而"营改增"之后，对于货物与服务的认定可以在一个框架内得到协调，无疑有利于促进电子商务和实体经济的公平竞争。

最后，美国一直倡导对网络接入（Internet Access）服务免税，那么何谓网络接入服务。根据《中华人民共和国电信条例》和《电信业务经营许可管理办法》，电信业务分为基础电信业务和增值电信业务。基础电信业务，是指提供公共网络基础设施、公共数据传送和基本话音通信服务的业务。增值电信业务，是指利用公共网络基础设施提供的电信与信息服务的业务。前者服务包括网络接入服务，后者服务包括网站接入服务（以提供基础电信服务的供应商的网络接入服务为基础）。因此通过网络提供交易平台，其具体内容包括投资经营类电子商务、在线数据处理与交易处理业务等，无疑应归属于增值电信业务，其必须获得工信部颁发的许可证（而网络销售商则归属工商管理，不存在工信部许可的问题）。

2014 年 6 月 1 日开始的电信业"营改增"对不同的电信业务规定了差别化税收，基础电信服务（即利用固网、移动网、卫星、互联网，提供语音通话服务的业务活动，以及出租或者出售带宽、波长等网络元素的业务活动）适用 11% 的税率，增值电信服务（即利用固网、移动网、卫星、互联网、有线电视网络，提供短信和彩信服务、电子数据和信息的传输及应用服务、互联网接入服务等业务活动，包括卫星电视信号落地转接服务）适用 6% 的税率。

毫无疑问，基础电信服务中的网络接入服务可以被认为是 Internet Access，而增值电信服务只是建立在 Internet Access 之上的附加服务。在"营改增"进程中对于网络接入服务给予税收优惠，自然会带来整个互联网经济整体宏观税负降低，同时随着基础电信服务向民间资本开放，对吸引增值电信服务运营商参与基础电信服务业有着积极的作用。在互联网技术如此发达的今天，对于基础的网络接入服务给予增值税的优惠，不仅对宏观经济有着促进作用，同样使得互联网社会中的每个个体可以更加低成本的利用互联网资源。

## （三）互联网交易的增值税问题

中国语境下的电子商务更多的是关注网络交易的税收问题，对商品和服务征收增值税，对净所得征收所得税，基本的课税体系并不因为网络交易的特殊性而有差别，唯一的挑战在于税务信息尤其是纳税人信息的有效获得。

我国目前正经历着自1994年以来最大的税法变革——"营改增"。在"营改增"过程中，一般纳税人的标准认定和管理在制度上也有了完善。而借改革之机推进增值税纳税人注册制度，以实现网络交易的流转税征管也正当时。

第一，以增值税纳税人注册作为电子商务准入的前提，完善商户在平台的注册信息；

第二，在征税环节中建立以交易平台为信息控制中心、银行或第三方支付平台为资金控制中心的征管模式；

第三，上述注册制度的税务信息共享平台不区分国、地税，同样可以解决对商户或个人的所得税税源的核查；

第四，增加对从事跨境互联网交易的境外经营者的增值税纳税人注册制度，适时引入反向稽征制度。

（四）跨境互联网交易的所得税问题

跨境互联网交易的所得税层面，其核心在于如何确认交易联结点、确认收入归属，传统上常设机构是确认交易联结点的重要因素，即购买者所在国对经营者营业利润是否具有课税权取决于是否构成常设机构。而常设机构的样态在互联网经济日益勃兴的当下，对于实质联系的判定需要重新考察销售者的经营地、消费地之间对交易的贡献率，而这种贡献率代表了不同国家就其提供公共服务收取对价——课征税款的分配，从而更合理地在国家之间、国家与纳税人之间分配税收利益。在流转税的视角下，无疑消费地决定了征税环节；而所得税的视角下，需要国与国之间对常设机构的外延进行协商，对常设机构进行开放性的解释，从而平衡分配居民国与来源国的税收利益，毕竟在网络交易的背景下，消费地在相当程度上代表了销售者的经营地域。

# 美国B2C电子商务税收政策[①]

作为电子商务的起源地，美国的互联网交易量居世界首位，在应用方面的研究开始也最早，应用的深度和广度都是最高的。很早以前，美国已经非常重视电子商务税收问题的研究，美国于1995年前后开始出台相关政策，对其境内互联网经济实

---

① 本部分由中国社会科学院研究生院王淑新撰写。

行免税政策而对境外网络活动实行免征关税策略。

## 一、美国对 B2C 电子商务征税的基本原则和态度

为了促进 B2C 电子商务的更好发展，取消对电子商务发展的不利限制，美国于 1995 年 12 月确定了国家促进互联网经济发展的策略，并同时确定了税收政策的制定方针，即给予电子商务充分的发展期，避免税收对其造成不利影响。美国财政部于 1996 年下半年颁布《全球电商选择性税收政策》，这一政策是全球第一部从国家层面来思考电子商务领域内的税收问题的政策性文件，具有重大意义。该文件讨论的焦点有两个，主要包括电子商务的独特性质和对其征税应该采用何种方式，遵循什么原则。1997 年 7 月颁布的《全球电子商务纲要》则是对征税原则的进一步深化和完善，明确地表明了美国政府对此的立场，否认要对互联网交易开征新税；同时，该纲要希望世界各国的政府都能够对电子商务的发展创造有利条件，比如对电子商务交易设置免税区等，但是近几年，各国互联网经济飞速发展，迫使美国逐渐改变其原有态度。

## 二、美国对 B2C 电子商务的立法状况

1. 《网络免税法案》的影响

1998 年 10 月，美国国会颁布第一个关于电商是否征税的正式法规《网络免税法案》，这是一部影响更加广泛的法案。该法案主要囊括以下三项内容：一是禁止对互联网经济征收附加税并且对互联网接入服务实行免税政策；二是在三年之内避免对互联网交易施行重复征税或者不公平税收；三是规定对电子商务不征收关税且避免对其征收联邦税。此后，该法案每隔三年延期一次，目前已经延期到 2014 年。此外，为了保证对互联网接入服务实行永久性的免税政策，同时避免对电子商务的重复征税和不公平征税，参议院于 2003 年通过了《网络税收非歧视性法案》。

免税法案已经并且在随着时间不断扩展，然而最近几年对它的反对声逐渐增加，争议也越来越大。反对意见主要观点如下：第一，单独对电子商务活动免税，导致传统业务活动与电子商务活动在竞争过程中出现不公平，这不利于税收公平原则；第二，对互联网接入服务暂停征税，将减少政府的收入来源，降低了政府的税收收入；第三，该免税政策受到其他国家和地区的坚决反对，比如欧盟成员国认为这一政策侵害了它们的税收权益。

2. 《市场公平法案》的影响

2011 年 9 月，由一部分参议员提出的《（2011）市场公平法案》希望能够对州政府进行授权，允许其对 B2C 电商企业如亚马逊公司征收销售税，但是此方案最终没有通过表决，但是得到了众多支持意见。2013 年 5 月，《市场公平法案》卷土重来，参议院对法案中的内容重新进行投票，最终在参议院获得通过，但在众议院没

有获得通过。白宫对此法案表示乐观态度，认为该法案有利于实现公平原则，并且能够增加政府的税收。因此，2014 年参议员 Michael B Enzi 等支持采用新方案即《互联网市场税收公平法案》来取代《市场公平法案》，该法案允许地方政府向电商企业收取销售税，征税方式为电子商务公司向消费者收取消费税，之后由电子商务公司机构所在地的政府向电子商务公司收取销售税。这部法律得到美国许多电子商务零售商的同意，若它能够通过，各州政府将会增加近 100 万美元的互联网销售税。

在这种情况下，2014 年免税法案到期之时，美国电子商务税收政策将何去何从，引起了更多的关注。答案很快就出现，在 2014 年年中，《网络永久免税法案》获得口头同意。新法案明确对互联网接入服务实行永久免税政策，但是德克萨斯、新墨西哥、北达科、威斯康星、夏威夷、南达科他州、俄亥俄等少数地方仍然对接入服务征收销售税。

3. 电子商务领域内的其他税收法规

与互联网税收相关的法案还有两部，2013 年《无线互联网税收公平法案》不允许地方政府在法案施行五年以后对移动终端设备（如手机）以及移动服务供应商开征新的不公平税收；2013 年《数字商品及服务公平税收法案》规定不允许州政府或地方政府对通过网络销售的虚拟产品和服务征收双重税收或者不公平税收。

### 三、美国 B2C 电子商务税收政策的核心主张

美国互联网税收政策的修订脉络基本上有四点：一是利用《网络免税法案》对互联网接入服务实行永久性免税；二是利用《无线互联网税收公平法案》避免对无线互联网服务的不公平税收；三是通过《数字服务和数字产品税收公平法案》避免对虚拟商品的不平等税收；四是通过《互联网税收公平法案》促进网络经济活动与传统商业活动的平等公平竞争①。

总体来看，美国对电子商务开征新税持保守态度，其原则就是保持税收中性，但这并不是说美国对电子商务整体免税。美国在对电子商务征税时依照的是既有的税制结构，即对电子商务活动进行征税时应该保持它与其他商业活动之间的公平竞争。对电子商务征税应该遵循已有的税制结构，同时现行的税收制度也应该进行简化和扩展使其更适合应用在电子商务领域中。

**本篇参考文献**

1. 武汉市国际税收研究会课题组. 电子商务税收征管国际经验及借鉴 [J]. 国际税收，2015 (3)：54.

---

① Schreiber, Sally. Internet Tax Freedom Act preempts Illinois click-through nexus law [J]. Journal of Accountancy, 2013 (10).

2. 谢波峰. 对当前我国电子商务税收政策若干问题的看法 [J]. 财贸经济, 2014 (11): 5.

3. 李恒, 吴维库, 朱倩. 美国电子商务税收政策及博弈行为对我国的启示 [J]. 税务研究, 2014 (2): 74.

4. 陈莹莹. 我国电子商务税收问题探讨 [J]. 经济研究参考, 2014 (42): 52.

5. 武汉市国家税务局课题组. 完善我国电子商务税收征管的设想 [J]. 税务研究, 2014 (2): 68.

6. European Commission, Assessment of the application and impact of the optional 'Reverse Charge Mechanism' within the EU VAT system, 2014.

7. Lúðvík Lúðvíksson, VAT Frauds in the European Union: The Reverse Charge Mechanism, Joint and Several Liability and the "Knowledge Test", Lund University, 2012.

# 附 录

## 京东:"互联网+"财税创新案例[①]

### 一、京东集团发展路径

(一) 京东集团的发展状况

京东 (JD.com) 是中国第一大自营 B2C 电商,同时也是 2016 年《财富》全球 500 强企业、全球 TOP10 互联网企业、中国收入规模最大的互联网企业之一。京东在电商领域的高速发展受到中央政府的持续关注与鼓励。2013 年 12 月 27 日,汪洋副总理视察京东集团;2014 年 11 月 3 日,国务院经济会议上,李克强总理会见京东集团总裁刘强东;2015 年 9 月 24 日,第八届中美互联网论坛上,习近平主席接见京东集团总裁刘强东。

(二) 京东集团的发展理念、业务规划与路径

京东三大业务群为电商、金融和技术。

"互联网+"行动计划推动电子商务的发展,京东集团重点发展的三大业务群为电商、金融、技术,具体业务定位如下:(1) 电商(商城):通过内容丰富、人性化的网站与移动客户端,以富有竞争力的价格,提供品质卓越的商品和服务,并以快速可靠的方式送达消费者,为用户提供最佳的在线购物体验。(2) 金融(金融+保险):依托京东生态平台的交易数据和信用体系,向社会各阶层提供融资贷款、理财、支付、众筹等各类金融服务,同时依托京东众创生态圈,为创业、创新者提供全产业链一站式服务。(3) 技术(云计算+智能):京东技术研发体系实现坚实的业务保障和创新性的技术突破,强势布局云和大数据,智能领域建立开放的生态体系。

京东致力于成为新商业秩序的倡导者、推动者、引领者。消费升级带动产业转型,随着中产阶级的崛起,中国的电商用户正逐渐超越价格导向,追求品牌消费。而京东品质、品牌、品商战略,让每个家庭对品质生活触手可及。同时京东倡导公平竞争、呼吁加强知识产权保护,在供给侧结构性改革中重塑商业新秩序。

京东 2016 年第二季度中国 B2C 购物网站市场份额如图 1 所示。京东保持着近 2

---

① 本部分由京东集团吴婧经理、中央财经大学单滢羽、李蓓蕾撰写。

倍于行业平均增速的增长，依据目前的发展速度，两年后将成为中国最大的 B2C 电商平台。

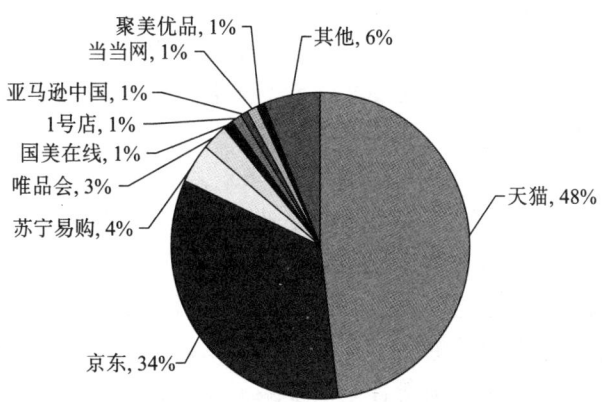

图 1　2016 年第二季度中国 B2C 购物网站市场份额

图 2 展示了京东近几年交易额的攀升状况，自 2011 年开始，京东的交易额稳步攀升，2015 年全年收入规模为 1813 亿元，同比增长 58%。

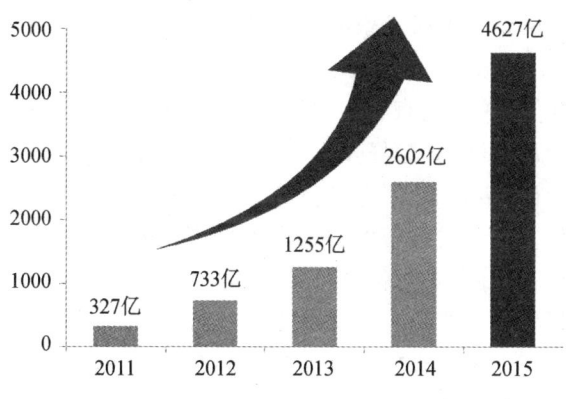

图 2　京东集团 2011 - 2015 年交易额

根据京东 2016 年第三季度公布的业绩，第三季度交易总额 1588 亿元，同比增长 43%；收入规模 607 亿元，同比增长 38%；订单量 4.012 亿份，同比增长 55%；活跃用户数 1.987 亿户，同比增长 57%；入驻商家约 110000 家；正式员工 115811 名。可见京东规模日渐壮大，业绩连续、稳健攀升。

随着京东的发展，京东的交易总额以惊人的速度增加，与此同时京东积极履行纳税义务，为政府创造了大量的税收收入。京东的税收以增值税为主，有报道称，京东 2014 年的应纳税额超过 46 亿元，而 2015 年更是接近 100 亿元。

## 二、京东集团推动电子发票发展

（一）电子发票的推动历程

电子商务近些年在我国发展势头强劲，不论是 B2B、B2C 还是 C2C 模式，电子商务的交易规模巨大，使人们对其发展的期待显著增强，网络购物也逐渐成为主流生活方式之一。根据中国电子商务研究中心检测数据显示，仅 2016 年上半年，中国电子商务交易额达 10.5 万亿元，同比增长 37.6%，增幅上升 7.2 个百分点。电子商务发展在取得瞩目成绩时，也引发了网络交易的相关税收问题。一些小型个人网络商铺，由于不需办理工商和税务登记，而不拥有开具发票的资质，无法开具发票；而具有开票资质的企业商家拖延开票时间，消费者索要发票意识薄弱，这就造成部分税款的流失；电商企业自营商品虽可开具纸质发票，但随货物一同运输，时间滞后；纸质发票不易保管，个人消费者如果发生商品质量不佳、退货等售后问题，存在无法解决的可能。网络交易税收制度会逐渐成为我国税制的重要组成部分，网络交易税收不规范问题不仅会扰乱电商行业的发展，也会造成国家财政收入的损失和宏观经济政策的运行。因此，推进电子发票的发展成为解决网络交易税收征管、防控发票类违法犯罪、降低征纳成本的有效手段。京东集团在电子发票方面有着先进的技术研发和应用经验，对电子发票的应用和推广起着重要的引领作用。

2012 年 2 月，国家发改委、财政部等八部委发布了《关于促进电子商务健康快速发展有关工作的通知》，对北京、广州等 20 余个城市开展网络（电子）发票应用试点，从国家层面上规范网购发票问题。2012 年 5 月中旬，国家发改委发布了《关于组织开展国家电子商务示范城市电子商务试点专项的通知》，重庆、南京、杭州、深圳、青岛成为首批获准开展电子发票试点的城市。此后，网络电子发票试点范围不断扩大到包括北京在内的 22 个省市。京东把握住时机，积极投入研发经费响应国家政策的号召，从税控加密防伪、电子签章、二维条码、大数据存储及利用、发票赋码等五个方面实现了电子发票的技术突破，并配合税务部门，实现京东电子发票系统与税务部门信息系统无缝对接①。

2013 年 6 月 27 日，北京市开展电子发票应用试点，京东商城作为代表性强、业务量大的 B2C 龙头企业成为北京市唯一一家电子发票应用试点企业，并开出了国内首张电子发票。同时，京东商城自营电子商务平台向北京地区个人消费者销售图书、音像类商品时可以开具电子发票。

2013 年 10 月 17 日，京东商城电子发票二期项目顺利上线，京东面向北京地区个人消费者销售全品类商品时都可以开具电子发票，电子发票的应用范围进一步扩大。2013 年 12 月，2014 年 6 月、9 月和 12 月，京东与航天信息共同推进华东区、

---

① 任真．京东：首发电子发票，创五赢模式．

西南区、华南区、华中区陆续上线电子发票,京东电子发票覆盖范围扩大至 20 个省市自治区[①]。

2015 年 7 月 31 日,"国家税务总局增值税发票系统升级版电子发票试运行启动仪式"在京东集团总部举行,京东集团顺利开出了全国第一张电子增值税普通发票。基于新系统,京东集团可以在全国销售商品时开具统一技术和业务标准的电子发票,这标志着互联网与税务领域的融合达到一个新的阶段,为电子商务开具可报销入账的电子发票,提高信息化征管水平,促进"互联网+税务"行动计划的有效落实进行了探索和实践。

2015 年 12 月 3 日,京东集团、金蝶集团、航天信息在北京联合举办"国家税务总局增值税发票系统升级版电子发票全国推广暨可报销启动仪式"。启动仪式展示了企业电子发票的取得以及报销入账的全闭环流程,从电子发票的开具、接收、报销申请到 ERP 自动记账和归档,完整实现了升级版电子发票无纸化报销入账的全流程。京东完成了全国首例电子发票的开具、报销和入账。据京东集团税务与资金副总裁蔡磊表示,未来全国的电子商务企业均可实现线上全流程的电子发票应用,微信等手机 APP 就可实现电子发票的报销流程。

(二) 京东商城电子发票模式

1. 发票样式

京东开具的电子发票包括发票附码、发票防伪码、二维码和电子发票专用章等重要信息。发票附码是电子发票的唯一标识,包含发票代码和发票号码;发票防伪码是采用国家秘密管理局批准的商用密码算法,用于保证电子发票的真实性和唯一性,可用于发票的防伪和查验;通过快速扫描二维码识别发票,可以便捷查验;电子发票专用章由开票方加盖,对所有开票内容签名,保证发票数据完整和抗抵赖性,具有高度安全性,保证了电子发票信息可以以电子数据的形式流转。

2. 开具电子发票流程

消费者在京东注册账户后,选取商品,提交订单时在"发票信息"一栏可选择"纸质发票"或"电子发票",选择"电子发票"后,发票抬头选择"个人",发票内容根据所购商品具体选择,最后填写收票人手机和邮箱,保存发票信息。订单完成后,可登录京东个人账号,下载电子发票自行打印留存。如果纸质发票发生丢失,仍可登录京东打印电子发票。如果发生退换货,个人消费者无须退回电子发票,京东直接按照电子发票冲红处理即可;如果用户换新或退货后重新购买,京东会重新开具电子发票,原电子发票显示无效。消费者可以在京东对开具的电子发票进行查询,也可以在北京市国税局的发票管理系统中查询到相关信息。

3. 电子发票的有效性

---

① 滕娟,蔡磊:推广增值税电子发票有利于经济大数据的实现,

2015年11月底，国税总局发布《关于推行通过增值税电子发票系统开具的增值税电子普通发票有关问题的公告》，正式规定打印版式电子发票的法律效力、基本用途和基本使用规定与税务机关监制的增值税普通发票相同，这就为电子发票在企业中的入账报销提供了政策依据。

4. 推行电子发票的综合意义

（1）降低电商企业管理、财务成本，提高企业效率。首先，推行电子发票之前，京东等大型电商企业自营电商平台会为消费者开具纸质发票，发票购买、打印、分拣、场地租赁、员工聘请以及物流配送等环节都需要企业相应成本的支出。据了解，京东在纸质发票上的支出是每年2亿元。推行电子发票之后，开票流程只需经过消费者的鼠标点击即可通过数据的方式形成，企业不再需要打印、分拣、递送、仓储等烦琐劳动，提高了企业的生产效率，减少成本支出。截至2015年12月京东已经累计开具2亿张电子发票，节省发票综合成本6000万元。其次，电子发票入账极大提升了财务信息化管理的水平，帮助企业提高经营效率。

（2）减少税收流失，规范网络交易的税收征管。电子发票的推行，可以帮助国家获取经济大数据，便于工商监管，促进税务机关从"以票管税"向"信息管税"的转型，减少税收流失；规范网络交易行为，打击发票造假售假，营造公平诚信的市场环境；推进"互联网+税收"行动计划的创新实践，将互联网与税务更好地进行融合。蔡磊表示，诚信是京东的核心竞争力之一，电子商务里诚信是至关重要的。京东对电子发票的积极探索是其追求诚信经营的一种体现，也是促进发票和财税信息化管理、约束供应链条、倒逼诚信体系完善的重要举措。

（3）保护消费者权益。发票是消费者寻求售后服务、保护合法正当权益的凭据。过去由于商家不愿开具发票、消费者意识淡薄等原因，消费者没有发票等凭据而受到权益侵害的案例屡见不鲜。推广电子发票后，一方面可以增强消费者纳税意识，通过手机即可获取电子发票，方便消费者获取发票的途径；另一方面电子发票能够永久保存，随时下载，不怕丢失，使消费者权益得到更好的保障。

（4）生态效应。减少纸质发票的开具能够减少大量纸张的浪费，实现低碳环保，节能减排，经济可持续发展。以京东为例，全面应用电子发票后，一年可节约5亿张纸质发票，相当于300多吨优质纸张，近2000棵成年树木，减少近200吨的二氧化碳排放量。以此来看，全国范围内推广电子发票的生态效应是非常显著的。

**三、京东和税务大数据**

（一）京东大数据的发展

如今大数据已经越来越渗入到社会发展，引起了人们广泛的关注。互联网发展到当今阶段，原先很难收集和处理海量数据，经由云技术变得容易。大数据的真正意义不在于掌握海量的数据信息，而是对信息进行分析和处理，找出真正有价值的部分加以利用。

2004年1月，京东开辟电子商务领域创业实验田，启用新域名，在京东网站上线的同时，京东自建了ERP系统，有了自己的一套专门的营运中枢，由于其自主开发，因此架构灵活且针对性强。京东在技术方面一直以来有着巨大的投入，2015年京东技术人员已经超过5000人。目前，京东的企业ERP系统已经较为成熟，ERP已经不仅仅专注于企业内部的仓储管理和过程控制，形成包括企业资源管理（ERP）、供应链管理（CRM）、客户管理（SCM）和财务管理等企业整体管理的解决方案，能够系统地运用信息技术管理企业。这为京东和"互联网+"的融合打下了基础。

京东全品类、全价值链的电商数据在行业内具有稀缺性，它使得京东大数据在数据、模型、技术、工具等多个层面高度的整合和统一，大大提升了大数据在整个集团内融合和利用的效率，促进大数据的深度价值挖掘。由于京东的主要业务是自营式电商，而且要求端到端的流程控制，使得京东的大数据覆盖了电商的全部流程，从采购、库房、销售、配送到售后、客服，京东完整的价值链条体现着大数据的管理策略。

（1）精准营销。根据用户基础信息和购买行为分析用户心理，为用户"画像"，从而在营销环节投其所好，向其推荐适合用户需求的信息，增加购买可能性。

（2）供应链优化。京东的系统会根据销售情况，预测库存需求，当库存达到某一阈值时自动生成订单，并发给购货方。还可以根据消费者、仓库和物流三者的关系，自动匹配最优配货方案。

（3）智能网站。通过用户的网上操作记录，如重复购买的商品、浏览的物品类别等进行智能的网站推送。利用用户网上的商品评价，提炼商品属性，在其他用户需要类似属性商品的时候推荐给他人。

（二）税务大数据的探索

京东不断探索应用大数据的税务管理模式，在很多方面都有所突破，大数据平台成为京东税务管理创新的基础。应用大数据进行税务管理，一方面提升了税务管理的效率，另一方面，应用大数据可以有效防范税务风险。大数据下的税务管理，不仅涉及采集涉税信息、计算应纳税额、申报缴纳税费，还包括应用财税分析体系，监控涉税指标的异常变化，较为有力地防范财税风险。

2015年7月31日，京东集团与航天信息股份有限公司成功签订《合资意向书》，将出资成立合资公司，利用双方在电子发票、税控系统、电子商务、大数据等方面的优势和资源，共同打造"互联网+税务"的创新业务平台，争取在电子发票、电子税务局、电子工商的普及和发展方面有新的突破。

2016年3月，京东集团和航天信息设立大象云天信息技术有限公司，打造集电子发票增值服务、涉税数据开发与应用、税务信息化业务及"互联网+税务"三位一体的全心服务模式，帮助各类客户实现安全、便捷、稳定、积极的税务信息化服务。

## 电商征税促进行业良性发展

中国经济时报　牛福莲
2015 年 5 月 25 日

电商征税的主体是电商,对电商要不要征税、如何征税,要回答这些问题,电商自身的意见也值得倾听。在国家税务总局出台《关于坚持依法治税更好服务经济发展的意见》当日,京东集团税务与资金副总裁蔡磊接受中国经济时报记者采访,就电商征税问题发表观点。蔡磊说,《意见》的出台更加明确了国家对电商发展的支持,作为电商之一,它们期待国家早日出台相关征税具体政策,以最终促进市场规范与社会诚信体系的建设,促进行业长远健康发展。

**对电商征税属正常监管**

中国经济时报:京东作为大型电商之一,如何看待电商征税这一问题?

蔡磊:电商征税本身是个伪命题,法律上并没有区分电商和非电商、线上和线下,凡从事生产经营活动的都应一视同仁。有关针对电商征税的问题是被社会上的有些人误读了。

所谓的电商征税实际上是国家对一种新兴业态的正常监管,其初衷并非是想从电商的身上获得多少税收。相反,今年以来,税务机关通过"便民办税春风行动"等一系列活动把对小微企业发展税收优惠作为工作主基调。

**电商征税有助保障诚信商家利益**

中国经济时报:你认为对电商征税将会对市场环境或商家产生哪些影响?

蔡磊:对电商征税不但有助于解决税收诚信问题,而且会促进经营诚信,从更深层次看,最终也促进了社会诚信。

电子商务蓬勃发展至今,已成为我国最活跃的经济活动之一,不过,"互联网＋经济"的迅猛发展,在给产品带来极大丰富的同时,也引发了一些问题的存在:线上、线下税收不公平;销售假冒伪劣;刷单虚假交易;劣币驱逐良币等现象。

基于电子商务特点,只有通过信息管税,实现全面税收现代化,税收环境才能公平公正,使诚信商家发展得到有力保障。电商征税从长远角度,不会为企业造成负担,反而会有利于国家信息管税,按照宽税基低税率,有利于税务机关对小微企业实施更大的税收减免和优惠政策。

**电商征税的难点和阻力**

中国经济时报：你认为对电商征税的难点和阻力在哪里？

蔡磊：电子商务是在网上进行的，个人或企业的身份是可以虚拟的，网站只是中间媒介，买卖双方完全可以在网上沟通好后再通过网下完成交易。无"址"，使得在传统经济模式下的常设机构、经营活动所在地、劳务活动发生地等概念变得模糊不清。由于个体网店没有工商注册，无实体店经营，经营数据、收支电子化，分布区域广，给税务、工商、海关、质检等"实体化"、"属地化"的监管部门工作带来巨大挑战。税务机关难以察觉交易的发生，要找到买卖双方也非常困难，大量的税款在网上交易中流失，且部分个人无照通过上网销售虚假商品，牟取暴利，在逃避税收的同时，扰乱了正常诚信的市场秩序。同时无"址"使得非法企业在网上卖假货、水货，消费者售后维权非常困难。电子商务的特性决定了税务机关税收征管存在一系列的挑战，比如说纳税主体的确认、纳税环节的判定、税收管辖权的确定等问题。

**建议将"要求网络平台实时向税务机关提交平台商家交易信息"纳入相关法律**

中国经济时报：如何对电商征税进行合理计税，你有什么好的建议？

蔡磊：在政策方面，《税收征管法》（修订稿）第88条规定："税务机关在履行税额确认、税务稽查及其他管理职责时有权进行下列税务检查：（七）到网络交易平台提供机构检查网络交易情况，到网络交易支付服务机构检查网络交易支付情况。"为更全面地实现税收现代化、税收信息化，京东愿意拥护政府监管，同时建议补充修订"要求网络平台实时向税务机关提交平台商家的交易信息。"

在监管方面，电子发票、电子工商是有效的抓手，税务机关通过电子发票系统既可实时取得网络销售的真实数据，还可通过增值税原理管控上下游供应链，制约不规范或违法的进货渠道，并可从根本上制约发票造假售假。电子发票既能成为税务机关征税和稽查的凭证，也能成为工商、质检、海关等政府管理部门管理和执法的依据。推动电子发票系统与B2C、C2C电子商务交易平台相连接，自动开具电子发票，并将交易信息存储至相应介质，实现电子商务闭环，有助于建立、健全涉税信息提供机制，提高税收征管水平，进一步实现税收现代化。

## 促进公平竞争,电商纳税或在近两年启动

中国经济时报记者 赵志芳 见习记者 王晶晶

2015 年 5 月 22 日

受访专家

赵　萍　商务部研究院消费经济研究部副主任

蔡　昌　中央财经大学税务学院税务管理系主任

李广乾　国务院发展研究中心信息中心研究员

5月5日,国家税务总局出台的《关于坚持依法治税更好服务经济发展的意见》令很多网店经营者忧心忡忡的"电商征税"传闻终于告一段落。从意见的具体内容看,对电商的普遍征税暂时不会立刻到来,已经习惯于享受不纳税这样的超级优惠政策的"皇冠卖家"们可算松了一口气。此前,包括北京、广西、江苏、上海、山东、深圳等在内的全国主要沿海省市税务部门,相继约谈辖区内的电商企业,电商征税传闻一时间让全国各地的大小电商们直呼"狼来了"。

不难看出,政府层面对待电商征税的态度趋于谨慎,因此对电商的普遍征税将暂缓一段时间,这将给电商的进一步成长创造更加宽松的环境。不过,这段缓冲期会维持多久?对电商征税将会给这一行业带来哪些影响呢?就此,中国经济时报记者分别采访了电商及财税方面的专家,对以上疑问进行解答。

### 电商缴税只是时间问题

中国经济时报:业内专家和学者普遍认为,对电商征税是必然的,只是时间问题,你怎么看?

赵萍:当前,从整个国家经济发展的角度来讲,依法治国是大势所趋,任何一个领域或群体都不能凌驾于法律之上。在经济领域,法律的作用主要是维持公平竞争的良好环境。

在过去的10多年,电商的速度和规模都得到了快速发展和壮大,可以说取得了辉煌的成绩。但是随着"互联网+"政策的逐渐落地,电商和实体店日渐融为一体,其界限也日渐模糊,绝对不用征税的电商几乎不存在了。在这种情况下,实体经济运行的规则也适应于电子商务领域。另外,随着规模的逐渐扩大,电商在我国经济发展中已经扮演起重要的角色,不再是"弱势群体"和需要特殊政策扶持的群体,应该和其他实体经济的企业一样,在同等的市场规则下进行运作和竞争。因此,

我认为对电商征税是必然的,只是时间问题。

蔡昌:对电商征税本身就不是一个问题,因为电商是一个商务组织、法人机构,它具有盈利能力,所以它就是纳税人。

李广乾:该不该征税要从电子商务发展的全过程来看,电子商务最初的目的是为了方便交易,也是为了促进信息化的发展。2008年以前电子商务发展比较慢,国家层面希望推广,现在电子商务的一些障碍,如支付、信用、物流等问题都解决了。我把电子商务的历史性贡献划分为三个方面,电子商务为我们当前社会带来了"三大件",第一是为社会创新发展奠定了一系列很好的发展平台,包括B2B、B2C、C2C以及跨境电子商务等都已经形成了自己的平台;第二是因为电子商务快递物流而带来的现代物流体系建设;第三是有了便捷的电子支付,这就是电子商务经济发展所带来的"三大件"。无论从信息化发展角度还是电子商务发展角度来讲,我国都已经发展得相当的好。从国际层面来看,我国电子商务的交易总额、规模、品种,都达到了世界第一。当前,我国电子商务的发展已经跨过了推广应用的阶段,考虑到电子商务环境的转变,缴税确实该提上日程了。

中国经济时报:《意见》指出,要深入分析电子商务、"互联网+"等新兴业态、新型商业模式的特点,你认为,这里的特点主要指什么?是否需要为电商单独设立一个税种?

赵萍:特点就是特别或特殊之处。从税收的角度分析,电商与实体经济主要有以下两点不同。特点之一是电商的交易都是在网上进行,有全程跟踪的大数据,可以更直观、实时地反映其经营情况。特点之二是电商无店铺。一般来说,税务部门到实体经济的注册地找到企业就可以进行税务执法。但是对无店铺的电商,尤其是没有进行工商登记注册的小网店,税务部门在征税时的难度就比较大。

我认为没有必要针对电商设立一个单独的税种。因为电商只是在一定程度上改变了当下的商业形态,而商业模式和经营方式都没有发生实质性的变化,即商务没变化,只是商务具体的表现手段发生了一些变化。对于电商来说,其和实体店面临的是同一个市场,销售的几乎是一样的商品,所以没有必要对电商设立额外的税率或税种。

蔡昌:不需要为电商单独设立一个税种,虽然电商当中包括一些虚拟经济,但是它做的东西和实体经济是一样的,我们的税收体系里有财产税、行为税、货劳税(货劳税包含增值税、消费税、营业税、出口退税)、企业所得税、个人所得税,这些税种适用于所有的商务组织。

**吹牛也上税?**

中国经济时报:对电商征税将给这个行业带来哪些影响?是否会削弱电商的价格优势?

赵萍：对电商征税，受影响最大的是C2C的小网店。之前规模小的网店因为没有注册，税务部门很难对其进行税收监管，如果统一征税，对目前不纳税的小网店影响最大。像天猫、京东、1号店等一些大的平台电商基本和实体经济一样，都是经过注册，并根据其营业额、所得额、增值额等进行纳税。此外，很多大的网店还有线下体验店，一般属于B2B，经营流水比较大，竞争规则和税收的相关规定与实体店基本没区别。

对电商征税后，在商品价格方面不会受到太大影响。首先，对已完备税务流程的B2B模式没有影响，对B2C模式有一定影响。相比之下，对规模较小、运作灵活的C2C影响较大。其次，电商是一个充分竞争的领域，消费者选择多，如果没有了价格优势，消费者就不会光顾。再次，电商征税影响的是一部分电商群体，由于整个社会的平均价格没有上涨，受影响的电商如果涨价将会面临失去市场的风险。所以，电商会尽可能消化因税收带来的成本增加，控制商品价格上涨的幅度。

蔡昌：电商的种类很多，第一类是实体商品流通电商，如京东，这一类电商受到的影响比较大。第二类是网络平台电商，如阿里巴巴，它是一个虚拟的交易市场，负责提供交易场所。如果我们的政策对网络平台电商没有优惠，未来会严重打击电商。第三类就是基础运营类电商，它是网络技术提供商，进行网站运营、网站设计，例如华为。还有一类是服务类电商，比如远程教育、远程医疗等把实体服务搬到互联网上的电商。实际上，这几类电商并不是完全没有缴税，目前的问题在于，它们缴得够不够。

说到缴税够不够，实体商品流通电商存在"刷单"的问题，为了获得好的交易记录，吸引顾客去"刷单"，网络经济的这种现象给税收监管带来了一个难点。国家税务总局讲了这样一个观点：过去吹牛不上税，现在吹牛也要上税了。其实"刷单"本身是一种欺诈行为，但是又不能完全杜绝，一旦征税，"刷单"的电商会觉得很冤枉。

李广乾：在经济新常态下，在促进大众创业、万众创新的要求下，要正确地促进、培育就业，税收是一种手段，因此在考虑征税的时候，应该综合考虑两种大的环境，第一，当前的电子商务已经不是纯粹地到网上交易了，电子商务出现了很多新的变化，电商跟传统行业在结合，不能简单地把它看成以前的对电子商务的认识，纯粹地对电子商务交易征税。第二，在对电商征税时要区分，对于我们要促进和鼓励的行业可以缓征或者少征。对于有利于传统行业转型的电商，应该给予宽松的环境，有针对性地鼓励互联网企业融入传统行业中去。

**电商征税落地或还需两三年**

中国经济时报：电商征税需要经过哪些程序？需要多长时间？

赵萍：一般来说，由税务监管部门和国务院法制办共同起草电子商务税收方面的法律，再报全国人大批准进入立法程序，批准后即可执行。从税法上我认为不需要针对电商进行额外立法，只需要在现有的税法基础上添加必要的司法解释，让现在税法涵盖的企业类型包括电子商务并依法征税即可。

在实际操作层面，电商都是在平台上交易，通过大数据征税，本身没有太大难度。比如电商的销售额因网上支付而透明化，便于营业税的征收。尽管增值税需要有进项抵扣，对很多电商来说，进项商品的价格是否透明、是否取得进项的税票是难点所在，但是电商都是在平台上进行交易，通过大数据分析，基本可以解决。至于征税的时间，在各部门积极配合的前提下，一般几个月就可以。

蔡昌：从现在的情况看，条件还不是很成熟。要对电商征税，一方面我们要掌握一些数据信息，现在是大数据时代，国家必须有能力通过大数据挖掘信息，知道电商的真实业务量，应该交多少税。信息到位之后，还要有合理的征管办法，经过这样一个从大数据到有效信息，从有效信息到征管方的配合的过程，对电商征税才能真正实施落地。国家可能要做好不同地区之间的情报交换、信息共享，这在电商监管方面非常重要，此外还要找到与电商合作的各方，比如电商的客户群，通过监督客户群来变相地获得电商的信息。这些程序还需要一些时间，我们要掌握电商的特点，真正形成大数据，在互联网时代用互联网思维来解决电商税收征管问题。不用互联网思维和大数据，也解决不了问题。

现在大数据非常流行，包括总局和其他国家的监管部门，也都开始使用大数据系统，辩证地来看，要做到比较到位，我觉得还需要两三年时间。不过现在电商已经做到了一定程度地缴税，不是完全不缴税，比如京东有电子发票，这就是促进电商征税的一个很好的办法。

李广乾：对电商征税要分步来，可以分阶段，分行业去做，还要权衡地区的公平性，可以先对经济发达的地区征税；为了鼓励西部地区的发展，西部地区可以缓征。对于那些交易能够比较容易确定的、跟实体交易类似的、监管比较容易的电子商务行业业态，可以先征。另外，为了激励各地政府发展当地电子商务经济的动力，有必要对电子商务税收做法进行一定的创新，例如突破传统的属地化原则，以被交易商品的发出地或购买者所在地为征收基准。

国家税务总局发函说不会马上对电商征税，并不是我们故意要等，而是我们还有很多工作要做，包括电子发票、移动支付等问题，这涉及技术层面的成熟过程，以免出现很多不合理的情况。对电商征税应该区分不同情况，有对平台电商企业的征税、对个人网店的征税、对不同交易品种的征税等，此外跨境电商还涉及国际平衡的问题，非常复杂。

我认为B2B、B2C可以快一点，这一两年可以开始启动，但是从促进大众创业、万众创新的角度讲，O2O的电商可以缓征、少征。

**电商缴税　市场更公平**

中国经济时报：在当前大众创业、万众创新的氛围下，对电商征税是否会抑制创业热情？现在是否是合适的时间？

赵萍：对电商征税不会影响创业者的热情。近期出台的《国务院关于大力发展电子商务加快培育经济新动力的意见》明确指出，从事电子商务活动的企业，经认定为高新技术企业的，依法享受高新技术企业相关优惠政策，例如两年免税三年减半。还应注意的是，目前的征税与优惠政策不矛盾。我国不是不针对电商征税，而是根据实际情况，给出一个优惠期，让鼓励措施更有效，尽快建成统一开放、竞争有序、诚信守法、安全可靠的电子商务大市场。

现在应该是电商征税的合适时期。一是电商的规模大了，目前我国的电子商务交易总额占社会消费品零售总额已经超过10%，网购也成为比较大的行业。二是对小的电商来说，根据实体经济的征税方法，可以实施"包税制"，这对销售额低、规模小的电商，也是一种保护。总之，征税对小的电商来说不会有太大的杀伤力。

蔡昌：我认为不会抑制创业热情。淘宝私人卖家好像会受到影响，这是一种表象，因为统一纳税监管本身可以促进诚信建设，现在互联网经济更需要诚信建设来推进它的交易透明度，大家公平竞争了，这样会激发更多人的创业热情。实体店缴税，网店不缴税，这本身就是不公平的。首先，如果能做到社会公平，透明度更高，电商造假马上得到处罚，这样能够激发更多人的创业热情。其次，可能有些人对电商缴税有一些削弱价格优势等担忧，但实际上国家可以通过别的方式来解决这个问题，比如财政补贴、税收返还，还有小微企业的优惠政策、创业项目的扶持政策等。所以我觉得创业者的热情不会因为电商征税而被抑制，而且国家如果真正能从诚信建设的角度来引导，还能够激发更多创业热情，公平竞争的环境会让大家更愿意去创业。李广乾：有人担心对电商征税会抑制创业热情，其实大可不必。这很好解决，通过设置交易额起征点即可。只要有利润，就会有人去创业，不一定会抑制他们的积极性，征税不是给电子商务创新创业设立新的门槛，而是为了创造一个更公平的创业环境。

# "互联网+"税收：电商征税可促进税收诚信

财会信报记者　滕娟
2015 年 6 月 8 日

**纳税主体难以界定**

目前，社会各界对电商是否应征税基本形成共识。普遍认为，电商征税无可争议。中央财经大学税收筹划与法律研究中心主任蔡昌在沙龙上表示，对电商征税天经地义，依据《增值税暂行条例》和"营改增"政策规定，在中华人民共和国境内销售货物或者提供应税劳务和应税服务以及进口货物的单位和个人为增值税的纳税人，应当依法缴纳增值税。知名税务专家、京东集团税务与资金副总裁蔡磊此前接受《财会信报》记者采访时也曾表示，电商是否应征税是个伪命题。但是，由于电子商务的电子化等特性及现行的征管机制和征管水平，给电商税收征管带来了一系列的困难。

山东青岛市国税局徐凤照处长在沙龙上演讲时指出，现阶段电子商务税收征管难题突出表现在三个方面：第一，法律法规不健全，包括未建立系统性的电子商务税收法律法规体系，难以确定纳税主体、征税客体、纳税义务发生地、纳税期限难以操作和纳税流程发生改变等。第二，税收征管难度加大，从税务登记、税款征收、发票管理、税务稽查、风险防控五个层面显现出现阶段电子商务税收征管难度在不断加大。第三，纳税服务不到位，表现为服务理念落后、服务手段滞后和税收环境有待改善三个层次。

蔡磊认为，电子商务的税收征管难题首先是没有工商注册，因而也就没有税务登记，传统的以票控税模式出现了困难，B2C、C2C现行征管也存在着一些问题。首先，纳税义务人不好界定。对于由境外向境内提供服务、境内向境外提供出口的这类电子商务企业，由于交易双方隐匿了身份、地址和交易行为，在互联网上只有服务器、网站和网上账号，整个交易过程完全是在网上完成，买卖双方难以明确，甚至无法确认这项贸易究竟发生在国内还是国外。第二，纳税地点不好确定。由于电子商务的交易活动往往没有固定的交易场所，使得纳税地点也变得十分灵活和隐匿，具有很强的流动性和随意性。与此同时，电子商务中涉及的其他方面，如服务器、卖方、支付方、物流所在地等可能都处在不同的位置。因此，税务机关往往无法像对传统交易活动那样准确地确认纳税人的经营地或纳税行为发生地。第三，征税对象的认定存在模糊性。下载电子音乐或电子书，是按服务业征税还是按产品征税，目前没有严格界定。第四，税务登记制度无法适用互联网经济的发展。第五，电子商务的无纸化导致课税凭证不易保管。

蔡磊还指出，电子商务的税收征管会影响财政分配。如果一个交易平台由它所在的税务机关进行征管，那么由于店家的交易来自全国各地，都在某一个地方交税也有其不合理的地方。

蔡昌从税制改革的层面对征管难点进行了分析，他认为，首先，税收要素难以清晰确定，例如网络经济纳税主体的现实身份难以确定。民间借贷业务中企业和个人适用不同的所得税法，但在P2P网络借贷中交易主体很容易隐藏其真实身份，导致现行税法对纳税人的身份难以确定。其次，交易的电子化特性增加了税收征管难度，线下的税收征管是以各种票据、合同、账簿和报表为基础的，但线上电子化交易的环境中，数字化记载的各类凭证很容易被修改、删除而不留任何痕迹或线索，从而使得税收征管缺乏可信的"计税依据",给税收征管带来难度。第三,国际税收受到电子商务的巨大挑战。突出显现在两方面:一是无形资产的电子商务在线销售中,用户可以从互联网上直接下载数字产品到客户的计算机上,使税务机关很难完全监控,因而容易造成关税的大量流失。二是征税地点模糊。跨境电子商务的发展直接对国际税收协定中的"常设机构"概念提出挑战。譬如,如果企业借助海外服务器在境外开展应税活动,由于其并未在海外设立常设机构,对其征税将显得缺乏依据。

首都经贸大学教授丁芸在发言中谈道,对于传统登记制度带来的挑战有以下几点:首先是法律对电商的纳税方法及管理方式的确认;其次是企业交易地点和常设机构所在地的认定存在困难;再者是电子商务票证及账务的无形化给传统税收征管带来的冲击,以及电子商务的税收管辖权的确定。

**建议**
**税收征管应从行业角度细化**

针对上述电商税收征管难点问题,与会专家们同时给出了自己的见解。

中央财经大学税收教育研究所所长贾绍华表示,实践呼唤电子商务税收理论的创新,而理论的创新更加有利于促进税收管理的现代化。他认为,电子商务的税收问题,无论法制、体制、机制等方方面面的研究都是很必要的,但是商业模式的变化并不能改变税收本质上对管理的需求和要求。比如在研究税收流失的问题上,信息不对称的一个很重要的观点就是,现金的交易使很多税收变成流税,地上经济转变为地下经济,但恰恰是因为互联网、电商平台的出现,解决了这个问题。换句话说,电子信息的每一笔交易都有十分清晰的记录,货币的电子化对税收管理既提出挑战也为创新奠定了很好的基础。恰恰在这一点上,由于对互联网对信息化技能的缺失,给税务系统的很多基层同志提出了许多问题。因此,需要尽快培养一批电子税务的征收检查队伍,引领"互联网+税收"新潮流,培养电子税务领军人才势在必行。

另外,针对电商征税问题,税务人员有了,征管机制怎么解决?贾绍华建议,新的《税收征管法》必须关注"互联网+税收",无论涉税信息管理、信息共享还是信息管税的立法都要跟上。"法治+科技"双管齐下,电子商务税收问题的解决应该指日可待。

徐凤照从构建电子商务税收法律体系、完善电子商务税收征管和提供优质便捷的纳税服务三个方面给出了建议。首先,在构建电子商务税收法律体系中应当坚持三项原则,税收中性和税负公平原则、普遍适用和整体原则及系统原则。其次,应当从完善税务登记制度、准确实现税款征收、规范电子发票使用、加强税收风险防控、建立电子化税务稽查制度五方面来完善电子商务税收征管。最后,为了给纳税人提供优质便捷的纳税服务，税务人员应当提高纳税服务意识、运用信息化手段、落实税收优惠政策并且积极推进纳税信用评定结果运用。

蔡磊认为，基于财政体制分配问题，目前还可以考虑按收入来源地原则进行税收征管。电子商务的无址化使得支付地享有税收管辖权更为合理。

蔡昌则从税收优惠的角度表达了自己的看法。他认为，电商发展初级阶段需采取多种手段扶持，税收监管与支持互联网经济发展并不矛盾。政府应完善对电商的税收优惠和扶持性政策，譬如财政返还、创业基金、互联网创新项目工程等。

山东省威海市国税局科长庄松根据其税收检查的工作经验指出，税收检查具有行业性特征，建议对于"互联网+税收"的研究应从行业角度细化。

庄松提出，电商征税问题不仅在于明确对电商征税，还需要从税制体系化角度来考虑。电子商务产生于互联网和传统经济的结合，但是讨论电子商务的征税问题不在于是否对电子商务征税。比如，对于B2C的税务检查，可以通过检查账面和存货是否一致来确认是否补税，需着重关注网络交易平台上的现金收入，而电子发票仅仅是税收征管的一种工具。在研究对电商征税问题时，也需要考虑实体法对税负造成的影响。他还列举了三个实例来阐述电子发票与实体税法、征管之间需考虑的问题。

庄松表示，只有将实体法一体化，再将征管要求一体化，再到具体手段细节的一体化，才能真正彻底解决问题。否则可能会在其他方面出现新问题。目前电商行业属于微利行业，而且进货很少有增值税专用发票，而一般性通用的税收政策，不利于微利的电商企业发展。他希望国家能够出台关于电商纳税的专门政策。

丁芸的建议是，一要针对现状抓紧相应法规的确立，使得管理、执法有依据；二是对于传统的征管手段做出较大调整，适应经济流程、货币流程变化，找出其关键点和涉税点；三是加大税收宣传，让人民认识到税收的重要性，增加税收遵从度，建立良好的税收环境。

山东省税收研究会副秘书长张德志对于如何推动电商发展也提出了自己的看法。

他认为，首先要完善相关的法律制度，让整个行业有法可依。最重要的是增强对交易网站的管理，规范电商首先要规范平台，例如刷单等很多是被逼无奈。然后是加强网上的信用体系建设，应当积极参与推动以公民身份证号与机构代码为基础的社会信用代码制度，将电子商务信用纳入到社会信用体系。另外有完善取证的方式，加大对网上制假售假的查处、打击力度，落实电子商务奖惩机制。其次要建立电子商务税收共治长效机制。充分发挥政府部门与社会各界关心、支持税收工作的积极性，充分实现政府治税和社会治税，加强工信、商务、金融、工商、海关等部门的合作，推动建立适合我国国情的电子商务监管体系和部门协作机制，有效整合电子商务信息资源，推进部门间的信息资源共享，提高信息采集、交换、应用的效率。

中崇信会计师事务所所长戴琼从税收公平性的层面表达了自己的观点,他表示,税收公平性要求我们对电商征税按照承受能力区别对待,不管是线上交易也好,还是线下交易也好,只要提供商品和应税劳务,就应该交增值税,这是横向公平,另一方面也要求纵向公平,不同税收承担能力的人应该承担不同的税负。根据电商研究院的数据,2014年6月全国电子商务交易额达到6.8亿元,天猫和京东的市场份额达到了57%和21%。而在移动电子商务领域,阿里巴巴占到85%,京东占到7.1%,唯品会1.6%。到了2014年6月,国内第三方电子商务平台的中小企业用户规模已经突破了1 950万亿户,如此庞大的交易金额、又汇集了如此众多的中小企业,无可非议地会加剧经营规模和经济实力的不均衡性,也就加剧了税收承担能力的不均衡性,采用"一刀切"的办法,不符合税收纵向公平原则。对于不同类型、不同规模、不同经济效益的电商,在不引发打击电商的错误误导的前提下之下,如何让电商在税负公平的原则下依法诚信纳税,还是个问题。另外,电商企业地区间发展很不平衡。现在电商服务企业主要分布在广东、浙江、上海,而西部地区发展速度相对较慢,对于西藏、青海、宁夏、新疆这些电商发展程度很低的地方,征不征税无所谓,而对上海、浙江、广东等地,征税则是应该衡量的。

**前瞻**
**税收公平是税收信用建设的基石**

诚信从字面可理解为诚实守信。中国古代哲学家认为诚信是人的修身之本,也是一切事业得以成功的保证。蔡磊在沙龙上呼吁尽快完善社会诚信体系、促进行业公平规范竞争。他指出,电商存在"刷单"现象,"刷单"就要承担税收责任。因此,这就产生一个命题:税收诚信促进经营诚信,经营诚信和税收诚信共同促进社会诚信。

蔡昌认为,电商行业发展对税收信用具有"双刃剑"效应。一方面互联网使得大量电商企业更加透明,这一点形成税收诚信的震慑效应。另一方面,互联网也在一定程度上破坏税收信用。在线流通难保真实性,暗藏诚信交易冲突。此外,信息泄露导致隐私侵犯,侵权难获法律救济;商品虚假宣传降低诚信指数;售后服务不到位,在线申诉难确保。

蔡昌还提出了电商时代税收信用建设的基本思路。第一,税收公平是税收信用建设的基石。公平的税收促进经济发展,公平的税收也带来税收诚信。税收公平包括两方面的含义,税收环境公平和税收感受公平。第二,利用大数据是解决税收信用问题的关键。维克托·迈尔·舍恩伯格的《大数据时代》和徐子沛的《大数据》和《数据之巅》这些著作中都提到建立机制,畅通信息获取渠道;搭建平台,增强数据处理能力,以及利用信息技术手段,建立全社会基础数据统一平台;挖掘数据潜能,预测税收信用的演化趋势等方面的内容。

贾绍华则从另一个视角分析了税收信用建设。他认为，表扬纳税大户的观点值得商榷。税收的本质或职能就是劫富济贫，就是要体现公平，并不是贡献多就没有逃税的嫌疑、没有漏税的可能，例如个人所得税，工资收入代扣代缴的漏税可能比较小，而收入来源多样化的人可能有漏税嫌疑，因此还需要加强政府服务和社会税收诚信，再加上相应的法治，情况就会不一样了。

徐风照表示，随着电子商务经营主体全部纳入到税务部门监管后，应将其纳税遵从度和信用等级挂钩，根据税务登记、纳税申报、账簿、凭证管理、税款缴纳、违反税收法律、行政法规行为处理等情况进行评定，将纳税信用登记应用到电子商务经营主体的日常经营中。比如，对于信用良好的纳税人可以在金融机构获得无担保信用贷款，为其发展开辟新的融资渠道；相反，对信用不好的纳税人，由税务部门对其加强治理和帮助，促进建账建制、财务治理，从而规范竞争行为，推进健康发展。

京东集团税务部经理吴婧女士介绍，电子商务主要分为B2C、C2C，其中B2C都是工商注册的，相对容易监管，目前比较规范。而C2C比较让人头疼，存在一切潜在规则，其中包括"刷单"、销售假货、衍生的水军产业链。C2C的初衷是"小而美"，一开始参加的都是失业人员、创业大学生。随着蛋糕越做越大，各类B商家和从小C发展成大C的销售团队也涌进来了。这时这里的C已经是企业团队的性质，但是由于没有工商监管、没有税务登记，所以还是以C的身份在电商里进行销售。这些电商在网络销售中不开具发票，也不缴纳税款。同时，电商通过销售和人气进行商品排行，只有自己的商品排在网站的前几页才能有机会被消费者点击，为了冲击成交量和点击率，目前商家通过各种手段虚假下单，填写虚假快递单，甚至产生了专门刷单的产业链，提高销售数量。在这个过程中就出现了一些违法的行为，一些为卖家互相刷单而设下的交易平台诈骗了卖家为虚假交易而存入的保证金。她举例说，她身边就有这样的朋友在北京朝阳区被骗了2万元的交易保证金，事后在派出所报了案。这名朋友的行为本身属于刷单，不可能向平台申报，平台是不允许刷单的，所以说很多小商家受了骗也不敢投诉。从某种角度讲，如果整个环境不诚信，所有小C商家都是弱势群体。

针对以上问题，吴婧认为，作为一个税务人员，只有通过电子工商、电子发票这些现代化税收手段，才能真正对电商进行纳税监管，从被动征管逐渐转变为电商自发履行税收诚信义务，通过信息化税收监管，使得电商不敢不愿进行虚假交易，通过税收诚信疏导商家的经营诚信，净化环境。

## C2C 模式成为征税盲区[1]

从电商模式来看，B2C 已基本实现征税，C2C 模式由于我国对个人网店管理办法的规定较为模糊，也并未指出工商登记注册条件的具体内容，因此 C2C 电商模式成为"征税盲区"。

电商行业税收流失严重，2014 年 B2C 市场规模达到 1.29 万亿元，C2C 市场规模为 1.51 万亿元。我们按照"平均税负法"[2]以及"税收流失率法"[3]对电商税收流失程度进行测算，按照"平均税负法"进行测算的税收流失规模约为 0.25 万亿元，占实体总税收的 1.8%；按照"税收流失率法"测算，2014 年电商税收流失约为 0.20 万亿元，约占实体税收的 1.4%。

根据艾瑞咨询数据显示，2017 年，我国 C2C 市场规模将由 1.5 万亿元增加到 3 万亿元，届时税收流失额将达到 0.5 万亿元。

## 2016 中国税收与法律高峰论坛在京举行

人民政协报　记者/孙琳
2016 年 12 月 27 日
被新华网、人民网转载报道

近日，由中央财经大学财政税务学院、税收筹划与法律研究中心主办的"2016 中国税收与法律高峰论坛"在京举行。会上，中央财经大学税收筹划与法律研究中

---

[1] 节选自产业信息网：《2015—2020 年中国电子商务市场调研与投资前景报告》。

[2] 平均税负法的估计方法如下：根据实体交易中历年增值税、消费税与商品销售总额估计计出"平均税负"，然后根据电子商务交易额乘以"平均税负"，获得估计的税收流失规模。根据 2010—2014 年国家统计年鉴数据测算，不考虑所得税和小税种时，2013 年我国增值税以及消费税的平均税负水平为 16.7%（2010 年到 2014 年增值税与消费税的总额为 8 万亿元，同期电子商务交易额为 48 万亿元，则平均税负 = 8/48 = 16.7%）。

[3] 税收流失率法的估计方法如下：通过计量回归分析估计出基于电子商务交易额的"税收流失率"，具体回归方程为 $T = \alpha + \beta E + \gamma W + \varepsilon$，其中 T 为实体经济税收总额，E 为电子商务规模，W 为其他控制变量，包括消费总额、政策变化虚拟变量等，将交易额乘以"税收流失率"即获得电子商务的税收流失规模。按"税收流失率法"进行估算，基于 1994—2013 年数据建立回归模型，以税收总额作为因变量，电子商务规模作为自变量，得到历年来电子商务交易额对税收总额的影响系数为 -0.13。这意味着电子商务每增加 1 个单位，将使税收总额减少 0.13 个单位。

心第三方独立研究成果——《电商税收流失测算与治理研究》报告发布。

谈到电商税收流失问题，中央财经大学财税学院杨华表示，近些年我国电子商务发展迅速，该课题的研究恰逢其时。从国家层面来讲，未来电子商务的税收发展是不得不关注的问题。未来对电子商务交易特别是C2C（消费者间的电子商务交易）征税是一定的，而需要讨论的是今后如何征、按怎样步骤征的问题。而其中对C2C交易额的控制是税源控制的关键所在。

中国税务学会副秘书长焦瑞进表示，我们应重视电商税收流失问题的重要性并需加以研究。目前电商交易全球化，交易模式多样化，因此电商税收流失问题不能仅仅从平台角度研究。

而作为一家电商平台，京东集团副总裁蔡磊表示，作为一个行业，若存在税收不公平就会导致经营不公平，税收不诚信会导致经营不诚信，最终将导致社会不诚信。因此，税收流失不是单纯的税收问题，而是国家治理问题，甚至是社会诚信问题，对整个中国经济的运行也会带来重大影响。

## 电商，到底该如何缴税

人民日报　本报记者　吴秋余　李丽辉
2017年4月24日

数据显示，去年我国网上零售额突破5万亿元，增幅达26.2%。互联网经济的快速崛起，使电商纳税话题越来越受到社会和行业的关注。目前，我国电商纳税的实际情况究竟如何？对电商征税存在哪些政策和技术上的难点？征税后，消费者网购还能享受到价格实惠吗？

电商，到底该如何缴税？（热点聚焦）

**哪些电商没缴税？**

大型电商缴税还算规范，个人开的网店不缴税或少缴税比较普遍，与实体店相比，去年少缴税逾500亿元。

"电商近年来增速很高，其中固然有技术进步的推动，但更多与逃避税收、低价倾销等带来的不正当竞争优势有关。"步步高集团董事长王填对记者直言。作为全国人大代表，今年"两会"期间，他提交了关于推进电商公平纳税征管办法的议案。王填说，进入"新零售"时代，线上线下将会高度融合，电商公平纳税到了必须切实解决的阶段，以便营造实体和电商公平竞争的环境。

京东集团首席执行官刘强东近期也表示，在电商平台上，存在部分企业法人以自然人名义开网店避税，造成实体店与网店税收不公平。

记者了解到，电子商务的运营模式以三种形式为主：企业对企业（B2B）、企业对消费者（B2C）、个人对个人（C2C）。企业对企业交易量较大，无论是销售方还是采购方，一般需要开发票入账，通常都是正常缴税。一般的网购主要指B2C和C2C两种模式，对电商纳税的争议也主要集中在这一块。那么，这两种电商的缴税情况如何？

今年初，中央财经大学税收筹划与法律研究中心发布的电商税收研究报告显示，大型电商缴税较为规范，天猫、京东商城、苏宁易购等10余家第三方平台的B2C电商均已进行税务登记并实施正常纳税。只有个别商户，会通过不开发票或虚开假发票进行避税。相比之下，C2C电商也就是个人开的网店不缴税或少缴税的情况比较普遍，在2012年至2016年期间，少缴的税收额呈现逐年增长趋势。

这份报告的分析样本，主要来自某大型电商平台B2C与C2C模式网店，各210家，涵盖电器、服装、食品、图书、酒水、家具和化妆品等7个行业。该课题组按照所在行业平均税负，测算了全国C2C电商少缴的两个主要税种即增值税、个人所得税的数额。与实体店相比，C2C电商2015年少缴税在436.6亿至614.33亿元之间；2016年少缴税在531.53亿元至747.92亿元之间；课题组预测，2018年C2C电商少缴税数额可能会超过1000亿元。

"这个数据计算是比较保守和谨慎的，包括小微电商享受税收减免的情况，已经考虑在内了。"课题组组长、中央财经大学税收筹划与法律研究中心主任蔡昌介绍，调查结果具有广泛的代表性，可以较真实地反映出电商纳税问题的现状。不过，由于部分电商平台监管不严，存在"刷单"、夸大交易数据等现象，这部分数据无法进行鉴别，也可能一定程度上影响税收额度的测算值。

中国连锁经营协会也在近期发布了一份促进电商公平纳税问题的研究报告。报告估算，2015年约有1.8万亿元的C2C电商销售额税负基本为零，按2.5%的综合税率估算，比实体企业少缴税约450亿元。

**公平缴税咋实现？**

在当前减税降费的大背景下，实现电商与实体店之间的公平税负，应当主要做"减法"，对电商建立规范的纳税秩序，对实体店进一步降低税费负担。

"电商要不要纳税是一个伪命题，电子商务一直适用现有税法，并没有所谓的免税待遇。"中国社科院财经战略研究院税收研究室主任张斌表示，我国现行税法并没有针对电子商务交易的特殊规定，电商只是交易方式的改变，无论在网上销售货物还是提供劳务，均与线下传统交易适用相同的税法。

对此，蔡昌持有相同观点。他认为，从公平角度看，税收不应由于商业模式不同而有所差异，对电商征税，既不需要专门出台法律法规，也不需要为电商单独设立一个税种，现有税收体系里的财产税、行为税、货劳税、所得税等，都可以适用于所有的电商。只有对电商实现征税监管，才能有效规范市场行为，形成有序竞争、有效市场。

2016年11月，国务院办公厅发出《关于推动实体零售创新转型的意见》，明确提出营造线上线下企业公平竞争的税收环境。

从国际经验看，发达国家普遍以保持税收中性为基本原则，对电商企业和传统企业进行公平课税，英国早在2002年就制定了《电子商务法》，明确规定所有在线销售商品都需缴纳增值税，税率与实体经营一致，实行"无差别"征收；美国也在2013年通过了开征在线销售税的《市场公平法案》。

事实上，我国的电商企业，特别是有长远发展规划的电商企业，并没有一味追求税收方面的特殊政策，而是在积极履行纳税义务：阿里巴巴集团披露的财务数据显示，该集团及蚂蚁金服去年合计缴税238亿元。随着行业发展，一些C2C电商收入和规模不断增长，也逐步成为纳税的主体。

百草味，原本只是杭州下沙高校周边的一家零食店铺，2011年布局淘宝平台后，营收规模不断扩大，2015年百草味纳税额跃升至4400万元。不仅是百草味，总部位于北京通州的裂帛、济南高新区的韩都衣舍、广州海珠的茵曼，都是在淘宝网诞生的互联网品牌，并成为当地的纳税主力。

"好的电商企业肯定不是靠税收优势生存的，阿里从一开始就建立了严格的税收制度，不希望税收问题成为企业发展的隐患。"阿里巴巴董事局主席马云说，目前集团平均每个工作日缴税1亿元，全年带动平台缴税至少2000亿元。

一位电商企业财务人员告诉记者，企业发展过程中，必然面临银行贷款、上市融资的问题，这些都与企业的纳税状况息息相关，电商纳税的问题迟迟不解决，长远看对企业发展壮大并不利。

"电商缴税，早晚要面对，而公平应该成为追求的主要目标。"上海财经大学公共政策与治理研究院院长胡怡建认为，解决电商纳税，应该兼顾线上与线下、效率与公平，在支持新兴产业的同时，更好体现行业公平，营造中性的税制环境。

胡怡建说，在当前减税降费的大背景下，实现电商与实体店之间的公平税负，应当主要做"减法"，对电商建立规范的纳税秩序，对实体店则进一步降低税费负担，逐步减小两者的税负差异。

**税收征管难不难？**

可通过电商平台实行"代扣代缴"，大部分小微电商符合免税条件，网店依然会有价格优势。

既然对电商征税不存在制度障碍，为何会出现电商少缴税的现象？

专家表示，电商与实体店的税负不公平，主要基于现实中的两个因素，即登记制度的缺失和保护新兴产业的考量。

我国目前对企业的税收管理是以税务登记为基础的，2014 年工商总局出台的《网络交易管理办法》规定，从事网络商品交易的自然人，应当向第三方交易平台提交其姓名、地址等真实身份信息，具备登记注册条件的，依法办理工商登记。这一政策虽然简化了自然人经营网店的手续，但也客观上造成部分超过免税标准的企业以网店形式躲避税收征管。现实中，该规定被理解为自然人卖家只需要向平台登记，不需要工商登记，而工商登记是税务登记的前提条件。一些地方出于鼓励新兴产业发展的考虑，也没有对电商平台采取严格的征管措施。

"电子商务活动的数字化和虚拟性，是税收征管的一个难题。此外，社会上不少人认为网购不开发票、不需要缴税，也给税务机关'以票控税'带来困难。但这些问题都是可以解决的。"蔡昌认为，在大数据条件下，网络交易会在资金支付和快递物流两个环节留痕，税务部门要获得电商的经营数据，一定程度上比实体店还要简单。

例如，虽然缺少工商登记，但税务部门可以依托电商平台实行"代扣代缴"制度。在美国，以亚马逊为代表的电子商务企业普遍被要求代征销售税，截至 2015 年 1 月，亚马逊已在美国 23 个州代征销售税，覆盖了美国一半以上的人口。

同时，电商纳税的法律环境正在完善，去年底提交全国人大常委会审议的电子商务法草案规定，电子商务经营主体应当依法履行纳税义务，依法办理工商登记。修订中的税收征管法要求建立纳税人识别号制度，今后自然人、法人都将有唯一的识别号，实现社会全覆盖。

也有人担心，电商与实体店一视同仁、规范纳税，会不会导致经营成本上升，消费者网购时就买不到便宜货了？

实际上，这是多虑了。相关数据显示，目前淘宝平台上 96% 的商家，都符合国家关于小微企业增值税免税条件。电商与实体店公平征税，对这些小网店几乎没有影响，消费者还是能淘到价廉物美商品的。再说，电商本身还有场地、人工、物流方面的成本优势，大多数网店依然有价格竞争力。

**链接**
**国外对电商怎么征税？**

国际社会对 C2C 电子商务模式税收政策在很大程度上具有一致性和可操作性，各国都努力减少征税对经济的扭曲，建立和维护公平公正的线上线下交易环境。在不区别对待纳税人、坚持税收公平原则的基础上，适当给予 C2C 电子商务模式卖家一定的税收优惠，结合各国实际条件划分税收管辖权，实名工商注册、税务登记，实行有效的税收监管。

1. 保持税收中性，不开征新税种

大多数国家都同意对 C2C 电子商务交易征税,并达成征税时不应开征新税种的基本共识,即保持税收中性。欧盟在 1997 年的《欧洲电子商务动议》和《波恩部长级会议宣言》一致通过对电子商务征税要保持税收中性,认为开征新税种没有必要;经济合作与发展组织国家于 1997 年通过的《电子商务对税收征纳双方的挑战》同样指出不会开征诸如比特税、托宾税等新税种。

2. 区分征税对象,合理选择税种

新加坡对电子商务征税对象区别对待,但税法没有对 C2C 电子商务税收问题进行具体规定。新加坡 2000 年通过的电子商务税收原则指出:网上销售有形货物与线下销售货物等同纳税,网上提供无形服务和数字化商品按 3% 课税;澳大利亚与新加坡类似,对网上提供有形货物课征销售税,对网上提供劳务等无形货物课征劳务税。

3. 法定税收优惠,促进经济繁荣

韩国 2006 年开始对 C2C 电子商务模式征税,但是其《税收例外限制法》有一定的税收优惠规定,《电子商务基本法》同时也规定,对促进电子商务所必须的基础设施建设项目中支出的费用,在预算内给予部分补贴;新加坡规定卖家从因特网上以非新加坡币取得的对外贸易所得按 10% 优惠税率课税,相关资本设备可享受 50% 的资本减免。

4. 规范网络注册,线下实体登记

英国 2002 年制定的《电子商务条例》规定 C2C 电子商务模式中个人卖家在网上进行货物销售时要提供线下登记证明、真实注册机构、姓名、地址和商品含税信息(是否包括增值税和运费等)。

5. 划分税收管辖权,防止税源流失

税收管辖权的划分以属人原则和属地原则为主,各国规定不尽相同。美国早在 1996 年通过的《全球电子商务的选择性税收政策》中就提出以属人原则对电子商务征税,克服网络交易地域难以确定的问题;加拿大规定提供货物或劳务的卖家居住地税务当局对 C2C 电子商务模式中的卖家负有征税义务。

6. 成立专门机构,加强税收监管

日本早在 2000 年就成立了电子商务税收稽查队,它隶属于东京市税务局,分设个人线上卖家、公司线上卖家等 15 个部门,涉及 B2B、B2C、C2C 三种主流电子商务模式,有效地实现对电子商务征税,合理监督税收流向;同样,法国也成立专门的电子商务税收监察部门,有效地解决电子商务税收监管问题;澳大利亚整合 C2C 电子商务模式个人卖家、买主和税务机关三方资源,建立电子税务平台,方便电子商务税收的征管,及时便捷地进行信息交换。

资料来源:中央财经大学《电商税收流失测算与治理研究》报告

## 强化电商税收征管　加快公平税制建设

中国经济时报　记者　牛福莲

2016 年 12 月 23 日

在当前电子商务迅猛发展的时代背景下，如何以"互联网＋税务"为突破口，强化税收公平理念，加快国家税收治理与税收法制化进程，建立促进社会公平正义的现代税收制度，成为业界关注的新课题。

近日在由中央财经大学财政税务学院、税收筹划与法律研究中心主办的 2016 中国税收与法律高峰论坛上，来自税务领域百余名专家学者以税收公平为切入点，探讨税收公平的基本内涵和未来趋势，就未来电商税收政策走向、电商税收流失的治理展开研讨，为政府制定公平的电商税收政策提供借鉴与参考。

### 电商飞速发展背景下的"税收流失"

中央财经大学税收筹划与法律研究中心"电商税收流失课题组"在会上发布第三方独立研究成果——《电商税收流失测算与治理研究报告》（以下简称《报告》）指出，随着电子商务的飞速发展和日趋成熟，越来越多的交易搬到网上经营，结果是一方面带来传统贸易方式的交易量不断减少，使现行税基受到侵蚀；另一方面，由于电子商务是一个新生事物，使税务部门对其进行征管存在一定的时滞效应，加上互联网、大数据技术在税收领域的应用还需要一个不断完善的过程，电商交易活动在某种程度上成为税务机关的"征税盲区"，形成一定程度的税收流失。

中央财经大学财政税务学院教授蔡昌指出，基于电子商务活动的数字化、信息化、无纸化，以及虚拟性、隐匿性、国际化和快捷化的特征，当前电子商务的税收征管难点主要表现在以下几个方面，一是纳税主体确定和管理存在困难；二是计税依据确定困难；三是纳税地点的确认存在困难。

对于社会上普遍存在的"网购不开发票也不需要缴税"的认识误区和"潜规则"，中国人民大学朱青教授认为，电子商务在我国不存在税外之地，党的十八大提出"构建一个结构优化、社会公平的税收制度"，这个"公平"除了指社会公平，调节收入分配，也包括纳税人之间的公平，这也是税收的最基本要求。从税收管理角度讲，如果不对电商税收进行监管，以后的税收将很难管理。

中央财经大学税收教育研究所所长贾绍长认为，税收流失问题不仅是一个现实问题，更是制度设计缺陷问题。

**推进立法和实践层面的税收公平**

近年来,随着"互联网+税收"在税务系统的广泛推广,"电子商务征税问题"被列入国家税务总局重点研究范围,国家税务总局于2013年4月1日起实行的《网络发票管理办法》,为电子商务征税提供了法律上支持。不过,电子商务税收征管在实务领域仍未实施具体的征管措施。

《报告》分析指出,我国政府之所以目前仍未对电子商务税收实施有效监管,或只是由于时机尚未成熟。国家在鼓励电子商务行业发展的同时,也在密切关注电子商务交易的应纳税额的动态趋势,当电子商务行业发展成熟且其应纳税收额度足够大时,政府必然会对电子商务实施有效的税收监管。

国务院发展研究中心研究员倪红日在会上指出,税收公平与税收优惠政策平衡的实质是市场与政府的关系问题,是公平与效率之间的关系问题,也是市场与产业政策的关系问题。她主张建立无差异的税收政策导向,基于调节收入分配、能力差别的税收制度设计,基于税务机关与纳税人关系平等的法律地位,推进立法和实践层面的税收公平。

"电商税收流失课题组"研究建议应尽快实现税收监管和有效征税。一是从税收公平视角分析,税收不应由于商业模式不同而有所差异;二是电子商务的巨大潜力将使未对电商有效监管严重侵蚀商品零售业税基,引起极大的财政收入损失。

**应确立电子商务税收公平原则**

与会专家建议,税收管理应适应电子商务发展要求,利用信息化手段创新税收征管方式,减少税收流失,创造有序竞争的市场环境和公平公正的税收环境。

中央财经大学中财—鹏元研究所执行所长温来成教授就公平视角下的税制改革提出建议:一是要增进社会的共识加快税制改革步伐,比如个人所得税、社会保障税等;二是要通过税制改革有效控制收入差距扩大的现状;三是税制改革要能促进生产要素合理分配。

京东集团副总裁蔡磊指出,在一个行业存在显著税收流失的情况下,如果国家不关注,这对整个社会都会带来危害。行业的税收不公平会导致经营不公平,税收不诚信会导致经营不诚信,最终将导致社会不诚信。所以,税收流失不是单纯的税收问题,而是国家治理问题,甚至是社会诚信问题,对整个中国经济的运行带来重大影响。

国家税务总局副巡视员、中国税务学会副秘书长焦瑞进认为,税收流失的治理主要靠政府决心治理的力度。要明确电子商务的范畴,不同的时代对税源的认定也应有所差异。他认为,在未来大数据时代,对自然人信息的有效掌控是可以轻松实现的,在税制设计中可以实现对消费和资金流的控制,实行自动结算、代扣代缴,因此,电商征税并不存在技术难题。

## 电商税收流失的堵与疏

《财经》杂志　记者/肖辉龙
2016年12月26日

摘要：税法学者认为，应该对电商平台中税政优惠对象实行分类征税监管，赋予第三方电商服务平台义务，对实际符合征税标准的卖家实行"代扣代缴"制，防止税收流失。随着线下实体商店逐渐趋于线上发展方向，是否应对电商平台卖家进行征税的问题在争议中引发了关注。

12月18日，中国税收与法律高峰论坛发布中央财经大学财政税务学院课题组的《电商税收流失报告》（下称《报告》），指出由于税收征管能力弱和纳税人主动纳税意识不强等原因，电商交易的总体税收流失额正逐年攀升。

其中，少数B2C（企业卖家对消费者）模式电商主体会通过不开票或虚开发票等方式进行偷逃漏税，而C2C（个人卖家对消费者）电商主体比B2C模式造成了更大的税收流失缺口。值得一提的是，个别C2C平台税收流失额总体占比，有逐年下降的趋势。

一些研究者认为，无论是B2C还是C2C或者B2B（企业卖家对企业买家）与B2G（企业卖家对政府买家）等电商运营模式，只要经营者主体的营业额达到了征税标准，原则上都应依法交税。但同时也应兼顾国家政府对电商领域倡导的"大众创业、万众创新"政策，给予线上中小卖家一定生存发展空间。

要实现对电商领域的合理公平征税并非易事。电商交易的虚拟化，打破了以工商注册为前提的传统纳税登记申报制。

一些B2C模式中的B端商家，还会利用C2C模式中经营主体可享受国家税收优惠政策的漏洞，冒充C端卖家进行线上商品交易，从而实现避税。

另外，对于C2C模式中C端经营主体（即线上自然人和个体工商户等中小卖家）在享受国家税收优惠政策的前提下，如果营业额达到了征税标准是否需要对其征税的问题上，研究税法和电商的专家，也表达了不同看法。

税法领域的研究者认为，应该对这部分特殊的税政优惠对象实行分类征税监管，实现的路径则可基于大数据技术赋予第三方电商服务平台义务，对实际符合征税标准的卖家实行"代扣代缴"制，防止法定应征税收流失。不过也不能为了征税，破坏对电商产业的正常发展，否则将得不偿失，尤其在中国征税税率普遍高于国外税率，且中小民营企业和个人卖家发展艰难的当下，不应为征税而征税。

**电商税收流失争议**

作为《报告》课题组主要成员，中央财经大学税收筹划与法律研究中心主任蔡昌称，《报告》分析样本主要针对某大型电商平台 B2C 与 C2C 模式，进行了选择性数据采集。数据来源于全国东、中、西部三个地区的线上网店，B2C 与 C2C 电商各占 210 家，涵盖电器、服装、食品、图书、酒水、家具和化妆品等七个行业。

课题组随后采用平均税负法测算了两种模式的税收流失情况。分析结论发现，包括天猫、京东商城、苏宁易购、亚马逊和当当网等十余家第三方平台的 B2C 电商，均已进行工商注册和税务登记并实施正常纳税。只有少部分 B2C 电商平台中的个别商户，会通过不开发票或虚开假发票进行避税。

被测算的 C2C 电商样本数据则显示，不同行业的商户开具发票情况也有一定差异。服装、化妆品、食品不开发票现象普遍，但电器、家具等行业开具发票情况相对较好。

课题组结论分析称，被测算的 C2C 电商平台在 2012 年至 2016 年期间，税收流失额呈逐年增长趋势，且其交易的税收流失额增长率与该模式的交易额增长率基本一致。

从 2012 年至 2015 年，该 C2C 平台全年增值税与个人所得税税收流失总和，均呈逐年上升的趋势。

早在 2013 年全国"两会"期间，全国人大代表、步步高集团董事长王填就向媒体公开提过电商税收流失超过千亿元的类似说法，网络购物"不开发票不上税"已成为潜规则，全国的电商漏税已超过千亿元，但这一说法很快被国税总局相关领导否认。

一位税务专家向《财经》记者表示，对该研究报告的测算方式和相关统计数据，仍有待商榷的地方，因为课题组的数据样本只是从某个单一平台旗下的电商模式进行抽取，且抽取样本的数据量仍不足够充分，样本是否符合真正意义上的抽样标准，也没有进行细致说明，所以研究结论不排除出现偏差。至于具体有多少电商税收属于严格意义上的流失，目前仍没有完全权威严谨的公开数据。

不过，课题组指出电商模式中出现偷逃漏税导致税收流失的情况，是不争的事实，呼吁加强对电商税收流失的监管，符合税收征管机制改革的大趋势，也具有积极的现实意义。

**自然人卖家真假难辨**

从中央财经大学税收研究人员的分析来看，其着重强调加强对 C2C 电商模式的税收流失监管。因为上述研究发现，C2C 电商平台上的卖家并非都为纯粹的自然人店，其中一部分属于注册过公司的个人网店，还有一部分属于实体店的网上店铺，这两种卖家与线下实体公司并无二致，实质就是 B2C 电商交易，均属应依法纳税对象。

另外，有部分纯粹的 C2C 电商中小卖家通过不断经营，月营业额早已超过了征税标准的 3 万元收入，但实际却长期处于零税收状态，从而导致电商税收流失。

对 C2C 电商模式的征税监管，自始以来就存在争议。C2C 通常指的是自然人和个体工商户通过网络售卖商品给其他消费者的电商交易模式。理论上，根据他们售卖的商品类型和所获营收不同，将其列为不同税率的个税和增值税征收对象。

但早期，C2C 模式通常是个人卖家与个人买家之间的网络交易，例如一名大学生想将自己的电脑转卖，于是将相关商品信息挂在 C2C 平台上，供其他消费者购买。这种模式的交易额和交易量相比 B2C 等其他电商模式都要偏低，也往往达不到征税的标准。

国家为了鼓励这类 C 端中小卖家利用该电商模式进行创业，以缓解社会就业压力，甚至还专门出台了相关管理办法，予以政策扶持和免税优惠。

历史上，地税与国税部门就曾因是否需对 C2C 电商模式进行征税，发生过多次"乌龙"事件。2011 年 6 月，湖北省武汉市国税局开出了中国首张个人网店税单，对某女装网店"我的百分之一"征税 430 余万元，不过很快被叫停。

据《时代周报》报道，2015 年 4 月开始，包括北京、广西、江苏、上海、山东、深圳等地在内的主要沿海省区税务部门，相继约谈了辖区内的电商企业，这一行动被指是针对电商企业的漏税行为。但这再次引发"国家将对 C2C 模式的淘宝卖家实行全面征税"的说法和讨论，很快又发生了逆转。

去年 5 月 5 日，国税总局官网发出一份《关于坚持依法治税更好服务经济发展的意见》（下称《意见》）。从"促进大众创业、万众创新"的角度出发，《意见》指出，各级税务部门年内不得专门统一组织针对某一新兴业态、新型商业模式的全面纳税评估和税务检查。

有观点认为，C2C 电商平台中尽管有些卖家网店商品销量很高，但实际利润却很低，甚至有些店铺是亏损状态，如果对这类商家征税，将导致交易成本上升，影响商品价格优势，使得卖家生存处境更加艰难。

从宏观层面来看，C2C 平台上的绝大多数卖家均为个人及中小企业，而中小企业在国民经济中的主要作用是吸纳就业，确保经济社会的稳定发展。尤其在经济下行的大背景下，给予中小企业和个人卖家一定税收优惠政策，能更好地促进经济发展。

今年 2 月，西南财经大学发布的一份针对中国小微企业生存环境、经济社会价值和税负状况的调查报告显示，超过三分之一的小微企业认为"税费负担重"。从纳税额占营业收入比重来看，个体工商户和法人小微企业分别以 6.7% 和 3.9% 远高于上市公司的 2.5%。税费负担重这一因素已成为小微企业面临的主要挑战。

无论是2008年国家工商总局发布的《网络商品交易及有关服务行为管理暂行办法》，还是2014年出台的《网络交易管理办法》，都一脉相承地延续了对从事网络商品交易的自然人，只要求其向第三方交易平台提交真实姓名、地址、有效身份证明和有效联系方式等身份信息。对具备登记注册条件的，才要求依法办理工商登记。

这意味着C2C模式中，仍有大量C端的自然人卖家都没有进行工商登记，而工商登记是税收登记的前提条件，以至于这些自然人卖家，事实上置于税收征管的法律体系之外。

今年12月19日，《电子商务法草案》正式提请十二届全国人大常委会第二十五次会议审议，立法草案再次就自然人中小卖家是否需要进行工商登记进行了区分。

《草案》第12条规定，电子商务经营主体应当依法办理工商登记，唯有依法无须取得许可的以个人技能提供劳务、家庭手工业、农产品自产自销的电商卖家，才不需要工商登记。

于是，分辨C2C电商模式中的C端中小卖家，是否属真正税收优惠保护对象，成为对电商合理征税的关键。

**平台"代扣代缴"**

上述《报告》存在的一个不足之处是，其抽样样本是否包含原本受税收政策保护的对象，占样本比又有多少等问题未予厘清，而对这类特殊中小卖家所造成的未交税行为，能否算真正意义上的税收流失，也尚存争议。

国税总局科研所研究员、中国人民大学金融与财税电子化研究所特聘研究员李雪若举例指出，抽样测试时应注意剔除不符合标准的样本数据。

2013年，李雪若从中国某大型电商平台内部获取的部分数据显示，2012年，近千万户C2C电商卖家中，有94%的商户达不到当时征税起征点2万元标准，该电商平台当年的销售额均达数千亿元，在测算其税源时就应扣除这部分未达到起征点的商户数据。

另外，该C2C电商网站至少有12万户已进行工商登记的企业，再剔除该电商平台中的B2C商户已进行税务登记的税源和刷单、退货产生的数额，其税源大约有180亿元。

但随着电商产业规模的扩大，电商总体税收流失缺口有逐年增大的趋势，《报告》研究者倾向认为，无论何种店铺、何种商业模式，个人经营者获取的收入一律需要纳入个人所得税的征税范围，即使是纯粹的C2C电商，也存在逃避个人所得税的税收行为。

对外经济贸易大学国际商务研究中心主任王健，是国内最早研究电子商务经济的学者之一，他向《财经》记者分析认为，现阶段中国的电商产业发展仍需要政策大力扶持，不宜立即对其开征税收。尤其是C2C电商模式中自然人，在网络平台从事经营活动是否需征税的问题仍有颇多争议。

在王健看来，首先 C 端自然人商家本身经营额不多，即使有少数经营额超过征税标准，其发展到一定程度如果想继续扩大规模，必然会进行工商登记注册，缴纳相关税收，否则其业务拓展将受到限制。

总体上，这部分超过征税标准的自然人数量偏少，与线下实体门店避税漏税数额相比，可谓少之又少。

电商平台中的自然人与市场上的小商小贩相同，国家对线下小商小贩都实行宽松的征税政策，在能带动更多就业和促进经济发展的电商网络中，就更不应该对其进行征税。

否则容易让广大的普通群众丧失养家糊口的机会，国家一直未就此采取实际的征税措施，就说明了政策的明智之举，更何况对这部分经营主体征税也存在征税成本的考量，通常情况下，对数额较少的经营主体征税，会浪费更多的财政投入。

另有研究人员表示，对电商征税并不意味着是对全部网店都按一般纳税人征税，而是针对月销售额达到一定数额和信誉等级高的网店进行征税，税率也可适当减低，以避免出现网上商品价格大幅增长而影响电商发展。

受税收征管技术限制，目前，税务机关识别电商平台中的卖家真实身份仍存在一定难度，问题的关键在于，电商平台出于保护用户数据等因素考虑，往往不愿将真实的卖家交易信息，悉数提供给相关税收部门。以至于电商平台中的纳税主体难以确定和难以对其进行管理，同时计税依据和纳税地点也都存在监管困难。

而造成电商税收流失的客观原因，除了与电商卖家不开发票或虚开发票有关外，消费者不要发票的习惯也是造成税收流失的主要原因之一。

按传统的税收征管方式，主要是纳税申报制，由纳税人按月或季度主动申报，如果不申报税务部门根本无法掌握其销售记录，所以"以票控税"已经不再适应当下快速发展的电商虚拟交易。

中国税务学会学术研究委员会副秘书长焦瑞进向《财经》记者介绍，按 2016 年新修订的《税收征管法》规定，未来对电商业务征税的趋势将会利用大数据思维，由税务部门统一构建新的税收征收电子系统，并赋予掌握电商卖家真实数据的第三方电商平台义务，为 C2C 等电商模式中的卖家代扣代缴税收。

按相关法律规定，电商平台有义务配合税务部门，获取入驻平台上所有商家的真实销售数据，以及支付系统订单等电子数据内容。

无论线上电商产业还是线下实体产业，都存在大量逃税避税行为，每年会给国家造成不可低估的税收损失，中央财经大学税收教育研究所所长贾绍华表示，税务机关不仅要加强对国内电商税收流失问题的监管，还应兼顾对跨境电商税收流失问题的监管。

为协调平衡好避免税收漏征与鼓励电商发展，给中小企业、个人卖家发展空间的矛盾，首先国家立法需对电商税收征收予以法律上的明确；另外还应加强税收人才队伍的建设，提升工作人员对电商税收征收的专业能力；同时可在一些地方先试点实行平台"代扣代缴"税制，以减轻税务部门压力，通过多管齐下的方式，来不断减少法定需征税收的流失。

（原载于《财经》杂志 2016 年 12 月 26 日，第 36 期，中国税务网、搜狐、九派新闻、新浪转载报道）

## 税收公平视角下电商 C2C 模式征税探讨

中国财经报　记者/张衡

2016 年 12 月 27 日

近年来中国电子商务蓬勃发展，据 eMarketer 预测，到 2018 年，中国电商零售销售额将达到 10000 亿美元，占到全球市场的 40%，电子商务税收监管和有效征税问题日益摆上日程。

日前，由中央财经大学财政税务学院和税收筹划与法律研究中心主办的 2016 年中国税收与法律高峰论坛——公平视角下的税制改革暨电商税收流失报告会在京举行，针对上述问题，与会财税专家纷纷建言献策。专家指出，尤其是 C2C 模式游离于监管之外是极为不公平的现象，而从税收公平视角来看，税收不应由于商业模式的不同而有所差异。

**电商征税在法理上没有争议**

专家表示，从构建社会公平的税收制度角度看，电子商务的税收问题在法理上是没有争议的，也并不需要设立新的税种。

山东财经大学经济研究中心主任潘明星解释说，货物销售的行为无论是在实体店发生还是在网络上发生，只要产生了交易额就应该对其征税，电子商务只是交易形式的改变。

中国人民大学财政金融学院教授朱青也表示："电商代替实体店是目前的大趋势，本来电商的税源就很难捕捉，所以从税收管理来讲应该大力对电商税收进行监管，否则以后的税收很难管理。"

2014 年 3 月份施行的《网络交易管理办法》规定，从事网络交易和有关服务的经营者应当依法办理工商登记，从事网络交易的自然人，应当通过第三方网络交易平台开展网络交易活动，并向第三方平台提交信用地址以及有效身份证明等信息，具备登记注册条件的，依法办理工商登记。

但中央财经大学税收筹划与法律研究中心主任蔡昌表示，对于个人网店管理办法规定较为模糊，并未指出工商登记注册条件的具体内容，也尚未强制要求 C2C 个人网店办理税务登记，因此 C2C 电商平台的卖家长期没有被纳入税收征管之列，但就此认为对 C2C 征税缺乏法律依据是一种错误认识。因为 C2C 网站提供的交易规模已成为一种纯粹的商业行为，本质上与个体工商户没有任何区别。

中国人民大学金融与财税电子化研究所特聘研究员李雪若也表示，随着网络交易的发展，现在无论国际和国内所谓的 C（个人）已大多数是 B，即小零售商。

**电商税政的六条国际经验**

电商税收流失课题组研究发现，各国在重新审视电子商务税收政策，大多以保持税收中性为原则，中国电商税政应该学习外国经验，加强电商税收征管。

国际上对电商税收管理比较有代表性的国家之一是美国。1995 年，美国就成立了电子商务工作组，直到 2013 年美国开征在线销售税，通过了《市场公平法案》，这是美国第一部全国性电子商务征税法案，依据此法案，各州政府可对电子商务进行跨州征税。

在欧盟，1998 年 2 月，欧盟发布了有关电子商务的税收原则，主要考虑两个方面：一是保证税收不流失，二是避免防止不恰当的税制影响电子商务的发展。2008 年 2 月，欧盟议会通过了 2008/8/EC 指令，决定从 2015 年 1 月 1 日起开始对电子商务增值税进行改革，将课税权由卖方所属国改为消费者所属国，从此，凡在欧盟境内网上购物，增值税将执行买家所在地税率。

2002 年，英国《电子商务法》正式生效，明确规定所有在线销售商品都需要缴纳增值税，税率与实体经营一致，实行无差别征收，根据所售商品种类和销售地不同，实行不同税率标准。

课题组总结了六条电子商务税政的国际经验，即保持税收中性，不开征新税种；区分征税对象，合理选择税种；法定税收优惠，促进经济繁荣；规范网络注册，线下实体登记；划分税收管辖权，防止税源流失；成立专门机构，加强税收监管。

**税源控制关键是 C2C 交易额的控制**

中央财经大学财税学院教授杨华说，由于目前国际上对 B2B、B2C 的税收征管已经比较健全，最近几年各国逐渐加强了对 C2C 特别是对跨境 C2C 的税收征管。不过目前 C2C 电商税收征管仍面临诸多难题。

首先，"入驻交易平台的 C2C 电商，为了减轻税收负担，往往不会主动进行工商登记和税务登记，个人在交易平台从事商品销售和应税服务提供等经营活动，也不会主动进行税务登记。"蔡昌表示，国外企业、组织和个人面向国内的消费者的电商交易，特别是从事虚拟商品和服务的交易行为，纳税主体更加难以确认和管理。

杨华认为，对C2C交易额的控制是税源控制的关键所在，韩国在这方面的做法对我国很有借鉴意义。她举例说，韩国规定电商交易一律使用信用卡，信用卡要到税务部门备案，这样每一笔交易都能记录在案，税务机关能够掌控交易额。

电商税收流失报告课题组通过个人所得税和增值税平均税负，以及第三方预测的交易规模进行测算，估算出C2C电商税收流失总规模。

按照百货零售业口径测算，2016年增值税与个人所得税的税收流失总额为531.53亿—747.92亿元，2017年将达692.02亿—973.74亿元。蔡昌告诉记者，预计2018年这一数据将会超过1000亿元。

潘明星也指出，目前税务机关很难对网络交易进行有效的掌控，相比较我国的企业法人税号的完整性，在针对自然人的税号方面是空白的。因此，建立个人与身份证号一致的税号、社会保障号，记录个人的各项收入以及征信状况，是完善征管的基础性工作。在做好这个基础性工作之后，税务机关才能有效地掌控纳税人的收入和支出，同时这也是我国个人所得税由分类征收模式转向分类综合相结合的征收模式的关键所在。

## 电商税收流失报告出炉　小微企业是否应缴税引热议

中国经济网报道 www.ce.cn

中国财经新闻网、中金在线等多家媒体转载报道

12月18日，"公平视角下的税制改革暨电商税收流失报告发布会"在京召开，会上发布了《中国电商税收流失报告》（以下简称"《报告》"）。《报告》称，在中国C2C电子商务领域，由于税收征管能力弱和纳税人主动纳税意识不强等原因，存在一定程度的税收流失现象，但流失额相对呈现出下降状态。也有观点认为，小微企业在促就业稳增长中的作用不应被忽视。

**呼吁小微企业及个人卖家缴税**

会上，各界专家学者热议电商纳税问题，对电商纳税的讨论包含电商平台、平台上的企业卖家以及平台上的个人卖家这三个层次。前两个层次的税收完备，基本已达成共识，争论主要聚焦于C2C平台的个人网店纳税问题。

中国人民大学财政金融学院教授朱青对个人卖家纳税持肯定态度，"在的大趋势是用电商替代实体店，所以从税收管理来讲，正是应该大力对电商的税收进行监管，否则的话，以后全是电商，如果电商都不征税，也不查，那么今后税收要不要？"

但也有专家认为，C2C 平台上的绝大多数卖家均为个人及小微企业，而小微企业在国民经济中的主要作用为吸纳就业，确保经济社会的稳定发展。今年 2 月，西南财经大学发布了一份针对中国小微企业生存环境、经济社会价值和税负状况的报告。调查显示，超过三分之一的小微企业认为"税费负担重"。从纳税额占营业收入比重来看，个体工商户和法人小微企业分别以 6.7% 和 3.9% 远高于上市公司的 2.5%。税费负担重这一因素已成为小微企业面临的主要挑战。

**《报告》只针对 C2C 平台？**

作为报告的评议人，中国税务协会副秘书长焦瑞进指出，报告采用了阿里巴巴的公开信息，重点针对 C2C 平台模式，这在电子商务范畴里只是一部分。"超过这个模式就不是电商了吗？如果要扩大这个范畴的话，现在它已经大到什么程度了呢？我们还要考虑税收优惠等方面的东西吗？"此外，用发票去定义税额流失还是不流失，焦瑞进也表示还有待商榷。

作为唯一与会的电商企业负责人，京东副总裁蔡磊指出，此份报告的出发点并不是为了征税，而是为了公平。"税收问题不仅仅是纳税问题，甚至是政府治理问题，社会道义的问题，对整个经济、中国产业结构影响巨大。但目前为止没有任何一个机构能对电商纳税有一个准确的判定，任何一个测量方法都会引起质疑，但希望能把这个话题抛出来让大家共同关注。"

**电商纳税流失将超千亿？专家称 94% 小商家未达起征点**

对于报告中估算电商纳税流失额数百亿元，甚至未来预计流失千亿元的说法，以及报告估算淘宝天猫等电商平台税收流失的比例。中国人民大学金融与财税电子化研究所特聘研究员李雪若提出了不同意见。

他以 2015 年全国商品零售总额 30 万亿元，增值税 1848 亿元这组数字进行比照。阿里巴巴 2015 年交易总额为 3 万多亿元，占全国零售额的十分之一，其税源也应该占十分之一，即 180 亿元左右。这个数字也与阿里披露的数据吻合。此外国税总局曾在 2014 年发布第 57 号公告规定，针对增值税小规模纳税人和营业税纳税人，月销售额或营业额不超过 3 万元（含 3 万元）的，免征增值税或营业税。李雪若指出，目前淘宝卖家中有 94% 左右达不到起征点。

李雪若建议可以用税务登记表对网络交易进行登记，但他也表示，税务登记不是缴纳税务，不会增加经营成本。"政府在税收和就业之间也应平衡，可适当提高小规模纳税人起征点。"

**降成本仍是宏观大势**

中共中央政治局 12 月 9 日召开会议，对 2017 年经济工作进行前瞻，提出要深入推进"三去一降一补",其中"一降"为降成本。

作为 2016 年五大任务之一,降成本首先表现在企业成本上。营改增自今年 5 月在全国全面推开以来,成效显著。国家税务总局的最新数据显示,前 9 个月,营改增累计减税达 3267 亿元,所有行业税负只减不增的目标顺利实现;而且,减税规模呈逐步扩大态势,全年减税 5000 亿元也几乎是"板上钉钉"。在实体经济不振以及宏观环境未明显改善背景下,预计企业降成本相关政策还将推进落地。

国家税务总局去年 5 月曾发出通知,要求各级税务部门不得专门统一组织针对电子商务、某一新兴业态、新型商业模式的全面纳税评估和税务检查,而应积极探索支持其发展的税收政策措施。

目前,根据国家相关政策规定,自 2014 年 10 月 1 日起至 2017 年 12 月 31 日,增值税小规模纳税人,月销售额不超过 3 万元(含 3 万元,下同)的,免征增值税。

多名财税领域专家表示,随着电子商务发展和国家为企业减负的思路延续,小规模纳税人增值税免征门槛将有望提升。

## 高校聚焦电商税收　吁建立信息化管理平台

中国新闻网　2016 年 12 月 18 日
凤凰财经转载

中新网北京 12 月 18 日电　在大型电商平台和借助电商成长的线下企业日益成为纳税大户的同时,平台上从事 C2C 服务的个人商户的纳税问题也引起学界的关注。

在大型电商平台和借助电商成长的线下企业日益成为纳税大户的同时,平台上从事 C2C 服务的个人商户的纳税问题也引起学界的关注。

中央财经大学税收筹划与法律研究中心 18 日发布《电商税收流失测算与治理研究》报告,就电子商务尤其是 C2C 电子商务交易中的税收征管难点进行了分析并提出了治理对策。

**电商税收的三个层次:C2C 税收征管是挑战**

近几年来,电商的纳税问题持续引发各方热议。对于电商是否需要纳税,中国人民大学财政金融学院教授朱青在今天的会议上表示"这根本就不应该成为一个问题",他反问说,当前的大趋势是电商对实体店的替代,如果电商可以不纳税,未来实体店被完全取代后,税从哪里来?

但值得注意的是，各方对电商纳税的讨论事实上包含电商平台、平台上的企业卖家以及平台上的个人卖家这三个层次：

从平台来看，目前阿里、京东等企业均已是纳税大户。据马云透露，阿里巴巴集团 2015 年在浙江共缴税 178 亿元，平均每个工作日缴税 8000 万元；刘强东也曾透露，京东 2014 年缴税金额超过 46 亿元。

其次是电商平台上的企业。今天发布的报告指出，据监测，包括京东商城、苏宁易购、天猫、亚马逊、当当网等十余家第三方平台型 B2C 电商，其卖家均已进行工商注册，并实施正常纳税。

其中一些卖家还成为备受关注的纳税大户。天猫平台的三只松鼠日前宣布，2015 年纳税 4300 万元，2016 年有望突破 1 亿元。

第三是平台上从事 C2C 的个人网店。目前各方对电商纳税问题的讨论往往聚焦于这一领域。

报告指出，在 C2C 电子商务交易中，交易主体具有很强的隐匿性和流动性。由于我国法律尚未强制 C2C 个人网站办理税务登记，因此 C2C 电商平台的卖家长期没有被纳入税收征管之列。

**C2C 征税的"公平"原则和现实难点**

为了考察 C2C 平台个人商户的纳税情况，课题组从淘宝平台上抽取了 210 家商户进行调查，发现不开具发票的商户占比为 68.25%，还有 13.74% 的个体商户会在消费者承担税款的条件下开具发票。

课题组根据上述两个数据估算，认为"不开具发票"所造成的增值税流失比例在 50% 左右，并据此推算出平台每年总的税收流失量在百亿级别。

对这一测算，参加课题发布的点评学者提出三点看法，一是以 210 的样本来推算总量的代表性问题；二是以开具发票的情况来估算增值税流失的方法有待进一步商榷；三是实体店的增值税本身也存在一定比例的流失。

不过，尽管定量测算还可以进一步完善，但从定性角度来看，在法规没有明确要求的情况下，报告认为，入驻平台的 C2C 电商为了减轻税收负担，的确存在不主动进行工商登记和税务登记的倾向。

因此，要对解决 C2C 平台的征税问题，就必须从法律角度明确是否应该征税？以及如何进行征收？

对于是否对从事 C2C 的个人商户征税，报告指出，不同国际组织或国家对此问题分歧比较大。如美国主张免税，而其他国家或国际组织均倾向于征税。

对此，报告基于税收公平的原则明确指出，应确立线上个人和线下个人卖家同等课税，保证个体卖家不因交易形式的不同而承担不同税负，营造公平竞争的市场环境。

不过，影响政策取向的一个现实情况是，在经济增速向下换挡的背景下，电商、共享经济等平台对就业的拉动尤为明显。

阿里巴巴发布的数据显示，截至2015年底，该企业零售商业生态创造的就业机会超过了1500万个。滴滴出行也表示创造出逾1300万个就业岗位。为化解过剩产能，国家发改委日前也和京东签署协议为下岗职工找出路。

人们担心，在这一时段开始对电商平台上的中小卖家征税所带来的利润降低效应，会影响大众创业万众创新的积极性，不利于就业的稳定。

国税总局2015年就曾发文表示，对处在起步阶段、规模不大但发展前途广阔、有利于大众创业、万众创新的新经济形态，要严格落实好减半征收企业所得税、暂免征收增值税和营业税等税收扶持政策，坚决杜绝违规收税现象，并强调，"各级税务部门今年内不得专门统一组织针对某一新兴业态、新型商业模式的全面纳税评估和税务检查。"

对于这些担忧，今天参与讨论的专家认为，征不征税是涉及税收公平的原则性问题，但在征税框架内，可以为新经济新业态安排税收优惠。

**C2C税收政策建议：建立信息化管理平台**

对于如何减少电商平台税收流失，今天的报告也给出建议。报告表示，随着电子商务的发展，税收管理必须适应电子商务发展要求，利用信息化手段创新税收征管方式。

一是尽快完善税收征管模式，建立纳税人识别号制度。法人机构、商务组织以及从事电子商务交易活动的个人，都应依法进行工商登记和税务登记，都要按照税法要求进行纳税申报和税款缴纳。

二是政府要通过立法规范电子商务交易平台的运作规则，推动电商平台和税务机关的信息共享。

三是建立以纳税人为中心的纳税服务平台，实行涉税信息的网上采集、税源的网上申报、网上缴税、涉税信息资料的电子化储存。同时推动税收信息系统与外部银行、交易平台、支付系统的衔接，为电商税收征管提供基础性条件。

## 强化电商税收征管　加快公平税制建设

全球五金网

2016年12月23日

在当前电子商务迅猛发展的时代背景下，如何以"互联网+税务"为突破口，强化税收公平理念，加快国家税收治理与税收法制化进程，建立促进社会公平正义的现代税收制度，成为业界关注的新课题。

近日在由中央财经大学财政税务学院、税收筹划与法律研究中心主办的2016中国税收与法律高峰论坛上，来自税务领域百余名专家学者以税收公平为切入点，探讨税收公平的基本内涵和未来趋势，就未来电商税收政策走向、电商税收流失的治理展开研讨，为政府制定公平的电商税收政策提供借鉴与参考。

### 电商飞速发展背景下的"税收流失"

中央财经大学税收筹划与法律研究中心"电商税收流失课题组"在会上发布第三方独立研究成果——《电商税收流失测算与治理研究报告》（以下简称《报告》）指出，随着电子商务的飞速发展和日趋成熟，越来越多的交易搬到网上经营，结果是一方面带来传统贸易方式的交易量不断减少，使现行税基受到侵蚀；另一方面，由于电子商务是一个新生事物，使税务部门对其进行征管存在一定的时滞效应，加上互联网、大数据技术在税收领域的应用还需要一个不断完善的过程，电商交易活动在某种程度上成为税务机关的"征管盲区"，形成一定程度的税收流失。

中央财经大学财政税务学院教授蔡昌指出，基于电子商务活动的数字化、信息化、无纸化，以及虚拟性、隐匿性、国际化和快捷化的特征，当前电子商务的税收征管难点主要表现在以下几个方面，一是纳税主体确定和管理存在困难；二是计税依据确定困难；三是纳税地点的确认存在困难。

对于社会上普遍存在的"网购不开发票也不需要缴税"的认识误区和"潜规则"，中国人民大学朱青教授认为，电子商务在我国不存在税外之地，党的十八大提出"构建一个结构优化、社会公平的税收制度"，这个"公平"除了指社会公平，调节收入分配，也包括纳税人之间的公平，这也是税收的最基本要求。从税收管理角度讲，如果不对电商税收进行监管，以后的税收将很难管理。

中央财经大学税收教育研究所所长贾绍长认为，税收流失问题不仅是一个现实问题，更是制度设计缺陷问题。

### 推进立法和实践层面的税收公平

近年来，随着"互联网+税收"在税务系统的广泛推广，"电子商务征税问题"被列入国家税务总局重点研究范围，国家税务总局于2013年4月1日起实行的《网络发票管理办法》，为电子商务征税提供了法律上支持。不过，电子商务税收征管在实务领域仍未实施具体的征管措施。

《报告》分析指出，我国政府之所以目前仍未对电子商务税收实施有效监管，或只是由于时机尚未成熟。国家在鼓励电子商务行业发展的同时，也在密切关注电子商务交易的应纳税额的动态趋势，当电子商务行业发展成熟且其应纳税收额度足够大时，政府必然会对电子商务实施有效的税收监管。

国务院发展研究中心研究员倪红日在会上指出，税收公平与税收优惠政策平衡的实质是市场与政府的关系问题，是公平与效率之间的关系问题，也是市场与产业政策的关系问题。她主张建立无差异的税收政策导向，基于调节收入分配、能力差别的税收制度设计，基于税务机关与纳税人关系平等的法律地位，推进立法和实践层面的税收公平。

"电商税收流失课题组"研究建议应尽快实现税收监管和有效征税。一是从税收公平视角分析，税收不应由于商业模式不同而有所差异；二是电子商务的巨大潜力将使未对电商有效监管严重侵蚀商品零售业税基，引起极大的财政收入损失。

**应确立电子商务税收公平原则**

与会专家建议，税收管理应适应电子商务发展要求，利用信息化手段创新税收征管方式，减少税收流失，创造有序竞争的市场环境和公平公正的税收环境。

中央财经大学中财—鹏元研究所执行所长温来成教授就公平视角下的税制改革提出建议：一是要增进社会的共识加快税制改革步伐，比如个人所得税、社会保障税等；二是要通过税制改革有效控制收入差距扩大的现状；三是税制改革要能促进生产要素合理分配。

京东集团副总裁蔡磊指出，在一个行业存在显著税收流失的情况下，如果国家不关注，这对整个社会都会带来危害。行业的税收不公平会导致经营不公平，税收不诚信会导致经营不诚信，最终将导致社会不诚信。所以，税收流失不是单纯的税收问题，而是国家治理问题，甚至是社会诚信问题，对整个中国经济的运行带来重大影响。

国家税务总局副巡视员、中国税务学会副秘书长焦瑞进认为，税收流失的治理主要靠政府决心治理的力度。要明确电子商务的范畴，不同的时代对税源的认定也应有所差异。他认为，在未来大数据时代，对自然人信息的有效掌控是可以轻松实现的，在税制设计中可以实现对消费和资金流的控制，实行自动结算、代扣代缴，因此，电商征税并不存在技术难题。

## 专家建议建立纳税人识别号制度

中国财经报　记者/张衡
2016 年 12 月 22 日

本报讯　中央财经大学税收筹划与法律研究中心主任蔡昌在近日举行的 2016 中

国税收与法律高峰论坛上呼吁，应尽快完善税收征管模式，建立纳税人识别号制度以应对C2C模式下的增值税与个人所得税征税盲区。

电商税收流失测算课题组在论坛上发布的《电商税收流失测算与治理研究》报告显示，由于我国电子商务C2C平台中小卖家游离于税收监管之外，以及商户不开具发票等原因，导致商品零售业税基严重侵蚀，尤其是C2C模式已成为征税盲区。经课题组测算，2015年，电商C2C模式下增值税与个人所得税的流失额之和的估算值为388.87亿—614.33亿元，2016年这一数据可能为473.42亿—747.92亿元。

作为主办方之一，蔡昌表示，电子商务税收征管存在着一系列难点，如纳税主体确定和管理存在困难、计税依据确定困难，以及纳税地点的确认存在困难等。电商税收流失可归之为税收征管制度不能适应新型商业模式的转变，是因税务登记、纳税申报、税收监管等税收管理手段相对落后造成的。

报告认为，应尽快实现税收监管和有效征税。因为从税收公平视角来看，税收不应由于商业模式的不同而有所差异，尤其是C2C模式游离于监管之外，这是极为不公平的现象。另外，由于未对电子商务有效监管，直接导致商品零售业税基的严重侵蚀。

对于如何解决电商税收流失问题，蔡昌建议，在管理策略上，应加强对电商的基础管理，规范交易平台运行，建立税收信息化管理平台。如政府应尽快完善税收征管模式，建立纳税人识别号制度，法人机构、商务组织以及从事电子商务交易活动的个人，应依法进行工商登记和税务登记；交易主体在交易平台上从事经营活动，必须首先具有相应的税务识别代码，与电子商务活动有关的所有支付平台、银行账户等应与税务机关实现信息共享，税务机关有权通过纳税人识别号获得电子商务交易主体的背景情况，以及电商交易主体的交易信息和资金流转信息。

在治理对策上，全国人大应该尽快制定电子商务法，依法建立由工商、税务联合审批的电子商务登记制度，通过立法逐步实现由非强制性的电子商务备案管理向强制性的注册登记转变。在我国现行增值税、消费税、所得税、关税等税制中补充对电商商务征税的相关条款，对现行税制要根据电子商务的税收征管要求进行适当的补充调整。

另外，还需明确电商环境下的课税主体。如在确定电商的纳税主体上，必须明确纳税主体遵循现行税法规定，以卖方企业或个体商户为纳税人。对于跨境模式下的电子商务，必须实现消费地征税原则，消费地税务机关拥有征税权。